- & Infos

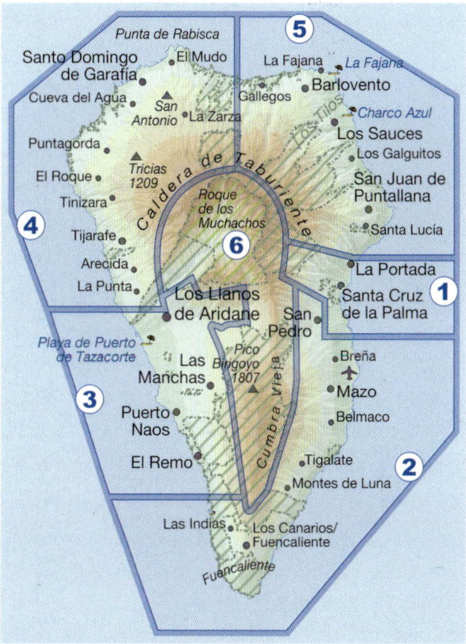

1 Santa Cruz und Umgebung

2 Der Südosten

3 Der Südwesten

4 Der Nordwesten

5 Der Nordosten

6 Cumbres und Caldera

Kleiner Wanderführer

UNTERWEGS MIT IRENE BÖRJES

La Palma? Nie gehört. Wir hatten La Palma im Atlas entdeckt und als Urlaubsziel ausgesucht – warm sollte es sein, nicht so weit und ein bisschen Abenteuer dabei.

La Palma? Auch das Reisebüro hatte keine Ahnung, und so landeten wir in *Las Palmas* auf Gran Canaria. Das war im Oktober 1983. Am nächsten Tag aber richtig auf der Nachbarinsel angekommen, und der Zauber begann. In der verschlafenen Altstadt von Santa Cruz kaum Verkehr, die wenigen Autos hielten, sobald sich ein Fußgänger näherte. Kein Mensch am Strand, dafür aber eine herrliche Brandung – und endlose Wälder, über denen Falken kreisten und der Wind rauschte. Gepflegte Städtchen, gelassene Menschen. Sie lebten gut vom Bananenanbau.

Viele gute Gründe also, bald wiederzukommen, sich ein baufälliges Häuschen zu kaufen, um in den nächsten Jahren daran zu arbeiten. Nach vier Jahren Schufterei im Urlaub hatten wir die Wahl: Entweder wir bringen den Bau am Stück fertig oder nie. Wir brachten ihn fertig, 2013 war silbernes Einzugsjubiläum ...

Heute kommen mehr Urlauber nach La Palma, es gibt mehr Autos, mehr Wanderer. Aber die Insel verkraftet das, ohne sich zu verbiegen – grüner Tourismus heißt die Devise, die Massen sind woanders. Die Palmeros sind entspannt wie ehedem, die Siesta ist, außer im Supermarkt, immer noch ungeschriebenes Gesetz, und alles braucht so seine Zeit. Wer sie nicht hat, geht zurück. Ich nicht.

Text und Recherche: Irene Börjes **Lektorat:** Marietta Chrobot, Horst Christoph (Überarbeitung) **Redaktion und Layout:** Susanne Beigott **Karten:** Inger Holndonner, Hana Gundel, Judit Ladik, Michaela Nitzsche, Gabor Sztrecska **Fotos:** siehe Fotonachweis auf S. 9 **Grafik S.10/11:** Johannes Blendinger **Covergestaltung:** Karl Serwotka **Covermotive:** oben: Puerto de Tazacorte © Henry Czauderna/Fotolia.com, unten: Oberservatorium © batsfornature/Fotolia.com, gegenüberliegende Seite: San Andrés (Ivan Jegorov)

8. KOMPLETT ÜBERARBEITETE UND AKTUALISIERTE AUFLAGE 2013

LA PALMA

IRENE BÖRJES

Kartenverzeichnis

Wanderungen

Kleiner Wanderführer für La Palma 216

GPS Mittels GPS kartierte Wanderung. Waypoint-Dateien zum Downloaden unter: www.michael-mueller-verlag.de/gps

Zeichenerklärung für die Karten und Pläne

Hauptstraße	Wasserfall	Information
Nebenstraße	Felsen	Post
Asphaltstraße	Höhle	Bank/Geldautomat
Piste	Gebäude	Supermarkt
Wandersepp (Wanderrichtung)	Windmühle	Tankstelle
5 GPS-Wanderung	Leuchtturm	Parplatz
Berggipfel	Kirche/Kapelle	Autovermietung
Aussichtspunkt	Schloss/Festung	Bushaltestelle
Campingplatz	Museum	Taxistandplatz
Badestrand	Sehenswürdigkeit	Flughafen/-platz

Alles Im Kasten

Mit dem grünen Blatt haben unsere Autoren Betriebe hervorgehoben, die sich bemühen, regionalen und nachhaltig erzeugten Produkten den Vorzug zu geben.

Was haben Sie entdeckt?

Haben Sie *den* Strand La Palmas gefunden, ein freundliches Restaurant, eine Bar, ein nettes Hotel mit Atmosphäre oder einen schönen Wanderweg?

Wenn Sie Ergänzungen, Verbesserungsvorschläge oder Tipps zu diesem Buch haben, lassen Sie es uns bitte wissen! Wir freuen uns über jeden Brief.

Schreiben Sie an: Irene Börjes und Hans-Peter Koch, Stichwort „La Palma" | c/o Michael Müller Verlag GmbH | Gerberei 19, D – 91054 Erlangen | irene.boerjes@michael-mueller-verlag.de

Vielen Dank!

Lesertipps von: Birgit Boriak, Ulrich Ewers, Hubert Muschler, Julia Hagemann, Regula Jenni, Daniel Reischer, Sabine Maul, Adalbert Krims, Karl Pistorius

Fotonachweis

Alle Fotos Irene Börjes, außer: Ralf Adler: S. 13 (rechts), 268 | Eberhard Fohrer: S. 65 | Helga Gassmann: 231 | Ivan Jegorov: S. 8, 12/13 (mitte), 12/13 (mitte), 14/15 (mitte), 15 (rechts)16/17, 22 (oben), 23 (mitte), 27 (rechtes), 29/30, 44, 52, 53, 84/85, 92, 112, 130, 147, 167, 198, 201, 205, 212, 213, 214, 18, 20, 31, 34, 35, 38, 45, 46, 47, 49, 51, 55, 57, 58, 60, 61, 63, 66, 68, 70, 74, 77, 79, 81, 86, 94, 95, 96, 97, 99, 100, 103, 106/107, 111, 112, 115, 116, 117, 119, 120/121, 124, 136, 138, 145, 152, 153, 155, 158, 162/163, 168, 172, 176, 178, 180, 188, 192, 193, 194, 197, 215, 257, 261 | Hans-Peter Koch: S. 180, 272 | Horst Pieper: 23 (unten), 184 | Magrit Zepf: S. 12 (links), 42, 43, 75, 164, 171 |

Wohin auf La Palma?

1 Santa Cruz → S. 86

La Palmas Inselhauptstadt mit ihren Kirchen, Klöstern und Palästen aus dem 16. Jahrhundert ist eine der sehenswertesten historischen Städte der Kanaren. Eindrucksvolle Ensembles kanarischer Baukunst und stimmungsvolle Plätze sind zu entdecken, hübsche Gassen und Straßencafés machen den Rundgang zum Vergnügen. Das Strand- und Badeleben findet in nahen Los Cancajos statt.

2 Südosten → S. 106

An der Südspitze riecht es nach Schwefel. Der Teneguía, der jüngste Vulkan der Kanaren, brach 1971 unterhalb des Dorfs Los Canarios/Fuencaliente aus. Gemeinsam mit dem älteren und größeren Vulkan San Antonio und seinen bizarren Lavaflüssen stehen sie heute unter Naturschutz. Ein schönes Besuchsziel, zumal hier auch ein guter Wein gekeltert wird und an der Küste eine Saline und versteckte Strände locken.

3 Südwesten → S. 124

Die heimliche Inselhauptstadt Los Llanos, das Fischerdorf Puerto de Tazacorte mit Hafen und großer Strandbucht sowie der Badeort Puerto Naos bilden das Sonnendreieck La Palmas. Im Vergleich zu anderen Badeorten auf den Kanaren sind Tazacorte und Puerto Naos geradezu ruhig und familiär. Ungewöhnlich ist der schwarze Vulkansandstrand – hier wiegen sich Kokospalmen, und klares Atlantikwasser schwappt an's Gestade.

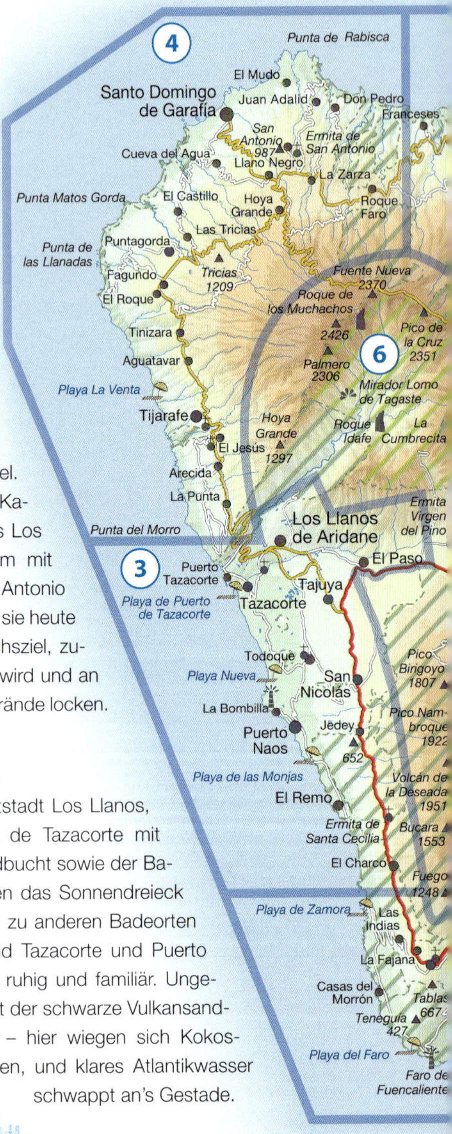

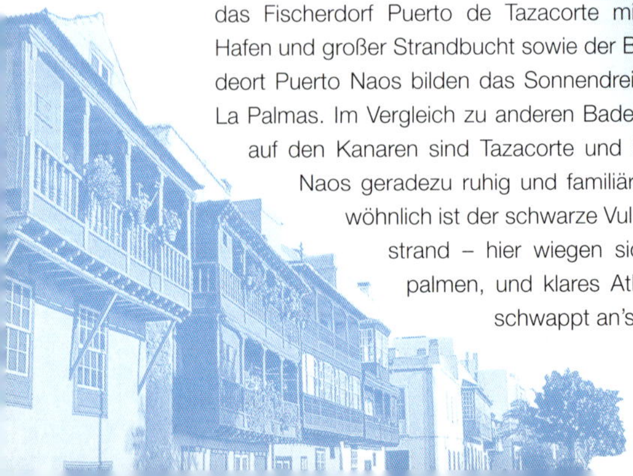

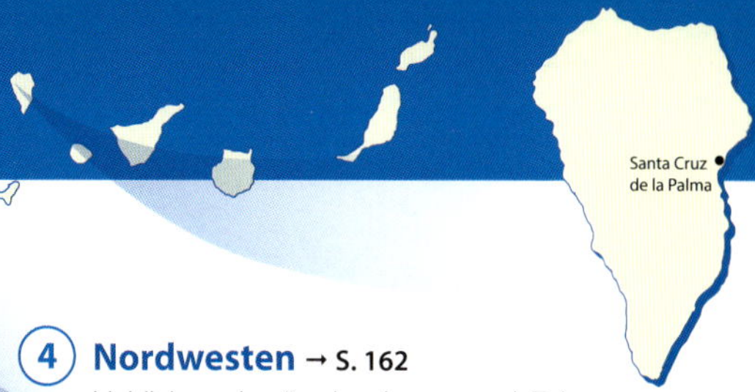

4 Nordwesten → S. 162

Lieblich und grün, im Januar und Februar mit rosa Mandelblüten betupft, zeigt sich der Westen. Je weiter die Straße nach Norden führt, umso rauer und wilder wird das Land. Steilküsten wechseln sich ab mit tiefen Schluchten, darüber bedecken Pinienwälder die Hänge bis hinauf zum Kraterrand der Caldera. Viele Wohnhöhlen der Ureinwohner mit geheimnisvollen Felszeichnungen sind auf Wanderungen in dieser Zone zu entdecken.

5 Nordosten → S. 180

Tiefe Schluchten, ein Hain mit seltenen Drachenbäumen und ein seit Jahrzehnten von der UNESCO geschützter Nebel- und Lorbeer-Urwald sind die Schätze dieser grünsten Region La Palmas. Die Landwirte machen sich den guten Boden und das gute Klima dieser Region zunutze und kultivieren Bananenplantagen. Verträumte Dörfer und Städtchen warten auf Entdeckung. Die Küste bietet Badespaß in Felsenbecken und an Stränden.

6 Cumbres und Caldera de Taburiente → S. 198

Die Bergzüge der Cumbres sind ein Eldorado für Wanderer. Aus Lorbeer- und Pinienwäldern ragen junge Vulkane fast 2000 Meter in die Wolken. Landschaftlicher Höhepunkt sind die 150 Vulkane der Cumbre Vieja. Seit den 1940er-Jahren brachen allein vier von ihnen aus. Nicht weniger spannend ist der Nationalpark Caldera de Taburiente. Mit 9 km Durchmesser ist die Caldera einer der größten Kraterkessel der Welt, ihre Gipfel reichen bis auf 2429 Meter.

La Palma: Die Vorschau

La Palma, die Hübsche

„Isla bonita", hübsche Insel, ist ihr häufigster Beiname. Nicht nur Lokalpatrioten, auch die Bewohner der anderen Kanarischen Inseln nennen La Palma so. „Isla verde", die grüne Insel, wird sie auch genannt. Westlich der Sahara, wo Wasser kostbar ist wie Gold und sattes Grün Leben und Fruchtbarkeit signalisiert, ragen La Palmas waldbedeckte Berge aus dem Atlantik – sie fangen den ersehnten Regen auf und lassen die Quellen ergiebiger sprudeln als auf jeder anderen Insel des Archipels. Wasser, Gebirge und mildes Klima ließen eine überreiche Pflanzenwelt entstehen, wie es sie nur noch an wenigen Plätzen der Welt gibt.

Auch in der Ursprünglichkeit der Städte und Dörfer zeigt sich die Schönheit La Palmas, das von der Tourismusindustrie bisher weitgehend verschont geblieben ist. Damit das so bleibt, hat die UNESCO die gesamte Insel 2002 zum Biosphärenreservat erklärt.

Vulkane, Wüsten und Wälder

Wohl kaum ein Flecken dieser Welt hat auf so kleiner Grundfläche so viele Landschaftstypen zu bieten: alpine Gebirge und Vulkane, Steilküsten und Strände, Schluchten, Wüsten und Wälder. Ein Grund dafür findet sich in etwa 20 Kilometern Tiefe. Von dort machte sich das Baumaterial der Insel als glühendes Magma auf den Weg und wurde als Lava ausgespuckt. Jeder Fels, jedes Sandkorn ist auf La Palma vulkanischen Ursprungs. Damit das niemand vergisst, rumort es immer wieder mal im Untergrund. 1971 kam es zum vorerst letzten Ausbruch: An der Südspitze wuchs innerhalb von sechs Wochen der Vulkan Teneguía in die Höhe – der seither zum Glück nur noch heiße Luft macht.

„Ein Kontinent auf kleinstem Raum“

Die ältesten Zonen La Palmas entstanden vor rund zwei bis vier Millionen Jahren. Damit ist die Insel die jüngste der Kanaren. Dennoch war dies Zeit genug, die Landschaft zu Gebirgen, Schluchten, Steilküsten und Sandebenen zu formen. Die Höhe der Berge – bis 2426 m – und das von Passatwinden geprägte Klima sorgen nicht nur für reiche Vegetation, sondern auch für unterschiedlichste Klimazonen: von tropisch auf Meereshöhe über subtropisch bis alpin, manchmal sogar mit etwas Schneefall. Und jede dieser Klimazonen hat ihre eigene Pflanzenwelt – auf kleinstem Raum ein ganzer Kontinent sozusagen.

Wandern nach Herzenslust

Die benachbarten Inseln mögen bessere Strände besitzen, als Wanderinsel aber ist La Palma die erste Wahl. Die abwechslungsreiche Landschaft mit ebenso abwechslungsreicher Vegetation eröffnet so unterschiedliche Wandergebiete, dass ein Urlaub kaum ausreicht, um die ganze Insel kennenzulernen.

Deshalb setzt La Palma auf Wanderer und hat – einmalig auf den Kanaren – 1000 km Wanderwege ausgeschildert. Rund um die Insel führt der *Camino de la Costa*, über alle Gipfel hinweg der Kammweg *Ruta de la Cresteria*. Dazwischen liegen grandiose Wege wie die Runde im Nationalpark, Touren in einem der größten Bergkessel der Welt oder durch Nebelurwälder, Pfade in stille, abgelegene Schönheiten. Zwischen Steilküste und wilden Schluchten finden sich Wohnhöhlen und Kultstätten der Ureinwohner, aber auch romantische Dörfer und *Dragos* – der Drachenbaum ist die typischste aller kanarischen Pflanzen.

Dabei macht das Wetter dem Wanderer selten Probleme: Als eine Insel des

„ewigen Frühlings" hat La Palma fast immer prima Wanderklima.

Baden am schwarzen Strand

Von Kokospalmen gesäumten weißen Sandstrand gibt es auf La Palma nicht: Den von Palmen umstandenen Strand von Puerto Naos, die Badebucht von Puerto de Tazacorte und die vielen kleinen und größeren Buchten auf der Insel ziert schwarzer Vulkansand. Den dunklen Untergrund mag mancher gewöhnungsbedürftig finden, wen aber dann und wann der Rücken zwickt, der wird sich mit Vergnügen in den warmen Sand legen.

Dazu schwappt an La Palmas Gestade sauberes Atlantikwasser, dessen Temperatur selbst im Winter nicht unter 18 Grad Celsius sinkt. Und wo die Steilküsten keinen Platz für Strände lassen, haben die Wogen an mehreren Plätzen den Fels zu natürlichen Badebecken ausgehöhlt. Die Wellen füllen sie ständig mit frischem Meerwasser. Mit wenigen Ergänzungen sind im Nordosten daraus schöne Badeanlagen mit Terrassen und Restaurants geworden.

Plazas, Bars und Bodegas

Das Herz jedes palmerischen Orts ist die *Plaza*, meist von mächtigen Lorbeerbäumen bestanden, und das Herz der Plaza ist der *Kiosko*. Hier gibt es keine Zeitungen, sondern Getränke, die man im Schatten der Bäume genießt. Brandy und Whisky schiebt der Barmann schon am Vormittag über den Tresen ebenso wie Café solo (Espresso) oder Café cortado (Espresso mit süßer Kondensmilch). Die Alternative zum Kiosko ist die *Bar*. Hier stehen neben den bekannten Getränken als Einstieg in die palmerische Küche Tapas zur Auswahl. Der Schriftzug *Bodega* lässt darauf schließen, dass das Lokal

zu einer Weinkellerei gehört; in einigen kann man nur Wein probieren, anderen sind Restaurants angeschlossen. Unter den *Restaurants* besonders interessant sind die großen Lokale entlang der Landstraßen. Sie führen ausschließlich kanarische Gerichte auf der Karte und füllen sich am Sonntag zur Mittagszeit mit einheimischen Großfamilien.

Grüner Tourismus?

Für den Massentourismus ist die Insel gottlob noch kein Anlaufpunkt, doch immer auf der Suche nach neuen Reisezielen greifen inzwischen auch die Urlaubsmultis nach La Palma. Das Resultat sind zwei Ferienkomplexe, die aber im Vergleich zu Urlauberburgen auf anderen Kanaren fast idyllisch wirken. Denn bisher herrscht auf La Palma in einem Punkt Einigkeit: „Wir wollen keine Landschaftszerstörung und keine Bausünden wie auf Teneriffa und Gran Canaria." Turismo Verde, „grüner Tourismus", ist das Ziel. Umworben werden daher nach wie vor Urlauber, denen Disco und Animation nicht das Wichtigste sind.

Doch seit die Zahl der Arbeitsplätze in der Landwirtschaft rückläufig ist, wird mancherorts lauter über Herbergen für Luxusreisende nach gedacht, die mehr Geld auf der Insel lassen als Individualisten und Selbstversorger. Aus dem lauten Nachdenken ging die erste Hotelanlage bei Fuencaliente mit mehr als tausend Betten und zehn Pools hervor. Ähnliche Großprojekte konnten Umweltschützer bislang verhindern. Deshalb ist La Palma noch immer der kleine grüne Tupfer am Rande Europas – ideal für Urlauber, die Ferien ohne Kommerz, dafür aber charmante Städtchen, Stille und Natur pur erleben wollen.

Nicht gerade voll am Badestrand von Puerto Naos

Hintergründe & Infos

Die Mandelblüte beginnt im Januar

Reisezeit

„Inseln des ewigen Frühlings“ nannten schon die alten Griechen die Kanaren. Fakt ist, dass auf der Inselgruppe stets frühsommerliche Temperaturen herrschen. La Palma ist somit wie die gesamte kanarische Inselgruppe ein Reiseziel für das ganze Jahr.

„Absolutely no winter“ – so warb 1908 das Humboldt-Kurhaus auf Teneriffa, eines der ältesten Hotels der Kanarischen Inseln, um europäische Gäste. „Garantiert milde Sommer“ – so werden heute die Touristen vom spanischen Festland umworben. Ein bisschen spürt man die Jahreszeiten aber auch hier. Wer seine Urlaubswochen optimal nutzen will, sollte deshalb die *Klimazonen* der Insel berücksichtigen, denn

Höchsttemperaturen/Jahresniederschlag im Durchschnitt

	Januar	Juli	Niederschlag
Santa Cruz (Osten, 10 m ü. M.)	21,5 °C	25,6 °C	507 mm
Tazacorte (Westen, 5 m ü. M.)	21,5 °C	25 °C	284 mm
Buenavista (Osten, 400 m ü. M.)	17 °C	21,9 °C	778 mm

die Gebirgsketten La Palmas wirken als Klimascheiden. Als Faustregel gilt: Der Westen ist trockener und sonniger als der Osten. Besonders im Winterhalbjahr halten die Wolken den Osten häufig bedeckt. Zweite Regel: Die zahlreichen Bergrücken verändern die Temperatur – 100 Höhenmeter machen es um ein Grad kühler; auf 600 m ist es im Schatten folglich sechs Grad kühler als in Meereshöhe.

Ausnahmen von der freundlichen Hauptwetterlage gibt es auch. Die Monate zwischen Oktober und April sind etwas frischer und zeigen herbstliche bzw. frühlingshafte Züge. An manchen Tagen können atlantische Winde viel Regen bringen, danach aber scheint die Sonne wie zuvor. Im Sommer gibt es dann und wann einige Tage mit *Calima*, heiße Luftmassen aus Afrika, die sich von den Cumbres als Fallwinde auf die Westseite stürzen.

Inselnatur

Geologie

Sind die Kanarischen Inseln ein Überbleibsel des sagenumwobenen Atlantis? Gab es zum afrikanischen Kontinent eine Landverbindung, die in gigantischen Erderschütterungen versank? Seit den 1960er-Jahren weiß man es besser. La Palma ist eine rein vulkanische Insel atlantischen Ursprungs – wie alle Kanarischen Inseln und im Norden Madeira, wie im Nordwesten die Azoren und im Süden die Kapverden.

Vulkanausbrüche auf dem Meeresboden und Auffaltungen haben die Insel über die Wasseroberfläche geschoben. La Palma sitzt auf einem 4000 m hohen Sockel, ist also mehr als 6000 m hoch, würde man die Erhebungen über dem Meeresspiegel hinzurechnen. Beleg für die unterseeische Entstehung sind die *Pillows* am Grunde der Caldera; diese Kissenlava, die dort zu finden ist, entsteht nur, wenn Lava im Meer erstarrt.

Die *Caldera de Taburiente*, der gewaltige Bergkessel im Zentrum der Insel, galt lange als typischer Einsturzkrater. *Caldera* (Kessel) ist gar zum Fachbegriff für Einsturzkrater geworden, obwohl inzwischen erwiesen ist, dass dieser 9 km breite, bis zu 1800 m tiefe Kessel eben nicht durch Einsturz einer Kraterkuppel, sondern zum größten Teil durch Erosion entstanden ist, und dass die Caldera de Taburiente nicht, wie der Augenschein vermuten lässt, der Krater eines einzigen Vulkans ist, sondern seine Kesselwände aus drei zeitlich auseinanderliegenden vulkanischen Phasen stammen.

An den Caldera-Wänden ist die geologische Struktur abzulesen: Bis auf etwa 800 m Höhe findet man den *Basalkomplex*, Teil des durch Beben gehobenen Inselsockels, und darüber die *Cobertera*, abgelagerte Lavaströme mit zahlreichen Gesteinsgängen. Am Übergang von Cobertera zu den undurchlässigen Schichten des Basalkomplexes tritt das Wasser der zahlreichen Caldera-Quellen nach außen und macht die Caldera de Taburiente zum wichtigsten Wasserlieferanten. Die Täler in der Caldera-Außenwand im Norden, die *Barrancos*, sind durch Erosion entstanden.

Stück für Stück, aus immer neuen Ausbrüchen, wuchs La Palma nach Süden – allein die *Cumbre Vieja*, eine knapp zwanzig Kilometer lange Bergkette mit Gipfeln

Am Calderahang lassen sich die geologischen Strukturen gut erkennen.

bis 1969 m Höhe besteht aus mehr als hundert Vulkanen. Von den zwanzig kanarischen Eruptionen, die seit 1341 belegt sind, fanden allein sieben in diesem Teil La Palmas statt; der jüngste Vulkan, der *Teneguía,* entstand 1971 an der Südspitze der Insel. Dabei handelte es sich ausschließlich um Aktivitäten an der Erdoberfläche. Doch auch der Meeresboden ist in Bewegung, Risse entstehen und quillt Lava heraus.

Es gibt geologische Begriffe, die Ihnen auf Schritt und Tritt begegnen werden: *Malpaís* („Schlechtes Land") sind schroffe, verbreiterte Lavaströme jüngeren Datums und noch ohne (oder mit spärlichem) Pflanzenbewuchs. *Roques* („Felsen"), auch Vulkanschlote genannt, sind tatsächlich Schlotfüllungen bereits verwitterter Vulkane. Eindrucksvolle Exemplare sind die *Campanarios* („Glockentürme") genannten Roques oberhalb von Jedey im Südwesten und die *Roque Teneguía* im Süden.

Die dokumentierten Vulkanausbrüche auf La Palma gehörten alle zum Typ *intermedio:* gemäßigt, mit geringen Explosionen und langsam fließender Lava. Nur deshalb kam es während der Ausbrüche nicht zu Todesopfern. Die Menschen in San Nicolás, über deren Dorf 1949 der Vulkan San Juan ausbrach (vgl. S. 128), verließen deshalb nicht etwa fluchtartig ihre Häuser, sondern richteten sich wegen der Einsturzgefahr durch Erdstöße daneben in Gruben ein und warteten auf das Herankriechen der Lavamassen. Alle stellten sich dabei die bange Frage: Bleibt unser Haus, unser Feld verschont, oder wird es unter der glühenden Masse begraben?

In langsamen Lavaflüssen entstehen *Vulkanröhren,* weil die Lava an der Luft erkaltet und erstarrt, während sie im Inneren des Flusses heiß bleibt und weiterläuft. Mehrere Kilometer Länge und Höhen bis acht Meter erreichen diese Röhren. Sie sind für Geologen wie Biologen von höchstem Interesse. Ihre Wände dokumentieren den Ausbruchsverlauf und die Zusammensetzung der Gesteine auch unter der Oberfläche. In immerwährender Dunkelheit mutieren eingeschlossene Insekten und Kleinstlebewesen. Sie verlieren ihre frühere Farbe und Sehfähigkeit, ihr Gehör dagegen prägt sich weiter aus.

Klima

Das Geheimnis des „ewigen Frühlings", der konstant milden Haupt-wetterlage der Kanarischen Inseln, heißt Passatwind, genauer: Nordostpassat.

Aus dieser Himmelsrichtung trifft die Luftströmung auf La Palma. Ohne sie wären die Kanaren heiß und trocken wie die Sahara nur wenige hundert Kilometer weiter östlich. Über dem Äquator entstanden, zieht der Passat auf einer immer gleichen Bahn über den Atlantik und nimmt dabei Feuchtigkeit und Kühle auf, die La Palma zugutekommen. Je nach Jahreszeit führt der Passat auf einer Höhe von 600–900 m (untere Höhe) sowie 1200–1500 m (obere Höhe) Wolken mit sich. Stoßen sie auf ein Hindernis, geben sie Feuchtigkeit ab und versorgen so ihre Umgebung mit Wasser. Solche Barrieren bilden die Berge auf fünf der sieben Kanarischen Inseln, und nur über die flachen Weiten von Lanzarote und Fuerteventura streichen die Wolken ungehindert dahin. La Palma profitiert mehr als die Schwesterinseln vom Passat. Die mehr als 60 km langen Gebirgsketten (neben der Caldera auch die Höhenzüge der Cumbres) haben sie zur wasser- und waldreichsten, zur „grünen" Insel des kanarischen Archipels werden lassen. Die Gebirgsketten wirken zugleich als Wetterscheiden. So kann es passieren, dass der „ewige Frühling" auf La Palma sich zur selben Zeit an verschiedenen Inselorten ganz unterschiedlich zeigt (siehe oben „Reisezeit").

Flora

Mehr als 700 verschiedene Pflanzenarten kennt man auf La Palma, darunter allein siebzig, die nur auf dieser Insel vorkommen (Endemiten). Andere findet man auch auf anderen Kanaren und im „makaronesischen Raum", zu dem die atlantischen Inseln vor Afrika – Madeira, die Azoren und die Kapverdischen Inseln -gehören.

Grund für die Pflanzenvielfalt sind die ganz unterschiedlichen Klima- und Vegetationszonen. Die tieferen Gebiete sind nicht nur wärmer, sondern auch trockener als die höher gelegenen, weil die Feuchtigkeit des Passatwinds sich überwiegend in

Brandgefahr

Fast alljährlich brennt im Sommer irgendwo auf den Kanaren der Wald. Die trockenen Kiefernnadeln am Boden erhöhen die Brandgefahr erheblich. Seien Sie deshalb im Freien beim Umgang mit Feuer sehr vorsichtig – zwischen Mai und September ist offenes Feuer ohnehin verboten. Also: Bitte keine brennenden Kippen auf den Boden werfen, kein zerbrochenes Glas (Brennglaseffekt!), aber auch keinen anderen Müll nach der Rast zurücklassen!

Die Schäden des großen Brandes im Sommer 2009 sind in den Wäldern im Süden noch deutlich zu sehen. Und im Sommer 2012 richtete ein Brand Schäden am Nordwestrand der Cumbre Vieja und oberhalb von Mazo an (siehe auch Kasten S. 129).

Höhen ab 600 m niederschlägt (vgl. „Klima“). Darunter können ohne künstliche Bewässerung nur Pflanzen überleben, die in der Lage sind, das wenige Wasser optimal zu nutzen. Sie geben kaum Feuchtigkeit ab, indem sie beispielsweise schmale Blätter bilden oder sich durch harte Schalen und frühe Verholzung schützen oder Wasser in Wolfsmilch umwandeln. So beherrschen vor allem drei Pflanzen das Bild in den trockenen Zonen, die im Süden und Westen bis auf ca. 600 m hinauf wachsen, im feuchteren Nordosten da gegen nur bis auf etwa 300 m Höhe:

Säuleneuphorbie *(Cardon cardenales, Wolfsmilchgewächs):* Diese an Kakteen erinnernde Pflanze reckt ihre bis zu zwei Meter hohen, schmalen, fünfkantigen, säulenartigen Äste nach oben. Feuchtigkeit wandelt sie zu einer dicken, weißen Flüssigkeit um (Vorsicht: ätzend) und speichert sie so.

Tabaiba *(einheimisches Wolfsmilchgewächs):* Wie ein Minidrachenbaum wirkt diese Pflanze. Aus einem Stamm verbreitert sie sich bis in eine Höhe von 1,5 m strauchartig. An ihren dicken Ästen wachsen schmale Blätter, die sie im Sommer in trockeneren Gebieten abwirft. Der ätzende Saft wurde von der Urbevölkerung zum Fischfang genutzt, in flachen Gewässern betäubte man damit die Fische.

Feigenkaktus *(Opuntie):* Der bis zu 2 m hohe Kaktus, dessen große, ovale Blätter wie Hasenohren aussehen, stammt aus Mexiko. Seine essbaren Früchte sind ab September reif, sie schmecken ähnlich wie Kiwis, sind aber extrem stachelig. Vorsicht also bei der Ernte. Die Palmeros pflücken sie mit langen Holzzangen, sprühen sie mit einem scharfen Wasserstrahl ab, um die feinen Stacheln zu entfernen, und öffnen sie zur Sicherheit mit Messer und Gabel, um das Fruchtfleisch herauszuholen. Auf vielen Feigenkakteen sitzen schwarze Punkte auf einem weißen Belag. Das sind *Co-*

chenille-Läuse und ihr Gelege. Ihr einziger Lebensraum sind die Feigenkakteen. Um ihretwillen wurden die Opuntien auf den Kanaren angesiedelt. Aus den Gelegen der Läuse wird ein früher sehr begehrter karminroter Farbstoff gewonnen (→ S. 35/134).

Oberhalb dieser trockenen Zone wandelt sich die Vegetation je nach Lage zum Passat erheblich. Im mit Feuchtigkeit kaum verwöhnten Süden und Westen schließen sich ab ungefähr 600 Höhenmeter die großen Pinienwälder an, die sich bis auf die Cumbres ziehen. Die wichtigsten Pflanzen dieser Wälder sind:

Kanarische Pinie: Die älteren Exemplare der einheimischen Pinie/Kiefer haben eine breitere Krone, mit der sie mehr als andere Bäume den Wolken die Feuchtigkeit entziehen können. Demselben Zweck dienen die überlangen, immer zu dritt gebündelten Nadeln der Pinie. Ihre vielfach geschichtete Rinde verhindert, dass die Flammen der häufigen Waldbrände in das Innere des Stamms vordringen, der ungewöhnlich harzreich ist und wie eine Fackel brennen würde. Schließlich hat die Kanarische Pinie die Fähigkeit, direkt am Stamm auszuschlagen – ohne also zuvor Äste gebildet zu haben. All das macht diesen Baum zu einem wahren Überlebenskünstler.

Zistrose *(Jara)*: Die meiste Zeit des Jahres wirkt diese Rosenart unattraktiv – trockene, niedrige Büsche, deren raue Blätter an Salbei denken lassen. Im Mai aber verwandeln ihre zartrosa Blüten den Boden in ein farbiges Meer.

Codeso: Ein dunkelgrüner Leguminosenstrauch. Im Frühjahr und Sommer blüht er leuchtend gelb; einzelne Büsche werden bis zu 2 m hoch.

Asphodeline: Die weißen Blüten dieser Lilienart – aus dem Mittelmeerraum stammend – beleben die Pinienwälder ab Januar.

Den vollkommenen Kontrast zu der trockenen Tiefzone mit ihrer nahezu wüstenartigen Vegetation bilden die *Lorbeerwälder* im Nordosten. Hier bringen die Passatwolken die Feuchtigkeit, die im Zusammenwirken mit warmer Luft eine auf der Welt nahezu einmalige Vegetation von subtropischen Urwäldern entstehen ließ. Ihre wichtigsten Vertreter sind auf S. 189 beschrieben.

An seinen oberen Grenzen vermischen sich Lorbeer- und Pinienwälder mit den Pflanzen der Fayal-Brezal-Zone; ihr Name stammt von den beiden wichtigsten Pflanzen dieses Gebiets:

Brezo, Baumheide *(Erica arborea):* Diese Verwandte des Heidekrauts kann bis zu zwölf Meter (!) hoch werden.

Faya *(Gagelbaum):* Dieser niedrige Baum steht immer mit Brezo zusammen. Man erkennt ihn leicht an seinen dunkel glänzenden Blättern.

Zwei weitere Pflanzen sind unabhängig von den genannten Hauptvegetationszonen auffällig:

Drago *(Drachenbaum):* Dieser Inbegriff des kanarischen Baumes ist kein Baum, sondern ein Liliengewächs (neueste Forschungen vermuten eine Verwandtschaft mit Agaven). Die meisten Exemplare finden Sie im Norden der Insel.

Dickblattgewächse, Wurze *(Aeonium):* Vertreter dieser Gattung finden sich überall auf La Palma. Ihre dicken, zu Rosetten angeordneten Blätter schießen aus den Felswänden der Caldera ebenso wie aus den trockenen Böden der südlichen Küstenregion. Rund dreißig Arten soll es auf La Palma geben, darunter elf endemische.

Die wichtigsten Kulturpflanzen

Auch die Kulturpflanzen bestimmen das Landschaftsbild der Insel, denn der Agrarexport ist noch immer die Haupteinnahmequelle La Palmas. Hier gedeiht einfach alles, und immerzu ist irgendwo irgendetwas reif. Möglich wird das durch die Höhen- und Temperaturunterschiede. Faustregel: ein Grad minus pro 100 Höhenmeter. Konsequenz: In Meeresnähe ist das Klima subtropisch, ab 400 m mediterran (ohne Winter), ab 800 m mitteleuropäisch, allerdings mit milden Wintern und höchst seltenen Schneefällen.

Bananen: Wo immer der Anbau möglich ist, werden sie angepflanzt. Die Früchte kennen keine Jahreszeit, doch trägt jede Staude nur einmal, dann ist der *hijo* dran, der schon aus dem Wurzelballen wächst. Bananen können Sie preiswert auf dem Markt und in jedem Supermarkt kaufen, Früchte aus den Stauden zu brechen sollte sich damit erledigen (siehe auch S. 38).

Papayas: In den tiefer gelegenen Gärten und inmitten der Bananen findet man diese einzeln stehenden, zweiglosen Bäume. Die melonenartigen, erst grünen, später gelben Früchte hängen direkt unter den tief eingeschnittenen Blättern.

Avocados: Avocado-Fincas mit ihren großen, schattigen Bäumen sollten als Alternative zu Bananenplantagen La Palma von seiner landwirtschaftlichen Monokultur wegführen. Die grünen Früchte hängen wie Birnen an den Bäumen – die grünen, glatten der Sorte *Fuertes* kommen im Herbst auf den Markt. Im Frühjahr folgt die Sorte *Hass* mit ihren dunklen, pickligen Schale und dem nussigen Geschmack.

Wein: Auf La Palma gibt es Weinfelder und keine Weinberge, denn die Sonne kommt überall hin. Die Reben werden selten hochgebunden, denn am Boden sind die Trauben besser gegen Wind geschützt und können mehr Wärme

Bougainvillea bei El Paso

aufnehmen. Die jungvulkanischen Hänge der Cumbre Vieja bieten für den Weinanbau einen erstklassigen Boden. Etliche Kellereien bringen Markenweine in den hiesigen Handel.

Mandelbäume: Der Nordwesten, insbesondere die Gegend um Puntagorda, ist das Hauptanbaugebiet für Mandeln – schier endlos erstrecken sich die Terrassen. Im Januar/Februar bietet sich ein zauberhafter Anblick, wenn die weiß-rosa Blütenwolken in den Bäumen hängen und Blütenteppiche die Felder bedecken. Da darf das *Mandelblütenfest* nicht fehlen – sein Termin wird Jahr für Jahr von der Gemeindeverwaltung neu festgelegt. Exportiert wie früher werden Mandeln heute nicht mehr, deshalb werden die Bäume häufig nicht abgeerntet. Aber noch immer essen die Palmeros ihre Mandeln selbst, zum Beispiel in den köstlichen Desserts *Bien me sabe* oder als Gebäck.

Oberhalb von 400 m wachsen die Mittelmeerfrüchte, allen voran **Zitronen** und **Apfelsinen**. Die *Naranjas del país*, die einheimischen Apfelsinen, sind nicht so leuchtend-orange wie die Orangen aus Valencia, dem Hauptanbaugebiet Spaniens. Zudem wachsen hier Pfirsiche und Aprikosen, dicke gelbe Pflaumen, Kirschen, Mandarinen, Pampelmusen, Granatäpfel, Guaven mit gelb-schrumpeliger Schale und Mispeln, hier Nisperos genannt, Feigen natürlich und die Früchte der Opuntie, des Feigenkaktus. Alles reift schön hintereinander, so dass es auf der Insel immer frische Früchte gibt.

Über 800 Höhenmeter werden mit den Temperaturen auch die Früchte mitteleuropäisch: Äpfel, Birnen und Maronen gedeihen hier. Die Esskastanien werden ab Oktober geerntet – am Martinstag, wenn der junge Wein zum ersten Mal probiert wird, sind geröstete Maronen das „Beibrot“.

Zierpflanzen

Viele der Zierpflanzen in den Gärten, Grünanlagen und Straßen wurden aus anderen Kontinenten, aus Mittel- und Südamerika, Afrika oder Asien eingeführt. Da auf La Palma fast jede Pflanze gedeiht, sind hier die schönsten der Welt versammelt. Es fehlen eigentlich nur die Orchideen der tropischen Regenwälder. Die häufigsten und auffälligsten Gewächse bei den Stauden sind **Strelitzien**. Ihre Schönheit macht sie zu einem beliebten Werbesymbol auf den Kanaren, dabei stammen sie aus Südafrika.

Blütenreiche Sträucher setzen farbige Tupfer an Straßenrändern und natürlich in Parks und Gärten. Mit ihren malvenartigen, fünfblättrigen Blüten in vielen Gelb-, Rot- und Rosatönen gehört der **Hibiskus** auf Platz 1 der Beliebtheitsskala, zumal er das ganze Jahr über blüht. Höher hinauf schafft es der **Oleander**. In einer Seitenstraße von Los Llanos steht eine ganze Allee von rosa blühenden Oleanderbäumchen mit rund fünf Metern Höhe. Kein Wunder, hier muss die auch im übrigen Europa so beliebte Kübelpflanze im Winter nicht ins Haus geholt werden. Die niedlichen roten **Weihnachtssterne** aus dem adventlichen Blumentopf wachsen sich auf den Kanarischen Inseln zu Sträuchern von mehreren Metern Höhe aus. Im Sommer unscheinbar grün, bilden ihre riesigen knallroten Hochblätter (keine Blüten) ab Ende Oktober herrliche Kontraste zu den dunklen Natursteinmauern oder weiß gekalkten Häuserwänden. Weihnachtssterne sind giftige Wolfsmilchgewächse aus Mexiko. Kletterer wie die **Bougainvillea** leuchten lila, karminrot, rosa und orange an Häuserwänden und Pergolen.

Schönheiten sind auch die Straßenbäume:

Indischer Lorbeer: Keine Plaza ohne diesen Baum. Unter seiner riesigen Krone lassen sich selbst die heißesten Tage ohne Schweißausbruch verbringen. Blätter für die Suppe zu pflücken ist zwecklos (dafür nimmt man besser Azorischen Lorbeer), denn der Indische Lorbeer ist botanisch ein Ficus, ein Feigengewächs also.

Jacaranda *(Falscher Palisander):* Was so tropisch-exotisch klingt, kommt aus Brasilien und ist einer der häufigsten Straßenbäume. Beliebt machen den Baum vor allem seine zartlila Blüten im Frühjahr. Manche Bäume tanzen aus der Reihe und blühen auch im Herbst. Blüht der Jacaranda nicht, erkennt man ihn an den doppelt gefiederten Blättern, junge Bäume an den weich gebogenen Ästen.

Flamboyant: Seinen feuerroten Blütenrispen im Sommer und Herbst verdankt „der Flammende" seinen Namen. Verwandt mit dem Jacaranda, hat auch er Hülsen und doppelt gefiederte Blätter. Wenn er gerade nicht blüht, lässt sich der Flamboyant leicht von seinen Brüdern und Schwestern durch seine schirmartige Krone unterscheiden.

Tulpenbaum: Sie werden ihn sofort erkennen, denn er trägt seine leuchtend roten, wie überdimensionale Tulpen aussehenden Blüten stolz nach oben gereckt. Dieser Baum stammt aus Afrika.

Araukarie: Wie ein sauber ausgeschnittener, ebenmäßiger Tannenbaum sieht sie aus, stammt aber nicht vom deutschen Weihnachtsmarkt, sondern hat ihre Heimat in Südchile. Nach den Araukanern, den südchilenischen Indianern, ist sie auch benannt.

Gummibaum: Denken Sie nicht an öde Bürobegrünung. Mit dem dortigen Kümmerling hat er nur den Samen und das Blatt gemeinsam. Auf den Kanaren wächst er zu stattlichen Exemplaren heran, die sich zu Recht Baum nennen dürfen.

Grajas fliegen nur auf La Palma

… und er fliegt in Los Cancajos

Fauna

Anders als La Palmas Flora ist die Fauna artenarm, wilde Großtiere gibt es nicht. Die hier lebenden Säugetiere wurden als Nutztiere auf die Insel gebracht oder folgten den Menschen, z. B. die Mäuse. Einzige Ausnahme ist eine seltene Fledermausart, die es aus eigener Kraft hierher geschafft hat.

Von den Menschen ausgesetzt sind auch die Tiere, auf die gern Jagd gemacht wird: *Kaninchen* und *Mufflons*, Mähnenschafe, setzte die Nationalparkverwaltung 1954 im Park der Caldera aus. Inzwischen möchte sie die großen Kletterer, die sich auch gern über geschützte Pflanzen hermachen, wieder verbannen, aber die Jagdlobby hält dagegen.

La Palmas eigene Tierwelt hat Flügel, und darunter sind einige interessante Exemplare, die nur auf La Palma vorkommen. Dazu zählt die *Graja*, die Caldera-Krähe mit rotem Schnabel und roten Füßen. Für Ornithologen hat La Palma einiges zu bieten: Amseln, Blaumeisen, Bussarde, Falken, Sperber, Milane und Tauben in verschiedenen Arten, Eulen natürlich und den *Canario*, den Kanarienvogel. Der hat mit dem treuen Gast in Wohnstuben nicht mehr viel gemeinsam – sein gelbes Gefieder wurde ihm im 19. Jh. in Tirol und im Harz angezüchtet. Der kanarische Urvater singt zudem weniger fleißig als sein europäischer Namensvetter.

85 % der Tierwelt stellen die *Insekten*. Ihre Vielfalt ist kaum zu beschreiben. Schmetterlinge sind natürlich ihre schönsten Vertreter; bei Wanderungen wird Sie vermutlich ein Zitronenfalter oder Monarch ein Stückchen des Weges begleiten. *Moskitos* treten selten auf. Sollte sich dennoch ein Exemplar in Ihr Schlafzimmer verirren: Erheblich lästiger als der Stich ist ihr Geräusch.

Wo immer Sie gehen, raschelt es neben Ihnen im Gebüsch: Keine Angst, das sind nur Eidechsen. *Lagartos* heißen sie hier, das Weibchen grau mit gelb-braunen Seitenstreifen, das Männchen mit blauer Kehle. Nicht zu verwechseln mit den Insekten fressenden *Geckos*, die erst nach der Dämmerung auftauchen und dann Motten und Mücken jagen. Machen Sie es wie die Einheimischen: Vertreiben Sie die Geckos nicht, sondern sehen Sie sie als Hausfreunde.

Gefährliche Tiere gibt es eigentlich nicht: Schlangen und Skorpione sind unbekannt. Einzige Ausnahme ist der *Ciempie* (Hundertfüßler), der ca. 15 cm lang wird. Sein Biss kann für Kinder gefährlich sein, bei Erwachsenen kommt es nur zu einer schmerzhaften Schwellung. Aber der Ciempies ist selten, und er liebt Ruheplätze unter Steinen in trockenen Zonen. Nur wenn ein Sommer besonders heiß und trocken ist, kann er sich auf der Suche nach Kühlung ins Haus verirren. Selbst dann gilt: Er hat mehr Angst vor Ihnen, als Sie vor ihm haben müssen. Aber für alle Fälle haben die Apotheken Mittelchen gegen den Biss.

Geradezu unüberschaubar ist auch die Vielfalt der *Meeresbewohner*. Meeresschildkröten verfangen sich bisweilen in Fischernetzen – auf Speisekarten finden sie sich glücklicherweise nicht. Dort landen all jene Fische, die im Kapitel „Essen und Trinken" erwähnt werden.

Umwelt- und Naturschutz

450 km vom nächsten Festland entfernt, und dort nur Wüste, bleibt La Palma von fremdem Schmutz verschont. Luft und Wasser zirkulieren über dem Atlantik, berühren kaum besiedelte Gegenden. 41 % der Inseloberfläche sind bewaldet, diese grüne Lunge könnte weitaus größere Flächen mit Sauerstoff versorgen.

Auch das Meer ist hier sauberer als anderswo. Die Insel liegt an keiner Schifffahrtsroute, Teerklumpen am Strand haben Seltenheitswert. Selbst die Fische sind gesund, wenn sie den Fischern ins Netz gehen. Ihr Quecksilbergehalt ist minimal. Die

Naturschutzgebiete

2002 erklärte die UNESCO die gesamte Insel zum Biosphärenreservat. Bereits 1983 waren die Lorbeer-Urwälder von Los Tilos zum Weltnaturerbe gekürt worden. Voraussetzung dafür war unter anderem die Zusage aller Verantwortlichen, die natürlichen Ressourcen zu erhalten und ihre nachhaltige Entwicklung in Zukunft sicherzustellen. Dem Schutz der Insel folgte als nächster Schritt die Schaffung von ozeanischen Schutzgebieten rund um die Inselgruppe. Seit 2006 ist auch die Passage von Öltankern in Kanarischen Gewässern untersagt.

Der Schutz der einzigartigen Natur begann schon 1953 mit der Schaffung des Nationalparks *Caldera de Taburiente*. Seit 1987 ist fast ein Drittel der Fläche

Im Sommer steigt die Brandgefahr

gesunde Umwelt ist deshalb für viele Ausländer der Grund, sich hier niederzulassen. Die saubere Luft gab zudem den Ausschlag zum Bau des internationalen *Observatoriums auf dem Roque de los Muchachos*, dem höchsten Gipfel La Palmas. Nicht durch Staub behindert, lassen sich die Sterne besser beobachten.

Durch keine Umweltkatastrophen bedroht und durch die natürlichen Gegebenheiten verwöhnt, entwickelte sich nur allmählich der Gedanke an *Medio ambiente*, so Umwelt/Umweltschutz auf Spanisch. Pfandflaschen sind unbekannt, Plastikflaschen und -tüten die gängigsten Artikel in den Supermärkten. Erst seit 2012 versuchen sie die Kunden von diesem Service zu entwöhnen. Strom wird allerdings in immer größerem Umfang von Sonnenkollektoren und Windrädern erzeugt.

La Palmas Naturschutzgebiet: Jungvulkanische Gebiete, Wälder sowie die eindrucksvollsten Schluchten und Küstenstreifen stehen unter Schutz.

Das Gesetz schreibt fünf verschiedene Schutzformen vor: Sie reichen von Gebieten, die nur von autorisierten Personen betreten werden dürfen (wie einige Teile des Nationalparks), bis zu Zonen, deren Nutzung nicht ohne Zustimmung verändert werden darf. Immerhin waren große Teile der jetzigen Naturparks zuvor Bauernland oder schon von Straßen durchzogen. Dennoch sind die Naturschutzgebiete die reizvollsten Landschaftsteile La Palmas, in die sich ein Ausflug oder eine Wanderung immer lohnt. Nahezu alle in diesem Buch beschriebenen Wanderungen führen in solche geschützten Gebiete.

Naturschutzgebiete

Geschichte

Die Urbevölkerung

Ein glückliches Volk müssen sie gewesen sein: wenig Mühen mit Wind und Wetter, eine überreiche Natur und dazu ein weit demokratischeres Gesellschaftssystem als die meisten der damaligen Zeit. La Palmas Ureinwohner sind ein geheimnisvolles Volk – bis heute.

Das Geheimnis beginnt mit dem Namen. *Guanchen* nannte sich die Urbevölkerung nur auf Teneriffa, „Sohn von Teneriffa" heißt es in ihrer Sprache. Der Einfachheit halber wird in der Fachliteratur die Urbevölkerung aller Kanaren als Guanchen bezeichnet. Von La Palma ist kein Eigenname bekannt. *Benahoare*, „mein Land", sollen sie geantwortet haben, als man sie nach dem Namen von Land und Leuten fragte. In den erst kürzlich eröffneten archäologischen Museen ist man dazu übergegangen, die palmerische Urbevölkerung nach diesem Begriff – allerdings in seiner Verkleinerungsform – *Benahoaritas* zu nennen.

Aus ihrer Sprache sind nur Eigennamen und Ortsbezeichnungen geblieben: Taburiente, Time, Tazacorte, Tijarafe, Tigalate oder Echentive und Idafe. Weitere Spuren, die sie der Nachwelt hinterlassen haben, sind *Petroglyphen,* Felszeichnungen, siehe dazu S. 178.

Petroglyphen bei La Zarza

Derzeit gehen die kanarischen Wissenschaftler davon aus, dass die vorspanische Bevölkerung von einem Berberstamm aus Nordafrika abstammte, der von den Römern aus seinem Stammesgebiet vertrieben wurde. Stammten sie von diesen Berbern ab, ließe sich auch erklären, warum es unter ihnen zur Überraschung der Eroberer nicht nur dunkelhaarige mediterrane, sondern auch hochgewachsene, blonde Menschen gab: Nachweislich war der blonde Cromagnon-Typus auch in Nordafrika vertreten. Aber es ist auch gut möglich, dass Berber auf bewohnte Inseln übersetzten und es mehrere Einwanderungswellen gab.

Auf La Palma lebten die Urbevölkerung in Wohnhöhlen. Steinpferche baute man für Haustiere. Schafe, Ziegen und Hunde sicherten nicht nur die Fleischversorgung, aus ihrem Fell wurde auch

Kleidung gefertigt. Zudem gewannen die Menschen durch die Tierhaltung Milch, Käse und Butter. Meeresfrüchte waren selbstverständlicher Teil ihrer Nahrung: Küstenfische, Seeschnecken und Muscheln. *Gofio*, noch heute das Grundnahrungsmittel auf den Kanaren (→ S. 61), gewannen sie aus einer stärkehaltigen Farnwurzel. Sie kannten weder Pflug noch Rad, noch Pfeil und Bogen; Gerätschaften und Waffen fabrizierten sie aus Holz, Stein, Knochen oder Gräten sowie aus Ton. Die Keramikherstellung, ohne Drehscheibe, in Aufbautechnik, war auf La Palma weiter entwickelt, die Keramik feiner als die der Nachbarinseln und mit Bandmustern verziert. Mit dieser Technik, mit den alten Formen und Mustern arbeiteten die palmerischen Töpfer bis ins letzte Jahrhundert. Heute fertigt die Keramikwerkstatt *El Molino* bei Mazo Arbeiten nach Originalvorlagen.

Auf La Palma lebten zwölf Sippen in Gemarkungen, die mit den heutigen Gemeindegrenzen fast übereinstimmen. Dem *Mencey*, dem Stammesführer, stand ein Beraterkreis zur Seite. Frauen waren als Priesterinnen und Medizinerinnen anerkannt. In der Ehe konnten sie wie der Mann die Scheidung beantragen. Im Kampf fochten sie Seite an Seite mit den Männern, und in der Religion galt die weibliche Gottheit ebenso viel wie die männliche.

Die Eroberung

Im Verlauf des 15. Jahrhunderts widerstanden die Bewohner La Palmas mehreren Invasionen, so auch der des jungen adeligen Heißsporns *Guillén de Peraza*. Er wollte seinem Vater, dem Grafen von Gomera, nacheifern und La Palma unterwerfen. Am Strand von Tazacorte landete er 1442 mit seinen Mannen. Seine Strategie, durch eine der tiefsten Schluchten direkt in das Herz der Insel, die Caldera de Taburiente, zu stürmen, schlug fehl. Seither trägt die Schlucht den Namen „Barranco de las Angustias" – Schlucht der Todesängste. Sie könnte auch „Barranco de los Muertos", Schlucht der Toten heißen, denn nur einer der spanischen Soldaten soll die Schlacht überlebt haben.

50 Jahre später, am 29. September 1492, landete der Bezwinger La Palmas, *Alonso de Lugo*, ebenfalls am Strand von Tazacorte. Der erfahrene Haudegen war von der Krone zur Eroberung der letzten kanarischen Bastionen La Palma und Teneriffa entsandt worden. Er siegte, weil er mit seinen Soldaten auf weniger gefährlichem Gelände, immer in Küstennähe, zunächst nach Süden und dann um die Insel zog und so den Widerstand der vereinzelt kämpfenden Stämme brechen konnte. Unüberwindbar aber war für ihn das Gebiet des Stammes Acero in der Caldera de Taburiente, einer natürlichen Felsenfestung. Durch eine List, indem er den dortigen Führer *Tanausú* um ein Gespräch ohne Waffen bat, gelang es ihm, Tanausú und seine Hauptleute aus der Caldera zu locken und zu überwältigen. Die Eroberung war damit am 3. Mai 1493 beendet. Die palmerischen Kämpfer wurden in Ketten gelegt und nach Spanien verschifft. Tanausú entzog sich der Gefangenschaft durch einen Hungerstreik bis zum Tode. Alonso de Lugo dagegen bezwang 1496 auch die sich heftig verteidigenden Guanchen von Teneriffa und wurde der erste Gouverneur der größten Kanareninsel. Tanausú aber ist bis auf den heutigen Tag der Held der Palmeros geblieben.

Tipp: Der Roman „Tanausú – der letzte König der Kanaren" beschreibt den Eroberungsfeldzug aus Sicht der Sieger und der Besiegten (vgl. S. 60 im Roman).

Nach der spanischen Eroberung La Palmas wurde ein Teil der Inselbewohner als Sklaven verschleppt, andere, ihrer Gebiete beraubt, wurden Sklaven vor Ort. In den abgelegenen Gebieten konnte ein Teil sein Leben wohl fortführen und vermischte sich im Laufe der Jahrhunderte mit den spanischen Eindringlingen.

Heute stehen die Guanchen auf den Kanaren hoch im Kurs. Sie haben das Image „edler Menschen“, denen alle Tugenden zugesprochen werden. Viele Palmeros führen ihre Abstammung daher gern auf sie zurück. Seit die Vormachtstellung der katholische Kirche auch in den Dörfern gebrochen ist, sind Namen aus vorspanischer Zeit beliebter als die der Kalenderheiligen. Nur auf den Kanaren heißen Mädchen Daida, Yaida oder Dacil.

Die Guanchen haben noch ein Erbe vermacht – *Lucha Canaria*. Dieser Nationalsport der Canarios hat etwas vom Ringen und etwas vom Judo: Zwei Kämpfer reichen sich die Rechte, beide Hände führen sie gemeinsam in den Sand, während mit der Linken der zum Wulst aufgekrempelte Hosensaum des Gegners ergriffen wird. Dann wird geschoben und gehoben, gedrückt, geworfen und gerungen, bis einer den Boden „mit einem anderen Körperteil als den Füßen“ berührt. Sieger ist, wer zwei von drei direkten Begegnungen für sich entschieden hat. Jede Mannschaft besteht aus zwölf Kämpfern. *Lucha Canaria* ist auf allen Inseln so populär, dass eine Profiliga entstand, deren Wettkämpfe im TV-Regionalprogramm übertragen werden.

Auf den Spuren der Benahoaritas

Bei Ausflügen und Wanderungen können Sie Kultstätten und Museen der vorspanischen Bevölkerung besichtigen:

Santa Cruz: Archäologische Abteilung im Museo Insular San Francisco, S. 99.

Südosten: Parque Arqueológico Cueva de Belmaco, S. 143.

Los Llanos: Arqueológico Museo Benohoaritas, S. 116.

Im Norden: Wohnhöhlen im Barranco Buracas (Wanderung 8).

Parque Arqueológico La Zarza, zu Beginn von Wanderung 9 oder im Anschluss an Wanderung 10, S. 178.

Die spanische Zeit

Zuckerrohr, Wein, Tabak, Seide – und bis auf den heutigen Tag Bananen. Die neuere Geschichte von San Miguel de La Palma ist eine Geschichte der Monokulturen. Zuerst Spanier und später Briten mach-ten La Palma zum „Hoflieferanten“ für profitable Agrarerzeugnisse.

Kaum hatte *Alonso de Lugo* 1493 die letzten Bastionen der Guanchen auf La Palma gestürmt, ging er an die wirtschaftliche Nutzung der Kolonie durch *Sklaverei* und *Zuckerrohranbau*. Zucker, damals Luxusartikel, ließ sich nur mit großem Kapitalaufwand – die von den Ureinwohnern unberührte Natur musste „kultiviert“ werden – und mit gewaltigem Personaleinsatz anbauen. Landarbeiter und landlose Bauern aus Spanien wurden als Arbeitskräfte auf der Insel angesiedelt. Die Finanziers und Großhändler waren flämische Kaufleute, zu jener Zeit Untertanen der spanischen Krone. Ihr Einfluss auf Kultur und Architektur hat sich bis auf den heutigen Tag bewahrt, der

Lucha Canaria – nicht länger reiner Männersport

Zuckerrohranbau nicht, denn Zucker lieferten die von schwarzafrikanischen Sklaven bewirtschafteten Plantagen auf den Karibikinseln bald billiger.

Anfang des 18. Jh. ließen soziale Unruhen auf Kuba die Karibikinsel als Tabaklieferanten des Madrider Hofes vorübergehend ausfallen – die Canarios ergriffen die Chance und bauten *Tabak* an. Bis heute zählen *Puros* gleichrangig mit Havannas zu den besten Zigarren der Welt. Damals aber entschied der Hof, den Tabakanbau für das spanische Weltreich auf Kuba zu monopolisieren – der Anbau auf La Palma brach zusammen. Die Palmeros probten erfolglos den Aufstand.

Und so löste eine Monokultur die nächste ab. Entscheidend war allein die Nachfrage auf dem Weltmarkt, so auch beim *Wein*. An den Lavahängen vor allem im Süden La Palmas gedeiht der *Malvasierwein* in besonderer Qualität. In feinen Kreisen überall in Europa zählte er über Jahrhunderte zu den weltbesten Dessertweinen. Kein Wunder also, dass 1665 von britischen Händlern eine Monopolgesellschaft gegründet wurde, die den Malvasier vermarktete, bis im 19. Jh. der Mehltau den einst blühenden Wirtschaftszweig lahmlegte. Die Folge: Eine von vielen Auswanderungswellen schwappte über den Atlantik. Kuba und Venezuela waren die bevorzugten Exodusziele der Palmeros.

Im 16. und 17. Jahrhundert zählte die Inselhauptstadt – nach Sevilla und Antwerpen – zu den bedeutendsten Häfen des spanischen Reichs. Alle aus Amerika heimkehrenden Schiffe des *Westindienhandels*, wie man die Ausbeutung der Kolonien nannte, mussten Santa Cruz de La Palma anlaufen, denn hier saß der Steuereintreiber der Handelskammer von Sevilla, an die jeder Kapitän und Händler Zoll zu entrichten hatte.

Viele Vorteile ergaben sich daraus für La Palma – und ein furchtbarer Nachteil: Piraten und Freibeuter, denen die Schätze in der Karibik entwischt waren, kreuzten beutegierig vor La Palma. Die Absicht war klar: Entkamen die schwer beladenen Schiffe auch hier, hielt man sich an der Insel schadlos. Im Jahr 1553 brandschatzte der Korsar *Le Clerq*, „Holzbein" genannt, Santa Cruz, und noch 17 Jahre später trieb *Jacques de Soir* sein Unwesen vor Tazacorte. Die Insulaner befestigten daraufhin ihre Häfen, so dass bereits 1585 *Francis Drake* seinen Angriff auf Santa Cruz erfolglos abbrechen musste.

Die privilegierte Situation des Hafens wussten die Insulaner in einer Hinsicht langfristig für sich zu nutzen: Es entstand eine *Werftindustrie*, die bis gegen Ende des 19. Jh. erfolgreich war. Die Schattenseite: Der Schiffbau trug zur weiteren Reduzierung des Waldes bei. Dennoch ist La Palma auch heute noch mit über 40 Prozent Waldbestand die baumreichste Insel der Kanaren.

Die Zucht der *Cochenille* bot eine weitere Chance für die Wirtschaft. Auf dem aus Mexiko eingeführten Feigenkaktus, der noch heute auf der Insel wuchert, lassen sich die hier als *Cochinillas* bekannten Schildläuse züchten, aus deren Larven ein purpurroter Farbstoff gewonnen wird. Färberei war seit jeher ein ertragreicher Handwerkszweig, besonders im Zusammenhang mit der Seidenproduktion – nun bot dieser Naturfarbstoff die Gelegenheit zum großen Geschäft. Nach einem halben Jahrhundert war um 1880 der Traum ausgeträumt. Mit der Einführung der Anilinfarben brach auch dieser einst profitable Markt weitgehend zusammen.

Feigenkaktus –
Wirtspflanze für Läuse

Seit Ende des 19. Jh. werden, von Briten eingeführt, *Bananen* angebaut, die über Jahrzehnte den Markt weltweit kontrollierten. Doch seit Ende der 1950er Jahre war klar, dass die kanarische Zwergbanane mit den Früchten aus Mittelamerika nicht konkurrieren kann (vgl. Kastentext „Warum kanarische Bananen kein Exportschlager sind", S. 39).

Die Kanarischen Inseln wurden im Lauf der Jahrhunderte immer wieder das Armenhaus Spaniens. Wobei das fruchtbare La Palma, dessen Selbstversorgung leidlich gesichert war, besser als die Nachbarinseln abschnitt. Das ist ein Grund, warum ab den 1960er-Jahren La Palma die Konzentration auf den Massentourismus, von dem die größeren Inseln heute wirtschaftlich abhängig sind, nicht mitmachte: Für die Palmeros war Tourismus ein Zusatzgeschäft und nicht ihr entscheidender Wirtschaftszweig.

Kleine La-Palma-Chronik

2000 v. Chr.	Vermutlich erste Besiedlung des Archipels; Zuwanderung wahrscheinlich in zwei Wellen, von denen zumindest eine aus Nordafrika kam.
ca. 200 v. Chr.	Erste nachweisbare Siedlung auf La Palma.
1405 n. Chr.	*Jean de Béthencourt*, normannischer Ritter und Färbereibesitzer, der drei Jahre zuvor mit Lanzarote die erste Kanareninsel erobert hat, wird bei dem Versuch, La Palma zu erobern, zurückgeschlagen. Ebenso Guillén de Peraza einige Jahrzehnte später.
1492	*Alonso de Lugo* landet in Puerto de Tazacorte und erobert La Palma in weniger als einem Jahr.
1496	Lugo wird zum Gouverneur der spanischen Könige auf La Palma ernannt und beginnt im Valle Aridane mit dem Zuckerrohranbau.
1510	Die Zuckerrohrplantagen im Inselwesten werden zunächst an das Augsburger Handelshaus der Welser, später an deutsch-flämische Kaufleute (Monteverde/Van Dale) verkauft.
1553	Der Korsar *Le Clerq*, „Holzbein" genannt, brandschatzt Santa Cruz.
1556	Erste öffentliche Schule in der Inselhauptstadt.
1585	Der englische Freibeuter *Francis Drake* wird vor Santa Cruz zurückgeschlagen.
1657	Der Inspektor der Handelskammer Sevilla, bei dem alle aus Amerika einlaufenden Schiffe ihre Abgaben zu entrichten haben, wird von La Palma nach Teneriffa versetzt. Der wirtschaftliche Niedergang von Santa Cruz setzt damit ein.
1665	Gründung einer englischen Monopolgesellschaft, die palmerischen Wein vermarktet.
1773	In Santa Cruz tagt der erste gewählte Gemeinderat Spaniens.
1852	Die Kanaren und damit La Palma werden zur Freihandelszone erklärt, was dem Archipel immer noch Zollvorteile verschafft.
1863	*El Time*, die erste Zeitung La Palmas, erscheint. Sieben Zeitschriften gibt es bis zum Ersten Weltkrieg auf der Insel. Heute erscheinen ein Anzeigenblatt, zwei Inselzeitungen und Lokalausgaben von in Teneriffa publizierten Tageszeitungen.
1880	Der Tinerfeño *Pedro Reid* und der Brite *L. Jones* führen Bananen auf dem Archipel ein. Auf La Palma betreiben die englischen Gesellschaften *Elder* und *Fyttes* dieses Geschäft.
1912	*Cabildos insulares*, die Inselregierungen, werden eingeführt. Ihrer Abgeschiedenheit wegen hat jede Kanareninsel eine eigene Verwaltung.
1927	Die Kanarischen Inseln werden in zwei Provinzen aufgeteilt: La Palma zählt mit Teneriffa, El Hierro und La Gomera zur Provinz *Santa Cruz de Tenerife*.
1936	Der nach Teneriffa strafversetzte General *Francisco Franco Bahamonde* zettelt am 17. Juli 1936 den Spanischen Bürgerkrieg an. Auf

La Palma verhalten sich die republikanischen Regierungsvertreter loyal, werden aber eine Woche nach Putschbeginn von faschistischen Truppen verjagt und ermordet. Widerstandsgruppen werden nach und nach aufgerieben. Erst 2006, nachdem einer der Mörder kurz vor seinem Tod den Ort preisgegeben hatte, wurden die sterblichen Überreste von 13 Republikanern aus Fuencaliente gefunden.

1978/1982 Die neue spanische Verfassung – nach dem Tod *Francos* und der Wiedereinführung der Monarchie 1976 – fasst die beiden kanarischen Provinzen in zwei Schritten zur „Autonomen Region Cana rias" zusammen.

1986 Mit dem *EU-Beitritt* Spaniens erhalten die Kanaren einen Sonderstatus, der seither schrittweise abgebaut wird.

2011 Aus den Kommunalwahlen geht die sozialistisch-sozialdemokratische PSOE mit 34,7 % als stärkste Partei hervor. Sowohl bei der Bildung der Inselregierung als auch in den Gemeinden muss sie eine Koalition mit der konservativen PP eingehen. Immerhin erreichte sie ihr Ziel, die nationalistische CC *Coalición Canarias* zurückzudrängen.

La Palma im Überblick

San Miguel de la Palma ist der offizielle Name der Insel.

Lage: La Palma und El Hierro sind die westlichsten Kanaren und damit am weitesten vom afrikanischen Festland entfernt (445 km). La Gomera ist die nächste Nachbarinsel (65 km), Teneriffa liegt 85 km entfernt, das spanische Festland 1500 km und Deutschland mehr als 3000 km.

Größe: Mit 708 km^2 ist La Palma die drittkleinste der Kanarischen Inseln. Die größte West-Ost-Entfernung beträgt 28 km, die in Nord-Süd-Richtung 47 km. Mit dem *Roque de los Muchachos* besitzt die Insel mit 2426 m ihre höchste Erhebung.

Bevölkerung: Belegt ist eine Besiedelung seit 200 v. Chr. 2008, bei der letzten Erhebung, waren es 86.500 Einwohner.

Verwaltung: Die Kanarischen Inseln bilden eine autonome spanische Region, die sich in zwei Provinzen aufteilt. La Palma gehört mit La Gomera und El Hierro sowie der Hauptinsel Teneriffa zur Provinz Santa Cruz de Tenerife. Jede Insel wird von einem *Cabildo insular* verwaltet. Gemeinderat und -verwaltungen heißen *Ayuntamiento*.

Verkehr: Mehr als 1000 km ist La Palmas Straßennetz lang, und ständig wird weiter asphaltiert: Der Straßenzustand ist gut. Fast jedes Inseldorf wird täglich von Linienbussen angefahren. Auch die Taxi-Versorgung entspricht mitteleuropäischem Standard. Auf dem Inselflughafen bei *Mazo* landen wöchentlich rund zwei Dutzend Chartermaschinen. Linienflüge und Fähren verbinden die Kanarischen Inseln untereinander und mit dem Festland.

Eigene Ernte gibt es auf dem Bauernmarkt/Mercadillo

Wirtschaft

Noch immer spielt die Landwirtschaft eine wichtige Rolle. Ein knappes Drittel aller Beschäftigten arbeitet überwiegend als selbstständiger Landwirt, ein weiteres Drittel in Handel, Verwaltung und Tourismus, der Rest verteilt sich auf Handwerk und Baugewerbe. Nach Schließung der Zigarettenfabrik bei El Paso gibt es keine nennenswerte Industrie mehr.

In der **Landwirtschaft** ist fast alles Banane – *plátano* heißt das auf Spanisch, sie sichert noch heute Arbeitsplätze. Der größte Teil der gelben Früchte wird aber in kleinen Fincas von weniger als 5000 m^2 im Nebenerwerb angebaut und bessert den Lohn aus anderen Tätigkeiten auf. Auf flachem Gelände oder dort, wo sich der Bau von Terrassen lohnt, von 400 m Höhe bis hinunter an die Küste, bestimmen das satte Grün der Bananenplantagen, ihre Windschutzmauern und die riesigen Bewässerungsbecken das Bild der Landschaft. Ein wenig schönes optisches Element ist hinzugekommen: Immer mehr Plantagen verändern sich zu mit feinen Netzen bedeckten Gewächshäusern. Allerdings gibt es gute Gründe für diese Maßnahme: Die Netze verringern die Wasserverdunstung, helfen also, Wasser zu sparen; sie lassen weniger Insektizide in die Umwelt entweichen; sie verringern die Kraft des Windes, ohne ihn auszuschließen (was mehr Insektenbefall zur Folge hätte) und reduzieren damit die Gefahr, dass die Stauden umstürzen. So können auch windempfindlichere, größere Sorten gepflanzt werden.

Der palmerische **Tourismus** stützte sich bisher vor allem auf deutsche Urlauber, in hohem Maße Individualtouristen, von denen nicht wenige in Ferienhäusern und Ferienapartments wohnten. Durch die Verbreiterung des Bettenangebots in Hotels im Luxussegment macht sich La Palma davon unabhängig. Festlandspanier und die kanarischen Nachbarn sind eine Zielgruppe, die besonders in den Monaten Juli und August leere Betten belegen.

Als einen ersten Schritt in Richtung Luxus und neue Urlauberzielgruppen lässt sich das bisher neueste und größte Hotel La Palmas mit 1250 Betten und einer mehr als

1000 m² großen Poollandschaft an der Küste bei Fuencaliente sehen (Beschreibung S. 118). Um das 2004 eingeweihte Haus der Princessgruppe gab es umfangreiche Auseinandersetzungen und vielfältige Kritik von Einheimischen wie von ausländischen La-Palma-Fans, passt es doch nicht in das Konzept eines naturnahen, grünen Tourismus, der für La Palma immer noch propagiert wird.

Zu einer Insel des Massentourismus wird La Palma dennoch nicht werden. Es kann auch nicht mit strahlend-weißen Stränden wie Fuerteventura oder goldgelben wie der von Maspalomas auf Gran Canaria werben. La Palma hat schon deshalb gute Chancen, Besucherrekorde, wenn sie denn eintreten, leidlich unbeschadet zu überstehen.

Warum kanarische Bananen kein Exportschlager sind

José Camacho Pérez lebt von der Banane: morgens als Plantagenarbeiter, nachmittags als selbstständiger Bauer. Doch mit beiden Einnahmequellen kann er seine fünfköpfige Familie nur mehr schlecht als recht ernähren. Ohne Gemüsegarten und Weinfeld, die beide ausschließlich der Selbstversorgung dienen, sähe es mager auf dem Tisch der Familie aus.

Ihr Produkt, die kanarische Banane, lässt sich nur dank der Einfuhrbeschränkung für die „Dollarbanane" absetzen. Die „Bananenordnung" der Europäischen Union, von Deutschland bis auf den heutigen Tag bekämpft, ermöglicht der kanarischen Banane immerhin einen bescheidenen Export aufs Festland, nach Frankreich und Italien. Ohne diesen Schutz wären die kleineren kanarischen Bananen gegenüber den gestylten „Chiquitas" und „Tucas" aus Mittelamerika, mit den Werbemillionen nordamerikanischer Konzerne im Rücken, auf dem freien Markt nicht konkurrenzfähig. Die Gründe dafür sind:

1. Die kanarischen Bananen sind in der Herstellung teurer als die amerikanische Frucht. 1 € kostet den Canario das Kilo, mit 50 Cents kalkulieren die Mittelamerikaner. Gut ein Drittel der Kosten geht auf den Kanaren für Bewässerung drauf. Kosten, die im feucht-tropischen Costa Rica beispielsweise nicht anfallen, von den dort noch niedrigeren Löhnen zu schweigen.

2. Ohne Vermarktungsorganisation und -strategie, ohne „Markenartikel-Philosophie" haben die kanarischen Bananenbauern keine Chance gegen die übermächtigen, längst etablierten US-Konzerne, die den mittelamerikanischen Bananenmarkt beherrschen.

Ihr relativer Erfolg in der EU hat die kanarischen Bananenbauern und ihre Lobby dennoch beflügelt. Ob sie dabei immer den richtigen Weg wählen, ist fraglich. Statt mit den besonderen Qualitäten der typischen kleinen kanarischen Bananen zu werben – mit deren Duft und Aroma –, halten sich die Vermarkter an amerikanische Produkte und fordern zum Pflanzen größerer Sorten auf. Angeblich verlangt das der europäische Markt.

Der Bananenanbau und alle Themen, die damit zusammenhängen, lassen sich auf La Palma nur schwer diskutieren. Der Bananenexport wird als einzig profitabler, zukunftsträchtiger Wirtschaftszweig neben dem Tourismus gesehen. Es herrscht die Angst, bei einem Scheitern der palmerischen Landwirtschaft weiter auf den Ausbau des Tourismus setzen zu müssen. Und bei der Vorstellung, ähnlich wie die großen Nachbarinseln Teneriffa und Gran Canaria vom Tourismus abhängig zu werden, beschleicht manchen Palmero der Horror. Dann doch lieber Bananenrepublik.

Typisch palmerisch

Fiestas

Nicht an allen offiziellen Feiertagen wird gefeiert, die palmerischen Fiestas folgen ihren eigenen Regeln. Während der Sommermonate ist eigentlich immer irgendwo etwas los – meist nach derselben Dramaturgie. Jeder Stadt, jedem Stadtteil und jedem Dorf ein Fest, meist in Verbindung mit dem Namenstag des Schutzpatrons. Kirchliche Feierlichkeiten sind heute nur noch Anlass, schmückendes Beiwerk. Auftakt ist meist ein Umzug an einem Samstagnachmittag mit geschmückten Wagen. Bis Mitternacht bleibt es ruhig, erst danach wird es voll beim Tanz auf der Plaza. Eine Fiesta, die etwas auf sich hält, dauert neun bis zehn Tage – zwei Wochenenden und die Tage dazwischen. Damit man überhaupt Schlaf findet, geht es an den Arbeitstagen früher los mit Kinderprogramm, Theateraufführungen und Folklore. Achten Sie während der Sommermonate auf die weithin wahrnehmbaren Böllerschüsse – sie signalisieren den Start einer jeden Fiesta, und wenn Sie ein Feuerwerk am nächtlichen Himmel sehen, ist die Feier schon fortgeschritten.

Die wichtigsten örtlichen Feste:

- Anfang Februar feiert Puntagorda das Mandelblütenfest.
- Beim Fronleichnamsfest in *Mazo* wird der Prozessionsweg mit Blumenteppichen geschmückt.
- Mittelpunkt der am 13. Juni in *San Antonio del Monte* (nahe Garafía) startenden Fiesta ist ein Viehmarkt, der mit einer Rinderprämierung endet.
- *Los Llanos* feiert sein Stadtfest (Virgen de los Remedios) zwei Wochen lang ab Mitte Juni mit einem Umzug, zu dem jede Inselgemeinde festlich geschmückte Motivwagen entsendet. Kurz vorher, zu San Isidro (dem Schutzpatron der Bauern), wird ein Viehmarkt abgehalten.
- Am 16. Juli ehren die Fischer in *Tazacorte* ihre Schutzheilige Carmen mit abendlicher Bootsprozession und Feuerwerk über dem Meer.
- Alle drei Jahre (nächstes Mal 2015) wird am ersten oder zweiten Augustsonntag die *Virgen del Pino* – die Pinienjungfrau – von der Waldkapelle nach *El Paso* geführt. Die Bajada wird von Motivwagen begleitet. Wenn am 1. September die „Jungfrau" zurückkommt, wird im Wald hinter der Kirche gesungen und gefeiert. Zu dieser wie zu anderen Fiestas gehört ein Pferderennen, bei dem traditionell nur zwei Pferde antreten.
- Ebenfalls alle drei Jahre im August, das nächste Mal 2015, feiert *Barlovento* seine *Virgen del Rosario* – Rosenkranzjungfrau – mit einem für Spanien typischen Moros-y-Cristianos-(Mauren-und-Christen-)Spektakel. Im Mittelpunkt der Feierlichkeiten steht die Seeschlacht von Lepanto, die allerdings auf dem Trockenen, im Barranco del Pilon, nachgespielt wird. Siegreich waren bei dieser Schlacht um die Vorherrschaft im Mittelmeer selbstverständlich die Christen.
- Das größte aller palmerischen Feste ist die *Bajada de la Virgen de Las Nieves* in der Inselhauptstadt *Santa Cruz*. Die Schutzpatronin der Insel, die Schneejungfrau, wird von ihrer Kirche in Las Nieves nach Santa Cruz gebracht und bleibt

dort, bis sie zum Abschluss in einer Prozession zurückgebracht wird. Alle fünf Jahre (das nächste Mal 2015) beginnt die Bajada Ende Juni und endet erst im August. Höhepunkt des Festes ist der „Tanz der Zwerge", bei dem verkleidete und geschnürte Tänzer eine Polka im Trippelschritt aufführen (siehe auch S. 96).

- Kein Fest, aber in jedem Jahr wieder sehenswert, sind die *Krippen* – Bélen –, die nahezu jede Gemeinde aufstellt. Besonders schön ist die von Los Llanos. Jedes Jahr wird in Miniatur eine andere Insellandschaft mit Menschen und Tieren dargestellt, in der die Krippe fast gesucht werden muss.

Die Indianer kommen!

Wie in allen traditionell katholischen Gegenden wird Karneval auch auf La Palma heftig gefeiert. Einige Gemeinden stellen zur Geräuschdämpfung neuerdings Zelte auf, aber getrunken und getanzt wird immer auch auf den Straßen. Wie zuhause gibt es auch hier Chöre, so genannte Murgas, die in aktuellen Liedern lokalpolitische Begebenheiten aufs Korn nehmen. Und natürlich den Kinderkarneval. Damit erschöpfen sich die Gemeinsamkeiten aber auch schon, andere Bräuche sind uns fremd: Wer zum Beispiel während der tollen Tage nicht täglich mit Talkumpuder bestäubt wird (verzichten Sie deshalb auf Ihre neue Wildlederjacke oder andere feine Kleidung und schützen Sie Ihre Augen am besten mit einer Sonnenbrille), ist nicht dabei gewesen. Ein Höhepunkt ist der Rosenmontag, an dem die „Indianer" in Santa Cruz ankommen. Die Indianer sind hier die (häufig reich gewordenen und entsprechend arroganten) Rückkehrer aus Lateinamerika (Las Indias), die kräftig auf die Schippe genommen werden. Großfamilien und Betriebsgruppen treten in kolonialweißen Prachtgewändern auf, begleitet von ihren schuhcremeschwarzen Sklaven, die Schatz- und Geldtruhen schleppen. Wer nicht in Weiß gewandet auftritt, wird im Nu puderweiß bestäubt. Am Aschermittwoch wird dann unter Heulen und Klagen in einem Umzug *die Sardine beerdigt.* Manche Gemeinden feiern allerdings später, um der „Konkurrenz" der Nachbargemeinde zu entgehen. Wer also dem Lärm des rheinischen Karnevals entfliehen will, ist schlecht beraten: Auch hier ist zumindest in den Städten während der tollen Tage an einen Acht-Stunden-Schlaf nicht zu denken.

Folklore und Melancholie

Aus den Bars und Autoradios klingen die melancholischen oder heiteren Lieder La Palmas so häufig wie spanische und internationale Popmusik. Die Inselbewohner lieben ihre Musik, ihre Trachten und Tänze. Zu sehen ist das bei jeder Fiesta. Zumindest am Eröffnungstag tragen die jungen Mädchen selbstbewusst die alten Trachten. Selbst Kleinkinder werden von ihren stolzen Eltern in der traditionellen Kleidung herausgeputzt.

Trachten: Jeder Inselteil hat seine eigene Details. Gemeinsam sind den Trachten der Frauen weite Röcke (häufig an den Seiten hochgeschürzt, damit der reich bestickte Unterrock hervorblitzt) sowie weiße, bestickte Blusen und Westen. Die schwarzen Westen aus dem Südwesten sind mit farbenprächtigen Blumenmotiven bestickt. Um den Kopf tragen sie ein Seidentuch, der Tuchknoten sitzt vielfach auf dem Scheitel und wird in einigen Gegenden mit putzigen, kleinen, schräg aufgesetzten Strohhütchen verdeckt. Im Norden tragen die Frauen schmale Kappen, die an der Seite einen praktischen Schmuck haben: drei Nähnadeln, umwickelt mit buntem Garn. So können kleine Reparaturen gleich an Ort und Stelle ausgeführt werden.

Die Männern kleiden sich eher schlicht. Unter wadenlangen, weiten Hosen (bei Wärme und langen Wegen sorgen die für mehr Temperaturausgleich) schauen die bestickten Säume der Unterhosen hervor. Weißes Hemd, Weste und eine Kappe, deren Zipfel bis in den Nacken reicht und so vor der Sonne schützt, dazu noch gestrickte Socken, schon ist der Palmero traditionell und praktisch ausstaffiert.

Musik, Lieder und Tänze: Wild und aufregend ist die palmerische Musik nicht; Flamenco darf man nicht erwarten, wenn man auf La Palma eine Folkloreveranstaltung besucht. Die Musik entspricht der bäuerlichen Tradition, der Landschaft, dem Klima, drückt aber auch die Sorgen der Menschen aus vielen Jahrhunderten aus. Natürlich haben Einwanderer aus Andalusien oder Portugal (und Rückwanderer aus Südamerika) ihre Musik mitgebracht, und so manche einst modische Strömung wie die Polka wurde integriert. Melancholische Elemente sind Teil des maurischen Erbes. Gitarren und Timbeln (kleine, viersaitige Lauten), Trommeln, Flöten und Kastagnetten begleiten Sänger und Tänzer.

Trachten aus dem Norden

Selbst die moderne Musikszene folgt dieser Tradition: Die kanarischen Rock- und Popgruppen verbinden folkloristische mit modernen Rhythmen, setzen traditionelle Instrumente zusammen mit E-Gitarren ein.

Und die traditionelle Volksmusik wird gepflegt. Jede Gemeinde hat ihre Musikgruppe, manche auch eine kombinierte Musik- und Tanzgruppe, die bei den Fiestas auftritt. Die meisten Gruppen brachten bereits CDs heraus, die in

Bunt und schrill – Mariachi-Bläser aus Tazacorte

jedem Musikgeschäft und in vielen Bars verkauft werden. Als beste traditionelle Gesangsgruppe gilt ein Männerchor: *Los Arrieros*, die Eseltreiber. Etwas exotisch gibt sich das mexikanische *Mariachi-Orchester* aus Tazacorte, ein Erbe der Rückwanderer.

Tipp für alle, die nicht auf die nächste Fiesta warten wollen: An jedem Freitagabend tritt die Musik- und Tanzgruppe **Cumbre Nueva** aus El Paso im Hotel Sol La Palma in Puerto Naos auf. Die Vorführung wird auf Deutsch und Spanisch erläutert (Eintritt frei). Eine gute Gelegenheit, zumindest für die Gäste der näheren Umgebung, die Folklore der Insel kennenzulernen.

Handwerkskunst/Kunsthandwerk

Auf ihr traditionelles Kunsthandwerk sind die Palmeros ebenso stolz wie auf ihre Trachten und Musik – es zu pflegen, zu bewahren ist auch Ausdruck ihrer Eigenständigkeit und ihres Selbstbewusstseins. In Mazo gibt es eine Kunsthandwerksschule, die Kinder in alten Techniken unterrichtet, und auf dem örtlichen Bauernmarkt *(mercadillo)* ist eine ganze Etage dafür reserviert. Zusätzlich findet alljährlich in wechselnden Orten eine *Feria de Artesanía* (Messe für das Kunsthandwerk) statt. Alles, was da zu sehen ist, kann natürlich auch gekauft werden und ist als Mitbringsel geeignet.

Schwarze Keramik: Die besten Reproduktionen der feinen, verzierten Keramik der Benahoaritas (vgl. Geschichte) werden in der Mühle „El Molino“ von Mazo hergestellt.

Handwebarbeiten: In feiner Flickenteppichmanier werden Stoffreste zu Decken, Taschen und Tisch- oder Bodenläufern verarbeitet.

Stickereien: Blumenmotive sind auf La Palma besonders beliebt. Sehr naturgetreu und plastisch gestickt, sind sie fester Bestandteil vieler Inseltrachten. Durchbruchstickereien und umstickte Blatt- und Fruchtmotive als Sets und Tischdecken werden häufig angeboten. In Mazo sind die schönsten Stücke in einem eigenen Museum zu sehen.

Korbflechterei: Aus Weiden und aus langen gespänten Brombeerranken. Durch die helle und die dunkle Farbe entstehen verschiedene Muster.

Naturseide: Der einstmals wichtige Wirtschaftszweig der Seidenspinnerei erlebt seit einigen Jahren einen neuen Aufschwung, vor allem in El Paso, wo die meisten Maulbeerbäume stehen, deren Blätter den Seidenraupen als Nahrung dienen. Die Seide wird mit Naturfarbstoffen gefärbt und zu Krawatten und Tüchern verarbeitet. Im Seidenmuseum in El Paso kann man bei der Fertigung zuschauen.

Neue Kunst und neues Kunsthandwerk: Die Schönheit La Palmas hat viele in- und ausländische Künstler inspiriert und veranlasst, sich hier niederzulassen. Ihre Arbeiten gibt es auf den Märkten, in Kunsthandwerks- und Geschenkeläden, beispielsweise Lithografien von Ruth Königsberger, Seidenmalereien, Lavaschmuck oder Kunstfotos als Post- oder Briefkarten. Sehr schön sind die Arbeiten der Glasbläser in ihrer Werkstatt an der Plaza Sotomayor in Argual. Schauen Sie mal bei einem Ihrer Flohmarktbesuche hinein!
Übrigens: Auch die Tabak- und Weinherstellung gilt als Handwerkskunst.

Puros: Kenner meinen, die palmerischen Zigarren stünden den Havannas in nichts nach – außer im (niedrigeren) Preis. In der Gemeinde El Paso wird der Tabak angebaut; gedreht werden die Zigarren von Hand in Breña Alta und an einem Stand in der Flughafenhalle. Zigarrenpackungen gibt es in jedem Supermarkt zu kaufen. Die losen Puros sollen aber die besten sein. Über den Anbau informiert die *Tabaquera El Sitio* und das Tabakmuseum im Südosten, Beschreibung S. 111.

Weine: Es gibt inzwischen 16 Bodegás, die Qualitätsweine herstellen. Weißer, Roter und Rosé sind zu haben, dazu der *Malvasier*, ein fruchtiger Dessertwein. Er ist der teuerste Wein La Palmas. Achten Sie beim Einkauf darauf, dass *La Palma, Denominación de Origen* auf dem Etikett steht. Nur dann können Sie sicher sein, dass der Wein auf La Palma auch geerntet und nicht nur abgefüllt wurde.

Wenn nicht gerade die Kunsthandwerksmesse stattfindet, kann man diese Produkte in Spezial-, Souvenir- und Kunsthandwerkergeschäften erwerben. Sie finden sie unter dem Stichwort „Einkaufen" in allen Ortsbeschreibungen. Alle „nahrhaften" Souvenirs gibt es in jedem Mercado, auf den Bauernmärkten *(mercadillos)* in Mazo und Puntagorda sowie in fast jedem Supermarkt.

Schwarze Keramik: ohne Fuß, aber standhaft

Typische Balkonhäuser an der Uferstraße von Santa Cruz

Architektur

Die traditionelle kanarische Architektur – von Herrenhäusern bis zu Bauernkaten – hat ihren Ursprung in der maurischen Architektur. Über Jahrhunderte bestanden auf der iberischen Halbinsel maurische, d. h. arabische Königreiche. Kunst, Architektur und Wissenschaften erlebten unter der Herrschaft der Mauren einen im übrigen Europa unerreicht hohen Standard. Nach der Rückeroberung des Gebiets durch die Spanier (Granada fiel als letztes maurisches Königreich 1492) hatten die maurischen Einwohner nur die Möglichkeit zu fliehen oder zum Christentum zu konvertieren. Andersgläubigen drohten in Spanien Folter und Tod durch die Inquisition.

Die getauften Mauren wurden *mudéjars* genannt. Ihre Architekten und Handwerker entwickelten auf Grundlage der arabischen Bauweise den *Mudéjarstil*, der den klimatischen Verhältnissen auch der Kanarischen Inseln am besten entsprach. Die Eroberung und Besiedlung der westlichen Kanareninseln durch die Spanier und der Siegeszug des Mudéjar-Baustils fielen zusammen. Die ersten Baumeister und Handwerker auf den Kanaren waren vermutlich Mudéjars, die ältesten Gebäude entstanden zumindest unter dem Einfluss dieses Baustils.

Die natürlichen Baustoffe der Kanarischen Inseln boten Material für eigene, kanarische Stilelemente. Farbiger Vulkanstein wie roter Trachit wurde zum begehrten Schmuck für Portale; mit seinen glatten Brüchen bot sich der graue Phonolith als teure alternative Fassadenverkleidung an; gleichmäßige, vom Meer rund geschliffene Kiesel fügten kanarische Künstler zu Mosaikböden.

Im Laufe der folgenden Jahrhunderte entstanden in allen Orten Amtsgebäude, Kirchen und Wohnhäuser in den jeweiligen Stilrichtungen ihrer Epoche. Barock, Neoklassizismus und Moderne sieht man heute in den Innenstädten neben kanarisch-arabischen Klassikern. Als kanarisch gelten aber nur die Gebäude mit Mudéjar-

Merkmale der traditionellen Architektur im Mudéjarstil

- dicke, in Trockenbauweise (d. h. ohne Mörtel) aufgeschichtete und verputzte Wände aus Bruchstein;
- schlichte Fassaden; bearbeitete Steine für die Hausecken und Portale bleiben als Schmuck vom Putz frei;
- der Grundriss größerer Häuser sieht einen Innenhof vor, um den sich die Stockwerke mit Galerien gruppieren;
- verzierte Holzarbeiten an Fenstern, Türen und umlaufenden Galeriegeländern;
- mit vielen geometrischen Elementen geschmückte Dachkonstruktionen; Holzdecken im Mudéjarstil gibt es auch in vielen Kirchen aus wesentlich späteren Epochen;
- große Schiebe- und Sprossenfenster zur Straße mit innen liegenden Fensterläden; im Inneren der Häuser befinden sich neben den Fenstern gemauerte Sitzgelegenheiten;
- farbige Boden- und Wandfliesen mit geometrischen Mustern;
- aus der Fassade ragende Balkone mit aufwendigem Holzgitterwerk.

Elementen. Sie werden liebevoll restauriert und gepflegt und ihre wesentlichen Züge in Neubauten kopiert.

Die schönsten Beispiele dieser Architektur finden Sie in Santa Cruz mit der *Casa Salazar* und in Argual, dem westlichsten Stadtteil von Los Llanos, mit der *Casa Massieu*. Diese Gebäude werden für Ausstellungen genutzt und können deshalb besichtigt werden.

Die aufwendige Verglasung geht auf portugiesische Einflüsse zurück

Anreise

Mit dem Flugzeug

Die meisten kommen mit dem Flieger

Charterflug direkt

... die einfachste und preiswerteste Variante. Von nahezu allen größeren deutschen Flughäfen starten Flieger. Auch Amsterdam, Brüssel, Wien, Basel und Zürich stehen im Flugplan. Der Flugplan im Winter (November bis April) ist allerdings üppiger als der des Sommers.

Über Gran Canaria oder Teneriffa

Sollten Sie keinen direkten Charterflug bekommen, haben Sie immer noch die Möglichkeit, per Charter nach Gran Canaria oder Teneriffa zu jetten und von dort aus mit dem Linienflug nach La Palma zu gelangen. Mehrmals täglich gibt es Flüge der Gesellschaften *Binter* und *Islas Airways.* Einfacher ist Gran Canaria, weil Sie dort – anders als auf Teneriffa – nicht den Flughafen wechseln müssen.

Die Charterflieger auf Teneriffa landen meist im Süden auf dem Flughafen Reina Sofia. Die Flieger nach La Palma starten (mit einer Ausnahme) auf dem Flughafen Los Rodeos im Norden. Für die Verbindung stehen die grünen Linienbusse der Firma TITSA bereit, deren Haltestelle Sie vor der Flughafenhalle finden. Es gibt täglich vier Direktverbindungen Flughafen Süd – Flughafen Nord. Sollten diese Verbindungen zeitlich nicht passen, können Sie auf den Bus nach Santa Cruz ausweichen. Im dortigen zentralen Busbahnhof steigen Sie in den Bus „Puerto de La Cruz – directo" um. Er hält nach einem Zwischenstopp am Busbahnhof von La Laguna genau vor der Flughafenhalle. Für die reine Fahrzeit von etwa 100 Minuten zahlen Sie insgesamt ca. 10 €. Wenn Sie es eilig haben, bleibt nur das Taxi: schneller und teurer (ca. 58 €).

Buchung: Sie sollten den Weiterflug schon zuhause buchen, denn die meist kleinen Maschinen sind oft ausgebucht, vor und nach wichtigen Feiertagen wie Ostern und Weihnachten/Neujahr bereits mehrere Wochen vorher. Der halbstündige Flug kann einfach ab Teneriffa 45 € kosten, ab Gran Canaria etwas mehr. Regelmäßig, insbesondere außerhalb der Ferienzeiten, gibt es preisgünstige Sonderaktionen (ab 20 €).

Von Teneriffa aus ist La Palma auch per Fähre zu erreichen, s. u.

Linienflüge

Wer Linienflüge vorzieht, muss entweder über die Nachbarinseln Gran Canaria bzw. Teneriffa (täglich) oder über Madrid (4-mal wöchentlich) fliegen. Sowohl *Lufthansa* als auch *Iberia* bieten außerhalb der Hauptsaison „Flieg-&-Spar"-Sonderangebote. Diese Tarife sind jedoch an bestimmte Konditionen gebunden.

Mit der Fähre

Die Anreise mit dem Fährschiff dauert länger und ist deutlich teurer als der komfortable Flug; sie lohnt sich höchstens, wenn Sie Ihren fahrbaren Untersatz mitnehmen und damit mehrere Monate auf den Inseln verbringen wollen.

Die Fähre der Reederei Trasmediterránea stellte im Frühjahr 2012 einmal wöchentlich eine Direktverbindung Cadiz (Andalusien) – La Palma her, Fahrzeit etwa 36 Std. Alles in allem dauert die Anreise einschließlich Anfahrt nach Andalusien – evtl. mit dem Autoreisezug – vier bis sechs Tage. Kostenpunkt für die Fähre 680 € (einfache Fahrt zwei Personen in der Kabine plus Kleinwagen). Ticketreservierungen sind insbesondere in den Sommermonaten und rund um die Vorosterwoche und Weihnachten notwendig. Die Fähren sind bequem mit allen entsprechenden Einrichtungen wie Kabinen, Cafeteria, Bar, Liegedecks und Pool ausgestattet. Das Flair einer Kreuzfahrt verfliegt aber schnell, es gibt wenig zu sehen.

Buchung: Fährbuchungen sind über Reisebüros mit DER-Lizenz möglich. Generalagentur DER, Emil-v.-Behring-Str. 6, 60439 Frankfurt/M., ✆ 069-9588 5800, 9588 5822. **Onlinebuchung**: Trasmediterránea, www.trasmediterranea.es oder www.directferries.com.

Fähren zwischen den Inseln

Inselhüpfen wie zwischen den griechischen Inseln bietet sich zwischen den Kanaren nur bei einem Urlaub von mehr als zwei Wochen an, denn jede Insel ist so groß und vielfältig, dass man ihr mehr als eine Woche gönnen sollte. Alle Inseln haben Fähranschluss.

Der *Fährhafen* auf La Palma ist Santa Cruz. Dort können Sie außer zu Ferienzeiten und vor und nach Feiertagen/Wochenenden immer noch Tickets kaufen. Sicherer aber ist es, sie im Voraus zu besorgen. Bei Ankunft der Fähren warten Taxis, bei Ankunft der Fähre Benchijigua steht zusätzlich der Bus Linie 1 nach Los Llanos bereit. Der Fährhafen Santa Cruz liegt in unmittelbarer Nähe des Stadtzentrums und der zentralen Busstationen, vgl. Stadtplan.

Fährplan Teneriffa – Gomera – La Palma: Die schnelle Autofähre Benchijigua Express der *Lineas Fred Olsen* rauscht täglich außer samstags in gut 2 Std. von und zu Teneriffas Fährhafen Los Cristianos. Abgelegt wird dort um 19 Uhr, Sonntag um 14 Uhr. Zurück geht es Mo–Sa um 6 Uhr. Einfache Passage ca. 70 €, Pkw ab 60 €, Sondertarife reduzieren den Preis, z. B. Paquete Ahorra für 2 Pers. plus Pkw. www.fredolsen.es.

Nur wenig langsamer, nicht ganz so komfortabel, aber erheblich preisgünstiger geht es mit der Autofähre der *Lineas Naviera Armas*; sie startet Mo–Fr um 18.30 und So um 12 Uhr in Los Cristianos. Zurück geht es Di–Fr um 04 Uhr, Fr zusätzlich um 22.30 und So um 16 Uhr. Einfache Passage 42 € – auch hier gibt es Sondertarife.

Stand: Sommer 2012.

La Palma zählt zu den Top-Revieren für Biker

Unterwegs auf La Palma

Öffentliche Verkehrsmittel

Taxi: Die weißen Taxis sind an dem kleinen Schild „SP“ (Servicio público) zu erkennen und an der Zahlengruppe 123 auf dem Dach. Taxameter sind vorgeschrieben, daneben hat jedes Taxi eine Preisliste für längere Fahrten.

Preisbeispiele: Flughafen–Santa Cruz 7 €; Flughafen–Los Llanos 32 €.

Taxi verde: Die Taxi-Cooperativen haben sich für den Transport von Wanderern und Personen, die in abgelegenen Gebieten wohnen, unter dem Namen „Taxi San Miguel de La Palma“ zusammengeschlossen, auch *Taxi verde* genannt. Zu und von bisher mehr als 20 zusätzlichen Stationen, in ländlichen Gebieten, an Start- und Zielpunkten von Wanderungen sowie dort, wo Wanderungen unterwegs auf Straßen treffen, bringt und holt *Taxi verde* die Fahrgäste zu Festpreisen. Reservierung (auch über die Website, auch auf Deutsch) ist angebracht. Mehr Infos und eine Karte der Stationen im Internet: www.taxisanmigueldelapalma.com, ✆ 922-416070.

Busse: Öffentliche Busse werden *Guaguas* genannt, ein Wort aus dem südamerikanischen Spanisch und von Auswanderern nach La Palma zurückgebracht. Der Fahrplan wird halbjährlich festgelegt. Er gibt nur die Abfahrtszeiten an den Startstationen und den wichtigsten Haltestellen an. Wenn Sie auf halber Strecke zusteigen wollen, müssen Sie die Ankunfts- oder Abfahrtszeit schätzen oder erfragen und sollten dann mindestens 10 Minuten vor der angegebenen Zeit dort sein. Die Busse fahren am Start pünktlich ab, und wenn sie unterwegs nur selten halten, fahren sie auch früher weiter.

Aktuelle Busfahrpläne *(horarios)* bekommen Sie entweder an der Rezeption Ihres Hotels, bei der Touristinformation oder am zentralen Busbahnhof in Los Llanos. Das deutsch-spanische Wochenblatt *D'Ocasión* sowie die Infobroschüren *Disfruta!* und *Magazin* veröffentlichen ebenfalls den aktuellen Busfahrplan.

Haltestellen unterwegs erkennt man zumindest an den Parkverbotsschildern mit dem weißen Aufdruck „Bus". Die Zahl der schmucken Wartehäuschen nimmt zu, ist aber noch nicht komplett. Wenn Sie auf freier Strecke weder das eine noch das andere finden, müssen Sie fragen *(Dónde está la parada de guaguas?)*. Nicht alle Busse halten, wenn man unterwegs, außerhalb von Haltestellen, ein Zeichen gibt.

Gezahlt wird beim Busfahrer. Tarife zum Umsteigen gibt es nicht, Sie müssen also zweimal zahlen. Achtung: Kontrolleure gibt es auch auf dieser kleinen Insel.

Tipp: Kostengünstiger fahren Sie mit dem *Bonobillete* (ca. 20 % billiger als der Einzelfahrschein). Sie erhalten es zum Preis von 12 oder 30 € am ZOB in Los Llanos, im Büro der Busgesellschaft in Santa Cruz, Calle Pedro de las Casas 3 (sie zweigt hinter dem Castillo von der Avenida Maritima ab) sowie in Geschäften mit einen Bono-Schild. Neben dem Busfahrer hängt ein Automat, der Ihr Billete entwertet.

Fahrplan der wichtigsten Buslinien

Buslinie 301 Flughafen – San Pedro – El Paso – Los Llanos 3-mal tägl.

Buslinie 300 („por cumbre") Los Llanos – El Paso – Santa Cruz: Mo–Fr 5.30–22.30 Uhr alle 30 Min.; ab El Paso je 15 Min. später. Sa/So/Feiertag eingeschränkt.

Santa Cruz – El Paso – Los Llanos: Mo–Fr 6–22.00 Uhr alle 30 Min. und 22.45 Uhr; Sa/So/Feiertag eingeschränkt.

Buslinie 100 („circunvalación norte") Los Llanos – Tazacorte – Tijarafe – Puntagorda – Sto. Domingo de Garafía – Franceses – Los Gallegos – Barlovento – Los Sauces – Puntallana – Santa Cruz: Mo–Fr 6.15–21.15 Uhr stündlich, Sa/So/Feiertag eingeschränkt.

Ab Sto. Domingo de Garafía jeweils 1¾ Std. später; ab Barlovento 5.30–21.30 Uhr stündlich, Sa/So/Feiertag eingeschränkt.

Nach Las Tricias – Garafía wird in Puntagorda umgestiegen.

Santa Cruz – Puntallana – Los Sauces – Barlovento – Los Gallegos – Franceses – Sto. Domingo de Garafía – Puntagorda – Tijarafe – Los Llanos: Mo–Fr 6.15–21.15 Uhr stündlich; Sa/So/Feiertag, eingeschränkt. Ab Sto. Domingo de Garafía je 2½ Std. später.

Nach Las Tricias – Garafía wird in Puntagorda umgestiegen.

Buslinie 200 („circunvalación sur") Los Llanos – Los Canarios/Fuencaliente – Mazo – Santa Cruz: Mo–Fr 6.15–20.15 Uhr zweistündlich, zusätzlich um 22.45 Uhr; Sa/So/Feiertag entfällt 6.15 und 16.15 Uhr. Ab Los Canarios/Fuencaliente je 30 Min. später.

Santa Cruz – Mazo – Los Canarios/Fuencaliente – Los Llanos: 6.15–20.15 Uhr zweistündlich, zusätzlich um 22.45 Uhr bis Mazo; Sa/So/Feiertag entfällt 6.15 Uhr. Ab Los Canarios/Fuencaliente je 045 Min. später.

Buslinie 204 Los Llanos – Puerto Naos – Charco verde: Mo–Sa 6.30–8.30 Uhr stündlich, 9–14.30 Uhr halbstündlich, 14.30–22.30 Uhr stündlich; So/Feiertag zusätzliche Fahrten, ab Puerto Naos je 30 Min. später.

Charco verde – Puerto Naos – Los Llanos: Mo–Sa 6.50–8.50 Uhr stündlich, 9.20–14.20 Uhr halbstündlich, 14.30–23.30 Uhr stündlich; So/Feiertag zusätzliche Fahrten. ab Puerto Naos je 10 Min. später.

Buslinie 207 Los Llanos – Puerto de Tazacorte: 6.45–23.45 Uhr stündlich.

Puerto de Tazacorte – Los Llanos: 7.00–0.00 Uhr stündlich.

Auch Busfahrer machen mal Pause

Buslinie 203 Los Canarios/Fuencaliente – Las Indias – Cerca Vieja/Hotel – Faro (Leuchtturm): 7–21 Uhr zweistündlich; Sa/So/Feiertag ab 9 Uhr, ab Las Indias je 15 Min. später.

Faro (Leuchtturm) – Cerca Vieja/Hotel – Las Indias – Los Canarios/Fuencaliente: Tägl. 9.45–19.45 Uhr zweistündlich, ab Las Indias je 30 Min. später; ab Cerca Vieja/Hotel zusätzlich Mo–Fr 7.30 und tägl. 21.30 Uhr.

Buslinie 104 Los Sauces – Puerto Espindola – San Andrés: 7.10–17.10 Uhr zweistündlich.

San Andrés – Puerto Espindola – Los Sauces: 7.20–17.20 Uhr zweistündlich.

Alle Angaben Stand 2012.
Den aktuellen Fahrplan können Sie auch unter www.transporteslapalma.com erfahren.

Mit dem Pkw

Der Zustand der Straßen ist meist gut. Anders als die Jüngeren lassen sich ältere Palmeros davon aber nicht verführen– sie beherzigen auch beim Autofahren die „Tranquilidad“ und lassen den Wagen einfach rollen. Erwähnenswert ist der fast 3 km lange Tunnel durch die Cumbre Nueva. Er verläuft nur in Fahrtrichtung von West nach Ost: Los Llanos/El Paso–Santa Cruz. Der alte Tunnel, weiter oberhalb, ist nur zugelassen in Fahrtrichtung von Ost nach West: Santa Cruz–El Paso/Los Llanos.

Das Tempolimit beträgt in Ortschaften 50 km/h, auf Landstraßen 80/90 km/h. Gewöhnungsbedürftig sind neben den vielen Kurven die fehlenden oder sehr schmalen Seitenränder, insbesondere, wenn danach kein Graben oder Feld folgt, sondern der Abhang. Wenn Lastwagenfahrer auf Landstraßen *blinken*, obwohl es keine Möglichkeit zum Abbiegen gibt, signalisieren sie damit den folgenden Fahrern, ob sie überholen können. *Links blinken* bedeutet Gegenverkehr, *rechts blinken* bedeutet, die Straße vor Ihnen ist frei. Aber sicherer ist natürlich, selbst zu schauen.

Mietwagen: Ein Mietwagen empfiehlt sich, wenn Sie Gegenden kennenlernen möchten, die etwas abseits der großen Straßen liegen, also auf La Palma mindestens für ein paar Tage.

Das Preisniveau liegt erfreulicherweise unter dem vergleichbarer Urlaubsinseln. 2012 zahlte man pro Tag inklusive Steuer und Teilkasko ab 25 € für einen Kleinwagen. Günstiger sind die Wochenpreise (Kleinwagen ab 150 €).

Der Service ist durchweg gut. Bei Buchung vor Reiseantritt steht der Verleiher am Meeting Point am Flughafen. Sollten Sie den Wagen für den ganzen Urlaub gebucht haben, übergeben Sie ihn nach Vereinbarung wieder am Flughafen.

Beim Autovermieter müssen dann der Ausweis und die Fahrerlaubnis vorgezeigt werden. Fahrberechtigt sind bis zu zwei Personen, deren Daten in den Mietvertrag aufgenommen werden. Der Mietvertrag muss unterwegs immer im Fahrzeug liegen.

Hier einige lokale Verleiher, die Sie auch im Internet finden:

Hermosilla Rent a car, El Paso, ✆ 922-402203, auch Deutsch, www.lapalma-mietwagen.de.

Autos NARKI, El Paso, ✆ 922-485335, www.autosnarki.net.

utos Soyka, Los Llanos, ✆ 922-463390, auch Deutsch, www.autosoyka.de.

Autos Ferraz SL, Santa Cruz und Los Cancajos, ✆ 922-435139, La Cascada 33, www.ferraz.de.

Verkehrszeichen: Sie entsprechen internationalen Standards, dennoch gelten einige Besonderheiten:

- Es gilt keine generelle Vorfahrt im Kreisverkehr; achten Sie auf die Beschilderung bzw. die auf die Straßen gemalten Zeichen.
- Es gibt an den vielen Kreuzungen keine Vorfahrtsschilder. Der Hinweis „Vorfahrt beachten" ist stattdessen mit weißer Farbe auf die Straße gemalt.
- Bei durchgezogener gelber Linie am Bordstein ist Parken verboten, eine durchbrochene Linie bedeutet eingeschränktes Parkverbot, eine blaue Linie erlaubt das Parken nur mit Parkschein.
- *Carretera cortada* heißt „Straße gesperrt".
- Ins Auto gehören ein Lichtsatz, zwei Warndreiecke und mindestens eine Sicherheitsweste, die beim Verlassen des Wagens auf offener Strecke getragen werden muss. Die Promillegrenze liegt normalerweise bei 0,25 in der Atemluft, das entspricht 0,5 Promille im Blut. Für Fahranfänger (in den ersten beiden Jahren) und Berufskraftfahrer gilt: 0,15 Promille in der Atemluft.

Tanken: Benzin ist ca. 25 % preiswerter als im übrigen Europa. In kleineren Orten machen auch Tankwarte Siesta und schließen an Sonn- und Feiertagen. Beim Tanken sollten Sie beachten, dass es üblicherweise keine Selbstbedienung gibt: Der Fahrer bleibt sitzen, reicht dem Tankwart den Tankschlüssel, sagt „lleno" (voll) oder nennt den Euro-Betrag, für den er tanken möchte.

Verkehrsstrafen: Auch kleine Verkehrsübertretungen werden mit hohen Strafen belegt. Für falsches Parken können Sie mit einer Strafe von 130 € rechnen, die auch in Deutschland eingetrieben wird. Entsprechend höher sind die Geldbußen für missachtete Vorfahrt und Geschwindigkeitsüberschreitungen, für Alkohol am Steuer oder Mängel am Wagen. Diskutieren oder scherzen Sie nicht mit einem Polizisten, wenn er Ihnen einen Strafzettel verpasst. Er könnte den Eindruck haben,

Sie nähmen ihn nicht ernst, und dann seinen Ermessensspielraum bei der Höhe der Strafe bis zur oberen Grenze ausnutzen. Wenn Sie innerhalb von wenigen Tagen zahlen (berechtigte Banken stehen auf dem Strafzettel) bekommen Sie einen Rabatt von 20 bis 50 %.

Die **Straßenkarte**, die es an jeder Tankstelle und in manchen Schreibwarengeschäften gibt, ist für Autotouristen durchaus ausreichend, vgl. auch S. 71.

Trampen: In besiedelten Gegenden und dort, wo häufig Busse verkehren, ist Trampen nicht üblich. Abseits, wie im wenig erschlossenen Norden, kommen Sie per Anhalter meist gut voran.

Motorrad

Auf dem Motorrad erlebt man die Landschaft viel intensiver als in einem Wagen.

Motorräder verleiht *Auto Soyka* in Los Llanos (s. o.). 2012 zahlte man für eine Honda 650 Dominator pro Woche 450 €.

Fahrrad/Mountainbike

La Palma ist nicht nur eine herrliche Insel für Wanderer, auch Mountainbiker finden hier sehr gute Bedingungen – die Fachzeitschrift „Bike“ zählt La Palma zu den Top-Revieren. Es gibt ein weitverzweigtes Netz von Waldwegen und Naturstraßen für Radler aller Könnerstufen. Straßenfahrer sollten allerdings die Hauptverkehrsachse Santa Cruz–Los Llanos meiden. Die Chartergesellschaften transportieren nach vorheriger Anmeldung das eigene Bike als Sondergepäck, Kosten 30–60 €.

Man kann Mountainbikes auch auf der Insel leihen, Preis je nach Dauer 9–15 € pro Tag, Spezialbikes 30 € und mehr. Alle Verleiher bieten Rundumservice und geführte Touren an.

Begleitete Touren führen auf Bergkämme ...

... und in Lorbeerwälder

Sie können auch einen kompletten Bike-Urlaub mit Flug, Unterkunft, Transfer, Leihwagen mit Fahrradträger, Bikes und Touren buchen. Mehrmals jährlich Events und Spezialangebote, siehe Websites.

Anbieter: *Bike'n'Fun*, Los Llanos, Calle Calvo Sotelo 20, ✆ 922-401927, www.bikenfun.de. *Bike Station La Palma*, Puerto Naos, Avenida Cruz Roja 3, ✆/℻ 922-408355, www.bike-station.de.

Wer ohne den Shuttleservice der o. g. Anbieter radeln möchte, sollte sich allerdings darüber im Klaren sein, dass auf La Palma das Treten äußerst anstrengend sein kann. Es gibt kaum Straßen ohne große Steigungen, die Insel ist überall gebirgig. Sich in Serpentinen über 2000 Höhenmeter zu schrauben, ist nur für gut durchtrainierte Biker mehr Spaß als Anstrengung. Busse nehmen Fahrräder mit, wenn sie in den Gepäckraum passen.

Buchtipp: *Mountainbike Guide La Palma*, von Ralf Schanze und Siegmund Schüler, Hellblau Verlag Essen, 16,90 €. 15 ausgewählte Touren, alle GPS-kartiert, stellen die beiden La-Palma-Kenner vor. Neben den Toureninfos wie Schwierigkeitsgrad, Höhendaten mit Profil und Tourenlänge informieren sie auch über Wissenswertes rund um die Tour und über die Insel.

Ob in der Gruppe oder allein, folgende Tipps von Radprofi Siegmund Schüler gelten für alle, die sich in den Sattel schwingen:

- In Spanien gilt *Helmpflicht* für Radler, die Bekleidung muss mit *Reflektoren* versehen sein.
- Der Nationalpark Caldera de Taburiente, die Gipfel der Cumbre Vieja (Ruta de los Volcanes) und die Südspitze sind für Radler gesperrt.
- In Naturschutzgebieten dürfen Pfade und Wanderwege von Bikern nicht genutzt werden.
- Bleiben Sie auf den gut erkennbaren Pisten und Wegen, damit Sie im Notfall nicht aus weglosem Terrain gerettet werden müssen.
- Fahren Sie auf unbekannten Straßen keine Höchstgeschwindigkeiten, insbesondere nicht bergab. Der nächste Wagen kommt Ihnen bestimmt entgegen, vielleicht sogar auf Ihrer Spur!
- Unterschätzen Sie das Wetter nicht; nehmen Sie immer eine *Windjacke* und *Sonnenschutz* mit.
- Nehmen Sie immer ausreichend *Wasser* oder Mineralgetränke mit.
- *Flickzeug, Luftpumpe und Handy* nicht vergessen! Auch für Radler gilt: im Notfall 112 wählen.

Die schönsten Ausflüge auf vier Rädern

Ein Hinweis nochmals für Autofahrer: Der Straßenzustand ist üblicherweise gut. Nach Unwettern kann es jedoch zeitweise zur Sperrung von Streckenabschnitten kommen.

Halbtagestouren

Caldera de Taburiente: Die *Cumbrecita* (vgl. S. 204) bietet mit ihren herrlichen Aussichtsplätzen am Caldera-Rand den idealen Start in den La-Palma-Urlaub. Wer sich etwas bewegen möchte, macht den auf S. 205 beschriebenen Spaziergang. Wer

Die längste Brücke überspannt den Barranco de Agua

mehr sehen und wandern möchte, entscheidet sich für eine Tagestour an einem anderen Tag mit der großen Caldera-Runde (S. 262). Die Anfahrten sind nur per Pkw möglich. Eine Richtung ab Puerto Naos ca. 20 km, ab Los Cancajos ca. 25 km.

Vulkane San Antonio und Teneguía: Im *Südzipfel* (vgl. S. 117) zeigt sich deutlich, La Palma (und nicht etwa Lanzarote) ist die jüngste Kanarische Insel. Heißer Dampf dringt noch aus den Spalten des Vulkans Teneguía. Je nach Lust und Puste kann man hier einen kleinen Rundgang, eine Rundfahrt oder eine größere Wanderung (dann wird daraus allerdings leicht eine Tagestour) unternehmen. Ab Los Cancajos und Puerto Naos eine Richtung jeweils ca. 25 km. Auch mit dem Bus möglich.

Santa Cruz: Die schöne *Inselhauptstadt* (S. 86) sollte sich kein Urlauber entgehen lassen. Mit ihren restaurierten Bauten aus dem 16. Jh., den sich am Hang hoch ziehenden, stimmungsvollen Plätzen und Gassen und nicht zuletzt wegen ihres leicht verschlafenen Charmes sollte der Stadtrundgang ein eigener Programmpunkt sein. (Tipp: Am Sonntag sowie an den anderen Tagen zwischen 13.30 und 17 Uhr werden „die Bürgersteige hochgeklappt", im Sommer bleiben sie oben, dann sind alle am Strand.) Eine Richtung ab Los Cancajos 3,5 km. Ab Puerto Naos 35 km. Auch mit dem Bus möglich.

Los Llanos: Die *„Metropole" des Westens* (S. 137) hat nicht so viele architektonischen Highlights zu bieten wie Santa Cruz, dafür ist sie quicklebendig und kann mit der schönsten und lebhaftesten Plaza aufwarten. Hier einen Kaffee unter den gigantischen Lorbeerbäumen zu genießen, gehört zumindest für Urlauber der Westseite unbedingt dazu. Eine Richtung ab Puerto Naos 9 km, ab Los Cancajos 35 km. Auch mit dem Bus möglich.

Tagestouren

Lorbeer-Urwald und die Küste im Nordosten: Zugang in einen der weltweit letzten Lorbeer-Urwälder bieten *Los Tilos* (vgl. S. 188) und *La Galga* (S. 184) mit Informationszentren sowie Spaziergängen und Wanderungen. Im Anschluss ist ein

Abstecher zur Küste sehr lohnend. Zunächst sollten Sie ins bezaubernde *San Andrés* (S. 191) fahren und später den Küstenweg über *Charco Azul* (mit Bademöglichkeit) bis *Puerto Espindola* (mit Strand) nehmen. Überall gibt es viele Sehenswürdigkeiten und gute Restaurants. Hin und zurück ab Los Cancajos ca. 55 km, ab Puerto Naos 140 km.

Roque de los Muchachos: Den *höchsten Gipfel des Caldera-Kessels* (S. 214) besucht man am besten bei einer kleinen Nordrunde (insgesamt ca. 120 km) mit Start in Santa Cruz über Mirca durch herrliche Landschaften hinauf auf den Caldera-Rand. Unterhalb des Pico de la Nieve ist ein Stopp mit Rundwanderung möglich. Nutzen Sie unterwegs jeden Aussichtspunkt und nehmen Sie vom Parkplatz am Roque de los Muchachos den beeindruckenden Weg zum Kessel. Zurück geht es über den Nordwesten. Restaurants finden Sie nach Santa Cruz erst wieder im Nordwesten, z. B. etwas abseits und sehr romantisch gelegen in El Castillo oder in Puntagorda. Die gesamte Runde ab Los Cancajos umfasst knapp 120 km, ab Puerto Naos etwa 140 km.

Frühling im Nordwesten: Der Frühling beginnt bald nach den ersten Regenfällen, im Januar mit der *Mandelblüte* im Nordwesten zwischen Puntagorda und Las Briestas oberhalb von Garafía. Etwas später entfalten sich die zartrosa Blüten in Richtung Süden bis El Paso. Von Los Llanos sollte Sie der Weg über El Time in den Nordwesten führen (S. 162). Herrlich sind um diese Zeit Wanderung 7 und 8 (siehe „Wanderführer“). Ist die Mandelblüte vorbei, blühen im Februar der Ginster und ab März alle Wildwiesenblumen zugleich. Unterwegs können Sie den Duft wilder Freesien und die zarten pinkfarbenen Blüten der wilden Gladiolen genießen. Wenn Sie in El Castillo (S. 173) einkehren, schauen Sie beim Essen in die liebliche Landschaft. Tipp: Samstags am Nachmittag und Sonntagvormittag gibt es in Puntagorda einen Bauernmarkt, den Mercadillo. Ab Los Cancajos je nach konkretem Ziel 150–180 km, ab Puerto Naos 90–120 km.

Die großen Rundtouren

Die Südrunde: Start in Los Llanos oder Santa Cruz. Sie folgen der Landstraße LP 2, die den Süden umrundet, zunächst bis nach Los Canarios und zu den Vulkanen. Von dort geht es nach Norden und auf der Verbindungsstraße Santa Cruz/Los Llanos LP 3 wieder zurück. Die Beschreibung der Landschaften längs der Strecken und aller Sehenswürdigkeiten unterwegs finden Sie in den Landschaftsbeschreibungen: Südwesten (S. 124), Südosten (S. 106) und die Cumbres (S. 198). Je nach Lust und Zeit können Sie Besichtigungen und Abstecher z. B. über die LP 301 zum Waldrastplatz El Pilar einbauen. Ohne Abstecher ab Los Cancajos ca. 100 km, ab Puerto Naos ca. 120 km.

Die große Nordrunde: Start in Los Llanos oder Santa Cruz. Sie folgen der Landstraße LP 1, die den Norden umrundet. Von Santa Cruz bzw. Los Llanos geht es am Ende auf der Verbindungsstraße LP 3 wieder zurück. Die Beschreibung der Landschaften längs der Strecken und aller Sehenswürdigkeiten unterwegs finden Sie in den Landschaftsbeschreibungen: Nordwesten (S. 162), Nordosten (S. 180) und die Cumbres (S. 198). Je nach Lust und Zeit können Sie Besichtigungen und Abstecher einbauen. Zwischen Las Tricias und Garafía gibt es die Nebenstrecke mit der LP 114 (S. 173) und zwischen Roque de Faro und Barlovento die Nebenstrecke über die LP 109 (S. 179). Häufig sehr kurvige Passagen. Ohne Abstecher ab Los Cancajos ca. 160 km, ab Puerto Naos ca. 170 km.

Luxus am Pool in Los Cancajos

Übernachten

Für die Wahl des Urlaubsorts ist das Mikroklima (siehe auch „Reisezeit") wichtig. Allgemein ist der Westen auch in den Wintermonaten sonnensicherer, wärmer und trockener, dafür aber karger als der Osten.

Badeorte

Badeorte mit touristischer Infrastruktur und Übernachtungsmöglichkeiten gibt es nur zwei:

Puerto Naos im Westen, mit dem größten Strand. Wie die gesamte Insel und ihr Tourismus wirkt Puerto Naos eher familiär. Auch die Einheimischen baden hier, wohnen hier und viele haben in Puerto Naos eine Zweitwohnung für den Sommer oder das Wochenende. In unmittelbarer Nähe gibt es weitere Strände. Ein großes Hotel mit angeschlossener Apartmentanlage sowie viele mittlere und kleine Apartmenthäuser bieten eine ausreichende Zahl an Unterkünften.

Los Cancajos, im Osten, mit Strand; mehrere kleine Sandbuchten und eine schöne Promenade. Auch hier steht ein großes Hotel. Daneben gibt es, anders als in Puerto Naos, eine Anzahl von größeren Apartmentanlagen mit Gärten und Pools.

Urbane Atmosphäre

Urlaub mit urbaner Atmosphäre kann man ebenfalls an zwei Orten machen: **Santa Cruz**, die Hauptstadt im Osten, mit ihrem reizvollen historischen Ambiente direkt am Meer, bietet einige Hotels der gehobenen Mittelklasse, Pensionen und Apart-

Dieses Schild weist den Weg zu rustikalen Unterkünften

ments. **Los Llanos**, im Westen, bietet nicht so viel schöne Bausubstanz wie Santa Cruz, liegt auch nicht am Meer, ist aber quicklebendig und nah am Hauptwandergebiet, dem Nationalpark Caldera de Taburiente. Mehrere mittlere und kleinere Hotels, einige Pensionen und Apartmenthäuser.

Mitten in der Landschaft

Bei La-Palma-Kennern sind die ruhig gelegenen Ferienhäuser und Apartments auf dem Lande beliebt. In vielen Ferienhäusern und familiären, kleinen Apartmentanlagen kann man in allen Regionen ruhig und komfortabel wohnen. Kleine Hotels und Pensionen ergänzen das Angebot. In allen Gebieten gibt es die Häuser des *Turismo rural*. In ländlichen Gemeinden wurden mehr als 60 alte Bauernhäuser stilgetreu renoviert. Ihre einheimischen Besitzer vermieten sie über zwei Agenturen (s. u.). Auch diese Ferienhäuser liegen meist abseits der größeren Orte. Noch näher an der Natur sind Camper. Die Zeltplätze sind unten beschrieben.

Preise für ein DZ pro Nacht
Pensionen: 15–30 €
Hotels (1–3 Sterne): 30–60 €
Apartments und Ferienhäuser (mittlerer/guter Standard): 35–60 €

Pauschal oder individuell?

Hier unterscheiden sich La-Palma-Urlauber von den Urlaubern der großen Kanarischen Inseln. Viele buchen bei den Fluggesellschaften lediglich den Flug und suchen vor Ort, mit Hilfe einer auf La Palma spezialisierten Agentur oder eines Reisehandbuchs, ihr Quartier. Die Übernachtungsmöglichkeiten entsprechen diesem

Wunsch nach Individualität. Eine Reservierung ist insbesondere für einen Urlaub während der Saison (Oktober bis April) ratsam.

Folgende *Reisebüros* haben sich auf Apartments und Ferienhäuser auf La Palma spezialisiert:

In Deutschland **Calima Reisen**, Ferienhäuser und Apartments auf der ganzen Insel, guter Flugfindungsservice. Schmargendorfer Str. 34, 12139 Berlin-Friedenau, ✆ 030-89748979, post@calima-reisen.de, www.calima-reisen.de und www.la-palma-reisen.de.

Sea Breeze Travel, Franz-Kobinger-Str. 3, 86157 Augsburg, ✆ 0821-2278370, www.kanaren-entdecken.de.

Karin Pflieger, Landhäuser des Turismo rural und ein umfangreiches Angebot von Ferienhäuser auf der ganzen Insel. Lohkoppelweg 26, 22529 Hamburg, ✆ 040-5604488, ℻ 5604487, www.la-palma-turismo-rural.de. ■

Auf La Palma **Contacto**, größter Anbieter vor Ort, Schwerpunkt Ferienhäuser auf der Westseite. Calle General Yagüe 13, 38760 Los Llanos, ✆ 922-463204, ℻ 922-461266, www.la-palma.de.

Infocenter La Palma, Ferienhäuser in und um El Paso sowie auf der Westseite bis hinunter nach Puerto Naos. An der LP 2 in El Paso, ✆/℻ 922-497468, www.la-palma.com.

La Palma Hola, umfangreiches Angebot an Apartments in Puerto Naos sowie Ferienhäuser in der Umgebung von einfach bis luxuriös. Carretera General a Puerto Naos 438 (erstes Haus an der Ortseinfahrt), Mo–Sa 10–13 Uhr und bei Ankunft der Gäste mit Reservierung. 38769 Los Llanos/Puerto Naos, ✆ 922-408220, www.lapalmahola.de.

Asociación Turismo Rural – isla bonita, Landhäuser des Turismo rural, Schwerpunkt im Osten und im Norden. Büro in Santa Cruz, Calle O'Daly 39, ✆ 922-430625, ℻ 922-430308, www.islabonita.com. ■

Daneben gibt es örtliche Vermittlungsbüros, ihre Anschriften finden Sie in den Ortskapiteln.

Nur im Internet **Ulrich Roth Reisen**, Ferienhäuser und Apartments auf der gesamten Insel. www.ulrichrothreisen.de.

Zelten

Den gesamten Urlaub per Zelt zu organisieren, bietet sich nur für Naturfreaks an. Es gibt kaum strandnahe Zeltplätze, wohl aber eigens ausgewiesene Zonen in den Naturschutzgebieten in den Bergen, in den Wintermonaten allerdings eine recht kühle Angelegenheit.

Bis auf eine Ausnahme sind alle Plätze öffentliche Einrichtungen. Sie liegen überwiegend an besonders schönen und geschützten Plätzen in den Bergen. Ihre Übernachtungskapazitäten werden bewusst niedrig gehalten, damit Zelten zum Naturerlebnis wird. Deshalb benötigt jeder eine schriftliche Erlaubnis, bevor er sein Zelt aufbauen kann (Anschriften unten). Für den Antrag ist eine Ausweiskopie des Antragstellers erforderlich sowie Namen und Ausweisnummern aller Begleitpersonen. Wer von zu Hause aus reservieren lässt, kann die Genehmigung frühestens eine Woche vorher, spätestens aber zwei Tage vor der ersten Übernachtung abholen. Sind auf dem gewünschten Platz noch ausreichend Stellplätze frei, und das ist meist der Fall, reicht es, sich in den genannten Büros mit dem Ausweis einzufinden. Nur während der spanischen Sommerferien (Mitte Juni bis Mitte September) und in der Karwoche kann es eng auf den Zeltplätzen werden. Dann hört man nachts statt Waldesrauschen schon mal Gläserklingen und Gesangseinlagen. In dieser Zeit gibt es besondere Beschränkungen bei der Anzahl der Übernachtungen, z. B. auf zwei oder drei Tage.

Offenes Feuer ist auf allen Zeltplätzen verboten, meist gibt es separate Kochstellen; Haustiere sind nicht gestattet. **Wildes Zelten** ist nicht erlaubt.

Zeltplätze **Caldera de Taburiente** (Nationalpark), abgeschiedener Waldplatz, erst nach mehrstündiger Wanderung zu erreichen (vgl. Wanderung 19 und 20). Ein Servicegebäude bietet nicht nur Toiletten, sondern auch Infos und kostenlose geführte Wanderungen. Anmeldung im Besucherzentrum der Parkverwaltung, zwischen Tunnel und El Paso an der Abfahrt zur Cumbrecita gelegen.

Refugio El Pilar, ruhiger Waldplatz, mit dem Fahrzeug zu erreichen (vgl. Kapitel „Cumbres“, S. 206). Wasser, Toiletten und Grillplätze in Zeltplatznähe. Max. sechs Nächte. Anmeldung über das Umweltamt (Medio Ambiente) in 37800 Santa Cruz, Plaza de la Constitución 2, ✆ 922-411583, Edificio multiple uso, neben der Post, 4. Etage.

Fuencaliente/Los Canarios, neben dem oberen Sportplatz im Wald. Mit dem Fahrzeug oder per Bus und kleinem Fußmarsch zu erreichen. Toiletten und Waschhaus vorhanden, im Ort Restaurants und Bars. Max. eine Nacht. Anmeldung siehe Refugio El Pilar.

San Antonio del Monte, Platz neben der Kirche. Mit dem Fahrzeug zu erreichen. Keine Einrichtungen. Max. eine Nacht. Anmeldung siehe Refugio El Pilar.

In einem für Urlauber ausgebauten Herrenhaus in Mazo

Zeltplatz La Fajana, bei den Naturschwimmbecken im Norden. Ein kleiner, schattenloser Platz. Mit dem Bus plus 30 Min. Fußweg oder mit dem eigenen Fahrzeug zu erreichen. Wasser, Toiletten, Duschen und Restaurant in der Badeanlage (vgl. S. 197).

Verwaltet wird dieser Zeltplatz ebenso wie der Parque La Laguna de Barlovento vom Rathaus der Gemeinde Ayuntamiento Barlovento, ✆ 922-696023.

Parque La Laguna de Barlovento, im gleichnamigen Erholungsgebiet. Mit dem Bus plus 30 Min. Fußmarsch oder dem eigenen Fahrzeug zu erreichen. Wasser, Toiletten, Grillplätze und Restaurant vorhanden. Man kann auch einfache Holzhäuser mieten (vgl. S. 196 f.). Anmeldung auch vor Ort möglich. Uneingeschränkt nur im Sommer empfehlenswert, im Winter kann es kühl und feucht werden.

Centro de Naturaleza La Rosa, bei Puntagorda. Zeltplatz mit Trockenkompost-WC, Freiluftdusche und offener Küche. Wird von der Gruppe Aire libre betrieben, die auch Wanderungen organisiert und Mountainbikes verleiht. ✆ 922-440482 oder 922-491306, Anmeldung auch vor Ort im Büro. An der LP 1 kurz hinter Puntagorda (in Richtung Garafía) ausgeschildert.

Camp La Laguna, privat betriebener Campingplatz. Der Schweizer Hannes hat mitten in die Landschaft zwölf Miet-Wohnwagen mit unterschiedlichem Komfort und Größe gestellt und genug Platz für eigene Zelte oder Wohnwagen gelassen. Ungewöhnliche und teilweise sehr originelle, geflieste Freiluftbadezimmer mit heißem Wasser, Toiletten, Küche und Bar. Eine Leserin schreibt: „Hannes führt den Platz mit Schweizer Ruhe, ein wenig alternativ, sehr lieb und hilfsbereit.“

Camino Cruz Chica 60, kein Hinweisschild weist auf den schmalen Weg, der zwischen zwei Häusern zum Platz führt, er beginnt gegenüber dem Haus mit Nr. 55. ✆ 922-401179 und 669-416283 (mobil), www.4011camp.com.

Auch Süßes und Süffiges bekommt man in der Markthalle

Essen und Trinken

La Palma und seine Küche zählen nicht zu den Pilgerstätten der Gourmets. Wer jedoch rustikal-deftige Speisen mag, wird sich gut bedient fühlen. Neben den typisch palmerischen Restaurants gibt es mehrere von engagierten jungen Köchen geführte Häuser mit kreativer Crossover-Küche.

Wo über Jahrhunderte der Weinanbau eine derart zentrale Rolle spielte, da wundert es nicht, dass Weinfreunde auf ihre Kosten kommen. Und selbst das auf den Kanaren gebraute Bier – *Dorada* und *Tropical* heißen die Marken – kann Dortmunder oder Bremer Biertrinker zufriedenstellen. *Aguardiente*, ein Tresterschnaps ähnlich der italienischen Grappa, wird selten in Bars angeboten, da trinken die Palmeros Whisky oder zum Kaffee einen Brandy. Wer den Aguardiente probieren möchte, muss ausdrücklich danach fragen, dann zaubert der Wirt ihn unter der Theke hervor.

Typisch palmerische Gerichte

Tapas: Die für ganz Spanien typischen deftigen Happen für den kleinen Hunger bekommt man in Bars. Dort liegt in Vitrinen Leckeres aus Fisch, Fleisch und Gemüse. Tapa heißt „Deckel“, und entstanden ist dieser Name aus dem Brauch, das Weinglas mit dem Tellerchen abzudecken, um den guten Trunk vor lästigen Fliegen zu schützen. Da lag die Idee nahe, den Deckel mit Essbarem zu bestücken – die Tapa war geboren.

Gofio: die kanarische Nationalspeise, der die bemerkenswerte Körperkraft der Einheimischen zugeschrieben wird. Gofio besteht einfach aus Getreide, das vor dem Mahlvorgang geröstet wurde und damit bereits gegart ist. Und Gofio ist allgegenwärtig: Bauern tragen es in einem Säckchen aus Ziegenleder zur Brotzeit aufs Feld, andere benutzen es zum Andicken der Suppen; mit Speck oder Süßigkeiten angereichert wird es als Beilage verwendet und Kleinkindern in die Milch gerührt. Gofio bekommen Sie in jedem Supermarkt.

Fische und Meeresfrüchte

Um die Auswahl im Restaurant oder Supermarkt zu erleichtern, hier die häufigsten Fischarten. Nicht jeder Fisch ist immer zu bekommen und das Angebot kann im Winter geringer sein als im Sommer, weil die Fischerboote bei stürmischer See seltener auslaufen können.

Ein Tipp noch für Reisende mit eigener Kochmöglichkeit: Sie bekommen frischen Fisch direkt vom Boot in Puerto de Tazacorte beispielsweise, aber auch im Mercado in Los Llanos und Santa Cruz oder in Fischfachgeschäften und Supermärkten. Wenn Sie auf dem Land wohnen, können Sie bei einem der Fischhändler kaufen, die hupend und rufend durch die Straßen kutschieren und den Fisch direkt von der Ladefläche ihrer Autos verkaufen.

Fische

Morena Pintada: Muräne; langer, dem Aal ähnlicher, braun gefleckter Fisch. Sehr helles Fleisch. Schmeckt frittiert sehr gut.

Congrio: Der Meeresaal erreicht vor den Kanaren bis zu 30 kg. Er hat ein wohlschmeckendes, festes, weißes Fleisch, ist allerdings sehr grätenreich.

Sama: Brassenart, auf La Palma wird meist die rosarote Unterart aus der Sama-Familie angeboten. Ein preiswerter Koch- und Bratfisch.

Sardina: Sardinen, kennt wohl jeder, einer der preiswertesten Fische.

Thunfisch: Atun; in kanarischen Gewässern von Februar bis Sommeranfang.

Bonito: Thunfischart/Wanderfisch. Erscheint hauptsächlich von Juni bis November/Dezember. Sehr wohlschmeckend.

Caballa: Makrelen, sehr verbreitet in Herbst und Sommer. Preiswert.

Cheme: Wrackbarsch, die zarten, weißen Filets finden Sie häufig auf Speisekarten.

Dorada: Goldbrasse; schwimmt vor Tazacorte in Zuchtbecken.

Vieja: Seepapagei; auffällig ist seine tiefrote Farbe mit schwarzen und gelben Flecken. Gilt als örtlicher Leckerbissen der Kanaren, guter Kochfisch.

Lenguado: Der Edelfisch wird häufig angeboten und ist sehr viel preiswerter als in Deutschland. Kommen kleinere Exemplare auf den Teller, stammen sie eher aus der Tiefkühltruhe als vom am Morgen eingelaufenen Fischkutter.

Meeresfrüchte

Calamares: gibt es in allen Variationen und im Allgemeinen durchaus leckerer als zuhause beim Griechen. Probieren Sie einmal den kleineren Verwandten Choco, er kommt im Ganzen gebraten auf den Tisch.

Langustinos: Die Nachfrage ist größer als der Fang, deshalb kommen sie häufig von auswärts und aus der Kühltruhe. Mit viel Knoblauch gebraten, sind sie dennoch ein Genuss und viel preiswerter als zu Hause.

Mejillones: Miesmuscheln.

Lapas: Napfschnecken; finden Sie hauptsächlich auf den Angebotstafeln in Puerto de Tazacorte. Hervorragend schmecken sie in Knoblauchsoße (die mitservierte Zitrone ist zum Säubern der Hände und nicht zum Würzen des Gerichts gedacht – das würde den typischen Geschmack zerstören).

Papas arrugadas con mojo: runzelige Kartoffeln mit Soße. Uninformierte Touristen erkennt man zum Beispiel daran, dass sie Papas arrugadas abpellen – falsch! Diese Kartoffeln werden gründlich gereinigt und mit der Schale in sehr stark gesalzenem Wasser gekocht. Nach dem Abgießen bestreut man sie noch einmal mit Salz, das sich dann auf der noch feuchten Schale absetzt und zu einer feinen Kruste trocknet. Und so werden Papas arrugadas auch serviert und mit Kruste und Schale gegessen. Meist mit *Mojo rojo*, der roten Soße, zu Fleisch und *Mojo verde*, grüner Soße, zu Fisch. Es existieren so viele Mojo-Rezepte wie Palmeros, höchstens die Basis aus Öl, Knoblauch, Paprika oder Koriander ist dieselbe.

Suppen: Lecker sind auch die kräftigen Suppen. Probieren Sie mal *Sopa de garbanza* (Kichererbsensuppe)

Nachspeisen: immer sehr süß und kalorienhaltigen. Das bekannteste Dessert *Bien me sabe* („Schmeckt mir gut") besteht aus Mandeln und Honig, wahlweise auch mit Eiern und Biskuit.

Käse: *Queso blanco*, den köstlichen palmerischen Ziegenkäse, bekommen Sie auch geräuchert *(ahumado)*. Dank einer Ausnahmeregelung der EU wird er noch immer aus Rohmilch hergestellt.

Cortado leche leche – Café mit wenig Milch

Fleischgerichte: *Carne de cerdo*, vom Schwein, wird oft angeboten. Mit etwas Glück erstehen Sie *Cabrita*, Zicklein (nur im Frühjahr), in Soße geschmort, oder *Conejo*, Kaninchen.

Palmerische Küche, selbst gemacht

Wem die typisch palmerische Küche so gut geschmeckt hat, dass er sie zu Hause nachkochen will, findet im Folgenden einige Rezepte. Der La-Palma-Erinnerungsabend zu Hause sollte allerdings schon auf der Insel vorbereitet werden. Nicht alle Zutaten sind außerhalb der Kanarischen Inseln zu bekommen; manche Gewürze und Kräuter wachsen auf der Insel und sind deshalb auf La Palma viel schmackhafter und auch billiger als die Ware, die man daheim einkauft.

Safran, azafran: So heißen hier die preiswerten Samenfäden der Färberdistel, die auf der Insel gesammelt werden und sich deshalb in vielen Rezepten der bäuerlichen Küche finden. Den Geschmack des Originals erreichen sie nicht, machen aber Fischgerichte und Suppen schön „geel".

Lorbeerblätter von der Insel, mit intensivem Geschmack, gibt es ebenfalls in den Markthallen.

Auch getrocknete **Oreganoblüten** sollten Sie wegen ihres besonders intensiven Geschmacks mitnehmen; auch sie sind in den Markthallen zu bekommen – oder im Sommer einfach an den Rändern der Waldwege sammeln.

Gofio finden Sie in jedem Supermarkt; die Kilobeutel liegen gleich neben dem Mehl und sehen auch so ähnlich aus.

Roten und grünen Mojo kann man auch im Glas kaufen, aber selbst zubereitet ist er natürlich viel leckerer.

Alle Rezepte sind für vier Personen berechnet.

Roter Mojo, scharfe Soße zu Fleischgerichten

Jede palmerische Hausfrau und jeder Küchenchef hat natürlich eine besondere Geheimmixtur, hier deshalb nur das Grundrezept:

- 2 getrocknete, scharfe (picante) rote Paprikaschoten
- 1 Teelöffel Salz
- 8 durchgepresste Knoblauchzehen
- 1 kleine Tasse Öl
- 3 Esslöffel Essig

Die Paprikaschoten werden geviertelt und von Kernen, Rippen und Stiel befreit, zehn Minuten weich gekocht, danach klein geschnitten und mit Essig, Salz, Knoblauch und einigen Tropfen Kochwasser püriert. Das Öl langsam dazulaufen lassen. Wer zu Hause keinen scharfen roten Paprika findet, nimmt die normalen Schoten und bringt Schärfe mit einer zusätzlichen scharfen Peperoni hinein. Da sich diese Soße lange hält, können Sie auch gleich größere Portionen herstellen und nach und nach verbrauchen.

Grüner Mojo, milde Soße zu Fischgerichten

- 2 grüne Paprikaschoten
- 3 Esslöffel Essig
- 8 durchgepresste Knoblauchzehen
- 1 Teelöffel Salz
- 1 kleine Tasse Öl

Die kleingeschnittenen Paprikaschoten werden mit Essig, Knoblauch, Salz und Öl (s. o.) püriert. Verfeinern lässt sich der Geschmack mit fein gehackten frischen, grünen Kräutern. Auf La Palma ist Koriander besonders beliebt, Sie können aber auch Petersilie nehmen. Cremiger wird der Mojo, wenn Sie Avocado mit in den Mixer geben.

Papas arrugadas (Schrumpelkartoffeln mit Salzkruste)

- 1 kg kleine oder mittlere, auf jeden Fall aber gleich große Kartoffeln
- 10 Esslöffel grobes Meersalz

Die Kartoffeln gründlich waschen und sauber bürsten. Mit so viel Wasser in einem Topf kochen, dass die Kartoffeln gerade bedeckt sind. Salz und Kartoffeln in das kochende Wasser geben und garen. Wenn sie gar sind, das Wasser abgießen und sie noch einmal mit einer Hand voll Salz bestreuen, dann für ein paar Minuten auf kleiner Flamme bei geschlossenem Deckel mehrfach schwenken, damit sie von allen Seiten trocknen und runzeln. Danach sofort servieren. Damit die Salzkruste keine Feuchtigkeit anzieht und sich wieder ablöst, sollten die Kartoffeln in ein Tuch eingeschlagen serviert werden. Das Rezept stammt übrigens von Fischern, die sich ihre Kartoffeln auf den Booten in Meerwasser kochen.

Fischpfanne

- 750 g Fisch
- 250 g Kartoffeln
- 2 Zwiebeln
- 2 Tomaten
- 2 Knoblauchzehen
- 1 Tasse Öl
- Salz, Safran

In einer großen Pfanne das Öl erhitzen und darin die fein gehackten Zwiebeln und geschälten Knoblauchzehen anbraten. Dann werden der in Stücke geschnittene Fisch, die geviertelten Tomaten und die geschälten und in feine Scheiben geschnittenen Kartoffeln hinzugefügt. Geben Sie so viel Wasser in die Pfanne, dass alle Zutaten bedeckt sind. Lassen Sie alles 15 Minuten garen. Dann kommt der Safran hinzu, zum Schluss wird mit Salz abgeschmeckt.

Kaninchen in Soße

1 küchenfertiges Kaninchen
2 Zwiebeln
2 Tomaten
1 Knoblauchzehe, durchgepresst
1 Glas Weißwein
1/2 Glas Wasser
Thymian
Lorbeerblatt
schwarzer Pfeffer
Salz
2 Teelöffel roter Mojo
100 g geröstete und gemahlene Mandeln
2 Tassen Öl

Das Öl in einer großen Pfanne erhitzen und darin das in Stücke zerteilte Kaninchen anbraten. Wenn es von allen Seiten fast goldbraun ist, die durchgepressten Knoblauchzehen hinzugeben und mit Wein und etwas Wasser auffüllen, sobald der Knoblauch sich bräunt. Jetzt kommen auch Thymian und das Lorbeerblatt an das Gericht. Nach etwa 45 Minuten ist das Fleisch gar (je nach Größe etwas mehr oder weniger). Die Mandeln und die rote Mojo werden hinzugefügt und mit Salz und Pfeffer abgeschmeckt.

Bien me sabe („Schmeckt mir gut") – sehr süßer Nachtisch (Grundrezept)

8 Esslöffel Honig
4 Eigelb
250 g gemahlene Mandeln

Den Honig in einem kleinen Topf erwärmen (nicht kochen!), die Mandeln unter ständigem Rühren dazugeben, zum Schluss das verrührte Eigelb unterziehen. Alles so lange bei geringer Hitze rühren, bis die Masse gut vermischt ist. In eine Schüssel füllen und abkühlen lassen.

Es gibt zahlreiche Varianten der beliebtesten palmerischen Nachspeise. Die Mandeln schmecken intensiver, wenn sie angeröstet werden. In einigen Restaurants werden Gofio oder fein zerbröckelte Biskuits hinzugefügt. Die Masse lässt sich auch mit Zucker statt mit Honig herstellen, dann müssen 250 Gramm Zucker in Wasser aufgelöst zu einem Sirup gekocht werden, bevor die weiteren Zutaten hinzukommen.

Papas arrugadas – eine kanarische Spezialität

Wissenswertes von A bis Z

Apotheken

In allen größeren Ortschaften gibt es Apotheken *(farmacias)*. Der Bereitschaftsdienst ist ähnlich wie in Deutschland organisiert. *Medikamente* sind preiswerter als zu Hause, und eine größere Anzahl ist rezeptfrei. Sie bekommen alle auch in Mitteleuropa handelsüblichen Medikamente, wenn auch häufig unter anderem Namen. Wenn Sie ein bestimmtes Medikament benötigen, nehmen Sie eine Medikamentenschachtel oder den Beipackzettel mit, dann kann der Apotheker anhand der Zusammensetzung das passende Medikament heraussuchen. In Ihrer *Reiseapotheke* benötigen Sie außer Ihren persönlichen Arzneien keine besonderen Mittel.

Ärztliche Versorgung

Die medizinische Versorgung auf La Palma ist gut. Gesundheitszentren *(Centro de Salud)* für ambulante Behandlungen gibt es in jeder Gemeinde (→ Ortsbeschreibungen). Oberhalb von Santa Cruz liegt ein neues, modernes Krankenhaus. Daneben gibt es ein Netz von niedergelassenen (auch deutschen) Allgemein- und Fachärzten, die privat praktizieren.

Trotz der guten Versorgung gibt es einige Unterschiede zum Standard, den man von zu Hause gewohnt ist. Es gibt z. B. mit der gesetzlichen Krankenversicherung keine freie Arztwahl. Im Centro de Salud wird ein Allgemeinmediziner zugewiesen, der notwendige Überweisungen zu Fachärzten vornimmt. Sie können nicht davon ausgehen, dass der Arzt Englisch oder gar Deutsch spricht. Zahnbehandlungen (außer Zahnentfernungen) werden nicht übernommen.

Mitglieder der gesetzlichen Krankenkassen erhalten die *Europäische Auslandskrankenversicherungskarte – EHIC* (European Health Insurance Card). Diese Karte muss vor Reiseantritt rechtzeitig bestellt werden. Sie berechtigt zur kostenlosen Konsultation und Behandlung akuter Beschwerden innerhalb des öffentlichen Gesundheitssystems. Es genügt, die Karte im Gesundheitszentrum vorzulegen.

Eine Alternative ist der Abschluss einer Urlaubskrankenversicherung. Zu erhalten ist sie zu günstigen Tarifen bei manchen Automobilclubs und bei fast allen privaten Krankenversicherungen, natürlich auch für Mitglieder gesetzlicher Kassen. Damit haben Sie freie Arztwahl.

Der europäische **Notruf 112**, auch auf Deutsch, funktioniert sehr gut. Wenn erforderlich, steht nach kurzer Zeit ein Ambulanzwagen vor der Tür. Bei Notfällen auch nach 17 Uhr sowie an Sonn- und Feiertagen stehen in folgenden Gemeinden ambulante Notdienste *(urgencia)* im Centro de Salud zur Verfügung:

Notfallambulanz Das Hospital oberhalb von Santa Cruz sowie die „Centren de Salud" in Los Sauces, Breñja Baja, Mazo, Fuencaliente, Los Llanos und Tijarafe haben eine Notfallambulanz.

Deutsche oder Deutsch sprechende Ärzte auf La Palma **Dr. R. Klassert (Allgemeinmediziner)**, San Antonio (nahe Santa Cruz), ✆ 922-181414. Sprechstunden: Mo–Fr 17–19 Uhr.

Dr. S. Kasper (Allgemeinmediziner), Santa Cruz, Avenida El Puente 31, ✆ 922-413847 oder 922-428345. Sprechstunden: Mo–Fr 11–13.30 Uhr.

Dr. v. Prondzynski (Allgemeinmediziner), El Paso, Avenida José Antonio 12, ✆ 922-497334. Notfall: ✆ 678-879334 (mobil).

Norbert Zeeh (Gynäkologe), Los Llanos, Glez. del Yerro 13, ✆ 922-460657.

Barrios Reales (Gynäkologe), Santa Cruz, Avenida El Puente 36, Sprechstunden nur Mo und Fr am Nachmittag, ✆ 922-420169.

Dr. Johann (HNO), Los Llanos, Avda. Venezuela 9, 2. Etage, ✆ 922-460636 und 628 480699 (mobil).

Dr. Voss (Internist), Tajuya/El Paso, Calle Espigon 20, ✆ 922-486028, Sprechstunden nach Vereinbarung, Notfall: ✆ 666-223482 (mobil).

Dr. Schaar (Orthopäde), Los Llanos, Avda. Carlos Fco. Navarro 19, ✆ 922-402141 und 661-706444 (mobil).

Zahnärztezentrum Gingko, Los Llanos, Calle Diaz Pimienta 10, ✆ 922-401238.

Clinica Dental, L. Hötzel, Los Llanos, Avenida Venezuela 11, ✆ 922-460419.

Dos Palmas (deutsche Zahnärztepraxis mit Labor), El Paso, Carretera General Tayuja (LP 1). 22, unterhalb von El Paso ✆ 922-497324.

Ausländer

Die meisten Palmeros haben längst, wenn auch nicht aus Nächstenliebe, ihren Frieden mit den Extranjeros, den Ausländern, geschlossen. Denn sie waren ja schon immer da: Zuerst die Festlandspanier, von waschechten Canarios noch heute als „Goten" geschmäht, dann flämische Kaufleute, die vom Handel mit La Palmas Zuckerrohr reich wurden, und schließlich die Briten, die bis ins 19. Jh. die beliebten kanarischen Malvasierweine vermarkteten und später die Banane als neue Kulturpflanze auf den Archipel brachten. Straßennamen wie O'Daly und Van Dale erinnern an ihre Bedeutung.

Deutsche waren bislang von seltener Zurückhaltung, sieht man von bescheidenen Geländekäufen einmal ab (vgl. „Als die Deutschen La Palma kauften", S. 159). Sonntagmorgen auf dem Flohmarkt in Argual aber ist Deutsch fast schon Umgangssprache. Und das sind keineswegs nur Touristen, sondern auch auf La Palma lebende Deutsche.

Wie viele Ausländer auf La Palma leben, ist nicht sicher. Viele – insbesondere Rentner – melden sich nicht an und behalten trotz Daueraufenthalt lieber ihren ersten Wohnsitz in der alten Heimat. Unüberhörbar ist, dass die Deutschen die größte Gruppe stellen. Für sie ist weniger das süße Nichtstun angesagt als vielmehr eine Standortalternative, um im alten oder einem ganz neuen Beruf zu arbeiten. Während der Wohntrend der Palmeros vom Dorf in die Stadt oder gar, der besseren beruflichen Möglichkeiten wegen, ganz weg von der Insel führt, verläuft der Zuzug der Ausländer umgekehrt: Für sie kann es gar nicht ruhig und ländlich genug sein. Seit einigen Jahren schon sitzen in vielen Schulklassen im Norden mehr ausländische als palmerische Kinder.

Unbestreitbar bleibt allerdings auch, dass manche Deutsche (die hier *cabezas cuadradas* = Quadratköpfe, Besserwisser genannt werden) sich nur wenig anzupassen vermögen und heimische Gewohnheiten auch auf La Palma erwarten.

Doch für Bauindustrie, Immobilien- und Einzelhandel sind die Fremden ebenso zur entscheidenden Größe geworden wie für Apartment- und Autovermieter, Taxifahrer und Kellner. Solcher Nutzen, gepaart mit der Friedfertigkeit der meisten Palmeros, ermöglicht Ausländern ein konfliktfreies Leben auf La Palma. Denn die meisten Palmeros haben längst erkannt: Diese Ausländer bringen Geld und beanspruchen kaum Fürsorge.

Baden

La Palma gilt, anders als die meisten Nachbarinseln, nicht als Badeinsel. Dennoch werden Sie viele größere und kleinere Badeplätze finden, an denen es sich lohnt, einen Urlaubstag zu verbringen. Die Insel verfügt mit den Stränden von *Puerto Naos* und Tazacorte an der Westküste und von *Los Cancajos* an der Ostküste über drei größere Badeplätze mit Verleihservice von Liegen und Sonnenschirmen. Daneben gibt es eine Vielzahl kleiner Sandbuchten abseits der Hotels, die auf Entdeckung warten. Alle empfehlenswerten Plätze sind auf der Karte gegenüber verzeichnet. Eine Beschreibung finden Sie in den einzelnen Landschaftsabschnitten unter dem Stichwort „Baden".

Reizvoll sind die mit Meerwasser gefüllten Naturschwimmbecken im Norden der Insel. Hier haben die Wellen in Millionen von Jahren große Becken in den Fels gegraben, die sich ständig mit frischem Meerwasser füllen. An zwei Plätzen, *La Fajana* und *Charco Azul*, sind schöne Anlagen mit Terrassen und Restaurants um die Becken entstanden.

Am Strand von Tazacorte

FKK wird toleriert, allerdings nur in einer Bucht in der Nähe von Puerto Naos, an der *Playa de las Monjas*, was witzigerweise „Nonnenstrand" bedeutet. An anderen Stränden werden Sie zwar nicht sofort von der Polizei vertrieben, wenn Sie oben ohne baden, aber die Palmeros schätzen solche Freizügigkeit nicht.

Hinweis: Der Sand ist überall schwarz und deshalb gerade im Sommer sehr heiß. Wer nicht ins kühlende Nass und zurück auf das Badetuch sprinten will, sollte Badeschuhe tragen. Für schattenlose Buchten ist ein Sonnenschirm empfehlenswert.

3 km

Übersicht der empfohlenen Badeplätze

Vorsicht ist insbesondere im Herbst und Winter angesagt. Der Atlantik hat seine Tücken: hohe, heftige Brandung und starke Strömung, besonders gefährlich sind Unterströmungen. Sie sollten deshalb an unbewachten Stränden sehr aufmerksam sein und an keinem Strand an stürmischen Tagen ans Wasser gehen, auch nicht am Strand spazieren. Leider wurden in den letzten Jahren mehrfach Touristen, die solche Warnungen nicht beachteten, auch außerhalb des Wassers von plötzlich auftretenden Riesenwellen erfasst und ertranken.

Im Frühjahr taucht manchmal vor den Stränden der Süd- und Westküste die *Spanische Galeere* auf, eine Blasenquallenart, deren lange Nesselfäden schmerzhafte Verbrennungen hervorrufen. Seeigel sind selten, dennoch sind an Felsenküsten Badeschuhe angebracht.

Bücher/Karten

Wen erst auf La Palma die Leselust packt, der kann die Bücher über die Kanarischen Inseln auch auf der Insel erstehen. Die hier erwähnten Sachbücher beziehen sich nicht nur auf La Palma, sondern auf alle Kanarischen Inseln – aber immer mit nützlichen Informationen über diese Insel.

Romane/Kurzgeschichten

Tanausú – Der letzte König der Kanaren, Roman von Harald Braem, Zech-Verlag Tenerife 2004. Harald Braem, Professor für Kommunikation und Design in Wiesbaden, ist La-Palma-Kenner. Mehr noch, er hat TV-Filme und Fachbücher über die Frühkulturen der Kanaren veröffentlicht. Dieses Buch, sein dritter Roman, erzählt die Eroberungsgeschichte La Palmas durch die Spanier aus Sicht der Unterworfenen und setzt dabei Tanausú, La Palmas Freiheitskämpfer und noch heute verehrtem Helden, ein literarisches Denkmal.

Tod am Teide, Irene Börjes, Zech-Verlag Tenerife 2004. Die Autorin dieses Reiseführers ist unter die Krimischreiber gegangen. Ort der Handlung ist zwar nicht La Palma, sondern Teneriffa, aber in die Handlung sind viele Informationen über die kanarische Geschichte und das kanarische Lebensgefühl einbezogen, die auch für La Palma gültig sind.

Unter dem Drachenbaum. Horst Uden, Zech Verlag, Tenerife 2008. Jede der Kanarischen Inseln hat ihre eigenen Sagen und

Legenden, Liebesgeschichten Volksweisheiten. Die spannendsten hat der Autor gesammelt und in diesem liebevoll gestalteten Buch zusammengestellt. Mit ihnen werden Namen wie der des Roque Niquiomo (bei Mazo) oder Gebräuche wie der Salto del Pastor, der Hirtensprung, verständlich.

Sachbücher

Geschichte der Entdeckung und Eroberung der Kanarischen Inseln. Hg. v. Gunter Wege, Benahoare Editiones Marburg (nur noch antiquarisch erhältlich). Die erstmals 1777 erschienene Beschreibung der Conquista basiert auf einer spanischen Handschrift, die auf La Palma gefunden wurde. Sie beschreibt die Eroberung aus Sicht der brutalen neuen Herren.

Auf den Spuren der Ureinwohner – ein archäologischer Reiseführer für die Kanaren. Von Harald und Marianne Braem, Zech Verlag. Woher kamen sie, die Ureinwohner? Dieser Frage gehen die Kanarenkenner nach, beschreiben und bewerten dabei die verschiedenen Theorien. Besonders interessant: alle prähistorischen Fundstellen werden vorgestellt und können deshalb besucht werden.

Die Kanarischen Inseln und ihre Pflanzenwelt. Von Günther Kunkel, Gustav Fischer Verlag. Das Standardwerk ist mit ca. 24 € nicht billig, der Kauf lohnt sich insbesondere für botanisch Vorgebildete.

Kosmos Naturführer Die Kanarenflora. Von Peter und Ingrid Schönfelder. Standardwerk aus der renommierten Kosmosreihe. 850 Arten der Kanarenflora und 48 tropische Ziergehölze werden vorgestellt und mit allen botanischen Eigenheiten beschrieben.

Vegetación y Flora de La Palma. Von Arnolo Santos, Editorial Interinsular Canarias S. A. 1983. Ein Nachschlagewerk (auf Spanisch) für den Botaniker, das, 1983 erschienen, nichts von seiner Gültigkeit verloren hat. Die Ausgabe von ca. 40 € lohnt sich für Experten.

Karten/Wandern

Mapa guía, Maßstab 1:50.000. Die 1997 erschienene Karte des nationalen Geografiezentrums besticht durch sehr gute Schummerung, die das Inselrelief deutlich machen. Neben den Straßen sind auch unbefestigte Fahrwege und Caminos reales aufgenommen.

La Palma, Auto- und Freizeitkarte, Freytag und Berndt, Maßstab 1:40 000, die kleinere der Karten aus diesem Verlag ist handlicher als die große im Maßstab von 1:30 000.

Kompass Auto- und Freizeitkarte, Maßstab 1:50.000, dazu gibt es ein kleines Begleitheft. Die gute Karte für Autofahrer; Wanderern und Bikern gibt es zwar die Strecken an, kann aber keine Informationen über die Beschaffenheit und Schwierigkeit der Wege bieten.

Mapa de La Palma, Maßstab 1:50.000, auf La Palma an Tankstellen und im Buchhandel erhältlich, recht oberflächlich, für Autofahrten aber ausreichend. Zwei Stadtpläne und eine Karte des Nationalparks auf der Rückseite.

La Palma Wanderführer von Irene Börjes, Michael Müller Verlag. Wanderführer mit 35 GPS-kartierten Touren durch alle Regionen der Insel, dazu ausführliche Beschreibungen und nützliche Infos zum Wandern. 1. Auflage 2010, die 2. Auflage erscheint 2013.

Einreisebestimmungen

Personalausweis oder Reisepass sollte man dabei haben, sie werden bei der Einreise aber nur noch in Ausnahmefällen geprüft. Beim Einchecken im Hotel oder wenn Sie einen Wagen mieten möchten, wird jedoch immer ein Ausweis verlangt. Denken Sie daran, dass Ihre Ausweispapiere mindestens noch drei Monate gültig sind.

Wer mit dem Auto (und Fähre) anreist, braucht neben den Zulassungspapieren die *grüne Versicherungskarte*. Dem Fahrer reicht der nationale Führerschein, wenn er nicht länger als sechs Monate auf der Insel bleibt.

Für Haustiere benötigen Sie einen speziellen EU-Ausweis, in dem Ihr Tier beschrieben ist und die erforderliche Tollwutimpfung vermerkt wurde, zudem eine aktuelle Erklärung des Tierarztes zum Gesundheitszustand. Hunde wie Katzen müssen mit einer Tätowierung oder einem unter der Haut inplantierten Mikrochip identifiziert werden können.

Übrigens: Schon mittelgroße Hunde benötigen eine nicht ganz billige Transportbox. Reisebüros bzw. Fluglinien werden Sie beraten.

Tierschützer warnen ausdrücklich davor, Tiere mit in den Urlaub zu nehmen, denn eine Reise im Gepäckraum, wo es laut, dunkel und kalt ist, ist ein traumatisches Erlebnis, von dem sich ein Tier u. U. nie mehr ganz erholt. Am besten lassen Sie Ihr Tier zu Hause betreuen oder bei Freunden wohnen und ersparen Ihrem Liebling diese Qual.

Wer auf La Palma die vierbeinige Liebe findet (und das passiert vielen), benötigt für die Ausfuhr des Tieres die gleichen Papiere. Gehen Sie deshalb mit Lumpi rechtzeitig zum Tierarzt.

Feiertage

Spanien kennt nationale, regionale und lokale Feiertage. Es kann Ihnen also passieren, dass Sie in einem Ort vor verschlossenen Ladentüren stehen und im Nachbarort normaler Geschäftsbetrieb herrscht. Hier alle inselweiten Feiertage:

1. Januar	Neujahr
6. Januar	Der Dreikönigstag ersetzt als „Geschenktag" den Heiligabend.
Bewegliche Feiertage	Karnevalsdienstag, Gründonnerstag, Karfreitag, Ostern Pfingsten und Fronleichnam
1. Mai	Tag der Arbeit
30. Mai	Der „Día de Canarias" ist Regionalfeiertag.
25. Juli	Santiago, Spaniens Nationalheiliger
15. August	Mariä Himmelfahrt
12. Oktober	Der „Día de la Hispanidad" wird in allen spanischsprachigen Ländern als der Tag gefeiert, an dem Kolumbus 1492 die Neue Welt entdeckte.
1. November	Allerheiligen

6. Dezember Verfassungstag

8. Dezember Unbefleckte Empfängnis

25. Dezember Weihnachten

Fällt ein Feiertag auf einen Montag oder Sonnabend, so gibt es eine Sonderöffnung der Einzelhandelsgeschäfte, meist an einem Vormittag, die per Aushang bekannt gegeben wird. Diese Regelung gilt auch für die Doppelfeiertage Gründonnerstag/Karfreitag.

Fotografieren

In Los Llanos wie auch Santa Cruz gibt es Expressdienste, die in einer Stunde entwickeln und Abzüge liefern oder die mit der Digitalkamera geschossenen Bilder auf eine CD brennen. Ausdrucken können Sie die Fotos vor Ort selbst.

In **Los Llanos** z. B. Koury in der Calle Doctor Fleming, Helencia an der Plaza. In **Santa Cruz** z. B. bei Foto 3, Calle Apuron und Ecke Avenida El Puente und Calle O'Daly.

››› Mein Tipp: Automatische Belichtungsmesser hellen auf, wenn Sie an den Vulkanen überwiegend schwarzen Sand vor sich haben. Justieren Sie dann an einer hellen Fläche, z. B. Ihrer Hand, und behalten Sie diesen Wert bei, gleichgültig, was der Belichtungsmesser anzeigt. ‹‹‹

Am 29. September traben zu Ehren von San Miguel schöne Papierpferde auf

Geld

Die Kanarischen Inseln gehören zu Spanien und somit zur europäischen Währungsunion. Zahlungsmittel ist also der Euro.

Wechselkurs Schweizer Franken: 1 SFr = 0,83 €; 1 € = 1,20 SFr (Stand 2012)

Geldautomaten: stehen an vielen Orten, immer an Bankfilialen. Mit Geheimnummer und Scheckkarte können in der Regel täglich 300–600 Euro abzüglich Gebühr abgehoben werden.

Reiseschecks: muss man schon vor der Abreise bei seiner Bank einkaufen, wobei ein Prozent des Werts als Gebühr erhoben wird. Beim Einlösen wird nochmals eine Gebühr fällig, die sogar noch höher ausfallen kann. Leser testeten mehrere Banken. Ergebnis: Am günstigsten war die BBVA in Tazacorte. Sie zahlten einmal 3 €, alle späteren Schecks wurden kostenlos eingelöst. Bei Verlust oder Diebstahl kann man die Schecks sperren lassen. Ersatz leisten viele große Banken, falls man die Kaufbestätigung für die Schecks vorzeigen kann. Ansonsten hilft ein spezieller Kurierdienst

(Näheres beim Einkauf der Schecks). Kaufquittung und Schecks immer getrennt aufbewahren, außerdem die Nummern der Schecks notieren.

An Geldautomaten herrscht kein Mangel

Kreditkarten: Die gängigen Karten wie *Eurocard, Visa, American Express* etc. werden auf La Palma von vielen Stellen akzeptiert. Alle Geldautomaten nehmen Visa an. Achtung: *Tankstellen* akzeptieren die Cards nicht immer, deshalb sollte man zum Tanken Bargeld dabei haben. Der Höchstbetrag pro Tag ist je nach Karte verschieden. Wichtig: Bei Verlust der Karte diese unbedingt sofort international sperren lassen, die Rufnummern erfahren Sie bei Ihrer Kreditkartenfirma oder Ihrer Hausbank.

Postbank: Die spanische Postbank ist in der BBVA aufgegangen. Die größte spanische Bank hat in Santa Cruz, Los Llanos und Tazacorte Filialen.

Banken-Öffnungszeiten: in der Regel Mo–Sa 9–14 Uhr. In der Karnevalswoche schließen die Banken schon um 12.30 Uhr, und von Juni bis September sind sie samstags geschlossen.

Information/Internet

Wer sich vor Reiseantritt informieren möchte, kann sich von den spanischen Fremdenverkehrsämtern Material und Unterkunftsverzeichnisse schicken lassen.

Deutschland Kurfürstendamm 180, 10707 **Berlin**, ✆ 030-8826543, q℻ 8826036.

Grafenberger Allee 100, 40210 **Düsseldorf**, ✆ 0211-6803980, ℻ 6803985.

Myliusstr. 14, 60323 **Frankfurt/M.**, ✆ 069-173617, ℻ 725313.

Österreich Walfischgasse 8, 1010 **Wien**, ✆ 01-5129580, ℻ 5129581.

Schweiz Seefeldstr.19, 8008 **Zürich**, ✆ 01-2527930, ℻ 2526204.

Vor Ort informieren die örtlichen Touristenbüros (Adressen immer bei den jeweiligen Ortsbeschreibungen). Sie bekommen dort auch Karten und Infomaterial.

Internet: Bei Eingabe des Stichworts La Palma erscheinen in den bekannten Suchmaschinen wie Google seitenweise Web-Adressen zum Thema. Unter folgenden Adressen bekommen Sie allgemeine Informationen über La Palma. Agenturen, Vermieter, Verleiher und Veranstalter finden Sie unter den entsprechenden Stichworten und in den Ortsbeschreibungen..

www.lapalmaturismo.com, Seiten der Touristinformation Patronato de Turismo, auch auf Deutsch. Sehr informativ zu Inselnatur, Kultur und Brauchtum, mehrere Seiten voller Infos auch zum Observatorium.

www.senderoslapalma.com, sehr gute, informative, mehrsprachige, offizielle Seiten für Wanderer.

www.la-palma.de, eine Infobörse von Contacto SL, der sich viele Geschäftsleute und Anbieter angeschlossen haben.

www.la-palma.com, Infocenter La Palma, eine weitere Infobörse mit vielen Links.

www.la-palma-aktuell.de, eine Privatinitiative mit vielen praktischen allgemeinen und aktuellen Infos und Tipps.

www.michael-mueller-verlag.de, mit Updates zu diesem Buch und einem Kanarenforum.

www.d-ocasion.net, die Seiten des La-Palma-Anzeigenblattes mit aktuellen Infos und vielen Links. Alles auch auf Deutsch.

www.inm.es/Spanien/LaPalma, das spanische Wetteramt zeigt u. a. die aktuelle Satellitenaufnahme des Archipels.

www.wetteronline.de/Spanien/LaPalma, u. a. mit der Vorhersage für drei Tage.

www.lapalmabiosfera.com, auf Spanisch, viele Informationen zu La Palma als Biosphärenreservat der UNESCO.

Internetzugang gibt es in den meisten großen Hotels, Apartmentanlagen und vielen Ferienhäusern. WLAN bieten fast alle Objekte von *Ulrich Roth Reisen* (siehe Kapitel „Übernachten"). Zugang bieten *Contacto* und *Amynet* (Avda. Enrique Mederos), beide in Los Llanos, sowie das *Infocenter La Palma* in El Paso.

Jagdzeit

Wenn es zwischen Anfang August und Ende November in den Bergen knallt, dann sind Jäger unterwegs. Mit Flinte und Hunden dürfen sie donnerstags und sonntags an der Cumbre Nueva Kaninchen nachstellen sowie mittwochs und sonntags auf dem Rand der Caldera de Taburiente den Mufflons, den eigens für die Jagd ausgesetzten Mähnenschafen. Die Jagdtage sind in den jeweiligen Gebieten keine guten Wandertage – es könnte sich immer eine Kugel verirren.

Kinder

Ein Urlaub mit Kindern auf La Palma fordert von den Eltern etwas mehr Fantasie und Flexibilität als ein Urlaub auf einer dänischen Ferieninsel. Für viele Kinder ist die Insel jedoch ein Erlebnis, das tiefe Eindrücke hinterlässt. Großstadtkinder finden Eidechsen, Wohnhöhlen und heiße Vulkanspalten ungeheuer spannend.

Urlauber mit kleinen (womöglich hellblonden) Kindern werden auch die Einheimischen anders erleben. Mit den Kleinen flirtende Kassiererinnen oder Kellner sind die Regel. Essengehen mit Kindern ist kein Problem – fehlen Kinderstühle, improvisiert der Kellner schnell einen Hochsitz.

Die meisten Hotel- und Apartmentanlagen haben Kinderbetten, und die meisten Mietwagenbesitzer verfügen über Kindersitze. Man sollte diese allerdings rechtzeitig bestellen und auch gleich das Alter der Kinder angeben.

Ein blonder Engel – Abuelas ganzer Stolz

Die Badestrände La Palmas sind unterschiedlich gut für Kinder geeignet. *Puerto Naos* und *Los Cancajos* sind wegen ihrer Infrastruktur und der guten Erreichbarkeit vorzuziehen, aber auch *Playa Zamora* und *Charco Verde* mit ihrer zumindest im Sommer sanften Brandung. Die Wanderungen zu den Wohnhöhlen von *Buracas*, in den *Barranco de Agua*, zu den Vulkanen *San Antonio* und *Teneguía* sind auch für Kinder gut geeignet und so abwechslungsreich, dass keine Langeweile aufkommt.

Solange die Kleinen noch nicht allzu schwer sind, sind für kürzere, zwei- bis maximal dreistündige Wanderungen Rückentragen empfehlenswert. Für Buggys sind die Wege nicht geeignet, denn oft sind sie sehr uneben, meist steil.

Versorgung Windeln sind etwas teurer, aber fast in jedem Supermarkt erhältlich, auch die allseits beliebten Bärchenwindeln. Preisvergleich lohnt sich.

Milchpulver und andere Babynahrung gibt es, ebenfalls etwas teurer als in Deutschland, in allen Apotheken (farmacias).

Anreise Noch ein Tipp für die Buchung der Anreise. Es lohnt sich, die Flugpreise zu vergleichen. Je nach Alter der Kinder fliegen Sie entweder mit AirBerlin oder mit Condor billiger.

Kleidung

Was im Koffer oder Rucksack nicht fehlen darf, ist der *Sonnenschutz* für Kopf und Haut. Die milde Brise lässt Sie die Kraft der Sonne vergessen. Sonnencreme mit hohem Lichtschutzfaktor nicht vergessen sowie einen Hut oder ein Tuch. Außerdem *Badeschuhe:* Der feine, schwarze Lavastrand wird im Sommer von den Sonnenstrahlen aufgeheizt. Da sind Strandlatschen praktisch, wenn Sie nicht nur rennend das Meerwasser erreichen wollen.

Pullover oder Sweatshirt: Im Winter können die Temperaturen abends bis auf zwölf Grad Celsius sinken. Zwischen November und April ist ein *Regenschutz* sinnvoll, in diesen Monaten kann es schon mal regnen – ein leichter Anorak ist ausreichend.

Tipps für Wanderer finden Sie in unserem Wanderführer am Ende des Buchs.

Zur *Kleiderordnung:* Nur in Kirchen, wo kurze Hosen und nackte Schultern nicht gern gesehen sind, kennt man so etwas wie eine Kleidervorschrift.

Konsulate

Nur die Bundesrepublik Deutschland unterhält ein Honorarkonsulat, alle anderen Konsulate befinden sich auf Teneriffa oder Gran Canaria.

Deutschland Büro des Honorarkonsuls: Santa Cruz, Avenida Marítima 66, Mo–Do 10–13 Uhr, ✆ 922-420689, Fax 922-413278.

Österreich Konsulat auf Teneriffa, Santa Cruz de Tenerife, Calle Villalba Hervás 9, ✆ 922-243799 (Mo–Fr 10–12 Uhr).

Schweiz Konsulat Gran Canaria, Urbanisación Bahía Feliz, Edificio de Oficinas 2, ✆ 922-8157979.

Kriminalität

Spanien und die Kanaren gelten als sicheres Urlaubsland, und das gilt in besonderem Maß für La Palma. Achten Sie deshalb auf Handtaschen, Geldbeutel und Wertgegenstände wie zu Hause auch. Wo Schilder der Gemeindeverwaltung davor warnen, Gepäckstücke im Auto liegen zu lassen, oder in Hotels die Nutzung der Safes empfohlen wird, sollten Sie solchen Ratschlägen auch folgen.

Besonders gelungen ist die Restaurierung der Markthalle von Santa Cruz

Märkte

Märkte auf La Palma sind Markthallen, und die gibt es nur in den Städten Santa Cruz und Los Llanos (vgl. Stadtpläne, Öffnungszeiten Mo–Sa 8–14 Uhr). Hier gibt es frisches Gemüse, Früchte „del país" („des Landes"), je nach Jahreszeit garantiert auch immer etwas Ungewöhnliches wie Birnenmelone, Mango, Papaya, Guaven. Daneben findet man auch Stände mit Fleisch und Fisch. Ein solcher Mercado hat natürlich auch mehr Atmosphäre als ein Supermarkt.

Eine immer größere Rolle spielen *Mercadillos*, Bauernmärkte, auf denen die Erzeuger ihre Produkte selbst vermarkten. Im Angebot sind auch Brot, Kuchen, Fleisch,

Mercadillos – Produkte direkt vom Erzeuger

Barlovento: Vor dem Erholungsgebiet La Laguna ein Minimarkt im Kiosk. Geöffnet nur am 2. Sonntag im Monat von 9 bis 15 Uhr.

Breña Alta: Neben dem Tabakmuseum, an der nördlichen Ortseinfahrt, Samstag 10–14 Uhr.

El Paso: Gegenüber der großen Plaza, unterhalb der Touristinformation, Fr 15–19, Samstag 10–15 Uhr.

Los Llanos: Auf dem Paseo der Calle Doctor Flemming, Sonntag 9–15 Uhr.

Los Sauces: Auf der Plaza de Montserrat, jeden 2. Sa im Monat 10–14 Uhr.

Mazo: In einer großen Markthalle, Samstag 15–19 Uhr, Sonntag 9–13 Uhr.

Puntagorda: In einer Halle nördlich des Ortes, Samstag ab 15 Uhr, Sonntag ab 11 Uhr.

Puntallana: An der LP 1, gegenüber der Ortseinfahrt, jeden 1. und 3. Samstag im Monat 9–14 Uhr.

Wurst, Käse, selbst gekelterte Weine, Liköre und die typischen Soßen *(mojos)*. Auch die örtlichen Kunsthandwerker bieten hier ihre Produkte an.

Rastro/Flohmarkt: Ausländer, vor allem Deutsche, haben auch die zunächst etwas befremdeten Palmeros auf den Geschmack am Flohmarktbummel gebracht.

In Los Llanos, im Ortsteil Argual, jeden Sonntag 10–14 Uhr auf der Plaza de Sotomayor. *In Santa Cruz* jeden 1. Sonntag im Monat 9–14 Uhr auf dem Parkplatz im Hafengelände. *In Breña Alta* Fr 16–21 Uhr auf dem Gelände der Finca Principal, am alten Flughafen.

Öffnungszeiten

Die folgenden Öffnungszeiten gelten nur als Faustregel, die Zeiten können im Einzelfall variieren:

Vormittags von 8 oder 9 Uhr bis 13 oder 13.30 Uhr. **Nachmittags** von 17 bis 19 Uhr. In der **Sommerzeit** (Juli bis Sept.) öffnen die Läden mit Ausnahme der Supermärkte nachmittags nicht, schließen dafür mittags häufig erst um 14 Uhr.

Für touristische Zonen wie Puerto Naos und Los Cancajos gibt es Sonderregelungen. Obwohl Spanien als Land der geheiligten *Siesta* (Mittagspause) bekannt ist, haben die großen Supermärkte Montag bis Samstag durchgehend von 8 bis 20/21.00 Uhr geöffnet. In allen anderen Branchen und in kleinen Lebensmittelgeschäften hält man sich eher an die Tradition und gönnt Beschäftigten und Kunden ausgiebige Pausen und Sommerferien.

Post

Correos (Postämter) finden sich in allen größeren Orten (vgl. Stadtpläne). Auf dem Lande erledigt man meist im Dorfladen nebenbei auch die Postangelegenheiten. Den Service für die Postbank übernimmt die BBVA (vgl. Stichwort Geld).

Geöffnet sind die Postämter von 8 bis 14 Uhr (in Los Llanos auch am Nachmittag 1–20 Uhr), Samstag nur bis 13 Uhr. Für die Postkarte und den einfachen Brief genügt die 60-Cent-Briefmarke („sello“, sejo gesprochen).

Preise

Spanien ist schon lange kein billiges Reiseland mehr. In der Europäischen Union gleichen sich die Preise an, auch bei Lebensmitteln. Bei den Genussmitteln gibt es allerdings einen gewaltigen Unterschied, denn die Kanarischen Inseln sind noch immer *Freihandelszone*. Amerikanische und deutsche Zigaretten kosten pro Stange etwa 25 €, spanische Zigaretten sogar weniger als die Hälfte, auch Spirituosen sind erheblich billiger. Für wenig mehr als 6,50 € können Sie einen ordentlichen spanischen Brandy bekommen. Auch Uhren, optische Geräte und Kosmetika einschließlich Parfüms sind meist billiger als auf dem Kontinent, genaue Preisvergleiche sind aber angebracht. Dienstleistungen sind ebenfalls preiswerter.

Übernachten → S. 57

Mietwagen → S. 52

Essen & Trinken im Restaurant, mittlerer Standard: Espresso: 0,70–1 €; Flasche Bier: 1–1,50 €; Flasche Inselwein: ab 7,50 €; Tapa: 1,50–4,50 €; Hauptgericht: 6–15 €.

Rauchverbot

Spanien hat eines der strengsten Schutzgesetze für Nichtraucher. Es untersagt das Rauchen in öffentlichen Gebäuden, am Arbeitsplatz, vor Schulen, Kindergärten und Krankenhäusern sowie in allen Restaurationsbetrieben.

Sport

Biken → „Unterwegs auf La Palma“

Paddeltouren: Vorzugsweise in der Südhälfte La Palmas (von Puertos Naos bis Cancajos) starten mit *Ocean Kajak Tours* geführte Ausfahrten. Es geht immer an der Küste mit abgelegenen Buchten und Stränden entlang.

Information/Reservierung: **Ocean Kajak Tours**, ✆ 661-905711 und 661-905701 (mobil), ✆ 922-401493, www.partner4lapalma.com.

Paraglider: Den folgenden Text schrieb ein vor Ort lebender, erfahrener Gleitschirmflieger. „Gleitschirmfliegen auf La Palma ist ein wundervolles Erlebnis, bedeutet aber äußerst anspruchvolles Fliegen und ist für Anfänger und Gelegenheitspiloten nicht geeignet. Diese Gruppe von Piloten sollte die Insel zum Fliegen nur mit einer guten Flugschule besuchen oder sich einem ortsansässigen Flugguide anvertrauen, s. u.

Flugsaison ist von Oktober bis April, im Sommer dagegen sind die Flugbedingungen wegen einer ausgeprägten Inversionsschicht (300 m) äußerst schlecht. Bedingt durch den konstant wehenden Nord-Ost-Passat fliegt man auf der Süd-West-Seite meist im Lee. Von Osten durchbrechende Winde verändern die Wetterlage und die damit verbundenen Flugbedingungen innerhalb von Minuten. Es entstehen Turbulenzen, die sich teilweise so dramatisch entwickeln, dass fast jedes Jahr auch erfahrene Piloten verunglücken. Rückwärtsstart-Technik, hundertprozentige Schirmbeherrschung und Abstiegshilfen sind unerlässlich. Allen ortsfremden Piloten ist zu empfehlen, sich bei lokalen Piloten über die Fliegbarkeit und die Startmöglichkeiten aktuell zu informieren.

Flug in der Abenddämmerung bei Puerto Naos

Ein Startplatz befindet sich auf der Ostseite (Puntallana, 600 m), alle weiteren auf der Westseite, auf der Steilküste oberhalb von Puerto Naos (dt. „die Kante", 230 m), Campanario (900 m) und Gallo (1300 m) am Caldera-Rand unterhalb des Feuerturms (1100 m). Mitfahrgelegenheit gegen Kostenbeteiligung bieten die örtlichen Piloten."

Palmaclub, vertreten durch Javier Lopez, Javi genannt (✆ 610-695750 (mobil), www.palmaclub.com) hat die Startplätze eingerichtet und unterhält sie. Für Gastflieger beträgt die Startgebühr 10 € pro Woche. Javi führt auch traumhaft schöne Tandemflüge (für 90 €) durch. Man findet ihn in Puerto Naos an der Promenade. Dort erhalten interessierte Flieger alle Informationen. Ansprechpartner ist auch der Deutsch, Englisch, Französisch und Italienisch sprechende erfahrene Flugguide Roger Frey (✆ 638-809917 (mobil), www.idafe.com).

Reiten: Unterricht und Ausritte für Anfänger und Fortgeschrittene bieten mehrere Vereine an, z. B.:

Circulo Corazon Hípico, die Reitanlage wurde bei einem Brand im Sommer 2012 schwer beschädigt, ein Wiederaufbau ist aber geplant. Calle Cuesta de La Juliana 15, El Paso/Tacande, ✆ 699-629517 (mobil), www.la-palma-reiten.com.

Allround Reiten, Valencia 4/El Paso, ✆ 646-348382 und 671-374134 (mobil), mehr Infos unter: www.tt-lapalma.de.

Schnorcheln lohnt vor allem in felsigen, kleinen Buchten. La Palma bietet zwar nicht die Unterwasserwelt der Karibik, aber ein paar schöne, bunte Fischchen kann man auch hier beobachten (vgl. Stichwort Baden).

Tauchen: Zackenbarsche, Barrakudas, Trompetenfische, auch Mantas und Thunfische und seltener Schildkröten lassen sich bei Sichtweiten von bis zu 40 m gut beobachten. Als Tauchgebiet vulkanischen Ursprungs gibt es hier nicht nur Riffe, die Unterwasserlandschaft beeindruckt auch mit Steilwänden, Canyons, bizarren Lavabögen und Grotten. Gute Tauchspots liegen vor allen Küsten. Allerdings machen die Wellen an der Nordküste das Tauchen schwierig.

Es gibt mehrere Tauchbasen, die Tauchsportler rundum versorgen. Von Kursen für Anfänger und Fortgeschrittene, immer nach den internationalen Standards von PADI oder SSI, bis zu Tauchgängen und Bootsausflügen reichen die Angebote. Selbstverständlich kann das Gerödel, wie Taucher ihre Ausrüstung nennen, vor Ort geliehen werden.

Preisbeispiel: Anfängerkurs einschl. 4–6 Tauchgänge 300–350 €, Einzeltauchgang mit Ausrüstung 25–35 €. In allen Tauchbasen wird Deutsch gesprochen.

Tauchpartner, Puerto Naos, in der Ladenzeile des Apartmenthauses Delphin gegenüber der Promenade. Auf Wunsch organisiert „Tauchpartner" für seine Kunden auch Unterkunft und Mietwagen. ✆ 922-408139, 📠 922-401493, www.tauchpartner-lapalma.de.

Casa de Buceo, Los Llanos, Calle Calvo Sotelo 16, ✆ 922-464886, www.casadebuceo.nl.

La Palma Diving Center, Cancajos, im CC Cancajos, Local 227, ✆/📠 922-181393 und 660-860240 (mobil), www.la-palma-tauchen.de.

Buceo Sub, ebenfalls in Cancajos, in der Ladenzeile von Ap. Costa Salinas; ✆ 922-181113, www.buceos-sub.com.

Club Atlantic 28, Fuencaliente, Carretera General 106, ✆ 922-444047 und 608-013021 (mobil), www.atlantic28.de.

Tennis: Die großen Hotels und Apartmentanlagen haben eigene Plätze. Auf beiden Inselseiten gibt es neben den hoteleigenen Plätzen Tennisplätze, die auch von auswärtigen Gästen genutzt werden können (keine Trainerstunden, eigener Tennisschläger): auf der Westseite an der Straße zwischen Los Llanos und Puerto Naos kurz vor der Steilküste (✆ 922-480202). Auf der Ostseite in der Nähe von Santa

Cruz, bei Mirca, steht ein öffentliches Sportzentrum mit Tennisplätzen: Polideportivo Miraflores.

Anmeldung und Karten im Verwaltungsgebäude in Santa Cruz, Avenida Marítima 3, 5. Etage, ✆ 922-413657.

Segeln/Windsurfen: Obwohl Atlantiküberquerer in Santa Cruz vor ihrer Überfahrt in die Karibik Proviant bunkern und obwohl im Hafen von Tazacorte eine Marina entstanden ist, sind die östlicher gelegenen Kanaren zum Schippern zwischen den Inseln oder zum Windsurfen besser geeignet. Segelboote und Surfboards werden auch nicht verliehen.

Marathon: Unter Extremsportlern hat sich La Palma längst einen Namen gemacht, seit 2009 findet jährlich der *Ultra-Berg-Marathon Transvulcania* statt. Meist geht im Sommer über 83 Kilometer von der Südspitze über alle Gipfel bis ans Meer von Puerto Tazacorte und zum Zieleinlauf nach Los Llanos; die Sieger bleiben unter sieben Stunden. Mehr Infos dazu unter www.senderoslapalma.com. Für Radler gibt es den *Bike-Marathon La Palma*.

Sprache

La Palma blieb bisher vom Massentourismus noch verschont, und darum spricht man Spanisch, auch mit den Fremden. Ausnahmen bilden Beschäftigte in Hotels und Restaurants in den touristischen Zonen. Seit kurzem gibt es in den meisten Restaurants Speisekarten in mehreren Sprachen.

Wenn Sie die Insel kennenlernen wollen, sollten Sie sich um ein paar Brocken Spanisch bemühen. Doch auch wer Spanisch spricht, kann auf La Palma Überraschungen erleben. Aufgrund mehrerer Auswanderungswellen, insbesondere nach Kuba und Venezuela, haben viele Elemente des dortigen Spanisch Einzug in das kanarische Spanisch gefunden. Zum Beispiel heißt hier Kartoffel nicht patata, sondern

Klönschnack ohne Endungs-S

papa. Das Endungs-S wird nicht mitgesprochen, und aus dem R kann ein L werden. Wer auf La Palma Spanisch lernen möchte, findet im spanisch-deutschen Anzeigenblatt *D'occasion* Inserate von Spanischlehrern.

Einige praktische Floskeln und Grundbegriffe finden Sie im Kapitel „Etwas Spanisch“ am Ende dieses Buchs.

Sternenbeobachtung

Der Himmel über La Palma wird von der astrologischen Bahn einer Sternengruppe durchkreuzt, die von hohen Punkten mit einfachem Gerät und sogar mit bloßem Auge beobachtet werden kann. Eine Gruppe engagierter Physiker des Observatoriums auf dem Roque de los Muchachos (siehe S. 215) will interessierten Laien dabei behilflich sein. Als erster Schritt wurden zwei Beobachtungspunkte eingerichtet: je einer am Mirador Llanos de Jable im Westen sowie einer am Mirador de la Venta im Osten. Beide liegen an der LP 301 unterhalb von Refugio El Pilar. Montags und samstags organisiert die Gruppe Exkursionen sowie Treffen von Profis und Laien und verleiht auch Beobachtungsgeräte. Mehr Infos: www.astrolapalma.com.

Strom

Bis auf durchschnittlich einen Stromausfall im Jahr ist alles wie gewohnt.

Telefonieren

Ferngespräche sind etwas teurer als zu Hause, in jedem Fall aber von öffentlichen Telefonen günstiger als aus dem Hotelzimmer. Für *Telefonkarten* sind nahezu alle Telefonzellen ausgerüstet. Karten gibt es in vielen Supermärkten an der Kasse *(tarjetas telefonicas)* im Wert von 10 oder 20 Euro. Einfach ist auch die Nutzung der *Teléfonos público*s. Man erkennt sie an dem so beschrifteten Schild in Läden, Reisebüros oder Restaurants. Hier telefonieren Sie ungestört und zahlen im Anschluss entsprechend dem Zählerstand. Falls Sie lieber mit Münzen telefonieren, sollten es bei Ortsgesprächen mindestens 20 Cent sein. Übrigens muss die Ortsvorwahl der Provinz Teneriffa – 922 – bei Gesprächen ins Festnetz innerhalb der Provinz, auch innerhalb eines Ortes, immer gewählt werden. Für Ferngespräche mindestens 2 € einwerfen.

Handy: Hauptanbieter ist movistar, aber auch Orange/Vodafone hat Läden in den Städten. Die Tarife für Gespräche ins europäische Ausland sind 2012 gesunken und sollen sich 2013 und 2014 weiter reduzieren.

Notruf: **112**, auch in deutscher Sprache. Von der Zentrale werden Sie ggf. weiter verbunden oder es werden sofort notwendige Maßnahmen (z. B. Krankenwagen) eingeleitet.

Von La Palma nach Europa: *Vorwahl* ins Ausland: 00; *Landesvorwahl* wählen: Deutschland 49, Österreich 43, Schweiz 41. Ohne weitere Pause jetzt die Ortsvorwahl ohne die 0, dann die Nummer des Anschlusses.

Von Deutschland erreichen Sie La Palma unter der Vorwahl ✆ 0034-922.

Postämter bieten in Spanien keinen Telefonservice.

Trinkgeld

Runden Sie die Rechnung im Lokal auf, wie Sie es von zu Hause gewohnt sind, und lassen Sie den Betrag auf dem kleinen Abrechnungsteller oder direkt auf dem Tisch liegen. Man lässt Sie aber auch gehen, wenn Sie nichts dazugezahlt haben.

Zeit

Eine Stunde früher ist es auf den Kanaren. Diese Differenz zu Mitteleuropa gilt auch während der Sommerzeit, die auf den Kanaren gleichfalls eingeführt ist.

Zeitungen, Zeitschriften

Deutsche Zeitungen und Zeitschriften von der *Hamburger Morgenpost* bis zum *Spiegel* sind in aller Regel am Tag nach ihrem Erscheinen in Deutschland auch in Supermärkten und Zeitungsgeschäften auf La Palma zu bekommen.

In deutscher und spanischer Sprache erscheint das Anzeigenblatt *D'occasion* (14-tägig) sowie die Broschüren *Disfruta!* und *Info Magazin* (halbjährlich), die kostenlos an zahlreichen Verkaufsstellen ausliegen.

Auf den Dächern der meisten Apartmentanlagen fängt eine Satellitenschüssel die Signale von Astra ein und bedient die Gäste mit deutschsprachigen Fernsehprogrammen und Radiosendern.

Zoll

Die Kanarischen Inseln sind immer noch *Freihandelszone*. Aus diesem Grund sind Spirituosen, Tabakwaren, Parfüms etc. hier meist billiger als selbst beim Duty-free-Verkauf im Flieger.

Zollfrei sind Gegenstände des persönlichen Gebrauchs, wie Schmuck, Fotoapparate, Musikinstrumente usw. Die **Einfuhrbeschränkungen auch in EU-Länder** bestehen weiterhin, da die Kanaren noch nicht Vollmitglied in der EU sind.

Folgendes darf bei der Rückreise nach Deutschland mitgenommen werden: 200 Zigaretten oder 50 Zigarren oder 250 Gramm Tabak, 1 Liter Getränk über 15 % Alkohol und 2 Liter bis 15 % Alkohol sowie Geschenke bis zu einem Wert von 130 €. Devisen dürfen Touristen in beliebiger Menge ein- und ausführen.

Tabak ist hier günstiger

Am Aussichtspunkt Mirador El Time

La Palma – Reiseziele

So klein können Hauptstädte sein

Santa Cruz

17.000 Einwohner

Santa Cruz, eine der besterhaltenen Städte im Archipel, nimmt jeden mit ihrem Charme gefangen: Historische Gebäude, steingepflasterte Gassen, winklige Treppen und stimmungsvolle Plazas empfangen den Besucher.

Santa Cruz: Hauptstadt, Sitz der Inselverwaltung *(Cabildo Insular)*, der Vertretung der Kanarischen Regierung *(Delegación del Gobierno)*, der Hafen-, der Zollbehörde, der Inselgarnison; es gibt zwei Museen, zwei Ausstellungsgebäude und zwei Theater. Eine richtige Haupt- und Großstadt also – für palmerische Verhältnisse.

Obwohl der Stadtkern erst seit 1990 unter Denkmalschutz steht, stören nur wenige Gebäude neueren Datums das Gesamtbild. Hier hat sich die sprichwörtliche Ruhe der Palmeros, die nicht hektisch nach Neuem drängen, einmal mehr positiv ausgewirkt. Dennoch ist Santa Cruz keine langweilige Museumsstadt, in der man Sehenswürdigkeiten abhakt, um dann schnell wieder zu verschwinden. Im Gegenteil, die schattigen Plazas und hübschen Straßencafés verführen dazu, länger als geplant zu bleiben und den Menschen auf der Straße zuzuschauen, die ohne getriebene Geschäftigkeit, ohne Hektik vorbeiziehen. Freundlich, unaufdringlich, lässig, sich Zeit lassend für das Leben, für sich, die Familie und die Freunde. Die Menschen, die diese Stadt ausmachen, scheinen so zu sein, wie viele Mitteleuropäer gern sein möchten – wenigstens im Urlaub.

Auch in Santa Cruz störte der wachsende Autoverkehr die Beschaulichkeit; inzwischen sind Fußgängerzonen und eine Umgehungsstraße gebaut, Parkhäuser und

ein zentraler Busbahnhof am Ortsrand sind geplant. Gearbeitet wird auch an der Avenida Maritima, der Uferstraße, sie soll mit Fußgängerbereich, Palmenallee und Strand ein neuer Anziehungspunkt werden.

Stadtgeschichte: Santa Cruz de La Palma war nicht immer eine kleine Stadt auf einer kleinen, wenig bekannten Insel. Man mag es kaum glauben: Santa Cruz zählte einst zu den bedeutendsten Hafenstädten Europas – es war das Tor zur Neuen Welt und erste Station der vollbeladenen Schiffe auf dem Weg aus den Kolonien zurück in die spanische Heimat. La Palma lag unmittelbar auf dem Weg von Europa zu den westlichen Kolonien der Spanier. Und die Eroberung La Palmas fand zeitgleich mit der ersten Entdeckungsreise von Kolumbus über den Atlantik statt.

Nachdem man in Spanien die gewaltigen Möglichkeiten, die die Eroberung und Ausbeutung der Neuen Welt mit sich brachte, erkannt hatte, war es nur ein kleiner Schritt zum Ausbau von Santa Cruz de La Palma. Man stelle sich die hektische Betriebsamkeit vor, die über diese kleine, wilde Insel, die von Menschen auf der Kulturstufe der Jungsteinzeit bewohnt war, hereingebrochen sein muss. Hier gab es vorher nichts und niemanden für den Bau von Palästen und Klöstern, Hafenanlagen und Verwaltungen. Dennoch stand nur wenige Jahre nach der Eroberung 1493 die Stadt. Alle Gebäude waren schon um 1510 fertiggestellt.

Sie würden heute noch so stehen, hätten nicht auch andere an der fetten Beute, die aus Amerika in den Hafen einlief, teilhaben wollen: Piraten und Freibeuter. Ihre Schiffe kreuzten vor den Kanarischen Inseln, um die spanischen Karavellen abzufangen, die ihnen in der Karibik entwischt waren. Gelang das nicht, holten sie sich ihre Beute an Land, indem sie die reichen Städte überfielen. 1553 brandschatzte der Korsar *Le Clerq*, genannt „Holzbein", Santa Cruz. Alles musste neu aufgebaut werden. Aus diesem Grunde tragen viele Gebäude das Datum 1560 und nicht 1508. Starke Befestigungsanlagen schreckten die Piraten vor weiteren Überfällen ab.

Ein Schlag jedoch, von dem Santa Cruz sich nicht wieder erholte, traf die Stadt dauerhaft 1657. Der Sitz des Inspektors der Handelskammer von Sevilla, bei dem alle aus Amerika einlaufenden Schiffe ihre Abgaben entrichten mussten, sowie auch der Sitz des *Juzgado Las Indias* (Gericht für Indien – gemeint ist Amerika, für die Spanier war es damals Indien), das alle Gerichtsverfahren, die Amerika betrafen verhandelte, wurde nach Teneriffa verlegt. Aus und vorbei war es mit dem betuchten Leben in einer der wichtigsten Hafenstädte Europas. Aber immer noch steht sie, die Stadt, und immer noch ist sie schön ...

Basis-Infos

Information Touristinformation in einem Glaspavillon, mitten in der Grünzone der Plaza de la Constitución. Auskünfte über das Bettenangebot ebenso wie über die Gastronomie, Fiestas und traditionelles Handwerk; auch ein kunsthistorischer Führer durch die Inselhauptstadt ist erhältlich. Mo–Fr 9–19.30, Sa 9–15, So 9–14 Uhr. ✆ 922-412106.

Malerische Häuser an der Avenida Marítima

Hin & weg Die Hauptstadt ist aus allen Regionen gut zu erreichen. Die wichtigsten Linien: Linie 100 – die Nordrunde bis Los Llanos, stündlich. Linie 200 – die Südrunde bis Los Llanos, zweistündlich. Linie 300 – St Cruz Los Llanos über die Cumbre, halbstündlich. Linie 500 Cancajos und Flughafen, halbstündlich; Linie 303 – Las Nieves und Hospital, stündlich (siehe auch Busfahrplan S. 50).

Zentrale Busstation am südlichen Ortsanfang unweit von Post und Plaza de la Constitución mit gläsernen Wartehäuschen.

Taxistände in der Avenida del Puente (✆ 922-411202), in der Calle Alvarez de Abreu am kleinen Park sowie an der Plaza Alameda. Funktaxi von 7 bis 23 Uhr ✆ 922-416007; von 23 bis 7 Uhr ✆ 606-547954 (mobil).

Bank Den Service für die **Postbank** übernimmt die *BBVA-Bank* an der Avenida del Puente schräg gegenüber der Markthalle.

Einkaufen **Bäckerei Los Cuñados**, Avenida del Puente 11, gegenüber der Markthalle, immer dem Duft nach, hier gibt es besonders leckeres Kleingebäck.

Bioladen, Herbolarío Hierbabuena, in der Calle Doctor Santos Abreu 2, neben dem Vollwertrestaurant Enriclai. ■

Deutsche Zeitungen führen mehrere Buchhandlungen und Zeitungsläden an der Avenida Marítima und in der Calle O'Daly.

Flohmarkt/Rastro jeden 1. und 3. Sonntag 9–14 Uhr auf dem Parkplatz im Hafengelände.

››› Mein Tipp: **Mercado** (Markthalle), Avenida del Puente, Mo–Sa 6–14.30 Uhr, Obst, Gemüse, Ziegenkäse in allen Reifegraden,

Fleisch und Fisch sind drinnen im Angebot, Blumen gibt es draußen. «

Souvenirs/Geschenke in der Fußgängerzone *Calle O'Daly/Calle Peréz Brito* sowie in der *Avenida Marítima* zahlreiche Geschäfte, in denen Souvenirs, Kunsthandwerk und Kitsch angeboten werden.

Supermärkte gibt es mehrfach, z. B. Spar in der Avenida del Puente.

Wanderausrüstung: *Valle Verde* verkauft Markenprodukte. Calle Pérez Brito 31.

Internet Internetcafé in der Calle Pérez Brito 100, etwas unterhalb der Plaza Alameda.

Post Im auffällig großen klassizistischen Bau an der Plaza de la Constitución.

Übernachten

Santa Cruz ist kein Urlaubsort, dennoch finden alle, die lieber unter Einheimischen als zwischen Touristen wohnen, ein ausreichendes Angebot.

Hotels *** **Aparthotel El Galeón** 16 Oberhalb des Hafens; 2007 eröffnetes Hotel an einer verkehrsreichen Straße, der gute Lärmschutz aber lässt diesen Umstand drinnen vergessen. Alle Apartments sind großzügig geschnitten und sehr komfortabel und hübsch ausgestattet; komplett eingerichtete Küche und Balkon oder Terrasse. Garagenplätze sind im Übernachtungspreis enthalten. Als EZ 45 €, als DZ (plus Schlafsofa für 2 weitere Pers.) 55 €. Apartment mit zwei Schlafzimmern für 4–6 Pers. 76 €. Frühstücksbuffet 4 €/Pers. Calle El Galeón, ✆ 922-411000, ℻ 922-412826, www.elgaleon.info.

››› **Mein Tipp:** *** **Hotel San Telmo** 13 In der Altsstadt, nur wenige Schritte von der Plaza Santo Domingo, das neueste und wahrscheinlich hübscheste Hotel der Stadt. Mit viel Liebe zum Detail hat ein deutsches Paar hier ein Haus mit Innenhof und Garten restauriert und zu einem bequemen Hotel umgebaut. Die acht Zimmer sind ganz unterschiedlich geschnitten, aber immer gemütlich im Landhausstil eingerichtet und mit modernen Bädern ausgestattet. Für die Gäste gibt es einen Frühstückssalon und eine Kaffeeküche zur eigenen Nutzung. Zimmer als EZ 55 €, als DZ 65 €, für drei Pers. 75 €. Calle San Telmo 5, ✆ 922-415385, ℻ 922-415372, www.hotel-santelmo.com. ‹‹‹

*** **Aparthotel Castillete** 4 Avenida Marítima. 42 Studios, Apartments und DZ – die meisten mit Blick aufs Meer. Die Zimmer zum Lichtschacht sollten Sie meiden. Komplett und hübsch eingerichtet. Einzelreisende ab 45 €, 2 Pers. ab 56 €, Frühstück 3,60 €. Avenida Marítima 75, ✆ 922-420840, ℻ 922-420067, www.aparthotelcastillete.com.

Hostals/Pensionen ** **Hostal Canarias** 12 Die Fassade ist winzig, doch drinnen warten 14 geräumige Zimmer, blitzend vor Sauberkeit, mit hellen Holzmöbeln eingerichtet und großzügigen Bädern. Einziger Nachteil: Im verwinkelten Bau haben manche Zimmer nur Fenster zum Lichthof (Habitación interior). 1 Pers. 25 €, 2 Pers. ab 32 €. Cabrera Pinto 27, ✆/℻ 922-413182, www.pensioncanarias.com.

* **Pensión La Cubana** 14 In einem 180 Jahre alten, stilvollen kanarischen Haus (die erste Bebauung gab es hier schon 1550) mit acht Zimmern. Zwei davon sind als EZ ausgebaut, dazu gibt es zwei Bäder. Die Räume sind einfach, aber mit schweren Holzmöbeln eingerichtet. Die Pflanzen im Patio sorgen für Grün im Haus. Den Gästen steht eine Kaffeeküche mit Kühlschrank zur Verfügung, und wer nicht mit schwerem Gepäck um die Insel wandern möchte, kann die Hauptlast hier deponieren. EZ 22 €, DZ 28 €. Calle O'Daly 24, ✆ 922-411354, ℻ 922-412303, www.la-fuente.com.

Apartments/Häuser (siehe auch Aparthotels oben) **Apartamentos Rocamar** 2 Ein mehrgeschossiger, schlichter Bau etwas außerhalb des Stadtzentrums, in einem Gebiet mit Werkstätten zwischen der Landstraße nach Norden und dem Meer. Nicht gerade der Hit, aber als Ausweichquartier oder mit großer Familie ganz in Ordnung. Die Wohneinheiten bieten Platz für bis zu fünf Personen. Die Rezeption findet man im ersten Stock. 1 Pers. 38,50 €, 2 Pers. 42 €. Abenguareme 12, ✆ 922-411946, ℻ 922-411947, www.apartamentosrocamar.es.

››› **Mein Tipp:** **Apartamentos La Fuente** 7 Schönes Altstadthaus mit acht Apartments. Die Wohnungen sind gemütlich und komplett eingerichtet. Von Balkon und Terrassen schaut man über die Dächer der Altstadt aufs Meer. Wer ein Apartment ohne Balkon erwischt hat, kann es sich auf der Dachterrasse gemütlich machen. Preise nach Zimmergröße, Aussicht und ob mit oder ohne eigene Terrasse/Balkon. Schauen Sie sich mal die Websites an –Familie Schmid hat weitere interessante Angebote. Apartment 38–59 €. Calle Pérez Brito 49, ✆ 922-415636, ℻ 922-412303, www.la-fuente.com. ‹‹‹

Restaurierte historische Stadthäuser, für bis zu 5 Pers., in ruhigen Wohngebieten etwas oberhalb am Hang, die nicht teurer sind als die Apartments. Reservierung wie Apartamentos La Fuente (s. o.).

Wassermühle Remanente, zwischen Las Nieves und Velhoco, eine besonders originelle Unterkunft: Die restaurierte und zum Ferienhaus ausgebaute historische Mühle verfügt über zwei Wohneinheiten für je ein bis drei Pers. im Mühlenturm. Preis 43 € und 55 €. Reservierung ebenfalls über Apartamentos La Fuente (s. o.).

Apartamentos Chipi Chipi 1 Außerhalb – der Preistipp! Im Anbau des gleichnamigen Restaurants außerhalb der Hauptstadt sind ein Dutzend unterschiedlich große, unterschiedlich schöne Wohnungen entstanden, die Platz für bis zu 5 Pers. bieten. 2 Pers. 24 €, jede weitere Pers. 7 €. Carretera de Las Nieves, ✆/℻ 922-411024, www.chipichipi.es.

Santa Cruz → Karte S. 91

Auf der Placeta sitzt es sich besonders gut

Essen & Trinken

→ Karte S. 89

An jeder Ecke gibt es eine Bar, in der wenigstens Kleinigkeiten zu bekommen sind. Für den großen Hunger gibt es eine ausreichende Anzahl an Restaurants und interessante Lokale in der Umgebung. Achtung: Sonntags werden in Santa Cruz die Bürgersteige hochgeklappt, die meisten Restaurants und Bars bleiben geschlossen – der Sonntag ist für die Palmeros Familientag, gegessen wird dann in den großen Ausflugslokalen.

Tapas und Kleinigkeiten An der Uferstraße Avenida Marítima reiht sich eine Terrassenbar an die andere.

Cafetería Cosmos 5 Auf Höhe des Castillo; fast ausschließlich preisgünstige Arepas (gefüllte Maisteigtaschen, eine Spezialität aus Venezuela) serviert man im kleinen Laden und an Tischen draußen. Tägl. 10–23 Uhr.

Tasca La Herradura 17 Im rustikalen Ambiente gibt es kleine Gerichte wie Tortilla oder Thunfischkroketten ab 3 €. Mo–Sa 10–23 Uhr. Calle Alvarez de Abreu.

Schön unter großen Lorbeerbäumen sitzt man am **Kiosko auf der Plaza Alameda** 3 mit preiswerter Auswahl an Tapas. Draußen und drinnen findet man Platz im **Negrosco** (So Ruhetag), neben Ap. La Fuente 7, sowie im Bistro von **La Placeta** 9, auf der Placeta de Borrero, mit überwiegend deutschem Publikum. Kleine Gerichte und Vollwertkost bringt auch das Minirestaurant **Enriclai** 10 auf den Tisch (s. u.).

Restaurants Beliebt am Abend wie zur Mittagszeit sind:

››› Mein Tipp: **Casa Indianos** 18 In einem restaurierten Lagerhaus mit dickem Mauerwerk (der Hafen liegt gleich gegenüber). Benannt nach der beliebtesten Karnevalsfiesta ist das Lokal wie bei der Straßenfiesta dekoriert. Die Gäste müssen nicht komplett weiß gekleidet kommen, das machen schon die Figuren auf den zahlreichen Bildern des Künstlers Luis Morera. Man sitzt im großzügigen Speisesaal unter dicker Holzbalkendecke oder auf der Terrasse. Spanisch/italienische Küche mit großer Tapa-Auswahl, Pasta und vielen Reisgerichten. Hauptgericht ab 8,50 €. Tägl. ab 10 Uhr bis open end, Küche 13–16 und 19–23 Uhr. Avenida Los Indianos 2, neben der Busstation. ‹‹‹

La Bodeguita del Medio 15 In einem restaurierten Altstadthaus werden in kleinen, rustikal eingerichteten Zimmern iberische

Spezialitäten, Tapas und Tellergerichte serviert. Eintöpfe 4,50–10 €, Tellergerichte 6–11 €, von vielen Speisen können Sie auch mittlere oder kleine Portionen wählen. Das Restaurant ist durchgehend von 10 bis 02 Uhr geöffnet, die Küche von 12 bis 15 und 18 bis 23 Uhr. So Ruhetag.

La Placeta 9 Unten ein Bistro, im 1. Stock ein gediegenes Restaurant im stilsicher renovierten kanarischen Haus – gute kanarisch-internationale Varianten und vegetarische Gerichte. Mo–Sa 13–23.30 Uhr, So Ruhetag. Placeta de Borrero.

Piccolo Pizzeria Paladar 8 Schön restauriertes Altstadthaus mit Terrasse; hier gibts Pizza, Pasta und mehr aus der italienischen Küche. Pizza und Pasta ab 6 €, Fleisch- und Fischgerichte etwas teurer. Di–Sa 12–16 und 19–24 Uhr, So nur mittags geöffnet. Avenida Marítima 53.

Las Lonjas 6 Im Innenhof eines wunderschön restaurierten kanarischen Altstadtkomplexes. Gekocht wird kanarisch mit internationalem Einschlag. Große Karte; Salate und Suppen ab 3,50 €, Vorspeisen ab 4 €, viele kleine Gerichte zwischen 7 und 11 €. 12.30–16 und 19–23 Uhr, Mo, Do und sonntagabends geschlossen. Av. Marítima 55.

Mambrino 11 Bodega in einem schmalbrüstigen, alten Haus gegenüber der Markthalle. Typisch rustikales kanarisches Ambiente, das Restaurant ist zugleich eine Bodega. Hier gibt es traditionelle kanarische und spanische Hausmannskost. Große Vorspeisenauswahl ab 3 €, Menü 10,50 €, Hauptgericht ab 8 €, mit Beilagen werden es allerdings schnell 12 €. Tägl. 9–23 Uhr (außer Sonntagabend), Küche 13–16 und 19–23 Uhr. Avenida Puente 19, ✆ 922-411873.

Bodegón Enriclai 10 „Klein, aber fein" ist das Motto in der kleinsten Küche der Stadt. An nur 4 Tischen wird vorzugsweise Vegetarisches serviert. Mo–Fr 10–15, Mo und Mi auch 19–22 Uhr. Calle Doktor Santos Abreu 2. ■

In der Umgebung **Parrilla Las Nieves**, direkt neben der Wallfahrtskirche in Las Nieves. Groß, voller Grün, laut und luftig – typischer ist kein Lokal auf La Palma. Das finden die Einheimischen auch und stürmen das Ausflugslokal an Wochenenden im Großfamilienverband. Nicht immer gibt es Zicklein, aber wenn Cabrita an der Tafel angeschlagen ist, sollten Sie zugreifen.

››› Mein Tipp: **Chipi-Chipi** 1 Bei Velhoco, muy tipico. Das Lokal liegt im Garten des gleichnamigen Apartmenthauses zwischen Pflanzen, Volieren und fröhlichen Kunstwerken. Man kann im Hof oder in Séparées essen. Im Winter kann es hier abends allerdings kalt werden. Auch bei Palmeros sehr beliebt. Das Essen ist einfach lecker und preiswert: Huhn, Schwein, Zicklein, mit Glück auch Kaninchen, alle vom riesigen Grill. 12–17 und 19–23.30 Uhr, Mi und So Ruhetag. ‹‹‹

Nachtleben: Eine Disco gibt es derzeit nicht. Im Sommer trifft sich die Jugend an der Avenida Marítima, auf dem Platz neben der Hafeneinfahrt, zur Open-Air-Disco. Als abendliches Bermudadreieck gilt die Calle Alvarez Abreu zwischen der Musikkneipe *Tasca La Cuatro* (Calle Blas Simón 4), *La Bodeguita del Medio/Tasca La Herradura*, der *Tasca Esquina* und neuerdings der *Casa Indianos*. Das *Kino Multicine* (drei Säle) in der Avenida del Puente sorgt für Unterhaltung. Die beiden Theater dienen als Bühnen für Tourneetheater und -orchester.

Austoben kann man sich allerdings während des Karnevals und bei der einen oder anderen Fiesta, dann geht es um Mitternacht erst richtig los.

Baden: Für einen Badeurlaub ist Santa Cruz nicht der richtige Ort, dennoch gibt es einen städtischen Strand. Er liegt gegenüber der Hafenmole und neben der Schnellstraße, die von Süden in die Stadt führt. Neu hinzukommen soll ein Strand vor dem Stadtzentrum längs der Avenida Maritima. Fast vor den Stadttoren liegt der kleine Badeort *Los Cancajos* (siehe unten).

Fiestas: In Santa Cruz wird am ausgiebigsten gefeiert. Höhepunkt des **Karnevals** ist der über die Grenzen La Palmas hinaus bekannte Fastnachtsmontag, dann kommen die Los Inidanos (S. 41). Ebenso bekannt ist die **Bajada de la Virgen** alle 5 Jahre (das nächste Mal 2015), bei der sogar die Zwerge tanzen! (S. 95)

Santa Cruz → Karte S. 91

Kostenlose Dusche für parkende Autos und flanierende Fußgänger

Sehenswertes

Kommen Sie mit auf einen Stadtrundgang? Auf einem zwei- oder dreistündigen Spaziergang kann man die interessantesten Plätze und Gebäude der kleinen Stadt kennenlernen und hat dabei viel Zeit zum Schauen.

Wer Lust auf einen längeren Stadtrundgang hat und auch die höhergelegenen Stadtviertel der Handwerker durchstreifen möchte, besorgt sich in der Touristinformation, gleich der erste Besuchspunkt, einen kunstgeschichtlichen Führer, den gibt es auch auf Deutsch – kostenlos. Beginnen wir bei der Touristinformation auf der Plaza de la Constitución.

Fußgängerzone und Casa Salazar

Sie gehen in Richtung Post und biegen dort nach rechts in die Fußgängerzone, allgemein als Calle Real (Königsstraße) bekannt, offiziell heißt sie *Calle O'Daly*. Sie wurde nach einer Kaufmannsfamilie aus Irland benannt. Hier stehen die eindrucksvollsten Patrizierhäuser von Familien flämischer, irischer und spanischer Herkunft. Heute befinden sich hier Galerien, Geschäfte und Ausstellungsgebäude. Die Fassaden mögen relativ bescheiden wirken, doch dahinter verbergen sich meist Gebäudekomplexe, die einen ganzen Block einnehmen. Sehen kann man das bei der *Casa Salazar* (17. Jh.), das Haus mit der Nr. 22. Seine dunkle Vulkansteinfassade ist mit gedrehten Säulen geschmückt. Von außen wirkt das Haus eher unscheinbar und klein, aber innen erhebt sich ein prächtiger spanischer Klassiker über vier Stockwerke auf Steinsäulen und mit umlaufenden Galerien. Das Gebäude wird als Ort für wechselnde Ausstellungen genutzt. Im Eingangsbereich gibt es eine Verkaufsausstellung des heimischen Kunsthandwerks.

Mo–Fr 10–15, im Sommer bis 14 Uhr, Eintritt frei.

Jetzt geht es einige Schritte auf der Calle O'Daly zurück und am hübschen Jugendstilhaus, das eine Apotheke beherbergt, rechts um die Ecke und die Treppe hinauf. Vorbei an Altstadthäusern, gelangt man zur parallel verlaufenden Straße, in die man wiederum nach rechts einbiegt. Die linke Straßenseite wird von einer Mauer begrenzt, die schon zum nächsten Besuchspunkt gehört, der über eine Treppe nach links erreicht wird.

Santa Cruz → Karte S. 91

Plaza, Kloster und Kirche Santo Domingo

Die Anlage gehört zu den ältesten der Stadt. Mit dem Bau wurde im 16. Jh. begonnen. Auffällig ist eine weitere, sehr breite Treppe vor der Kirche und dem Klostergebäude, nur mit vielen Treppen konnten auf dem steilen Gelände der Stadt ebene Flächen für Plazas und Gebäude geschaffen werden. Beachtenswert sind die Steinverzierungen am Portal aus rotem Trachit. Ihre Verbundenheit mit der katholischen Hierarchie demonstrierten die Dominikaner mit einem Wappen, das die Kopfbedeckungen von Papst, Kardinal und Bischof darstellt.

Die Kirche mit ihren kunstvollen Holzdecken beherbergt die reichhaltigste Sammlung von Arbeiten flämischer Maler des 16. Jh. auf den Kanarischen Inseln.

Nur Sa 16–17 Uhr.

Im Kloster nebenan ist das Gymnasium *Alonso Perez Diaz* untergebracht, benannt nach einem bekannten palmerischen Abgeordneten der Zweiten Republik Spaniens. Auf der Plaza fand noch vor wenigen Jahren die beliebteste Veranstaltung der Insel statt, der Tanz der Zwerge. Dann reichte der Platz für die Zuschauer nicht mehr, und die Zwerge zogen in ein Stadion am Hafeneingang um.

Plaza España, Rathaus, Kirche El Salvador

Sie verlassen die Plaza Santa Domingo, die Treppe hinunter, wie Sie gekommen sind, und gehen weiter geradeaus. An einer Einmündung halten Sie sich rechts und folgen dem Straßenverlauf. Das eindrucksvolle Gebäude mit der auffälligen Holztreppe auf der linken Straßenseite gehört der kulturellen Gesellschaft „La Cosmologica", die mehr als 20.000 Dokumente der Inselgeschichte gesammelt hat. Die ältesten stammen noch aus den Zeiten der Eroberung, aus dem 15. Jh. Schräg gegenüber geht es jetzt einen Treppengang hinunter, und Sie blicken auf die hübsche, stimmungsvolle **Plaza España**. Wiederum wurden hier mit vielen Treppen verschiedene Ebenen geschaffen, auf denen immer reges Treiben herrscht, denn die Plaza España ist Dreh- und Angelpunkt der Stadt.

Wenn Zwerge Polka tanzen

Seit über 300 Jahren feiern die Palmeros sie in Santa Cruz: die „Bajada" – mit vollem Namen *Bajada de la Virgen de Las Nieves*. Dieses neben dem Karneval größte Fest des Archipels beginnt alle fünf Jahre Ende Juni (das nächste Mal 2015) und dauert bis August. Flug- und Schiffspassagen sind auf Monate ausgebucht, die nach Südamerika ausgewanderten Palmeros feiern dann für einige Wochen Familientreffen, das Fernsehen überträgt live, die Stadt, ja die ganze Insel gleicht tatsächlich einem Tollhaus. Da tanzen nicht nur die Zwerge, obschon die „Danza de Enanos" unzweifelhaft der Höhepunkt der Fiesta ist.

Mädchen aus Fuerteventura – zu großen Fiestas kommen Trachtengruppen auch von anderen Inseln

Seit Jahrzehnten werden immer denselben Tänzern die Beine von den Knien aufwärts zusammengebunden. Über den Körper wird ein Kostüm gestülpt, das in einem riesigen Dreispitz endet. Die Tänzer können durch eine Schmuckrosette sehen und Luft holen. So verschnürt, tanzen die Verkleideten eine Polka im Trippelschritt. Und das mehr als ein Dutzend Mal auf verschiedenen Plätzen der Stadt bis in den frühen Morgen. Sie haben das Zwergenmotiv sicherlich schon häufig gesehen.

Während der Fiesta spielt übrigens auch die *Santa Maria*, das Kolumbus-Schiff an der Plaza de la Alameda, eine Hauptrolle: Im „Dialog zwischen Festung und Schiff" wird altüberlieferten Reimen per Megaphon ein Zwiegespräch zwischen Schiffsplanken und Festungszinnen – auf der anderen Seite der Schlucht – simuliert. Es geht um den Einlass der Heiligen Jungfrau in die Stadt. Den Rahmen dieses Dialogs bildet die Prozession, die der Fiesta auch den Namen gibt: In einem gewaltigen Umzug, an dem auch Trachten- und Musikgruppen der Nachbarinseln teilnehmen, wird die Terrakottafigur der „Heiligen Jungfrau vom Schnee" von Las Nieves nach Santa Cruz geleitet. Doch all das sind nur die offiziellen Höhepunkte, daneben gibt es Feuerwerke und Theatervorstellungen, weitere Umzüge und Tanzveranstaltungen und, und, und.

Die Kirche **El Salvador** (Erlöserkirche) wurde ebenfalls Mitte des 16. Jh. auf den Resten ihrer Vorgängerin neu gebaut – nach dem Piratenüberfall 1553 waren nur noch die Grundmauern erhalten. Der massive, festungsartige Glockenturm könnte als Fluchtturm für weitere Piratenüberfälle errichtet worden sein. In der Fassade neben dem Portal fallen garstige, die Zunge bleckende Figuren auf. Sie werden als Zeichen für Verleumder gedeutet, die draußen bleiben sollen. Der Renaissancebau besteht aus drei Schiffen, die mit reich gegliederten Decken im Mudéjarstil abschließen.

Santa Cruz → Karte S. 91

Der Mudéjarstil: Dieser spanisch-maurische Stil hat sich nach der Unterwerfung der Mauren auf der Iberischen Halbinsel behauptet. Auf den Kanaren wurden Verzierungen und Konstruktionen allerdings nicht aus Stein, sondern aus Pinienholz gefertigt. Auffällig sind die kunstvollen geometrischen Ornamente; den maurischen Künstlern waren aus religiösen Gründen figürliche Darstellungen verboten (vgl. auch S. 45 f.).

Das Altarbild der größeren Kapelle ist ein Werk des andalusischen Malers *Esquivel* (1837), dessen Bilder auch im Madrider Prado zu sehen sind. Die Orgel auf der Empore wurde 1823 vom Hamburger Orgelbauer Geyckes gebaut.
Tägl. 9.30–13 und 17.30–19.30 Uhr.

Vor der Kirche erhebt sich übrigens das *Standbild* eines wehrhaften Pfarrers: *Manuel Díaz*, liberaler Seelenhirte der Kirche El Salvador zur Zeit der Befreiung Spaniens von der Herrschaft Napoleons, setzte sich 1820 mutig für eine fortschrittliche Verfassung ein. Die Kirchenoberen verbannten ihn daraufhin, was die rührige Freimaurerloge dennoch nicht hinderte, ihm 70 Jahre später dieses Denkmal zu setzen.

Standbild und Stadtkirche: Diaz und El Salvador

Gegenüber liegt das **Rathaus**. Der heutige Bau wurde um 1560 errichtet, sein Vorgänger fiel dem Piratenüberfall 1553 zum Opfer. In die Renaissancefassade sind die Wappen La Palmas und *Philipps II.* eingelassen – während seiner Regentschaft als spanischer König wurde das Rathaus vollendet. Das Rathaus war im 16. Jh. Bischofssitz. Die Decken und das Treppenhaus sind aus *Tea*, dem inneren Holz der Pinie, das von besonders schöner, rotbrauner Färbung und dank des hohen Harzgehalts vor Ungeziefer geschützt ist. Die Wandgemälde des Treppenhauses, sie entstanden um 1930; sie zeigen die harte Arbeit der Palmeros in den letzten Jahrhunderten und illustrieren die verschiedenen Auswanderungswellen. Eine Marmortafel weist darauf hin, dass in diesem Rathaus 1773 das erste demokratisch gewählte spanische Stadtparlament tagte. Der Wahl vorausgegangen war ein zwei Jahre langer Gerichtsprozess der Herren O'Daly und Peréz de Brito (nach beiden ist der wichtigste Straßenzug der Stadt benannt), die für eine Amtsperiode statt lebenslanger Regentschaft fochten.
Werktags bis 14 Uhr geöffnet.

Rechts neben dem Rathaus befand sich von 1568 bis 1657 der *Juzgado Las Indias*, das für amerikanische Angelegenheiten zuständige Gericht. Laut Phillip II. war La Palma (und damit Santa Cruz) die wichtigste Insel Spaniens für Amerika (Las Indias; vgl. Stadtgeschichte).

Sie setzen Ihren Weg auf der Calle O'Daly fort bis zur nächsten Straßenkreuzung, überqueren die Avenida del Puente und gehen dann links hinauf. Erst erreichen Sie das *Teatro Chico*, das kleine Theater, und dann direkt daneben den Mercado.

Markthalle/Mercado: Wenn sie geöffnet ist, schauen Sie hinein, auch wenn Sie nichts einkaufen möchten. Allein der Anblick von frischen, zu Pyramiden gestapelten Früchten, Ziegenkäse in allen Reifestufen und einheimischem Wein wird Ihren Appetit anregen. Frisch geschlachtete Kaninchen und Fisch gibt es in einer separaten Abteilung.
Werktags 6–14.30 Uhr.

Nach dem Verlassen der Markthalle geht es wieder ein paar Schritte zurück, in die nächste Gasse nach links, dann nach rechts, und auf Höhe der kleinen *Plaza Van Dale* stoßen Sie auf die Verlängerung der Calle O'Daly, die jetzt Calle Peréz de Brito heißt. Der Plaza Van Dale gegenüber stehen etwas weiter links (Nr. 9 und Nr. 15) prächtige Patrizierhäuser (heute Clubs der feinen Gesellschaft). Die Straße erweitert sich bald zu einer hübschen Miniplaza, der *Placeta de Borrero*, mit Brunnen, Terrassencafé und schönen Geschäften. 200 m weiter, am Gerichtsgebäude vorbei, an dem eine bronzene Schulbank darin erinnert, dass hier einst die erste Schule stand, erreichen Sie wieder eine Erweiterung mit Miniplaza, auf die das Café Negrosco seine Tische gestellt hat, auch hier gibt es schöne Läden.

Kurz danach biegen Sie nach links in eine ganz schmale Gasse, die *Callejon del Reyes*. Sie erweitert sich zu einer Treppe und führt im Zickzack an alten, noch nicht restaurierten Gemäuern vorbei nach oben auf eine Straße, in die Sie nach rechts einbiegen, um direkt auf das nächste Besuchsziel zu treffen.

Plaza, Kirche und Konvent San Francisco (Inselmuseum)

Dieses herrliche Ensemble kanarischer Baukunst wurde ab 1508 angelegt. Den Platz zieren ein Brunnen und Tulpenbäume, deren orangefarbene Blüten sich wunderschön gegen das strenge Schwarz-weiß von Platz und Gebäuden abheben.

Kirche San Francisco (leider sehr unregelmäßig geöffnet): Das Gotteshaus bildet im Grundriss ein lateinisches Kreuz mit einem Mittelschiff und zwei ungleichen Kapellen, die die Seitenflügel bilden. Im Inneren kunstgeschichtlich besonders interessant ist die reich verzierte Täfelung mit Renaissance-Kassetten. Zu den Schätzen des ansonsten eher düster wirkenden Gotteshauses gehört eine gotisch-flämische Skulpturengruppe aus dem 16. Jh. Sie zeigt Maria mit dem Kind und die heilige Anna.

Konvent San Francisco/Inselmuseum: Heute versteckt sich in der schön restaurierten, reizvollen Anlage das offizielle Inselmuseum. Den Eingang finden Sie im Glockenturm. Vier Themenbereiche präsentiert das Museum ständig:

Archäologie: Mumien, Werkzeuge und andere Funde aus der Zeit der Altkanaren sowie einige gelungene Rekonstruktionen illustrieren das Leben vor 500 und mehr Jahren.

Malerei: Zahlreiche flämische Ölgemälde aus dem 16. Jh., aber auch aus Realismus, Impressionismus und Expressionismus – und dazu ein Franco-Porträt.

Heimatkunde: Beispiele des örtlichen Kunsthandwerks und Gegenstände aus der bäuerlichen Tradition der Insel.

Naturgeschichte: Zu sehen sind präparierte Vögel und Fische aus aller Welt.

Selbst wenn Sie sich für Museen weniger interessieren, sollten Sie hineingehen und sich das prächtige Gebäude anschauen – es ist ein wunderbares Beispiel mittelalterlicher spanischer Architektur. Achten Sie aber auch auf den Garten, denn dort haben Europas gekrönte und ungekrönte Häupter anlässlich der Eröffnung des Observatoriums auf dem Kamm der Caldera 1985 Bäumchen gepflanzt. Auch der damalige deutsche Bundespräsident Richard von Weizsäcker war hier fleißig.

Museo Insular: Mo–Sa 10–19.30 Uhr, Eintritt 3 €, Kinder 1,50 €.

Weiter geht es durch eine hübsche, steingepflasterte Gasse in nördliche Richtung (geradeaus) zur *Plaza Alameda* mit maurisch anmutendem Kiosko. An ihrem Zugang wurde anlässlich des 400. Jahrestages der Eroberung 1892 ein Kreuz errichtet. Seine Inschrift ehrt die spanischen Soldaten ebenso wie die Guanchen, die vorspanische Bevölkerung: „Spanier und Guanchen ließen ihr Blut für ihr Vaterland".

Die verkehrsfreie Plaza sollten Sie für Ihren Pausenkaffee vormerken, denn man sitzt im Schatten und nicht nur unter Touristen; der Kiosk serviert sogar gute Tapas zu günstigen Preisen.

„Cremetörtchen" nennen manche den Mauren-Kiosk in Santa Cruz

Santa Cruz → Karte S. 91

Museo Naval „Santa Maria"

Die Nachbildung der *Santa Maria*, das Flaggschiff von *Kolumbus* auf seiner ersten Entdeckungsreise in die Neue Welt vor 500 Jahren, ist nicht etwa aus Holz, wie man glauben machen will, sondern aus Beton. Tatsache ist auch: Kolumbus (der in Spanien Colón heißt) war nie auf La Palma. Er startete sein Abenteuer vom spanischen Festlandshafen Palos und machte auf der Nachbarinsel Gomera länger Station, bevor er auf den Atlantik hinausfuhr.

Immerhin vermittelt der Nachbau einen Eindruck davon, mit welchen Nussschalen man sich früher auf hohe See begab. Im Schiffsbauch und auf dem oberen Deck finden Sie ein Museum, das die Bedeutung der Seefahrt für La Palma mit alten Dokumenten und Gerätschaften dokumentiert.

Tägl. 10–14 Uhr. Eintritt 3 €, Kinder 1,50 €.

Direkt hinter dem Schiff biegen Sie nach rechts in Richtung Uferstraße ab.

Uferstraße und Balkonhäuser

Nun wird es Zeit für den Rückweg, und den sollten Sie zumindest streckenweise über die Uferstraße nehmen. Von der Seeseite aus (Vorsicht, manchmal schlagen Wellen über die Mauer) haben Sie den besten Blick auf das *Castillo de la Luz*, das Santa Cruz vor weiteren Überfällen bewahrte (nicht geöffnet), sowie auf die geschlossene Zeile der buntgestrichenen *Balkonhäuser* mit ihren blumengeschmückten hölzernen Balkons – ein beliebtes Fotomotiv. Die Häuser an der Avenida Marítima weisen architektonische Variationen auf, die u. a. auf portugiesische Einwanderer zurückgehen sind, z. B. Balustraden, Wintergärten sowie mit Sprossenfenstern verglaste Balkons.

Über die Uferstraße kommen Sie zurück zum Ausgangspunkt.

Traditionelle Häuser im Schmuck bunter frischer Farben an der Uferstraße

Sehenswertes in der Umgebung

In der näheren Umgebung der Inselhauptstadt bieten sich insbesondere drei kürzere Ausflüge an: zum Wallfahrtsort Las Nieves, zum Tier- und Pflanzenpark Maroparque und zum Aussichtspunkt Mirador de la Concepción. Einen Besuch wert ist auch der etwa 5 km südlich von Santa Cruz gelegene Badeort Los Cancajos.

Las Nieves

Der Wallfahrtsort nördlich oberhalb der Hauptstadt ist die Heimat der Insel-Schutzheiligen *Nuestra Señora de las Nieves*, der Heiligen Jungfrau vom Schnee. Hier startet alle fünf Jahre die größte Prozession hinunter nach Santa Cruz, wenn während der Bajada die Madonna in die Hauptstadt geführt wird. Sehenswert ist die Kirche wegen der Kreuzigungsgruppe, ebenfalls von flämischen Künstlern des 16. Jh. geschaffen, und wegen der zahlreichen Votivtafeln, meist Danksagungen für die Rettung aus Seenot, die große Flächen der Kirchenwände bedecken. Schön ist auch der steingepflasterte Platz vor der Kirche, insbesondere, wenn im Frühjahr und Sommer der Jacaranda violett blüht. Gegenüber der Kirche steht die *Casa de Romeros*, das Pilgerhaus, in dem die Kirchenschätze verwahrt sind.

Sie erreichen Las Nieves mit dem Fahrzeug, wenn Sie am nördlichen Ende der Avenida Marítima der Ausschilderung folgen.

Maroparque: Botanischer Garten und Tierpark

Eng an einer steilen Schluchtwand liegt der kleine Privattierpark direkt oberhalb von Santa Cruz. Die vormals karge Schlucht ist heute eine von Flüsschen und Wasserfällen durchzogene, subtropisch-tropische Landschaft. Über viele Stege und Treppen geht es hinab und hinauf, hinter jeder Kurve und auf jeder Etage hat eine andere Tierfamilie Platz. Vögel stellen mit weitem Abstand die Mehrzahl der Parkbewohner: Papageien, Sittiche, ja sogar Geier und Tukane mit ihren riesigen, bunten Schnäbeln. Die Vögel, die in der Natur in Scharen leben, finden auch hier Artgenossen in mehreren großen, mit Netzen abgeteilten Freiflugrevieren, die die Besucher durch Schleusen betreten können. Dennoch bleibt auch dieser Tierpark ein Zoo und ist nicht die Natur, in der sich die Tiere wohler fühlen würden. Ein Höhlensystem bietet schattige Plätze für Aquarien und Reptilien in Terrarien.

Mo–Fr 10–18, Sa/So 11–19 Uhr, in den Sommerferien tägl. 10–19 Uhr. Erw. 11 €, Kinder 5,50 €. Camino Real La Cuesta 28, ✆ 922-417782.

Anfahrt: *Mit Pkw* von der Landstraße Santa Cruz – Los Llanos ab Abfahrt Las Nieves den Hinweisschildern folgen.

Mit Bus Linie 302 ab Santa Cruz. Dem Fahrer sagen, dass Sie zum Maroparque wollen, er hält dann ganz in der Nähe. Man kann den Park auch mit Wanderung 1 erreichen (siehe Wanderführer am Ende des Buchs).

Mirador de la Concepción

Ein Tipp, nicht nur für Fotofans, denn von diesem Aussichtspunkt lassen sich die besten Panoramabilder von Santa Cruz und dem Hafen machen. Anfahrt von Santa Cruz: Auf der LP 3 in Richtung Los Llanos nach wenigen Kilometern vor der Unterführung rechts hochfahren, gleich wieder rechts und kurz darauf erneut rechts dem Wegweiser folgen.

Mit dem Bus: Mit der Linie 300 bis zur Kreuzung Breña Alta/Las Nieves fahren, dort aussteigen. Dort sehen Sie schon die am Aussichtspunkt stehende Kirche.

Wenn Sie den steilen Weg zu Fuß bewältigen möchten, finden Sie die dazugehörige Wegbeschreibung im Wanderteil hinten im Buch:

Wanderung 1: Rundwanderung von Las Nieves durch den Barranco de la Madeira S. 220

Wanderung 2: Über der Inselhauptstadt -von der Plaza España auf den Mirador de la Concepción S. 223

Los Cancajos

Gar so touristisch wie vom Flugzeug aus wirkt Los Cancajos nicht, wenn man als Fußgänger durch dieses erste Urlauber-Retortendorf La Palmas schlendert. Verglichen mit anderen Urlaubsorten, kann man Cancajos durchaus als familiär und geschmacklich gelungen bezeichnen.

Um eine Saline herum, auf einem schmalen Küstenstreifen zwischen Flughafen und Hauptstadt ist dieser Urlaubsort gebaut: Hotels, Apartmenthäuser, Restaurants und Supermärkte – meist im traditionellen kanarischen Baustil und hübsch bunt gestrichen, immer aber modern und funktional. Die Investoren scheinen's zufrieden, denn in den letzten drei, vier Jahren entstanden neue Apartmentanlagen in Los Cancajos' Süden, zogen Restaurants und Geschäfte in die Passagen ein, wenn auch so manches Zimmer und so manches Ladenlokal noch leer steht. Der gepflegte Strand ist durch Wellenbrecher geschützt. Feiner schwarzer Sand, Felsen und Süßwasserduschen machen ihn zu einem angenehmen Ort. Liegen und Sonnenschirme können gemietet werden. Außerdem gibt es ein einfaches Lokal nahebei, in dem Fisch gegrillt und Salat angerichtet wird.

Beim Spaziergang auf der schön gestalteten Promenade, die vom Strand ausgehend an der bizarr geformten Vulkanküste entlangführt, schäumt unter Ihnen das Meer. In aus Vulkangestein geformten Grotten wühlen die Wellen auf, schlägt die Gischt bei stürmischem Wetter sogar um Ihre Füße. Nicht alle Häuser und Apartments sind zu mieten, viele Palmeros haben sich hier selbst eingekauft und genießen die Frische des Meeres.

Bei aller Skepsis gegenüber auf dem Reißbrett entstandenen Touristenorten: Es gibt Apartmentanlagen in Los Cancajos, die komfortabel sind, dennoch kein bisschen nach Massentourismus aussehen und auch noch Ausstrahlung besitzen (aber auch andere, die an Einfallslosigkeit kaum zu überbieten sind, z. B. das Centro Cancajos).

Wer nur abschalten möchte, fühlt sich gut aufgehoben. Hier liegt alles dicht beisammen: Strand, Restaurants, Kneipen, Cafeterías für den kleinen Drink am Nachmittag, Bushaltestellen ... Allerdings gibt es auch mehr als eine tote Ecke. Trotz der Busverbindung nach Santa Cruz kommt um einen Mietwagen nicht herum, wer ein wenig mehr von La Palma sehen will. Denn man verliert viel Zeit, wenn man erst nach Santa Cruz hineinfahren und dort noch umsteigen muss.

Spaziergang: Das Zentrum von Santa Cruz kann man in einer knappen Stunde auch zu Fuß erreichen. Man folgt der Straße nach Norden und dann geht es nur noch geradeaus, im ersten und letzten Wegabschnitt am Meer entlang.

Kleine Strandbuchten bieten gute Badeplätze

Basis-Infos

Information Touristinformation an der Promenade auf Höhe des Strandes. Dort bekommen Sie neben Inselkarten und Material über La Palma auch den aktuellen Veranstaltungskalender. Mo–Fr 9–14 und 16–19, Sa 9–13.30 und 15–18.30, So 9–13 Uhr. ✆ 922-181354, www.lapalmacit.com.

Hin & weg Bus-Linie 500 alle 30 Min. von/nach Santa Cruz (Fahrzeit 15 Min.), vgl. S. 50.

Adressen Für alle genannten Einrichtungen gibt es nur eine Einheitsadresse: Playa de Los Cancajos, 38712 Breña Baja.

Centro Médico Privates Ärztezentrum, in dem neben Allgemeinmedizinern, Fachärzte und auch ein Kinderarzt arbeiten. Es gibt einen Notdienst, auch Hausbesuche. Centro Comercial Cancajos, Lokal 307/8. ✆ 922-434211, Notdienst ✆ 653-813158 (mobil).

Einkaufen Cancajos hat vor dem **Centro Cancajos** so etwas wie ein Geschäftszentrum. Hier im nördlichen Teil des Orts finden sich die meisten Restaurants, Autovermieter, und Geschäfte, die Strandbedarf oder Souvenirs und Kunsthandwerk verkaufen. **Supermärkte** gibt es neben der Anlage Costa Salinas und im südlichen Bereich. Dort haben sich ebenfalls Restaurants, Autovermieter und eine **Apotheke** niedergelassen.

Internet, Telefon Telefonieren ohne ständig Münzen einwerfen zu müssen, die Handykarte aufladen oder im Internet surfen können Sie im Centro Cancajos, Lokal 306.

Mietwagen Mehrere vor Ort, z. B. **Oasis** im Centro Cancajos, **Auto Ferraz** im Block von Ap. La Cascada. Mieten kann man auch über die Rezeptionen der Apartmentanlagen.

Tauchen **La Palma Diving Center,** deutschsprachig, im Centro Cancajos, Local 227, ✆/℡ 922-181393 und 660-860240 (mobil), www.la-palma-tauchen.de, www.la-palma-diving.com. **Buceo Sub**, zweite Tauchbasis vor Ort, in der Ladenzeile von Ap. Costa Salinas. ✆ 922-181113, www.buceos-sub.com.

Weitere Infos siehe S. 80 unter „Sport".

Wandern Im Rahmen von Informationsabenden machen die Reiseunternehmen mit dem Programm des Wanderveranstalters **Natour** bekannt. Weitere Veranstalter siehe S. 220.

Übernachten

Los Cancajos ist ein reiner Urlaubsort. Mit wenigen Ausnahmen gehören alle Hotels und Apartmentanlagen großen Hotelketten und haben einen international hohen oder guten Standard. Alle Häuser können über die deutschen Urlaubskataloge von Neckermann, TUI usw. gebucht werden.

››› Mein Tipp: **Ap. Cancajos**, das individuelle Programm am Ort: in schönen, rustikal mexikanisch gestylten Apartments wohnen und gleichzeitig die Infrastruktur des Badeortes nutzen, ist hier möglich. Alle Einheiten sind größer als üblich (60–100 m²) und verfügen über eine eigene Terrasse mit Meerblick. Zusätzlich gibt es einen Pool, von dem aus man bis nach Santa Cruz schauen kann. Ein Studio, 4 kleinere und 2 große Apartments mit zwei Schlafzimmern sind vorhanden. Einziger Nachteil: Zum Strand muss man über die Straße gehen. Rezeption tägl. 9–13.30 und 16–19 Uhr. Apartment pro Tag je nach Größe und Saison 52–68 €. ✆ 922-416329, ℻ 922-415871, www.apartamentoscancajos.com ‹‹‹

Aparthotel Hacienda San Jorge, Mitglied im Verband der Biosfere-Hotels. „Ein Kunstwerk am Meer“, nennt der Besitzer seine Anlage. Und die ist wirklich schön. Sie war eine der ersten im hübsch farbig gestrichenen kanarischen Stil. Geboten werden 164 Apartments inmitten einer Gartenanlage, Pool, Fitnessraum, Restaurant und Snackbar, Autovermietung, Supermarkt, Tagungsräume, TV-Salon mit Videoanlage und dreisprachige Betreuung rund um die Uhr an der Rezeption. Apartment 68–91 €, Frühstück am großen Büfett 7,90 €. ✆ 922-181066, www.hsanjorge.com. ■

La Caleta Apartamentos, neue, schöne, im kanarischen Stil gebaute und komfortable Anlage mit Pool, Restaurant und Garten, in der zweiten Reihe zum Meer – 500 m Entfernung. Die Apartments sind hell und freundlich eingerichtet. Preise offiziell bei 55–125 €, in der Nebensaison auf Nachfrage aber erheblich günstiger. ✆ 922-433170, ℻ 922-435982.

**** **Hotel Taburiente Playa**, großes Hotel an der Promenade mit 300 dem Standard entsprechenden Zimmern in üppigem Grün. In den Außenanlagen Pools, Sauna, Tennisplätze, Fitnessraum und zwei Restaurants. Pro Pers. inkl. Frühstück je nach Saison 47–110 €. Im Internet häufig Sonderangebote. ✆ 922-181277, ℻ 922-181285, www.h10hoteltaburiente.com.

Ap. Costa Salinas, gleich neben dem Taburiente Playa. Das Haus gehört zur selben Kette wie das Hotel und bietet vergleichbaren Standard. Natürlich mit Pool und anderem Komfort – überraschend geräumige und schön eingerichtete Studios und Apartments. Studios je nach Saison 55–104 €, Ap. 62–118 €. Im Internet häufig Sonderangebote. ✆ 922-434348, ℻ 922-434510, www.h10castasalinas.com.

Aparthotel Las Olas, eine der neuen, großen Anlagen im südlichen Ortsbereich. Großzügig geschnittene und gut eingerichtete Räume, Pool, Terrassen und Liegewiesen, Freizeitangebote sowie Restaurant und Bars. Die Apartments sind auf mehrere Häuser verteilt, je näher das Haus am Meer liegt, um so angenehmer der Aufenthalt. Apartment pro Nacht je nach Saison 45–95 €, Abendbuffet 15 €/Pers. ✆ 922-434052, ℻ 922-434085, www.a-caledonia.com.

Essen & Trinken/Nachtleben

Jede der großen Hotel- und Apartmentanlagen verfügt über ein oder mehr Restaurants. Daneben können nur wenige Restaurants bestehen, die meisten finden Sie vor dem Centro Cancajos. Hier eine Auswahl:

El pulpo, der Kiosko típico am Strand. Frischen gebratenen Fisch, aber auch Grillfleisch gibt es in der rustikalen Holzhütte zu jeder Zeit. Gewöhnungsbedürftig – aber für Kioske typisch – die Preisgestaltung. Fisch oder Fleisch (ab 8.50 €) kommen solo, wenn man Kartoffeln und Mojo extra bestellt, macht das noch einmal rund 4 € extra, reicht aber auch für mindestens zwei Personen. Man sitzt und isst woanders zwar komfortabler, aber nicht so urig. 13–23 Uhr, Mi Ruhetag.

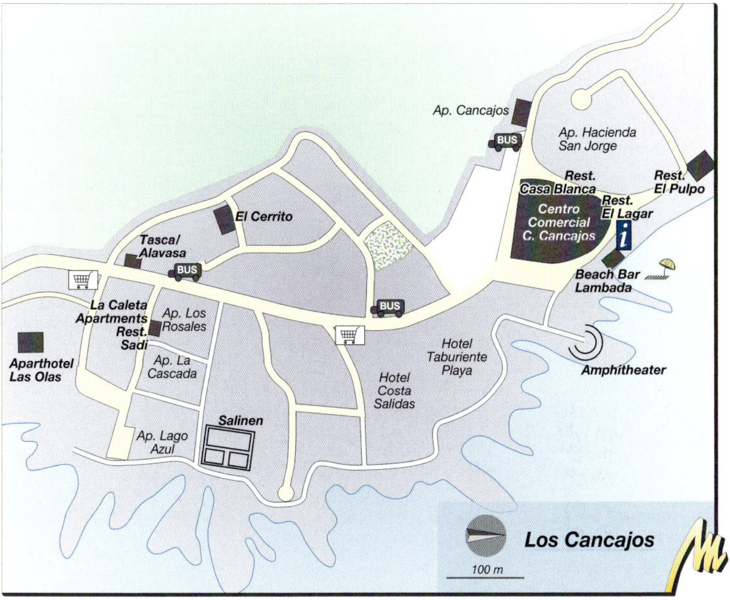

Umgebung von Santa Cruz → Karte S. 89

El Lagar, Pflanzen und helle Holztische schaffen eine freundliche Wintergartenatmosphäre, davor liegt eine Terrasse. Hier kann man sich täglich von 12.30 bis 23 Uhr mit Blick auf Santa Cruz an Steak und Pizza erfreuen. Pizza ab 5,50 €, Filet ab 11 €. Positive Leserbriefe. Am Centro Comercial Cancajos.

Casa Blanca, Pizza, Pasta sowie italienische und kanarische Küche wird in den stimmungsvoll dekorierten Räumen und auf der Terrasse serviert. Auch beliebt als Café und Bar. Am Centro Cancajos. Mo und Mi 13–16/19–23, Do–So 13–23 Uhr, Di Ruhetag.

Tasca Alavasca, im neuen, südlichen Ortsteil hat sich diese nette Kneipe, in der auch leckere Cocktails gemixt werden, schnell einen guten Namen gemacht. Neben einem wechselnden Tagesgericht für 7 € gibt es kleine, preiswertere Leckereien. Besonders beliebt sind die Spieße (2,20 €) und Canapés für 1,60 €, auf der Karte auch eine große Salatauswahl. In der Ladenzeile von Oasis de San Antonio.

Beach Bar Lambada, Kleinigkeiten, Tapas und Eis gibt es hier. Sehr beliebt und fast immer voll. Auch ein Treffpunkt am Abend. 12–24 Uhr. An der Promenade.

Nachtleben Viel ist nicht los in Los Cancajos. Die einzige Disco konnte sich nicht halten, und so trifft man sich in der Beach Bar Lambada (s. o.).

››› Mein Tipp: **In der Umgebung** **Casa Goyo**, Lokal mit extrem einfacher Bauweise. Ein Besuch lohnt vor allem, wenn man draußen in einem der mit Palmwedeln gedeckten Freiluftseparées sitzen kann. Typisch palmerische Küche mit Salaten und frischem Fisch vom Grill, niedrige Preise. In der Strandsiedlung direkt südlich vom Flughafen. Tägl. 13–16.30/9–23 Uhr, sonntags sehr voll!

Tipp: An das Lokal Casa Goyo sollten Sie sich am Abflugtag erinnern, wenn Sie noch ausreichend Zeit bis zum Start Ihrer Maschine haben und sich nicht im sterilen Flughafenrestaurant aufhalten möchten. Einfach ca. 7 Min. an Flughafen und Landebahn vorbei in Richtung Süden gehen. ‹‹‹

Grüner Südosten

Südosten und Südspitze

Von der Inselhauptstadt kommend, dehnt sich die Natur üppig grün aus, keine tiefen Schluchten zerfurchen die sanft gewellten Hänge, lieblich wirkt diese Region. Je weiter man nach Süden fährt, umso karger zeigt sich die Landschaft, das Schwarz junger Lavaflüsse bestimmt das Bild immer mehr. Die Südspitze schließlich ist eine einzige Vulkanlandschaft.

Das sanfte Grün in der Umgebung von Santa Cruz ist auch für viele Hauptstädter der Grund, sich gerade hier anzusiedeln – ihre Villen inmitten schöner Gärten bestimmen inzwischen den Landstrich. Man kann es auch so sagen: Hier ist die Insel zersiedelter als anderswo.

Begrenzt wird das Gebiet nach Westen vom Höhenzug der beiden Cumbres, im Osten von der zerklüfteten Atlantikküste. Die landwirtschaftliche Nutzung der Region ist vielfältig. Direkt oberhalb der Küste erstrecken sich Bananenplantagen, die Sie schon beim Anflug gesehen haben. Rund um die Dörfer gedeihen Obst, Gemüse und Avocados. Traditionell wird rund um Breña Alta Tabak angebaut, noch neu ist die Blumenzucht; mehrere Züchter haben sich auf Proteas spezialisiert. In Richtung Süden rund um Mazo und Fuencaliente erstrecken sich La Palmas beste Weinlagen; eine Weinprobe in den Kellereien sollten Sie nicht versäumen.

Fast 40 % der Gemeindeflächen sind bewaldet. Wenn Sie auf der LP 3, die Verbindungsstraße der Ost- und Westküste, von Santa Cruz durch den Cumbre-Tunnel

Südosten und Südspitze

nach El Paso fahren, ziehen die Vegetationsstufen am Straßenrand vorüber: Zunächst die trocken-warme Zone mit Tabaiba und Säuleneuphorbien, daran schließt sich die vom Passat gesegnete, zum Obst- und Gemüseanbau genutzte Zone an, abgelöst von einem Mischwald aus Lorbeerbäumen und Fayal-Brezal (Baumheide), der im unteren Bereich noch mit Kastanien durchsetzt ist. Im Spätherbst können Sie hier Esskastanien sammeln, Maronen, die man geröstet zum jungen Wein knabbert. Die Vegetationsstufe der Kanarischen Kiefer trifft man im Osten erst weiter südlich an.

Im Süden begegnen Sie auch einer der eindrucksvollsten Landschaften der Insel: Vulkankrater mit vergleichsweise jungen Lavafeldern. Das beginnt mit *Malpaíses* („Schlechtes Land"), einem flächenhaft verbreiterten Lavastrom, der diesem Ortsteil von Mazo den Namen gegeben hat. Weiter südlich, zwischen den Ortsteilen *Tiguerote* und *Tigalate*, stoßen Sie auf einen erstarrten Lavastrom, der sich hier beim Ausbruch des *Duraznero* ins Meer ergoss.

Weit atemberaubender noch als diese Lavaflächen sind an der Südspitze der Insel bei Fuencaliente („heiße Quelle") die beiden Vulkane San Antonio (bei seinem Ausbruch wurde 1677 die Heilquelle, die dem Ort den Namen gab, verschüttet) und *Teneguía*. Dieser 1971 ausgebrochene Vulkan ist der jüngste des kanarischen Archipels. Aus seinen Spalten entweicht noch immer fühlbar heiße Luft. Im Krater des San Antonio wachsen bereits Pinien, man kann auf seinem Rand spazieren und dabei auf den Teneguía hinunterschauen – ein Ausblick, der seinesgleichen sucht. Ganz unten an der Küste der Südspitze erheben sich neben einer Saline zwei *Faros*, Leuchttürme, modern und in Betrieb der eine, längst außer Dienst und heute ein Informationszentrum der andere. Dazwischen Lavafelder – die über 300 Jahre alten

Lagen des San Antonio, auf denen Wein gedeiht, neben den schwarzen Mondlandschaften des Teneguía, aus denen an einigen Stellen jetzt, über vierzig Jahre nach der Feuersglut, erstes saftiges Grün sprießt.

Hin & weg **Buslinien**, die den Südosten befahren: Linie 200 fährt zweistündlich von Santa Cruz über Mazo, Fuencaliente nach Los Llanos. Linie 202 fährt tägl. 9-mal von Santa Cruz nach San Pedro, San Isidro und zurück. San Pedro lässt sich halbstündlich auch mit der Linie 300 Santa Cruz–Los Llanos erreichen.

Dennoch empfiehlt sich für den Besuch des Südostens ein **Leihwagen**, zu verstreut sind die sehenswerten Punkte. Fast alle der im Buch beschriebenen Orte liegen entlang der LP 2 und LP 202/206. Alle anderen Punkte zweigen von diesen Straßen ab.

Kunsthandwerk, Wein und blauer Dunst – Sehenswertes im Südosten

Der Südosten der Insel ist bekannt für seine Handwerkskunst: Stickerei und Keramik, Weinkelterei und Zigarrenherstellung haben hier Tradition. Für jede dieser Tätigkeiten gibt es Besuchspunkte und empfehlenswerte Museen, die sich zu einer eigenen Halbtages- oder Tagestour zusammenstellen lassen, alle hier genannten Orte werden weiter unten im Buch genauer beschrieben.

Im *Museo del Puro Palmero,* dem Zigarren-Museum in San Pedro, sowie in der *Finca Tabaquera El Sitio* bei San Isidro erfahren Sie alles über Anbau und Weiterverarbeitung und können den Handwerkern über die Schulter schauen. Im Tabakmuseum am Rand von San Pedro gibt es auch Interessantes über die vielleicht tausend Jahre alten Mythen um Rauch und Rauchen. Das *Museo de la Fiesta de la Cruz* stellt Bräuche und Volkskunst vor.

In der Keramikwerkstatt *El Molino* bei Mazo arbeiten die Handwerker mit der Technik und nach den Vorlagen der vorspanischen Bevölkerung. Das *Museo Casa Roja* in Mazo zeigt anlässlich der Fiesta del Corpus Cristi traditionelle Stickereien und Volkskunst. Nur wenig weiter, im *archäologischen Park von Belmaco,* sind dann originale Exponate der Urbevölkerung zu sehen.

In Fuencaliente gibt es gleich mehrere *Weinkellereien,* die Sie besuchen können. Das *Museo de Vino* finden Sie allerdings erst im Südwesten, in Las Man chas abajo.

Breña Alta und Breña Baja

11.400 Einwohner

Direkt südlich von Santa Cruz liegen zwei Gemeinden mit fast identischem Namen, was im spanischen Sprachraum nicht ungewöhnlich ist. Die beiden „Breñas“ bezeichnen keine Orte, sondern jeweils eine Flächengemeinde aus mehreren kleineren Ortschaften.

Die am Berg weiter oben gelegene Gemeinde trägt im Namen den Zusatz „alto/a“, die im Tal oder zur Küste hin gelegene „bajo/a“. Und wenn man noch weiß, dass „Breña“ ein mit Gestrüpp bewachsenes, felsiges Gelände meint, hat man schon eine gewisse Vorstellung.

Um fast 25 % wuchs die Einwohnerzahl beider Gemeinden in den letzten Jahren. Kein Wunder, denn Las Breñas sind so etwas wie die Pendlervororte von Santa

Cruz geworden. Wer es sich als Hauptstädter leisten kann, zieht ins Grüne. Sehr gepflegt wirken die Wohnviertel, in die sich mehrere Apartmentanlagen für Urlauber einfügen. Verwaltungstechnisch gehört auch die Ferienanlage Los Cancajos (vgl. S. 102) zu Breña Baja.

Übernachten

Der Südosten ist abgesehen vom Badeort Cancajos keine touristische Region. Übernachtungsmöglichkeiten gibt es außer im Hotel Parador nur in kleinen Apartmentanlagen und in Ferienhäusern des Turismo Rural.

**** **Hotel Parador de La Palma**, etwas abseits, aber dafür ruhig und mit weitem Blick über Santa Cruz und die Ostküste liegt der palmerische Ableger der staatlichen Nobelhotelkette. Anders als an vielen Orten Spaniens residiert er nicht in einer ehemaligen Burg oder in einem Schloss, sondern in einem im kanarischen Stil gehaltenen Neubaukomplex. Gleich hinter der Rezeption ein stimmungsvoller Patio mit Brunnen und Pflanzen, daran schließen sich die mit Antiquitäten eingerichteten Gesellschaftsräume, Restaurant und Bar an. Die stilvoll eingerichteten Zimmer haben allen Komfort, den man in dieser Klasse erwarten darf, sowie Balkon bzw. Terrasse. Außenanlagen mit Pool und Spielplatz gehören dazu. Die offiziellen Tagespreise betragen für das DZ 145 €, davon 20 % Rabatt für das EZ; aber diese Preise zahlen Sie selten, denn es gibt viele Sonderaktionen. Schon mit der „cinco días tarjeta", der 5-Tage-Karte, zahlen Sie 105 €. Auch im Katalog von TUI, El Zumacal, 38720 Breña Baja, ✆ 922-435828, 📠 922-435999, www.parador.es.

Apartamentos Miranda, acht Apartments, alle mit Balkon oder Terrasse, inmitten eines schönen Gartens mit Pool, der sich zum Meer hin öffnet. Die jeweils 52 m² großen Wohnungen umfassen Wohnraum, Schlafzimmer, separate Küche und Badezimmer. Sie sind für 2 Personen gedacht, ein Zustellbett ist möglich. Preis je nach Saison 41–53 €. Man spricht Deutsch. ✆ 922 434295, Cuatro Caminos, San José, www.apartmentsmiranda.com

Turismo rural In den Breñas gibt es mehrere Land- und Bauernhäuser, die im Rahmen des Projektes Turismo rural hervorragend restauriert worden sind. Anschriften von Vermietern siehe S. 58.

Essen & Trinken

La Mocanera, im restaurierten altkanarischen Haus mit Garten und Terrasse serviert man internationale und kanarische Küche. Mittlere Preise. Do–Di 12.30–16.30 und 19–23 Uhr, Mi Ruhetag. An der Landstraße von San Antonio nach San Pedro.

Casa Pancho, einfaches Lokal mit typisch palmerischer Küche und günstigen Preisen.

La Polvacera 273, an der LP 2 zwischen San Antonio und San José.

Restaurant im Hotel Parador, ein Ort für besondere Anlässe. Ambiente, Service und Speisen sind von hoher Qualität. Serviert wird internationale Küche mit kanarischen Elementen. Hauptgericht 15–25 €, Menü 37 €. Adresse siehe oben.

Fiesta de las Cruzes, am 3. Mai. In der Gemeinde stehen auffällig viele Votivkreuze und ganze Kreuzanlagen, die Bewohner aus Anlass von Fürbitten oder aus Dankbarkeit gestiftet haben. In den Tagen vor dem 3. Mai werden sie von den Anwohnern im Wettstreit aufwendig geschmückt, am 3. Mai führt eine Prozession an ihnen vorbei.

San Pedro

Der Ort liegt an der LP 202, die Straße führt als Hauptstraße hindurch. Der Gemeindesitz von Breña Alta verfügt über eine neue Plaza mit Kiosko, Bar und angepflanzten Drachenbäumen an der Straße sowie eine hübsche alte Miniplaza vor der Pfarrkirche *San Pedro Apostol;* die Kirche wird 1539 erstmals urkundlich erwähnt und zählt damit zu den ältesten der Insel.

Museo del Puro Palmero – Palmerisches Zigarren-Museum: Der Besuch lohnt sich, denn hier erfahren Sie Spannendes über die vielleicht tausend Jahre alten Mythen um Rauch und Rauchen, über Tabak, den Anbau, seine Weiterverarbeitung und seine Bedeutung für La Palma; auch wird der Frage nachgegangen, welche Bedeutung der Tabak für die amerikanischen Ureinwohner hatte – Vergleiche mit den Bräuchen der Katholischen Kirche sind dabei verblüffend. Untergebracht ist das Museum in einem schönen, hellen Neubau; Kassetten und Videos mit Erläuterungen (auch auf Deutsch) informieren im Detail. Als schöne Ergänzung zum Museumsbesuch bietet sich ein Besuch der *Finca Tabaquera El Sitio* an (s. u.) – und zuvor lohnt es sich, ins Nebengebäude zu schauen.

Di–Sa 10–13 Uhr, So/Feiertag geschlossen. Erw. 3 €, Kinder bis 12 J. 1 €. An der LP 202, am Ortseingang aus Richtung Santa Cruz.

Museo de la Fiesta de Las Cruzes – Kreuzfestmuseum: Klein und fein wird hier anhand von Originalobjekten ein zentrales Brauchtum der Gemeinde und die wichtigste Fiesta vorgestellt. An den Tagen vor dem 3. Mai, dem Tag des Kreuzes, bricht überall in der Gemeinde Hektik aus. Im Wettstreit schmücken Dörfer, Nachbarschaften und Familien die hier häufig sehr großen Kreuze – teils sind es ganze Anlagen – schmucke Bildwände, die Geschichten aus dem Leben erzählen oder einfach dekorativ sind. Das Museum geht dem Ursprung der Tradition nach und stellt Verbindungen zu ähnlichen Bräuchen in Europa her. Auch hier informieren Videos (auch auf Deutsch).

Öffnungszeiten/Ort wie oben. Das oben gekaufte Ticket gilt auch hier.

Einkaufen: *Mercadillo,* jeden Samstag von 10 bis 14 Uhr Bauernmarkt auf dem Platz vor den Museen. Für Besucher geöffnet ist auch die *Destiladera.* In einer von der Stadt geförderten Werkstatt wird das traditionelle Handwerk gepflegt. Man kann beim Zigarrendrehen, Weben und Sticken zuschauen und die Produkte kaufen.

Mo–Fr 8–15 Uhr. Calle Benahoare 4, unterhalb der Kirche in Richtung Ortsausgang, dann ausgeschildert.

Baden: Kaum zu glauben, aber San Pedro verfügt mit dem *Baltavida* über ein großes, öffentliches Bade-/Freizeit- und Fitnesszentrum. Es gibt eine verwirrende Vielzahl an Preisen und Sonderpreisen. Wer nur baden und saunieren möchte, zahlt 6 €.

Mo–Fr 7–23, Sa 8–20, So 9–13 Uhr.

San Isidro

Von San Pedro nach Süden etwa 2 km auf der LP 202, dann biegt die Landstraße 301 nach San Isidro ab. Nach ca. 200 m in der Rechtskurve einen Halteplatz suchen, sonst verpassen Sie auf der gegenüberliegenden Seite die *Zwillingsdrachenbäume* von San Isidro – sie zählen zu den ältesten Dragos der Insel. Ihr genaues Alter lässt sich nicht feststellen, Schätzungen schwanken zwischen 200 und 400 Jahren. Über eine kleine Gartenanlage geht es zu den urigen Gewächsen.

Weiter die Straße hinauf geht es zur **Finca Tabaquera El Sitio**, einer Tabakfinca. In dieser Gegend wird seit Jahrhunderten Tabak angebaut und zu den bekannten Puros verarbeitet. Auf der Finca sehen und erfahren Sie alles über den Anbau und die Weiterverarbeitung und können den Handwerkerinnen über die Schulter schauen. Wer den blauen Dunst liebt, kann die Zigarren auch erwerben.

Mo–Fr 9–13 Uhr, Besuch und Führung gratis. Camino la Cueva 19, Anfahrt: Bei den oben erwähnten Drachenbäumen weiter hochfahren und auf das Holzschild auf der linken Straßenseite achten, dort abbiegen.

San José

Die Kirche im Hauptort von Breña Baja ist noch älter als die in San Pedro. 1505 soll mit ihrem Bau begonnen worden sein. Sie entstand also nur etwa zwölf Jahre nach der Eroberung La Palmas, was bezeichnend für die Machtposition der Katholischen Kirche auch bei dieser Conquista war. In einem niedlichen, winzigen alten kanarischen Haus ist in der ehemaligen Schlachterei, *Carnisería*, ein Minizentrum für Kunsthandwerk untergebracht.

Di–Sa 16–20 Uhr. An der Straße Calle Zumacal vom Parador nach San Pedro, auf der linken Straßenseite ausgeschildert.

Aussichtsberg Montaña de La Breña: Unter Bäumen können Sie am Fuß

eines perfekt geformten Vulkankegels picknicken. Rustikale Tische und Bänke stehen bereit. Wenn Sie sich ausreichend gestärkt fühlen, lohnt ein Rundgang durch das Informationszentrum zur Natur der Umgebung oder gar der Aufstieg zum Aussichtspunkt. Von oben haben Sie einen Panoramablick auf den Südosten der Insel. Der Vulkan ist schon lange erloschen und mit Bäumen bewachsen. In einem Informationshäuschen gibt es Infos über Flora und Fauna.

Der Zugang zu Berg und Picknickplatz liegt an der parallel zur LP 206 verlaufenden LP 2022, zwischen San José und Mazo.

Mazo

4600 Einwohner

13 Ansiedlungen gehören zu der Gemeinde zwischen Breña Baja und Los Canarios, Mazo ist der Hauptort der Gemeinde. Korrekt heißt er „Villa de Mazo", der Ort wurde also einst mit dem Stadtrecht ausgezeichnet. Für die Einheimischen heißt Mazo trotzdem immer noch „El Pueblo" – das Dorf.

Die dreieinhalb Straßenzüge wirken tatsächlich etwas städtisch. In einem Teil der Carretera General (LP 206) etwa, der Landstraße, die Mazo von oben begrenzt, gibt es Post, Banken, Restaurant und eine Kaserne der Guardia Civil. Hier vor der Post *(correos)* sollten Sie parken und die steile Hauptstraße hinuntergehen. Ein bisschen herumzulaufen macht Spaß, denn Autofahrer meiden die steile, gepflasterte Straße. Rechts steht an einer hübschen, blumengeschmückten Plaza das Rathaus, in dem auch ein Informationsbüro untergebracht ist. Auch an einigen reichen Bürgerhäusern sieht man, dass in Mazo Geld verdient wurde. Doch gleich dahinter verlieren sich die Straßen in der Landschaft.

Die Straße führt hinunter zur *Kirche San Blas*, dem ältesten Gebäude am Ort, ihr Grundstein wurde im Jahr 1512 gelegt. Im Inneren Statuen flämischer Künstler aus

Wohnen in Mazo: schlichtes Haus und üppige Pflanzen

dem 16. Jh. Flandern gehörte in dieser Zeit zur spanischen Krone, deshalb sind Arbeiten von Künstlern dieser Region und Zeit häufig auf den Kanaren zu finden.

Auch Mazo gilt als Zentrum des palmerischen Kunsthandwerks. Hier gibt es die *Escuela de Artesanía*, die Kunsthandwerksschule, die nicht besichtigt werden kann, sowie das *Museo Casa Roja* (s. u.). Außerdem hat sich hier mit *El Molino* eine Töpferei zur künstlerisch bedeutendsten Werkstatt der Insel entwickelt (s. u.).

Übernachten/Essen & Trinken

Übernachten Hotel Rural Arminda, das edel restaurierte kanarische Landhaus steht in einem schön angelegten Garten mit Liegeterrassen und Pool. Nur fünf ganz unterschiedliche Wohnbereiche haben Platz im Haus – mit seinem Innenhof, dunklen, massiven Holzdecken und Fußböden ist es ein echtes Schmuckstück. Die Einrichtung des gesamten Hauses stammt großteils noch aus dem 19. Jh., wo nötig, wurde sie stilvoll ergänzt (z. B. in den Bädern). Mit vielen Erinnerungsstücken, Bildern und in Vitrinen ausgestellten Figuren mutet es museal an. Alles ist sehr gepflegt. Alle Wohnbereiche haben mindestens ein Schlafzimmer, meist auch ein Wohnzimmer, Bad, Balkon/Terrasse. Wer vor Ort ein Zimmer mieten möchte: Das Haus hat weder Schild noch Hausnummer, es liegt in Hoyo de Mazo, wenn man aus Santa Cruz kommt, kurz vor der Bar Las Brisas auf der linken Straßenseite mit weiß gestrichener Torzufahrt. Je nach Personenzahl und Saison inkl. Frühstück zwischen 55 € (EZ im Sommer) und 85 € (DZ im Winter). Lodero 181, 38730 Mazo, ✆ 922-428432.

Finca Casa Carmen, zwei liebevoll ausgestattete Apartments in Alleinlage mitten in einem Botanischen Garten mit Pool, Terrassen und Liegewiese. Sehr persönliche Betreuung durch die deutsche Besitzerin. Für die gute Ausstattung und Leistung recht niedriger Preis von 31–35 € pro Tag (Lesertipp). Playa Pocito, 38730 Mazo, ✆/📠 922-440602, www.casacarmen.de.

Casa El Molino, direkt auf dem Gelände der Kunstwerkstatt (s. u.) wohnen – „Turismo rural" macht es möglich. Das einstöckige restaurierte Landhaus aus dem 18. Jh. verfügt über 2 DZ und 1 EZ, natürlich über Küche und Bad, aber auch über TV und einen Kamin. Vermietung über Isla Bonita Asociación Turismo rural. Je nach Personenzahl und Saison 45–90 €/Tag. Monte Pueblo 27. ■

Turismo rural In und um Mazo gibt es weitere Land- und Bauernhäuser, die im Rahmen des Projektes Turismo rural hervorragend restauriert wurden, Anschriften der Vermieter siehe S. 58.

Essen & Trinken Bar/Restaurant San Blas, einfaches Lokal, in dem man innen und außen essen kann. Auf der Karte stehen Spaghetti-Gerichte und spanische Hausmannkost. Kein Gourmettempel, aber ordentlich und mit normalen Preisen. Abends gibt's Grillfleisch vom Kamin. 12–23 Uhr, So abends und Mo geschlossen. Calle Maximilanio Pérez Días 7.

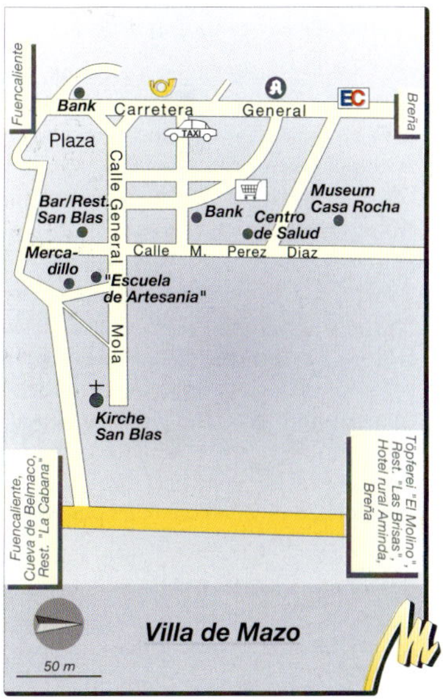

Südosten und Südspitze → Karte S. 109

Sehenswertes

Mercadillo – Bauernmarkt: Bauern und Kunsthandwerker der Gemeinde, die sich in einer Kooperative zusammengeschlossen haben, bieten ihre Waren im Direktverkauf an. Unten können Sie Obst und Gemüse kaufen, je nach Jahreszeit Mangos und Maracujas, Avocados oder Aprikosen – alles preiswerter als anderswo, denn der Zwischenhandel entfällt. Minimal- und Maximalpreise werden vorher festgelegt und auf einer großen Tafel neben dem Eingang für alle sichtbar notiert. Daneben gibt es aber auch vieles aus eigener Herstellung: Mojo, Wein, Essig, Marmeladen und Liköre, zudem Brot, Gebäck, Quark, Käse und Kräuter von den Bio-Fincas in der Umgebung. Selbstverständlich hat auch die Winzerkooperative von Mazo, die ihren guten, kräftig roten Wein unter dem Namen *Hoyo de Mazo* vermarket, dort ihren Probierstand. Sie finden ihn in der Nebenhalle, in der auch Blumen und gelegentlich Fisch und Fleisch verkauft werden. Außerhalb der Marktzeiten können Sie die *Bodegas El Hoyo*, an der unteren Landstraße LP 2, Los Callejones 90, besuchen.

In der oberen Halle bieten die Frauen von Mazo Stickereien und Webarbeiten an, auch Korbwaren sind im Sortiment. Vor der Halle stehen die Tische der Ortsfremden, die sich dem geschäftigen Treiben anschließen.

Sa 9–19 Uhr. Der Mercadillo ist nicht zu verfehlen – er ist im größten Gebäude, einer zweistöckigen Halle, untergebracht.

Casa Roja: Museum für Stickerei und für die Traditionen rund um Corpus Christi. Die Casa Roja ist eines der prächtigsten Gebäude im Ort. Anfang des 19. Jh. gab es einen Geschäftsmann, der in Venezuela reich geworden war, in Auftrag. Das Erdgeschoss ist den Kunstwerken gewidmet, die jedes Jahr zu Corpus Christi (Fronleichnam) die Straßen von Mazo schmücken. Zu sehen sind Fotos zur Geschichte dieses schönen Brauchtums und Teile von Straßenteppichen.

Im Obergeschoss findet sich eine große Anzahl von besonders schönen Stickereien. Tischwäsche, Bekleidung und Kirchenzierrat wurden und werden mit der aufwendigen Handarbeit verschönt. Gearbeitet wird hauptsächlich mit drei Sticktechniken, der „Rechi" genannten Richelieu-Stickerei, der Relief- sowie der verdeckten Stickerei. Daneben finden sich aber auch Sticharten wie Kreuzstich, Ähren- oder Knopflochstich.

Mo–Fr 10–14 und 15–18, Sa 11–18, So 10–14 Uhr Eintritt 2 €, Kinder 0,75 €. Calle Maximiliano Pérez Díaz, im Zentrum von Mazo. Durch seine rote Fassade ist es nicht zu übersehen.

Fiesta: Das bekannteste kirchliche, zugleich folkloristisch und künstlerisch interessanteste Ereignis in Mazo findet im Juni statt. Wenn Sie zufällig über *Fronleichnam* auf La Palma sind, müssen Sie unbedingt die mit Teppichen aus Blumen, Samen, Moosen und Lavasand geschmückten Straßen anschauen. Es sind die aufwendigsten Schmuckteppiche der Insel, und sie werden einige Tage gezeigt, bevor die Prozession darüber geht und die Pracht zertritt. Wer an Fronleichnam nicht in Mazo sein kann, kann sich die Nachbildungen und Fotos der Straßenteppiche in der *Casa Roja* anschauen (s. o.).

El Molino: Unterhalb des Ortskerns, in Hoyo de Mazo gelegen. In der alten Mühle betreiben die Kunsthandwerker Ramón und Vina Rodriguez die bekannteste *Keramikwerkstatt* der Kanaren. Ihre Arbeiten waren u. a. 1992 im spanischem Pavillon der Weltausstellung in Sevilla zu sehen. Sie fertigen Reproduktionen der prähistorischen Keramik La Palmas an. Die vorspanische Töpferei der Insel ist, obwohl ohne Drehscheibe angefertigt, außerordentlich fein und mit geometrischen Mustern reich verziert, zudem unterscheidet sie sich durch ihren schwarz gebrannten Ton von den Stücken der anderen Inseln. Bevor das kreative Ehepaar mit dieser Arbeit begann, hatte es sämtliche Keramikfunde der Insel unter die Lupe genommen und Scherben zusammengefügt. Einige der ehemaligen Bruchstücke können jetzt in der Werkstatt als Schüsseln besichtigt werden. Die Mehrzahl haben die beiden dem archäologischen Museum in Los Llanos vermacht. Das Alter der Scherben kann man nur schätzen, mindestens aber 500 Jahre, das ist gesichert, einige Stücke sind wahrscheinlich auch 800 bis 900 Jahre alt. Sie wurden an alten Holzkohlefeuern gefunden, und nur am Holz, nicht am Ton lässt sich das Alter bestimmen.

180 verschiedene Formen und Muster haben die beiden auf Schablonen übertragen, nach denen sie jetzt arbeiten. Die größten Schüsseln besitzen einen Durchmesser von fast 40 cm, die kleinsten sind groß wie ein Fingerhut. Gearbeitet wird heute mit den gleichen Techniken wie damals: mit den Händen zum Formen des Tons, mit einem Stein zum Glätten und einem Holzspachtel zum Einritzen der Muster. Man kann den Künstlern zuschauen, und wer etwas Spanisch versteht, dem erzählen sie gern von ihrer Arbeit. Neben der Werkstatt hat das Paar ein Museum eingerichtet. Alle Exponate wurden in der Mühle gefunden. Ein 11 Minuten dauernder Film (auch auf deutsch) informiert über die Mühle und die Töpferei. Natürlich stehen die Produkte auch zum Verkauf, und natürlich sind sie bei so viel Handarbeit nicht billig. In den Verkaufsräumen gibt es neben eigener Keramik auch Arbeiten von Künstlern anderer Inseln, aus Südamerika sowie Souvenirs aus aller Welt.

Mit Vergnügen werden botanisch interessierte Besucher den Garten der Anlage begutachten – hier wachsen fast ausschließlich palmerische Wildpflanzen.

Mo–Sa 9–13 und 15–19 Uhr, Eintritt frei. Anfahrt: Die restaurierte Mühle ist nicht zu übersehen, zusätzlich weist ein Schild an der LP 2 die Piste hinauf. Bei Anfahrt mit Bus Linie 200 an der Station Hoyo de Mazo aussteigen.

Südosten und Südspitze → Karte S. 109

In der Töpferwerkstatt von El Molino

Playa Salemera: Der futuristisch anmutende Leuchtturm am Strand unterhalb von Mazo ist das Wahrzeichen dieser kleinen Strandsiedlung. Zwischen zerklüfteten, schwarzen Vulkanfelsen liegt ein kleiner, relativ heller und feiner Sandstrand. Mit Kokospalmen und Fischerbooten vermittelt er geradezu Südseeflair. Touristisch ist hier nicht viel geboten, aber urig ist es. Keines der hier stehenden Häuser ist zu mieten. Wer Ruhe am Meer mag, sollte den Ausflug nach Salemera nicht scheuen.

Anfahrt Von der LP 2 zweigt etwa 1 km von San Simon in Richtung Süden eine gut ausgebaute Straße nach Salemera ab (ausgeschildert).

Essen & Trinken Kiosko Salemera, obwohl nicht direkt am Strand, hat der Kiosko etwas von einer Strandbar, man sitzt draußen, mit und ohne Palmwedel-Sonnenschutz, serviert werden einfache Fischgerichte. Eine Portion Fisch (7 €); die Papas, Mojo und Salat (zusammen 4 €) reichen für 2 bis 3 Pers. Mi–Mo 13–23 Uhr, Di Ruhetag. Der Kiosk ist nicht zu verfehlen.

Archäologiepark Cueva de Belmaco: rund um die *Königshöhle* der Ureinwohner (Benahoaritas/Altkanaren) vom Stamm Tigalate. In der Höhle von Belmaco wurden vor 250 Jahren Felszeichnungen der vorspanischen Bewohner La Palmas gefunden. Die geräumige Haupthöhle, heute durch diverse Abbrüche eigentlich nur noch ein riesiger Felsüberhang, liegt direkt im Talschluss. Neun weitere Höhlen gehören zu der Anlage, um sie herum wurde ein informativer Archäologiepark angelegt. Er beginnt hinter dem Eingang mit einem Museum, das über das Leben der Benahoaritas informiert sowie Werkzeuge und Keramikfunde zeigt. Dann geht es auf einem Rundweg zunächst zur Höhle und den Felsplatten mit Steingravierungen. Die gut erhaltenen Muster zeigen Wellenlinien und Spiralen, manche wurden als Tier- und Menschenfratzen oder Tintenfische gedeutet. Über insgesamt zwölf Stationen führt der Weg vorbei an weiteren Höhlen, aber auch an Drachenbäumen, Palmen und Pflanzen, die als Nahrungsmittel genutzt wurden. Denkt man sich die Straße weg, wird deutlich, dass dies der beste natürliche Wohnort in der Umgebung war. Der gemauerte Herd in der Höhle stammt allem Anschein nach von neuzeitlichen Ziegenhirten. Dem Museum gegenüber findet sich ein Kunstgewerbegeschäft in einem alten Bauernhaus.

Mo–Sa 10–18, So 10–15 Uhr. Eintritt 2 €, Kinder 0,75 €. Anfahrt: Untere Landstraße LP 2 von Mazo nach Süden, ausgeschildert, Parkplatz.

Säuleneuphorbien finden sogar an Felswänden Halt und Nahrung

Der Teneguía ist La Palmas jüngster Vulkan

Südosten und Südspitze → Karte S. 109

Los Canarios/Fuencaliente

2000 Einwohner

So könnte es auf dem Mond sein: kilometerweit Lava und zwei Krater zwischen Himmel und Meer. Den Kontrast bilden die sanften Cumbrehänge oberhalb von Los Canarios, dicht begrünt von Pinien. La Palmas südlichster Ort, dessen schmucke weiße Fassaden kontrastreich das Schwarz der Lava betonen, liegt spektakulär zwischen Wald und Vulkan.

Die Gemeinde heißt nach wie vor Fuencaliente, der Ort aber taufte sich in Los Canarios um, und so ist die Südspitze auch meist ausgeschildert. Fuencaliente gehört zum Pflichtprogramm eines La-Palma-Besuchs. Gründe gibt es genug: Der jüngste, 1971 ausgebrochene Vulkan des Archipels, der „Teneguía“ (ausgesprochen: Tenegia) findet sich hier, die größte palmerische Weinkellerei namens „Teneguía“ sowie eine der eindrucksvollsten Fundstellen altkanarischer Felszeichnungen, der „Roque de Teneguía“.

Zunächst die Vulkane: Der *San Antonio*, ganze 657 m hoch, verschüttete bei seinem letzten Ausbruch 1677 (neueste Forschungen lassen vermuten, dass der Vulkan schon 3000 Jahre alt ist) die heiße, heilkräftige und damit bei den Altkanariern heiße heilige Quelle, die Fuencaliente den Namen gab. Einige Jahre hat man die Quelle gesucht und gegraben, schließlich wurde man 2005 an der Playa Echentive fündig. Was mit ihr weiter geschehen soll, ist noch nicht entschieden. Es gibt die Idee, Fuencaliente zu einem Kurzentrum zu machen. Praktisch dabei wäre, dass der Fundort in der Nähe von La Palmas größtem Hotel, dem La Palma Princess, liegt.

Unterhalb des Vulkans San Antonio liegt der 1971 ausgebrochene Vulkan *Teneguía*, der damals 23 Tage lang Lava und Asche ausspie. Die ursprünglich sechs Öffnungen vereinigten sich später zu einem Krater, aus dessen backofenheißen Spalten noch heute heiße Schwefeldämpfe entweichen.

Gut 1 km nordwestlich davon befindet sich der *Roque de Teneguía*. Hier soll damals die Heilquelle gesprudelt haben. Nur noch 20 m ragt der gelbe Phonolithfelsen des Heiligtums der Altkanarier aus der schwarzen Lava hervor. Auch er wurde beim Ausbruch des San Antonio verschüttet und von Erdstößen zerbrochen. Die Petroglyphen, Steinzeichnungen der Altkanaren, die ihn bedecken, sind leider sehr verwittert und zertrampelt, so dass man genau hinschauen muss, um sie zu entdecken.

Und schließlich das *Dorf:* Sieht man einmal von der Durchgangsstraße ab, verteilen sich die gepflegten Wohnhäuser, von Gärten umgeben, locker im Gelände. Das am höchsten gelegene Gebäude ist die Kirche San Antonio Abad, deren Grundstein im 16. Jh. gelegt wurde. Besuchenswert sind in jedem Fall die *Bodegas* im Süden des Ortes, auf dem Weg zu den Vulkanen. Allein die Weinkooperative Teneguía keltert hier 1,5 Millionen Liter Wein im Jahr – roten, weißen und *rosado*, Malvasier *dulce* und *seco* (süß und trocken). Der Malvasier war vor 300 Jahren der bevorzugte Tafelwein in Europas Fürstenhäusern. Sein Anbau verschaffte den palmerischen Winzern, vor allem aber den englischen Vertreibern ein halbes Jahrhundert lang satte Gewinne. Heute läuft der nach Westeuropa geplante Export schleppend, auf der Insel gibt es ohnehin genug Abnehmer (vgl. Sehenswertes).

Basis-Infos

Hin & weg Mit dem **Pkw** ganz einfach: Los Canarios liegt an der Landstraße LP 2, die den Süden der Insel umrundet.

Mit dem **Bus**, Linie 200, Santa Cruz–Fuencaliente/Los Canarios–Los Llanos, alle 2 Std. Fahrzeit Santa Cruz–Los Canarios 45 Min., Los Llanos–Los Canarios 40 Min.

Die Linie 203 Los Canarios–Faro (Leuchtturm) pendelt alle 2 Std. vom Dorf über Las Indias und das Hotel La Palma Princess.

Taxi: Eine Familie betreibt den Taxiservice. Wenn am Stand gegenüber dem Buswartehäuschen kein Taxi steht, klingeln Sie ruhig am grünen Haus gegenüber vom Kulturhaus. Ansonsten: ✆ 922-444043.

Autovermietung Eva, im Gebäude von Ap. Colón (s. u.).

Übernachten/Essen & Trinken

Los Volcanes, ein Teil der Zimmer sind als Pensionsräume, ein anderer Teil als einfache Studios eingerichtet. Alle Pensionszimmer haben Bad, die Studios zusätzlich eine Küchenzeile. Die Einheiten sind relativ klein, freundlich und hell eingerichtet (auch TV). Wer nicht gerade extrem knapp bei Kasse ist, sollte sich für ein Apartment entscheiden – es gibt mehr Bewegungsfreiheit und einen Balkon. Der Besitzer hat zwei Landhäuser in der Umgebung zu Ferienhäusern umgebaut, die er ebenfalls vermietet. Die Studios kosten 30 €/Tag, bei mehr als fünf Tagen Aufenthalt gibt es Rabatt. Die Pensionszimmer, mit Minieisschrank, kosten 20–22 €. An der LP 2, der Haupt- und Durchgangsstraße im Dorf, Los Canarios 86, ✆/℻ 922-444164.

Apartamentos Eva und Colón, am Ortseingang von Los Quemados, einem Dorf unterhalb von Los Canarios. 14 Apartments und Häuschen in zwei kleinen Anlagen mit Garten, Pool und Restaurant. Alle Apartments haben Meerblick und liegen in unmittelbarer Nähe zu den Vulkanen. Komfortabel im kanarischen Stil eingerichtet, mit SAT/TV, hier wurde nicht gespart. Apartment für 2 Pers. ab 40 €, mit zwei Schlafzimmern für 4 Pers. 60 €. ✆/℻ 922-444155, ✆ 616-589206 (mobil), www.apartamentoscolon.es.

**** **Hotel La Palma Princess, Teneguía Princess und SPA**, an der Küste zwischen den Playas Zamora und Echentive, das bisher neueste, mit 1250 Betten größte und umstrittenste Hotel La Palmas (→ S. 38). Die Gesellschaftsräume, wie Eingangshalle, Bars, Restaurants und Aufenthaltsräume/-terrassen, sind im klassisch kanarischen Kolonialstil aufwendig gestaltet. Den Übergang zu den Wohn- und Freizeitbereichen bildet eine Plaza mit Geschäften und

Einmal gepflanzt, vermehren sich die schönen Brutblätter rasant

Terrassencafés, auf der Abendunterhaltung und Kulturprogramme stattfinden. Die Zimmer sind auf mehrere zwei- bis dreistöckige Häuserzeilen im Gelände verteilt. Zur Küste erstreckt sich eine Badelandschaft aus zehn ineinander übergehenden Pools. Auch der Wellness- und Sportbereich entspricht dem Standard, u. a. gibt es sechs Tennisplätze. Das Hotel liegt abseits jeder Siedlung, in der Umgebung gibt es nur schwarze Vulkanfelsen und Bananenplantagen, nicht einmal die Küste in unmittelbarer Umgebung ist zugänglich. Hier liegt auch das Problem, das Urlauber in dieser Anlage haben: Sie können sie kaum verlassen, es sei denn, sie mieten einen Wagen oder nehmen die Buslinie 203, die 6-mal am Tag nach Fuencaliente fährt. Preise bei individueller Buchung: pro Person im DZ mit Halbpension 122 €, als EZ 20 % Rabatt, Kinder 25 % weniger. Carretera La Costa Cerca Vieja 10 (LP 207), 38740 Las Indias/ Fuencaliente, ✆ 901-888099 und 922-425511, ℻ 922-425508, www.princess-hotels.com.

Turismo rural In und um Fuencaliente gibt es mehr als ein Dutzend Land- und Bauernhäuser, die im Rahmen des Projektes Turismo rural hervorragend restauriert wurden, Anschriften der Vermieter S. 58.

Essen & Trinken **La Era**, in grüner, ländlicher Umgebung kann man auf der Terrasse, im Garten und im Wintergarten gemütlich sitzen und kanarische Gerichte genießen. Auch die Preise sind in Ordnung. Do–Di 12–23 Uhr, Mi Ruhetag. Carretera Antonio Paz 6, an der Straße zum Vulkan ausgeschildert.

La Casa del Volcan, neues Haus im rustikal-altkanarischen Stil, das einst die Bodega des umliegenden Weinguts und ein Restaurant beherbergte, das schnell Stammkunden fand. Wie das Haus so die Küche: „tipico palmero" und immer frisch, wie der vom Festland zugewanderte Besitzer verspricht. Fisch- und Fleischgerichte sowie ein 3-Gänge-Menü (16 € inkl. Wein) kommen auf den Tisch. Eine Weinprobe können Sie im Anschluss machen. Di–Do 12–21.30, Fr/Sa 12–23, So 12–21.30 Uhr. Am Zugang zum Vulkan San Antonio.

Puesta del Sol, in der Apartmentanlage Colón, Ortsteil Quemados. Als Aussichtsrestaurant gestaltet mit Blick aufs Meer, den Sonnenuntergang (das heißt „Puesta del Sol") und die Vulkane. Fischgerichte, kanarische und internationale Küche. Mo–Sa 18–23 Uhr, So Ruhetag.

Tipp: In der **Bar Parada** werden täglich frische Mandelkekse gebacken. Man kann sie an Ort und Stelle verzehren, aber auch abgepackt mitnehmen.

Südosten und Südspitze → Karte S. 109

Sehenswertes in Los Canarios

Vulkan San Antonio: Den Vulkan San Antonio können Sie nicht verfehlen. Sobald man nach Süden hinunterschaut, hat man ihn unweigerlich im Blick. Egal, ob Sie zu Fuß sind oder per Fahrzeug kommen, Sie wählen im Ortszentrum an der Hauptstraße eine der zur Küste hinunterführenden Straßen (alle Straßen laufen zusammen) und gelangen nach wenigen Minuten an das Hinweisschild „Volcán San Antonio", das Sie nach links zum Parkplatz leitet. Am Parkplatz werden erst einmal 3,50 € pro Person fällig. Sie sind zugleich der Eintritt in das Naturschutzgebiet und in das Besucherzentrum; Sie finden es rechts unterhalb des Parkplatzes in einem schönen, in die Vulkanlandschaft eingepassten Bau.

Centro de Visitantes Volcán San Antonio: Alles über den Vulkanismus La Palmas erfahren Sie hier, insbesondere natürlich über die letzten Ausbrüche direkt vor der Tür. Es gibt Schautafeln und Modelle, und mehrfach täglich läuft ein Film (auch auf Deutsch) mit Bildern vom Ausbruch des Teneguía. Das Zentrum bietet eine Cafetería, Speisen und Getränke können auf der Terrasse in jungvulkanischer Umgebung verzehrt werden.

Tägl. 9–18 Uhr. Mitte Juni bis Sept. tägl. 9–19 Uhr.

Neben dem Kassenhäuschen startet eine Kamelkarawane für zahlende Gäste (15 Min. 13 €), von Mitte Juni bis Mitte Sept. tägl. zwischen 10 und 18 Uhr. Für die anderen Monate gibt es freie Tage für die Kamele, welche, entscheidet der Besitzer nach Bedarf (mobil ✆ 659-649771).

Von hier aus lässt sich der Kraterrand fast ebenerdig betreten, Kraxeleien sind nicht erforderlich. Der Weg ist breit und bis auf eine felsige Stelle mit Vulkanasche bedeckt. Links geht der Blick in den erloschenen Krater, in dem sich schon Kiefern angesiedelt haben, rechts sieht man über die Weinfelder auf die Ortsteile *Los Quemados* und *Las Indias*. In Richtung Süden ist der durch die Lava markant geformte Küstenstreifen zu erkennen.

Nach der Hälfte des Weges haben Sie freien Blick auf die Sensation von Fuencaliente, den erst 1971 ausgebrochenen *Vulkan Teneguía*. Deutlich heben sich die beiden aneinandergrenzenden Vulkanfelder ab. Die weichen, schwarzen Sandfelder des älteren Vulkans, schon mit Weinstöcken bepflanzt, und die bizarren, harten und scharfkantigen Schlackenfelder des Teneguía. Bei klarem Wetter können Sie an dieser Stelle auch alle drei Nachbarinseln sehen, von links nach rechts: Teneriffa, La Gomera und El Hierro. Der Parkplatz ist auch Ausgangspunkt für Wanderungen in dieser Mondlandschaft (s. u., Wanderung 2).

Teneguía, der jüngste Vulkan im Archipel: Den Vulkan Teneguía erreichen Sie per pedes ab Parkplatz San Antonio (→ Wanderung 3) oder mit dem Auto oder Rad über die Straße nach Las Indias – vom Parkplatz zurück auf die Landstraße und dann links. Kurz vor dem Ort Los Quemados einer ausgeschilderten Piste nach links folgen. Sie führt zu einem Parkplatz kurz vor dem Teneguía. Je nach Lust und Schuhwerk können Sie an den Krater herangehen und die warme, schwefelhaltige Luft schnuppern oder auf den Kraterrand steigen. Für diesen Gang sollten Sie auf jeden Fall festes Schuhwerk tragen. Die Schlacken liegen z. T. lose auf dem Fels, und weiter oben wird der Trampelpfad eng, steil und fällt auf einer Seite senkrecht ab. Oben hat man einen fantastischen Blick auf die gesamte jungvulkanische Zone und, wenn man auf dem Aschenberg bis nach vorn geht, auf die Südwestküste.

Vom Parkplatz aus können Sie sich in die Wanderung 2 (siehe unten) einklinken, die dann nur noch eine Stunde in eine Richtung dauert.

Taller y Venta de Artesanía: Kunsthandwerk an der Carretera General del Sur. Neben der Bar Imperial hat die Gemeinde diese Werkstatt und den Verkaufsraum eingerichtet. Die Männer und Frauen arbeiten hier auf eigene Rechnung. Es wird gestickt und geklöppelt, geschmiedet und manchmal auch an einem der alten Webstühle gearbeitet.
Mo–Fr 9.30–12 und 15–18 Uhr.

Bodega Teneguía, unterhalb der Landstraße LP 2. Das große, kompakte Gebäude der Weinkellerei ist gut ausgeschildert und leicht zu erkennen. Direkt über den Weintanks stehend (leider keine alten Fässer), können Sie ein Schlückchen von jeder der sechs Sorten probieren und an Ort und Stelle den Wein Ihrer Wahl kaufen, ob frisch und trocken, weich oder fruchtig-süß. Billiger als im Supermarkt ist der Wein allerdings nicht.
Mo–Fr 9–18, Sa/So 10–13 Uhr.

Südosten und Südspitze → Karte S. 109

Die Karawane startet am Vulkan San Antonio

Bodega Carballo: schräg gegenüber der Einfahrt zum Vulkan San Antonio. Die kleine private Weinkellerei bietet je nach Ergebnis der Lese vier bis acht verschiedene Weine an. Ihre Produktionsmenge ist niedriger als die der Kooperative, aber keinesfalls die Qualität: Die Weine der Bodega wurden auf internationalen Messen mehrfach prämiert. Für den weichen, samtigen Roten muss man mehr als 5 € hinlegen, aber es lohnt sich.

Weinprobe/Verkauf: Tägl. 11–19 Uhr. Carretera de las Indias 44.

Bodega Davis Lana, kurz vor dem Vulkan San Antonio. Zu den Bodegas gehört das Restaurant La Casa del Volcan, siehe oben.

Arte Cuadrado (Kachelmanufaktur): Etwas außerhalb, an der LP 2 in Richtung Santa Cruz, führt eine Hamburgerin die einzige Manufaktur, die noch mit traditioneller Technik arbeitet – Kacheln mit neuem, von Künstlerhand geschaffenem und altem Jugendstildekor. Wer nicht gerade einen kompletten Kachelteppich bestellen möchte, freut sich vielleicht, ein besonders schönes Einzelexemplar, gerahmt als Wandschmuck oder Untersetzer, erstehen zu können. Die Besitzer züchten auch alte Tomatensorten und bieten deren Samen an.

Mo–Fr 14–17, Sa 11–17 Uhr, Carretera General 2, www.la-palma.de/artecuadrado.

Sehenswertes in der Umgebung/Ausflug/Baden

Ausflug an der Küste entlang (nur mit Mietfahrzeug machbar): An der alten Tankstelle in Fuencaliente biegen Sie nach unten ab (Hinweisschild „Faro" – Leuchtturm). Immer kurvig und steil geht es hinunter, zunächst noch durch dünn besiedeltes Gebiet, dann nur noch über schwarze Lava, auf der hier und da die ersten Pflanzen gedeihen, die sich grün und vom dunklen Grund fast grell leuchtend abheben. Bis hierher haben die Vulkane San Antonio und Teneguía ihren Ascheregen geschickt. Unten findet sich dann die *letzte* Saline *La Palmas* und zwei *Leuchttürme*: der aus Steinquadern gemauerte alte Leuchtturm und direkt daneben der rot-weiße neue. Dem Schild „Playa de las Cabras" folgt nur eine Runde zu den Windrädern und zu einem unattraktiven, steinigen Strand, den Abstecher kann man sich also sparen.

Saline Teneguía: Mit ihren quadratischen schwarz-weißen Salzfeldern und weißen Salzbergen wirkt die Saline im Südzipfel wie ein Teil der Landschaft und nicht wie ein Fremdkörper – trotz oder gerade wegen des Gegensatzes zur Umgebung mit ihren schwarzen Schlackefeldern. Das Salz wird hier vollkommen natürlich gewonnen, es ist reich an Spurenelementen. Es kommt ohne Zusätze unter dem Namen „Sal Teneguía" in die Lebensmittelgeschäfte und wird preiswert auch in der Saline verkauft. Das teurere Flor de Sal hat die beste Qualität. Ein Infoblatt beschreibt die verschiedenen Qualitätsstufen des Salzes. Ein Rundweg mit Informationstafeln ist ausgeschildert.

Die Saline ist ständig geöffnet, Eintritt frei. Sind die Besitzer vor Ort, öffnen sie einen kleinen Laden auch außerhalb der offiziellen Zeit: Mo–Fr 9–18 Uhr.

Ein kleiner Spaziergang am Meer entlang lohnt sich vor dem nächsten Besuchspunkt. Selten sieht man so bizarre Schlackefelsen im Meer. Die zähflüssige Lava hat in der plötzlichen Erstarrung Brücken und andere seltsame Figuren geformt.

Centro de Interpretación de la Reserva Marina: Im alten Leuchtturm wurde das Besucherzentrum des Meeresschutzgebiets eröffnet. Schwerpunktthema der

Ausstellung ist die Verschmutzung des Meeres im Schutzgebiet. Spannend ist der Raum, in dem sich der Besucher wie bei einem Tauchgang fühlt und dabei die Verschmutzung des Meeresgrundes (in konzentrierter Form) anschauen kann.

Mi–So 10–19 Uhr, im Sommer Di–So 10–16 Uhr, Eintritt frei.

Playa del Faro: Rechts neben den Leuchttürmen befindet sich der erste Strand. Hier stehen die Geräteschuppen der Fischer, liegen ihre Boote auf dem Strand. Der kleine Strand ist mit Steinen durchsetzt und wegen der Strömung nicht zum Schwimmen geeignet.

Ein einfacher Kiosk bietet oberhalb des Strandes Fischgerichte an.

Versteckte Strände: Von den Leuchttürmen nehmen Sie die LP 207 nach oben, fahren aber nicht zurück nach Los Canarios, sondern biegen bei nächster Gelegenheit links ab. Längs der Straße liegen die unten beschriebenen Strände, ihre Buchten sind schattenlos – wer sie besuchen möchte, sollte einen Sonnenschirm mitbringen. Die Strände sind nicht bewacht, deshalb und wegen der Strömung an der Südspitze sollten Sie nicht hinausschwimmen und die Tideregeln beachten: ins Wasser nur bei auflaufender Flut, wenn die Ebbe einsetzt, zurück auf den Strand.

Playa Echentive: Ein hölzernes Hinweisschild kündigt den nächsten Strand an, zu dem es über viele Stufen hinuntergeht. Vielen ist die relativ lange, feinsandige Playa zum Lieblingsstrand geworden – lang und an manchen Stellen feinsandig. In der Nähe der Treppen und nur mit ein wenig Gekraxel zu erreichen, finden Sie am nördlichen Ende Tümpel, in denen durchaus gebadet wird. Hinter der schweren Metalltür neben der Treppe versteckt sich die lang gesuchte Quelle (siehe oben).

Punta Larga: etwas weiter nördlich gelegen (Hinweisschild beachten). Hier gibt es zwar keinen Sandstrand, man steigt über die flachen Felsen ins Meer, doch die von Felsen geschützte Bucht wirkt sehr romantisch. Auch bei den Einheimischen ist sie beliebt, wie die vielen Sommer- und Wochenendhäuschen zeigen.

Weiter an der Küste in Richtung Norden, vorbei an Bananenplantagen und bizarr geformten Vulkanküsten, taucht unvermittelt La Palmas größtes Hotel auf, das La Palma Princess (Beschreibung s. o.). Es geht weiter nach Norden. Bald darauf steht links an der Straße eine Informationstafel zum Meeresnaturpark Reserva Marina. Hier biegen Sie links ab und parken.

Playa Chica/Playas Zamora: Oberhalb der Strandgruppe steht ein Holzhäuschen mit überdachter Terrasse – ein Minilokal, das Fischgerichte serviert. Unterhalb liegt eine der hübschesten kleinen Sandstrandbuchten der Insel, die *Playa Chica*. Sie ist die kleinere der beiden *Zamora-Strände*, die Sie über Treppen erreichen (die zur etwas größeren Playa befinden sich rechts daneben). Zugang von oben, rechts der Infotafel. Die beiden Buchten sind zu Wasser wie zu Land von mächtigen Felsbarrieren umgeben, die vor stürmischer Brandung schützen. Räumen Sie einfach die trockenen Tangfelder beiseite, und machen Sie es sich für einen geruhsamen Strandtag bequem.

Die Straße nach Norden bricht kurz hinter *Zamora* ab. Wer nicht denselben Weg zurückfahren möchte, wählt die aufwärts führende Straße über Las Indias. Dafür müssen Sie ein Stück zurückfahren.

Südosten und Südspitze → Karte S. 109

… und (fast) jeden Abend so einen Sonnenuntergang

Der Südwesten

Die kurvenreiche Straße an La Palmas Westküste von Fuencaliente nach Las Manchas teilt zunächst die Landschaft: rechts die Kiefernwälder der Cumbre Vieja, links zunächst noch Gärten und mit Wein bepflanzte Terrassen, dann Wald und Küste, so weit das Auge reicht.

Der Südwesten ist nicht nur geografisch, sondern auch klimatisch das genaue Gegenstück zum Nordosten. Durch die Wetterscheide der Cumbres vom Passat nur selten erreicht, bekommt dieser Landstrich am wenigsten Feuchtigkeit – wir befinden uns in der trockensten und wärmsten Zone der Insel. Wo nicht künstlich bewässert wird, bestimmt die natürliche Vegetation das Bild. Oben Pinien, unten Kakteen, Opuntien und Tabaiba – alles Pflanzen, die das wenige Nass geschickt nutzen können. Die grünen Flächen sind immer wieder von Lavaströmen durchzogen, die sich von den Gipfeln der Cumbre ins Meer ergossen haben. Hier hat der große Brand von 2009 am stärksten und längsten gewütet. Beiderseits der Landstraße zieren zwar schon grüne Nadelbüschel die Bäume, doch die Wälder werden sich wohl noch ein paar Jahre mit schwarzen Baumstämmen zeigen.

Unten auf dem flachen Küstenstreifen unter dem Steilhang ziehen sich dann Bananenplantagen hin. Gesteinsbrocken im Meer lassen romantische Felsenbuchten vermuten, und tatsächlich verstecken sich zwischen den Plantagen einige der schönsten und ruhigsten Badebuchten. Ein Ausflug dorthin führt über Los Canarios/Fuencaliente (siehe dort).

Der Südwesten

Über weite Strecken dominiert im Wald oberhalb der Straße nicht die Farbe Grün, sondern Schwarz, hier hat 2009 der Brand gewütet. Extreme Regenfälle im folgenden Jahr führten zum Abrutschen ganzer Hangpartien – auf einer Länge von mehr als 10 Kilometern! Die Reparaturarbeiten an der Straße werden noch einige Jahre dauern. Zum Meer hin liegen mehrere Aussichtspunkte, die einen weiten Blick bieten über die Südwestküste bis hin zu den Hängen der Caldera de Taburiente. Sie sehen in der Ferne Los Llanos, das städtische Zentrum des Westens, und darunter die Hotel- und Appartementanlagen von Puerto Naos, das Touristenzentrum dieser Inselseite.

Las Manchas

Las Manchas, auf einigen Karten fälschlich als Ort eingezeichnet, heißt „Die Flecken" und ist eine Region mit den Dörfern und Ortsteilen Jedey, San Nicolás, Las Manchas de abajo und Paraíso.

Beiderseits der Straße reiht sich Weinfeld an Weinfeld, in dieser Gegend wird ein kräftiger Rosé für den Hausgebrauch produziert. **Jedey**, ein hübsches Straßendorf, mit besonders schönen Vorgärten, wird als Erstes durchfahren. Unmittelbar vor San Nicolás fällt ein Vulkanhügel mit mehreren Eingängen auf, die Bodega und der *Bodegón Tamanca*. Stollen und Höhlen durchziehen den Hügel und bilden das wohltemperierte Lager für Wein, der unter diesem Namen auf dem Markt kommt und hier gekauft werden kann, sowie das gleichnamige, sehr empfehlenswerte Höhlenrestaurant (s. u.).

Tijarafe
Nationalpark
LP-1
Ausichtsplatz
El Time
Los Llanos
de Aridane
Nationalpark-
Besucher-
zentrum
Ermita Virgen
del Pino
Playa
de Tazacorte
Puerto
Tazacorte
LP-2
El Paso
LP-3
Celta
Tazacorte
La Laguna
Tajuya
Parque
Natural
de
Cumbre
Vieja
LP-213
Canal de Pinos
LP-212
El Paraíso
Volcán
de
San
Juan
1658
Todoque
Marien-
altar
Lavastrom
des Vulkan
San Juan
Playa Nueva
Las Manchas
de abajo
Pico Birigoyo
1807
San Nicolás
Wein-
museum
Playa Bombilla
Montaña de
los Charcos
1811
Barranco Tamanca
Puerto
Naos
Jedey
Playa de las Monjas
Crater del
Hoyo Negro
1886
Pico
Nambroque
1922
Playa de Charco Verde
Volcán de
la Deseada
1951
LP-213
Paisaje
Protegido
Tamanca
Deseada II
1931
Montaña
Negra
1784
Cabrito
1859
Playa El Remo
El Remo
Mazo, Santa Cruz
Bucara
1553
El Charco
Fuego
1248
LP-2
Playa y Bajas
de la Zamora
LP-2
Las
Indias
Los Quemados
Fuencaliente
San Antonio
632
Monumento Natural
de los Volcanes
de Teneguía
Teneguía
427
Playa Echentine
Playa del Faro
Faro de
Fuencaliente
Südwesten
1,5 km

Nur wenige hundert Meter hinter dem Bodegón Tamanca biegt hinter einem Haus, vor dem eine auffällige Zypresse steht, eine steile Straße nach unten ab, ein mit „Sehenswürdigkeit“ ausgeschilderter Abstecher bietet sich an (siehe unten).

Basis-Infos

Hin & weg Den Südwesten erreichen Sie mit der Buslinie Santa Cruz–Fuencaliente–Los Llanos, Linie 200; alle 2 Std. geht es in beide Richtungen.

Las Manchas de abajo hat die eigene Buslinie 205 bekommen. Ab Los Llanos um 7, 9, 11 ,13, 14.15, 16 und 18.15 Uhr, zurück jeweils 45 Min. später.

Übernachten/Essen & Trinken

Übernachten Las Manchas ist eine ruhige, ländliche Gegend ohne Hotels und große Apartmentanlagen, hier wohnt man beschaulich in alten, restaurierten Bauern- oder neuen Ferienhäusern, die Sie auch über Agenturen buchen können.

Essen & Trinken **Bodegón Tamanca**, auf der LP 2 von Jedey kommend, kurz vor San Nicolás in einer großen Kurve. Exakt 3,06 m ist der Hinkelstein vor dem Eingang des Lokals hoch – beileibe nicht die einzige Attraktion eines der wohl urigsten Restaurants der Insel. Der hintere Teil des mit Lavaplatten ausgekleideten Stollens dient noch heute zur Weinlagerung. Doch ebenso wichtig ist der Restaurantbetrieb. Unter Weinfässern kann man allerlei Spezialitäten probieren, z. B. als Vorspeise luftgetrockneten Schinken, *Jamón serrano*, der mit Ziegenkäse serviert wird. Kenner werden begeistert sein, dass es hier auch *Jamon de pata negra* gibt; er wird vergleichsweise günstig auch außer Haus verkauft. Als Hauptgericht sind die Fleischgerichte zu empfehlen. Als Nachspeise sollten Sie *Bien me sabe* („Schmeckt mir gut“) probieren – eine Kalorienbombe. Der erste Löffel ist nur süß, dann aber entfalten die Mandeln ihren vollen Geschmack. Das Lokal ist auch bei den Anwohnern beliebt, und wenn es so richtig voll ist, „hat die Bedienung wenig Zeit für die Gäste“, wie ein Leser bemängelte. Doch das Preis-Leistungs-Verhältnis des Bodegón stimmt. Tipp: Wenn es im Winter mal kühl und feucht ist, brauchen Sie hier einen Pullover und eine Jacke. Di–So 11–23 Uhr, außer an Karneval – dann feiert die Belegschaft ohne Gäste, man steht vor verschlossenen Toren. ✆ 922-494155.

El Secadero, auf den ersten Blick werden Sie dieses Grillrestaurant mit Bar kaum erkennen können, sich allenfalls über die interessante Metallskulptur am Straßenrand wundern. Der kreisrunde Bau ist mit Natursteinen bedeckt und kaum von seiner Umgebung zu unterscheiden. Innen befindet sich eine große, runde Bar und kleine Tische, auf denen die Grillspezialitäten, bunte Salate und originelle Kartoffelspeisen serviert werden. Hier bekommen Sie als Beilage nicht nur die allgegenwärtigen Papas arrugadas, sondern auch Brühkartoffeln oder Süßkartoffeln. Anspruchsvoller in Ambiente, Küche und Service, deshalb auch höhere Preise als z. B. im Bodegón Tamanca. Do–Di 12–23, So 12–18 Uhr, Mi Ruhetag. An der Straße auf dem Lavastrom (LP 211) in Richtung Todoque, ✆ 922-497392.

Der Südwesten → Karte S. 126

Sehenswertes

Ausgerechnet im abgelegenen *Las Manchas de abajo* erhielt der palmerische Künstler *Luis Morera* einen seiner größten Aufträge, die Anlage und Gestaltung der *Plaza La Glorieta*. Der Schüler des bekanntesten kanarischen Künstlers César Manrique (Lanzarote) setzte diese Aufgabe mit einer Üppigkeit um, die Spanienkenner an die Gartenanlagen von Gaudí in Barcelona erinnert. Der Boden ist mit schönen, die Kanarenflora darstellenden, farbigen Mosaiken belegt, die Sitzbänke

Feuer!

In der Nacht vom 31. Juli auf den 1. August 2009 brach bei Tigalate (Ostküste) einer der größten Brände in der Geschichte La Palmas aus. Angeheizt vom Calima, dem glühend heißen Wüstensturm, der die Insel schon tagelang ausgetrocknet hatte, raste die Feuerwalze nach Süden und die Cumbre hinauf. Funkenflug schuf Hunderte von Brandherden.

Kaum mehr als eine Stunde später erreichen die Flammen den Ort Monte de Luna. Seine Bewohner können nicht den Wald, aber doch ihre Häuser retten. In Los Canarios und Las Indias schaffen viele Bewohner die Flucht vor den Flammen nur im Nachthemd. Angefacht durch den Sturm macht sich das Feuer über den Südwesten der Insel her.

Immer neue Brandherde schießen aus dem Pinienwald; das Prasseln der Flammen ist kilometerweit zu hören. Erst nach Sonnenaufgang kann die massive, koordinierte Brandbekämpfung beginnen. Eine durch einen Lavafluss bestehende natürliche Schneise wird genutzt und kann über 30 Stunden gehalten werden. Sie hält das Feuer von den Dörfern Jedey und San Nicolás fern. Gefahr droht aber weiter von oben, denn die Flammen haben den Grat der *Cumbre Vieja* (Vulkanroute) überschritten und dringen an ihren Hängen hinunter. Als in der folgenden Nacht endlich der Sturm nachlässt, erscheint der Sieg der Feuerwehren möglich. Noch mehrere Tage sind die Löschflugzeuge unterwegs, denn immer wieder schießen Flammen aus dem Unterholz.

sind aus Beton gegossen und kunstvoll mit Blattmotiven umrankt. Wolkenartige Elemente und bizarr geformte Lavaplatten verzieren Pflanzenbecken und Wände. Die einen begeistert das Werk, sogar ein Video wurde über den Entstehungsprozess gedreht, die anderen finden so viel Dekor zuviel des Guten. Sehenswert ist die neue Plaza aber in jedem Fall.

Museo del Vino: Weinmuseum in einem schönen kanarischen Haus, keine 20 m von der Plaza La Glorieta entfernt und umgeben von Weinfeldern. Die Geschichte des Weinanbaus auf La Palma wird vorgestellt, der alljährliche Arbeitszyklus der Weinbauern kann in Schaukästen und in der Praxis auf dem kleinen Weinfeld hinter dem Museum nachvollzogen werden. Zum Praxistest gehört auf Wunsch auch eine Weinprobe der auf La Palma angebauten Rebsorten und die Möglichkeit, aus der größten Auswahl an heimischen Weinen den gewünschten Tropfen zu kaufen. Mo–Fr 9.30–13.30 und 16–18.30, Sa 9.30–14 Uhr. Eintritt 1,50 €, Kinder unter 12 J. frei.

Zurück auf der Landstraße geht es durch **San Nicolás**. Gleich hinter dem Dorf wurde die Straße metertief in den Lavastrom des San Juan gegraben – er ist der eindrucksvollste der Insel: Vom Hang der Cumbre bis zur Küste zerschneidet die 1949 ausgespiene Lava die Westseite der Insel, mal nur wenige Dutzend Meter breit wie am Cumbre-Hang, dann kilometerbreit wie an der Küste, wo die Lava die flache Küstenzone bei Puerto Naos erheblich verbreitert hat. Das Zentrum von San Nicolás wurde 1949 von der heißen Lava verschont, nur wenige Häuser fielen der Glut zum Opfer. Anders im tiefer gelegenen **Las Manchas de abajo**, in dem insgesamt 22 Häuser verschüttet wurden. Die Einwohner waren durch Erdstöße schon Wochen vorher gewarnt. Abend für Abend fanden sich damals Hunderte von Schaulustigen

„Der Wind ist der verlässlichste Spießgeselle des Feuers", sagt Pepe Camacho, Chef eines Löschtrupps. Fallwinde, die sich von den fast 2000 m hohen Felswänden herabstürzen, verstärken seine Wirkung. Hubschrauber, Löschflugzeuge und Bulldozer, selbst modernstes Gerät ist gegen solche Feuergewalt machtlos, denn steile Hänge und fehlende Verkehrswege erschweren die Löscharbeiten. „Unsere einzigen Chancen sind Brandschneisen und die Hoffnung, dass der Wind einschläft und den Funkenflug beendet."

Resümee: Der Brand kostete keine Menschenleben, aber 4000 Personen wurden evakuiert. Viele konnten ihre Häuser nicht retten. Der Wald von Tigalate bis Los Canarios und von dort bis kurz vor Jedey ist von den Gipfeln bis nahe an die Küste auf Jahre geschädigt.

Viele Brände sind unmittelbar von Menschen verursacht. Als häufigste Brandursache gelten das Verbrennen von Gartenabfällen auf hochgelegenen Weinfeldern und nicht gelöschte Grillfeuer. „Kippen-Schnippen" steht ebenso unter Strafe wie offenes Feuer im Sommer, aber das sorgt einige Leute wohl nur, wenn Hubschrauber zur Kontrolle über der Insel kreisen. In wenigen Minuten können sie jeden Brandherd und häufig auch seinen Verursacher lokalisieren.

Übrigens: Die Kanarische Pinie übersteht solche Brände. Schon nach wenigen Monaten zeigen sich die ersten grünen Spitzen. Und Jahre später erinnert nur noch schwarze Borke unter frischem Grün daran.

ein, um sich das Schauspiel nicht entgehen zu lassen, das der rotglühende, sich langsam zur Küste wälzende Lavastrom bot. Die mitgerissenen Strom- und Telefonmasten sollen regelrecht auf der Lava getanzt haben, bevor der heiße Fluss sie verschlang. Der Lavastrom machte damals geradezu einen Bogen um den Ortskern und ließ Kirche, Plaza und die Mehrzahl der Häuser unberührt. Die dankbaren Dorfbewohner errichteten oberhalb des Ortes einen weithin sichtbaren *Marienaltar* (ausgeschildert als „Fatima") – noch heute Ziel der alljährlichen Prozession zu Beginn der Dorffiesta im September. Dort oben findet nicht nur der Dankgottesdienst statt, sondern auch ein gemeinsamer Dorfschmaus, zu dem jeder Ortsbewohner seinen Teil beisteuert.

Nutzen Sie die Gelegenheit, die Lava genauer zu betrachten. Zu entdecken sind verschiedenartig erstarrte Lavaformationen und hier und da schon erstes Grün. Der San Juan steht allerdings unter Naturschutz, also bitte keine Lavabrocken herausbrechen. Die beste Sicht in das Lavafeld finden Sie oben am Marienaltar und längs der Straße von San Nicolás nach El Paso (Tacande) oder an der Straße zwischen San Nicolás und Todoque. Direkt hinter dem Ortsausgang von San Nicolás – Sie haben gerade den Straßeneinschnitt in den Lavastrom passiert – führt die Straße auf dem Lavastrom links nach Todoque und Puerto Naos. In diesem Abschnitt befinden sich – nur von Eingeweihten zu finden – Vulkanröhren (→ Kapitel „Geologie" und „Wanderführer"), die nur in Begleitung geschulter Führer betreten werden dürfen.

Zurück auf der LP 2 geht es weiter nach El Paso rechts herauf oder nach Los Llanos geradeaus und an der Kreuzung abwärts.

El Paso am Eingang zur Caldera

El Paso

7400 Einwohner

„Durchgang", „Pass", „Weg" und weitere Bedeutungen hält das Wörterbuch für „El Paso" bereit. Eines machen alle Übersetzungen deutlich – man kann El Paso nicht verfehlen.

An den wichtigsten Verbindungswegen zwischen der Hauptstadt Santa Cruz im Osten und dem Zentrum des Westens liegt der Ort unterhalb zur Cumbre Nueva. Nicht nur die Cumbre Nueva rahmt El Paso ein, ebenso die Caldera de Taburiente (sie gehört zum Gemeindegebiet), deren südlicher Hang den Ort nach Norden abschirmt.

Ein Straßendorf ist El Paso trotz all der Verbindungswege nicht. Dank der mangelnden Voraussicht früherer Straßenbauer – denen reichte es, wenn zwei bepackte Maultiere aneinander vorbeikamen – musste, als das Automobil auch auf La Palma seinen Siegeszug antrat, eine Umgehungsstraße gebaut werden. Die führt am Ortsrand vorbei und lässt den Ortskern unversehrt. Die alte Straße, jetzt asphaltiert, gibt es immer noch, zur Freude von Liebhabern steiler Bergstraßen. Sie führt über das Zentrum von El Paso in gerader Linie hinunter, an alten Höfen und schön restaurierten Häusern vorbei, direkt nach Los Llanos.

Basis-Infos

→ Karte S. 133

Information Im hübschen Häuschen unterhalb von Busstation und Stadtpark sind die **Touristinformation** mit sehr engagiertem Personal und eine Kunsthandwerkerausstellung untergebracht. Hier werden auch Reservierungen für die An fahrt zur Cumbrecita angenommen. Regelmäßig können Sie Kunsthandwerkern bei der Arbeit zuschauen oder Spezialitäten wie Wein, Mojo und Bananen probieren. Mo–Fr

10–18, Sa/So/Feiertag 10–14 Uhr. ✆ 922-485733, www.la-palma-cit.com.

Infocenter La Palma, Informationsbüro und Anlaufstelle für Touristen mit breitem Angebot: ein Bistro mit kleinen, feinen Gerichten, zugleich ein Internetcafé, Kunstausstellungen und zahlreiche Reiseführer, Landkarten, Postkarten und deutsche Zeitungen. Daneben werden sportliche Aktivitäten wie Biken, Reiten, Tauchen, Wandern, Angeln und Bootsausflüge vermittelt. Man kann über das Infocenter Autos und Apartments mieten. Mo–Sa 10–15 Uhr. An der LP 3, am Ortsausgang Richtung Los Llanos, ✆ 922-497468, www.la-palma.com.

Hin & weg **Bus-Linie 300**, Los Llanos–Santa Cruz alle 30 Min., Haltestelle am Stadtpark.

Taxistand, in der Avenida Islas Canarias, ✆ 922-485003.

Mietwagen: *Autos Narki* **1** ✆ 922-485335, www.autosnarki.net. *Rent a car Hermosilla*, ✆ 922-402203 und 639-110545 (mobil), www.lapalma-mietwagen.de.

Einkaufen **Hyper Center**, eines der größten Einkaufszentren der Insel, mit Supermarkt. Mo–Sa 8–20 Uhr.

El Campo **11** und **Alegria** **2** Naturkostläden, die neben den üblichen abgepackten Produkten Obst und Gemüse von La Palma, frisches Vollkornbrot und Kuchen, frische Biomilch und -joghurts, biologisches Fleisch und Naturkosmetik verkaufen. ■

La Tarta **9** Ein Laden für Leckermäuler. Martina backt Torten nach deutschen und spanischen Rezepten. Wer es nicht süß mag, hält sich an die Quiches und Gemüsekuchen, die täglich frisch aus ihrer Backstube kommen. Vollkornbrot und Brötchen sind ebenfalls im Angebot. Avenida Islas Canarias 18 (siehe Plan).

La Sorpresa **10** Boutique für Kunsthandwerk und Souvenirs. Hier gibt es Schönes zum Anziehen sowie Produkte aus Keramik, Lavastein, Leder, mit Pflanzenfarben gefärbte Seide und ein großes Angebot an Wanderkarten und Reiseführern. Avenida Islas Canarias 6 (siehe Plan).

Mercadillo, Erzeuger von Obst, Gemüse, Brot und Handarbeiten bieten ihre Produkte in der neuen Markthalle an. Fr 15–19, Sa 10–15 Uhr. Zugang an der alten Landstraße gegenüber von Mehrzweckhalle und Guardia Zivil. ■

Fiestas Natürlich wird auch in El Paso Karneval gefeiert, das größte Fest aber ist die Bajada der Virgen del Pino. Dann wird die Staue aus ihrer Kapelle am Fuß der Cumbre Nueva geholt und in einem großen, fröhlichen Umzug, an dem Trachtengruppen aller Kanaren teilnehmen, nach El Paso geführt. Ein buntes Kultur- und Sportprogramm begleitet das Fest. Alle drei Jahre im August, das nächste Mal 2015.

Der Südwesten → Karte S. 126

Übernachten/Essen & Trinken

→ Karte S. 133

Übernachten Im Ortszentrum keine Möglichkeiten. Die folgenden Häuser liegen eingebettet in die grüne, ruhige Umgebung.

Pension La Tienda **6** Etwas oberhalb vom Zentrum in einem alten, restaurierten, aber immer noch nostalgisch verwinkelten Bau verwöhnt Siglinde von Kentzingen die Gäste in ihrer Edelpension. Die Zimmer sind mit Antiquitäten eingerichtet, alle haben neue, schöne Bäder. Im blumengeschmückten Innenhof kann man frühstücken und danach in einer der vielen hübschen Ecken oder am Pool der mehr als 6000 m² großen Finca ausspannen. Zur Verfügung stehen 6 DZ (alle mit ADSL-Anschluss), eines rollstuhlgerecht. DZ 60 €, bei Einzelbelegung 50 €, Apartment 70 €, Suite mit zwei Schlafzimmern bei Belegung mit 2 Pers. 80 €. Wer mag, kann am reichhaltigen Frühstück mit Obst aus dem Garten teilnehmen (8,50 €/Pers.). La Rosa/Cruz Grande 1, 38750 El Paso, ✆ 922-462471 und 635-411571 (mobil). www.lapalma-pension.de.

Apartamentos Hermosilla **5** Hübsche Terrassenanlage mit Pool, sechs Apartments und Bungalows, die jeweils zwei bis drei Personen Platz bieten, sowie ein Studio mit französischem Bett. Die unterschiedlich großen Bungalows haben alle Bad, Küche und liegen in einem schönen Garten. Daneben kann man auch das antike Haupthaus mieten (130 m², 3 Schlafzimmer). Preise je nach Größe, Saison und Personenzahl 35–80 €. Calle Riquibas 5, 38750 El Paso, ✆ 922-485741 und 629-920711 (mobil), ℻ 922-485741, www.hermosilla.de.

Apartamentos La Luna Baila **14** Im üppig blühenden Garten mit Pool gibt es vier Bungalows, ein Studio und das Haus der Familie Kaas, die sich persönlich um das Gästewohl kümmert. Die unterschiedlich großen, im kanarischen Stil erbauten und komplett eingerichteten Häuser kosten je nach Größe und Saison zwischen 50 und 82 € pro Tag für 2 Pers., Calle Echedey 24, 38750 El Paso, ✆/✆ 922-485997, www.lapalma-sonne.de.

Turismo rural In der ländlichen Gemeinde El Paso kann man auch restaurierte alte Bauernhäuser des Turismo rural als Ferienhäuser mieten. Adressen der Agenturen, die sich darauf spezialisiert haben, finden Sie auf S. 58.

Essen & Trinken **Kachoté** **8** Hier gibt es Frühstück mit Kaffee, Schokolade oder Tee oder mit Säften und Sekt. Anja verwöhnt ihre Gäste auch zu anderen Tageszeiten mit leckeren kleinen Gerichten und hausgemachten Kuchen. Mo–Sa 8.30–15 und 16.30–20.30 Uhr. Calle Fermin Sosa Pino.

Bistro im Infocenter **12** Hier gibt es immer das Richtige: vom gemütlichen, reichhaltigen Frühstücksbuffet über Crêpes und Salatbar bis zu günstigen, frisch zubereiteten Mittags- und Abendgerichten. Günstig ist es zudem, und wer Lust hat, kann beim Kaffee seine Mails checken. Mo–Fr 10–16 und 18–22 Uhr. An der LP 3, am Ortsausgang Richtung Los Llanos.

Tasca Barbanera **3** Gemütliches, kleines Restaurant. Hinter dem Wort *Tasca* – Kneipe – verbirgt sich eine Untertreibung, denn neben Tapas gibt es auch komplette Gerichte. Di–So 10–24 Uhr, Mo Ruhetag. Avenida Islas Canarias, gegenüber der Casa de la Cultura.

Bar Central **4** Der Treffpunkt für den Abend. Inmitten von Kunst kann man essen oder nur etwas trinken, mitmachen oder nur zuhören. Mehrmals in der Woche Live-Music – kanarische, südamerikanische oder eine Jazz-Jam-Session. Auf den Teller kommen Tapas und komplette Gerichte, auch Vegetarisches. Mi–Sa 17 Uhr bis open end, So 10–16 Uhr. Calle Manuel Taño 9, ✆ 922-485735, www.bar-central.com.

Tasca Catalina **13** Außerhalb, unterhalb des Ortszentrums an der Straße nach Los Llanos (ausgeschildert). Als „Geheimtipp" inzwischen so bekannt, dass es ratsam ist, vor dem Besuch zu reservieren. Im rustikalen Innenraum oder auf der Terrasse isst man ausschließlich iberische Tapas. Mit dem üblichen Imbiss haben sie allerdings nur den Namen gemeinsam. Hier werden sie frisch zubereitet und sind von hoher Qualität und Vielfalt. Überwiegend deutsche Gäste. Tägl. 17–23, Fr/Sa bis 24 Uhr. Calle Miramar, ✆ 922-486569.

La Cascada, gemütliches Lokal mit großem Schankraum, daneben auch kleine Separées, in denen deftige palmerische Kost auf den Teller kommt. Das Lokal ist bei Palmeros sehr beliebt und Sonntags rappelvoll. Es gibt Fans des hiesigen Kichererbseneintopfs *(garbanzas)*. Zu empfehlen sind die Fleischportionen vom Grill (Preise nach Kilo), die Hähnchen *(pollos)* und der hausgemachte Flan. Vorspeisen 3,50–4,50 €, Hauptgericht ab 9 €. Fr–Mi 8–23, So 10–23 Uhr, Do Ruhetag. An der LP 3, bei Km 25 oberhalb von El Paso.

Kenya **7** Etwas außerhalb in einem Gutshof mit Garten und Terrassen gelegen. Bei Redaktionsschluss kam es zu einem Besitzerwechsel, geplant war internationale, griechische und Thai-Küche. Calle La Rosa 49, ✆ 922-486522. Anfahrt: An der LP 3 auf Höhe des Rest. La Cascada ausgeschildert.

Sehenswertes

Die meisten Menschen wohnen nicht im Ort, sondern auf dem Land und längs der alten Verbindungsstraße, die von der Cumbre Nueva über El Paso nach Los Llanos und weiter bis Tazacorte führt. Das Ortszentrum hat sich um die Kreuzung alte Landstraße/Avenida Islas Canarias gebildet, an der alle öffentlichen Gebäude stehen: Rathaus, Schule, Kulturzentrum, die Mehrzweck-Plaza (mal Schulsportplatz, mal Konzertsaal unter freiem Himmel), ein kleiner Stadtpark im kanarischen Stil, Touristinformation, Banken sowie etliche Läden und Bars. Die Kirche *Iglesia de Bonanza* steht einen Straßenzug weiter oberhalb. Sie ist ein eher belangloser Bau aus

den 1930er Jahren. Immerhin hat man den Kirchenplatz wie eine Terrasse angelegt, die einen weiten Blick bis hinunter zur Küste bietet. Auch wenn Sie die Kirche nicht besuchen möchten, sollten Sie von der Avenida Isala Canarias die Calle Manuel Taño hinaufgehen und einen Minirundgang durch El Paso machen.

Seidenmuseum Las Hilanderas: In einem der schönen alten Gebäude auf der rechten Seite der Calle Manuel Taño. Hier sind nicht nur historische Exponate und Schautafeln zu sehen – in diesem Museum wird gearbeitet. Alle Schritte der Herstellung, vom Abwickeln der feinen Fäden vom Kokon bis zum Nähen z. B. von Krawatten, kann man mitverfolgen. Alles ist Handarbeit und deshalb haben die Produkte, die man an Ort und Stelle auch erwerben kann, stolze Preise.

Auf La Palma, mit Zentrum in El Paso, hat die *Seidenraupenzucht*, *Seidenherstellung* und *-verarbeitung* Tradition. Bevor preiswertere Seide aus China den europäischen Markt eroberte, belieferte La Palma die europäischen Höfe. Das Gewerbe war ein bedeutender Wirtschaftsfaktor, mehr als 3000 Webstühle standen auf der Insel. Die vielen Maulbeerbäume (*Moras*, sie sehen wie gedrungene Linden aus, die Blätter sind größer), die in El Paso immer noch am Straßenrand stehen, erinnern daran. Mo–Fr 10–14, Di und Do 17–19 Uhr, Eintritt 2,50 €, Kinder bis 14 J. frei. Calle Manuel Taño 6.

Die Vorläuferin der großen Kirche, die kleine alte *Iglesia de Bonanza* aus dem 17. Jh., ist ein wahres Schmuckstück kanarischer Architektur. Sie steht an der Kreuzung hinter dem Seidenmuseum und erstrahlt im Glanz ihrer restaurierten Fassade. Es gibt wohl kein ähnlich reich verziertes Mauerwerk auf La Palma. Gegenüber, erkennbar an der Heiligenfigur auf dem Dach, steht das Gebäude der ersten *Tabakfabrik* El Pasos. Wenige Schritte weiter finden Sie dann die neue Kirche mit ihrem aussichtsreichen Platz.

Der Südwesten → Karte S. 126

Die Laus im Lippenstift

Warum sind so viele Opuntien auf La Palma mit einem weißen, wie Schimmel wirkenden Belag bedeckt? Das ist die Cochenille-Schildlaus, die einen einst begehrten karminroten Farbstoff liefert. Probieren Sie es selbst einmal aus: Streifen Sie ein wenig „Schnee“ ab, zerdrücken ihn auf einem Blatt Papier oder – besser noch – kochen ihn später auf. Sie werden überrascht sein über das kräftig leuchtende Rot.

Mit diesem Farbstoff wurde einst viel Geld verdient. Die Opuntie, auch Feigenkaktus (seine Früchte sind essbar), wurde eigens im 16. Jahrhundert aus Mexiko eingeführt, um die Cochenille (auch Koschenille) zu züchten. Farbgewinnung war auf den Kanaren schon immer ein lohnender Wirtschaftszweig. Jean de Béthencourt, der erste Eroberer der Kanaren, war auch Färbereibesitzer und wurde nicht zuletzt von der Färberflechte auf den Kanaren angelockt, die ein vortreffliches Violett abgab.

Aber erst im 19. Jahrhundert ging man auf La Palma an die gewerbsmäßige Nutzung der Cochenille. Ihre Zucht auf der Opuntie, die auch auf steinigen Böden wächst, ist einfach und erlaubte die Arbeit von Frauen und Kindern – aus damaliger Sicht ein Produktivitätsgewinn. Drei bis vier Kilogramm – das sind rund 500.000 Läuse – streift der Erntearbeiter pro Tag von den Opuntien. Wobei der eigentliche Farbstoff aus den Larven kommt, dem „Schnee“. Sie werden gekocht oder auf heißen Blechen geröstet. Der Rot-Ton der Karminsäure ist von Rosa bis zu einem kräftigen Scharlachrot variierbar.

Das große Geschäft mit der Schildlaus war die Verarbeitung als Farbstoff für Wolle und Seide; die Seidenproduktion spielte vornehmlich in El Paso lange eine wichtige Rolle. Als jedoch 1862 mit der chemischen Herstellung von Anilin-Farben begonnen wurde, war die Cochenille-Zucht bald nicht mehr lukrativ – um 1880 brach der Wirtschaftszweig auf La Palma zusammen. Heute wird Farbgewinnung aus der Laus nur noch vereinzelt, vor allem auf Lanzarote, betrieben. Aber wenn das Umweltbewusstsein auch in Bezug auf Naturfarben weiter wächst, könnte sogar der „biologische“ Farbstoff der Schildlaus wieder zu Ehren kommen. Wenn Sie Kinder und Frauen durch Opuntien-Felder streifen sehen – Sie wissen dann warum. Und wenn Sie Ihren nächsten Campari schlürfen oder Lippenstift auflegen, denken Sie an Cochenille – das Rot könnte aus der Schildlaus kommen.

El Paso war immer eine reiche Gemeinde, davon zeugen die alten, prächtigen Höfe entlang der Straßen. Der Ort liegt mitten im Aridane-Tal, einem der fruchtbarsten Täler der Insel. Lange bevor weiter unten der Bananenanbau die wirtschaftliche Blüte brachte, wurden hier auf 400 bis 800 Höhenmetern Obst- und Mandelbäume gepflanzt und nicht zuletzt der beste *Tabak* geerntet. Er wächst noch immer im Kessel der Caldera, die auch zur Gemeinde El Paso gehört. Verarbeitet wird er noch heute vor Ort und in Breña Alta genau wie die Havannas. Aus Havanna stammt auch diese Fertigkeit, heimkehrende Auswanderer früherer Jahrhunderte brachten sie auf die Insel. Die Qualität dieser Zigarren, die hier *Puros* heißen, soll der der kubanischen kaum nachstehen. Im Ort verarbeiteten 300 Beschäftigte, im einzigen größeren Industriebetrieb der Insel, bis Ende 2000 Tabak zu Zigaretten der Marke „Winston“, dann wurde die Produktion nach Deutschland verlagert.

Umgebung von El Paso

Felsbildstation La Fajana: Zu den interessantesten Petroglyphenfunden La Palmas (siehe unten) gehören die Sonnen- und/oder möglicherweise auch die einen Mondkalender darstellenden Felsbilder bei El Paso. Ganz in der Nähe finden Sie eine Höhlenanlage mit weiteren Felsbildstationen. Beides können Sie bei einem Spaziergang besichtigen oder mit dem Fahrzeug in die Nähe fahren und nur den Rest des Weges zu Fuß gehen. Der Weg ist streckenweise rutschig und voller Geröll, deshalb in jedem Fall feste Schuhe tragen.

Anfahrt mit dem Fahrzeug: Im Ortskern von El Paso die alte Verbindungsstraße nach Los Llanos nehmen (→ Stadtplan, S. 133), dann der Ausschilderung nach rechts folgen. Am Ende der asphaltierten Straße parken und zu Fuß weitergehen. Links unterhalb eines Wohnhaus mit Palme steht ein Informationsschild mit Wegskizze. Sie finden den weiteren Weg mühelos, wenn Sie die Skizze studieren.

Spaziergang von El Paso zu den Felsbildfunden La Fajana

Hin und zurück 3 km, knapp 60 Min. Leichter Weg, der keiner besonderen Vorbereitung bedarf. Sie gehen von der Busstation auf der Hauptstraße von El Paso, der *Avenida Islas Canarias*, nach Norden, am Rathaus vorbei und weiter geradeaus und biegen hinter der *Casa de la Cultura* links in die *Calle Pérez Capote*. Dieser folgen Sie bis zu den letzten Häusern des Ortes. Die Straße wird zu einem steingepflasterten Pfad, der zum *Barranco Tenisque* hinunterführt. Auf dem Schluchtgrund gehen Sie wenige Schritte nach links und erreichen ein Informationsschild, das die weiteren Wege zeigt. Sie gehen zunächst zu einer mit Metallgittern geschützten Felswand – der Fundstelle La Fajana. Infotafeln erläutern die Felszeichnungen.

Von der Felswand haben Sie einen phantastischen Blick über das Aridane-Tal zum Meer. Zurück nehmen Sie denselben Weg; auf dem Schluchtgrund angekommen, geht es jetzt nach links bis zur Höhlenanlage, die ebenfalls auf Informationstafeln beschrieben wird. Von dort aus geht es wieder zurück nach El Paso.

Cumbres und Caldera

Die großen Gebirgszüge La Palmas und ihre zahlreichen Wanderwege liegen in der Umgebung von El Paso; sie und einige ihrer interessanten Besuchspunkte sind schnell zu erreichen. Dazu gehören: das *Centro de Visitantes* – das Besucherzentrum Nationalpark Caldera de Taburiente, oberhalb an der LP 3; die *Ermita de la Virgen del Pino*, die Kapelle der Ortspatronin; *La Cumbrecita*, mit dem schönsten Blick in den Bergkessel des Nationalparks, und schließlich das *Centro recreativo Refugio El Pilar*, der beliebte Ausflugsort.

Genaue Beschreibungen finden Sie im Kap. „Die Cumbres und die Caldera" S. 198.

Inmitten von Bananenplantagen liegt der Badeort Puerto Naos

Das Sonnendreieck: Los Llanos, Puerto Naos, Tazacorte

Vor dem blauen Meer ein grünes Meer – und Bananenplantagen, so weit das Auge reicht. Einige verstecken sich hinter Windschutzmauern oder unter Plastiknetzen, viele aber liegen offen an der Straße, so dass man den Reifegrad der Früchte schon im Vorbeifahren erkennen kann. Dazwischen riesige Wasserbecken, die zur Bewässerung der durstigen Pflanzen dienen.

Dem Kenner sagt dieses Landschaftsbild einiges über das Klima. Hier ist es beständig warm, hier bläst der Wind weniger als anderswo, deshalb kann vielerorts auf Windschutzmauern verzichtet werden, und deshalb sind die Blätter der Bananenpflanzen seltener zerzaust. Und hier regnet es wenig, deshalb die vielen großen Wasserbecken. Tatsächlich wird dem Dreieck Los Llanos, Puerto Naos und Tazacorte das beständigste, wärmste und regenärmste Wetter der Insel nachgesagt. „La Palmas Sonnenseite“ oder „beste Klimazone der Insel“ – solche Beschreibungen für Ferienwohnungen weisen fast immer auf eine Lage in diesem Gebiet hin.

Nicht nur die Besitzer von Ferienhäusern, auch die Touristikmanager haben erkannt, dass das Klima für Urlauber hier ideal ist; zumal das „Sonnendreieck“ mit Puerto Naos und Tazacorte über zwei der größeren Strände der Insel verfügt. Hinzu kommen kleinere Strände, wie die Playa Nueva oder Charco Verde. Eben deshalb ist die Gemeinde Los Llanos, zu der auch Puerto Naos gehört, das Urlaubergebiet Nummer eins.

Los Llanos de Aridane

20.500 Einwohner

Die Bananenplantagen reichen bis in die Hinterhöfe, die Gipfel der Caldera de Taburiente lugen über die Dächer und das Wetter ist hier immer ein wenig besser als anderswo: Kein Zweifel, wir sind in Los Llanos im Zentrum des Valle Aridane.

Im Spanischen und der Sprache der Ureinwohner bedeutet der Name „Ebenen des Ziegentals". Heimliche Inselhauptstadt wird Los Llanos auch genannt, für hiesige Verhältnisse ist sie sogar eine boomende City. Seit 1950 hat sich die Einwohnerzahl der Gemeinde, zu der allerdings auch der Badeort Puerto Naos und mehrere Dörfer gehören, mehr als verdoppelt. Vor 20 Jahren gab es noch keine Ampel in Los Llanos – heute müssen Parkhäuser gebaut werden.

Das fruchtbare Tal, das günstige Klima und das reichlich fließende Quellwasser der Caldera de Taburiente hat Los Llanos immer schon zu einem reichen Ort gemacht. In Argual, dem ältesten Ortsteil, wurde bald nach der Eroberung Zuckerrohr angebaut, heute bestimmen Bananenplantagen das Bild – und seit knapp 20 Jahren kommt der Tourismus als weiterer Wirtschaftsfaktor hinzu. Los Llanos ist der ideale Stützpunkt für Wanderer, denn die Caldera de Taburiente als Hauptwandergebiet liegt direkt vor der Haustür, und vom modernen Busbahnhof verkehren Linienbusse in alle Richtungen.

Der Südwesten → Karte S. 126

Basis-Infos

Information Touristinformation der Gemeinde Los Llanos unweit der Plaza in der Calle Doctor Fleming (auf dem Mittelstreifen), Eingang neben dem Uhrturm. Viel Material liegt hier aus, dazu kostenlose Insel- und Stadtpläne. Mo–Fr 8.30–19, Sa 9–14 Uhr. ✆ 922-40528/83. Infos über die Gemeinde unter www.aridane.org.

Contacto, im Zentrum von Los Llanos, ein privates Servicebüro. Hier kann man Karten und Bücher über die Insel kaufen und sich Nachschub an Urlaubskrimis besorgen (es gibt auch ein deutsches modernes Antiquariat). Man kann Ferienhäuser mieten oder kaufen und sich an der Pinnwand über Sprachkurse, Verkaufsangebote oder Mitwohngelegenheiten informieren. Mo–Fr 9–17, Sa. 9.30–13.30 Uhr. General Yagüe 13, Los Llanos de Aridane, ✆ 922-463204, www.la-palma.de.

Hin & weg Der Busbahnhof versteckt sich hinter einer Häuserzeile unterhalb des Mercados, Calle Ramon Pol. Die Stadt ist, mit wenigen Ausnahmen im Nordosten, mit jedem Ort der Insel durch öffentliche Busse direkt verbunden. Busfahrplan S. 50.

Taxi ✆ 922-403540

Parken Obwohl es mehrere große Parkplätze gibt, ist es nach 10.30 Uhr schwierig, einen freien Platz zu ergattern; sparen Sie sich die Sucherei und steuern Sie die Tiefgarage an (ausgeschildert).

Bücher Contacto, größte Auswahl an Reiseführern und deutscher Literatur, günstige Secondhand-Bücher (→ „Information").

Flohmarkt/Rastro Sonntagvormittag auf der Plaza de Sotomayor in Argual (→ Sehenswertes).

Fotoläden z. B. Koury, Expressentwicklung in einer Stunde; hier brennt man Ihnen auch CDs mit den Aufnahmen der Digitalkamera, Abzüge können Sie gleich selbst ausdrucken. Calle Doctor Fleming.

Internationale Presse gibt es inzwischen in fast jedem Zeitungsladen.

Lebensmittel Mercado, Markthalle, viel frisches Obst und Gemüse, viele intensive Düfte, viel Atmosphäre. Mo–Sa 8–14 Uhr.

Supermärkte (vgl. Stadtplan) gibt es viele. Die Supermärkte Hyper Centro, Spar und Hyperdino sind Mo–Sa 8–20 Uhr geöffnet.

Treffpunkt Plaza España

Bioladen Bubango verde, hier gibt es neben Vollkornprodukten, frischem Obst und Gemüse auch Naturkosmetik und Naturheilmittel. Calle Real 23. ■

Mercadillo, Erzeugermarkt mit Obst und Gemüse jeden Sonntag von 9 bis 14 Uhr; aufgebaut wird auf dem Mittelstreifen der Calle Doctor Fleming. ■

Souvenirs Für Mitbringsel, Souvenirs oder sonstige schicke Kleinigkeiten gibt es in Los Llanos viele Geschäfte, vor allem in der Calle Real und hinter der Hauptkirche.

Sportartikel Zur „Sportstraße" hat sich die Fußgängerzone in der Calle Calvo Sotelo gemausert. Jeweils auf der rechten Straßenseite (von der Plaza kommend) residiert in der Nr. 16 **Casa de Buceo**, ein Taucherzentrum (✆ 922-464886, www.casadebuceo.nl), in der Nr. 20 **bike'n'fun** und in der Nr. 22 **Valle Verde-Outdoor**, hier finden Wanderer alles vom Stiefel bis zum Sonnenhut, immer in Markenqualität; auch Kindertragen und Wanderstöcke können ausgeliehen werden.

Übernachten

→ Karte S. 140/141

Das Angebot in der Stadt reicht vom Mittelklassehotel über die einfache, preiswerte Pension bis zu praktischen Apartments.

** **Hotel Trocadero Plaza** 21 Das bisher neueste Hotel hat derzeit nur zwei Sterne, aber die Direktion erwartet zu Recht einen dritten. Modernes Haus mit viel Komfort (Klimaanlage, SAT-TV) und sehr schön eingerichteten Zimmern und Bad, fast alle mit Balkon zur neuen Plaza und zum archäologischen Museum. Dachterrasse, Garage, Cyberraum. Im Preis sind Frühstück und Garagenplatz enthalten. EZ 59 €, DZ 76 €. Calle Adelfas 12, ✆ 922-403013, ℻ 922-402903, www.hoteltrocaderoplaza.com.

*** **Hotel Valle Aridane** 18 Hinter der unscheinbaren, zur Straße hin schmalen Fassade zieht sich ein mit 42 DZ relativ großes und gut ausgestattetes Hotel den Berg hoch. Alle Zimmer sind geräumig und bequem eingerichtet, verfügen über TV, Telefon und komplettem Bad. Das Haus hat Sonnen- und Aussichtsterrassen mit Bar und Billard. DZ mit Frühstückbuffet 55 €, als EZ 46 €. Glorieta Castilo de Olivares 3, ✆ 922-462600, ℻ 922-401019, www.hotelvallearidane.com

* **Hotel Edén** 10 Direkt an der Plaza, im lebhaften Zentrum. Jedes der hübschen 13 DZ hat ein eigenes Bad, Balkon und Telefon, zudem gibt es sechs EZ. DZ 40 €, EZ mit Bad und Balkon 30 €, EZ ohne Bad und Balkon 25 €. Calle Angel, direkt an der Plaza, ✆ 922-460 698, ✆ 627-124031 und 603-591679 (mobil), info@hoteledenlapalma.com.

Pension El Porvenir 5 Durch ein schweres Holztor betritt man einen alten Hof voller Pflanzen und mit kleinen, alten Kanarenhäuschen, die kunstvoll restauriert wurden. Die Pension versteht sich als Kunst- und Kulturgemeinschaft, die auch Zimmer vermietet. Zur Anlage gehören eine Küche, die von den Gästen genutzt werden kann. Vermietet werden ein EZ und drei DZ, alle klein und liebevoll dekoriert, mit insgesamt zwei Bädern und zwei Toiletten. Preise je nach Zimmergröße/Personenzahl 25–40 €. Calle Fernandez Taño 33, ✆ 922-461649, www.el-porvenir.info.

Hostal Rosaburiente 1 Ruhig gelegenes Privathaus, etwa 10 Min. zu Fuß vom Zentrum; ein Gemeinschaftszimmer mit 5 Betten sowie ein DZ, jeweils mit eigenem Bad. Alles ist sehr sauber. Es gibt eine Gemeinschaftsküche, Garten, Parkplatz und mindestens vier freundliche Hunde. Bett im Gemeinschaftsraum 12–14 €, DZ 25–30 €. Camino Los Matias 3, ✆ 647-105642 (mobil), www.rosaburiente.es/hostel/en/index.php.

Apartments Adjovimar 22 Apartment-haus mit 22 Studios und Apartments, alle komplett und freundlich eingerichtet mit SAT-TV, Balkon oder Terrasse. Für ein Stadthaus eher ungewöhnlich ist der tropische Garten mit Obstbäumen und Kräutern, aus dem sich die Gäste bedienen dürfen. Zudem gibt es einen Pool und Liegewiesen im Außenbereich. Nehmen Sie ein Apartment zum Garten oder Pool, die sind ruhiger und schöner. Rezeption 9–14 und 16–20 Uhr. Preise je nach Personenzahl, Größe und Saison 37–57 €. Calle Pedro M. Hdez. Camacho 52, ✆/℻ 922-401941, www.adjovimar.com.

El Patio 16 Zentral in einer ruhigen Nebenstraße. Kleines Haus mit sieben praktisch eingerichteten Studios und Apartments. Kleiner Pool und Aufenthaltsbereich im Innenhof. Preise je nach Personenzahl, Größe und Saison 22–44 € .Calle Convento, ✆ 616-589206 (mobil), ℻ 922-461500, www.elpatio-lapalma.com.

Essen & Trinken

→ Karte S. 140/141

Kleine Gerichte, besondere Atmosphäre

La Luna 7 Das restaurierte kanarische Hofgebäude mit Galerie ist ein beliebter Treffpunkt für den Abend. Donnerstag Nachmittag treten häufig Solisten und Musikgruppen auf. Von Kanarisch über Kubanisch und Brasilianisch bis zu Blues reichen die Klänge. Auf den Tisch kommen Tapas, manchmal auch Asiatisches aus dem Wok. Mo–Sa 12–14, Mo–So ab 19 Uhr. Calle La Luna/Calle Fernandez Taño 26, ✆ 922-401913.

Tasca La Fuente 13 Im restaurierten kanarischen Haus mit Innenhof bereitet Angelika eine kreative Mischung aus kanarischen, spanischen und deutschen Tapas zu (4–8 €), viele davon vegetarisch und immer aus Produkten der Insel. Daneben gibt es auch etwas für den großen Hunger z. B. Lammragout für 12,50 € Besonders beliebt sind die Gemüsegratins. Mo–Sa 19–24 Uhr. Calle Real 70. ■

Arepera El Jable 3 Kleiner Pavillon und großer Garten. Unter Avocadobäumen sitzt man angenehm. Venezolanische Spezialitäten, breite Auswahl an Arepas (gefüllte Maisteigtaschen). Ab 19 Uhr geöffnet, Mo Ruhetag. Calle Ramon Pol, oberhalb des großen Parkplatzes.

La Vitamina 11 Schlichter Speiseraum mit witzigen, kreativen Elementen und Tischen draußen. Obst- und Gemüsesäfte und eine große Salatauswahl bilden die Grundlage der Karte; dazu gibt's wechselnde Tellergerichte mit Vegetarischem, aber auch mit Fisch oder Fleisch. Salate 4–8 €, Tellergerichte 9,50–12 €. Mo–Sa 12–22 Uhr. Calle Real 29. ■

Palacio del Vino 15 Weit verzweigtes Höhlenrestaurant – in den Stollen lagert die umfangreichste Weinauswahl La Palmas. An kühlen Tagen sollte man Pullover oder Jacke mitnehmen. Zum Vino nach Wunsch gibt es jede Menge Tapas zur Auswahl. 13–1 Uhr, Di Ruhetag. Avenida Tanausu 21, ✆ 922 463879.

Café Rami 9 Das italienische Café ist ein beliebter Treffpunkt am Vormittag für alle, die nicht im Getümmel auf der Plaza sitzen möchten. Hier gibt es italienischen Espres-

Der Südwesten → Karte S. 126

so und selbst gebackenen Kuchen. Calle Calvo Sotelo.

Restaurants **El Hidalgo** **14** In einem restaurierten kanarischen Haus mit besonders hübschem Innenhof und Wintergarten. Monika bedient, ihr Mann kocht. Hauptspeisen mit Fleisch oder vegetarisch ab 9 €, mit Fisch etwas teurer. Do–Mo 12.30–23 Uhr. Calle La Salud 21, ✆ 922-463124.

La Colonial **12** Neues Restaurant in einem restaurierten Haus mit kolonialem Ambiente, besonders hübsch sind Motivfliesen im Jugendstil. Sehr gepflegt, gedeckte Tische in mehreren kleineren Speisezimmern – und auf dem Dach gibt's eine Terrasse. Internationale Küche mit kanarischen Elementen, z. B. Lachs in Dill oder geschmortes Zicklein. Angesichts der gepflegten Umgebung relativ günstig, Vorspeisen 5–8 €, Hauptgericht 10–15 €. Mo 19–23, Di–Sa 13–16 und 19–23 Uhr, So Ruhetag. Calle Real 25, ✆ 922-107721.

Mar y Tierra **6** Eine schlichte kanarische Alternative mit Innenhof, großem, offenem Grill und typischen Familienseparées. Deftiges kommt auf den Tisch, Fisch und Fleisch ab 9 €, Hühnchen etwas günstiger, Kartoffeln und Soße kosten jedoch 2,10 € bzw. 1,50 € extra. Di–Do 13–16 und 18–23, Fr/Sa 13–23, So 13–17 Uhr. Calle Fernandez Taño 29.

La Pergola **8** Reines Terrassenrestaurant neben der Kirche auf der Plaza. Tagsüber das beste Plätzchen in der Stadt, um das Plazaleben zu beobachten, abends kann es aber kühl werden. Kanarische und internationale Küche, hauptsächlich Tellergerichte. Kulinarisch kein Knüller – der Standort ist der Pluspunkt. Mo–Sa 10–22 Uhr, So Ruhetag.

Cantina Due Torri **4** Italienisches Restaurant und beliebte Pizzeria mit Holzbackofen. Großer, rustikal eingerichteter Speiseraum und Terrasse zum Garten. Pizza und Pasta ab 6 €, Fisch- und Fleischgerichte ab 8 €. 13–16.30 und 19.30–24 Uhr. Montagabend und Di geschlossen. Calle Fernandez Taño 56, ✆ 922-402648.

Tinguaro **19** Vorn ist es etwas dunkel und plüschig, doch wenn man ganz durchgeht, kommt man in einen hellen Wintergarten. Große Karte, Portionen reichlich, niedrige Preise. Fr–Mi 12.30–1 Uhr, Do Ruhetag. Acerina 10.

Parilla Dioni **17** Einfaches Grilllokal mit Garten. Spezialität sind Hühnchen vom

Rost; niedrige Preise. Mo–Sa 11–23 Uhr. Calle Princessa Dacil/Acerina.

El Rincón de Moraga **20** Außerhalb, im Anbau der historischen Casa Monteverde in Argual (s. u.) ist dieses ambitionierte Restaurant zuhause. Im Speiseraum oder auf der Terrasse im Innenhof werden leichte Interpretationen der kanarischen und internationalen Küche serviert. Viel Wert wird auch auf das Ambiente und die Dekoration gelegt. Vorspeisen ab 3,50 €, Hauptgericht 11–15 €. Mo 19–23, Di–Sa 13–16 und 19–23 Uhr. Plaza Sotomayor, ✆ 922-464564.

Balcón de Taburiente, ebenfalls außerhalb. Der Name ist Programm: Es gibt zum

Essen wohl kaum einen interessanteren Ort, vorausgesetzt, man erwischt einen Tisch auf dem Balkon über der Schlucht des Taburiente. Leser loben die vielseitige kanarische Speisekarte und das deutsche Bier. Das Lokal über dem Fluss bietet sich zudem als Endpunkt einer Caldera-Wanderung an. Bevor die „Caldera-Straße" von Los Llanos auf den Lomo de Caballo abknickt, biegt links eine Asphaltstraße ab – dort liegt das Restaurant. Tägl. 11–23 Uhr. Calle los Cantadores 2, ✆ 922 402195.

Nachtleben

Während des Karnevals oder einer der vielen Fiestas tobt ab 24 Uhr der Bär in Los Llanos, ansonsten ist es eher ruhig. Bis 22 Uhr wird noch etwas flaniert, danach versammelt sich die Mehrheit der Gemeinde vor den Fernsehern. Das Zentrum des Nachtlebens hat sich zum Kulturhaus **Milenium** **2** verlagert, seit es dort neben zwei Kinos auch noch etliche Diskotheken gibt. Restaurants und Bar finden sich ebenfalls im Gebäude.

Der Südwesten → Karte S. 126

Sehenswertes

Trotz der Moderne, die Los Llanos an seiner Durchgangsstraße von der Inselhauptstadt unterscheidet, strahlt das Zentrum noch immer das Flair einer geruhsamen, kanarischen Kleinstadt aus. Die *Plaza España* ist Musen- und Mittelpunkt des Städtchens. Zwischen der Gemeindeverwaltung, einem altkanarischen Bau mit schönen Holzbalkonen, und der Pfarrkirche *Nuestra Señora de los Remedios* haben die Kinder Platz zum Spielen. In den Sommermonaten wird hier häufig eine Bühne aufgebaut, und die Bewohner versammeln sich zu Konzerten oder Theateraufführungen oder um ihre Fiestas im Salsaschritt zu feiern. Der Grundstein für die Hauptkirche wurde im 16. Jh. gelegt, aus dieser Zeit stammen auch ihre wichtigsten Kirchenschätze, zwei Skulpturen flämischer Künstler. Unter den Schatten spendenden westindischen Lorbeerbäumen der Plaza (tatsächlich kein Lorbeer sondern Ficus nitida) genießen Einheimische und Gäste in Terrassencafés das Ambiente oder die Rast nach dem Einkauf. Die Bäume wurden von 1863 von Rückwanderern aus Kuba zur Verschönerung ihres Dorfs mitgebracht. Am malerischen Kiosko treffen sich die Palmeros zum kleinen Kaffee oder zum Plaudern, und so manch gutes Geschäft soll da schon im Stehen vereinbart worden sein.

Von der Plaza hat man einen guten Blick auf das an der Häuserwand über der Post prangende Wandbild „Volcán-Torre de Babel" (Turmvulkan zu Babel) und auf das Wandbild links gegenüber „Hay mil vientos possibles" (Es gibt tausend mögliche Winde). Beide Objekte sind Teil eines Kulturprojektes unter dem Titel „La Ciudad en el Museo", frei übersetzt: „Die Stadt ist das Museum". Neue Kunstwerke werden in Los Llanos nicht in einem Museum versteckt, sondern für jeden sichtbar auf die Hauswände gemalt oder als Skulpturen an belebten Punkten aufgestellt. Den besten Blick auf sie hat man von in den Boden eingelassenen Steinplatten, in die Informationen zum Werk eingraviert sind. In der Touristinformation liegt ein Prospekt zu allen bisher fertiggestellten Werken aus, 25 sollen es insgesamt werden.

Hinter der Kirche liegt eine lauschige, hübsche Placeta, offiziell benannt nach dem Arzt und Naturforscher *Elias Santos Abreu*, dessen Geburtshaus hier steht. Dennoch nennt jeder den kleinen Platz *Plaza Chica*, kleiner Platz. An der Ecke zur Hauptplaza kann man das *Museo de Sacra*, das Kirchenmuseum, besuchen. Zu sehen sind kostbares liturgisches Gerät und Figuren, die nur zu den diversen Feierlichkeiten und Umzügen im Kirchenjahr eingesetzt werden (Mo–Fr 11.30–13.30 und 17.30–19.30 Uhr, Eintritt 1 €). Jetzt ein paar Schritte nach rechts, und Sie schlendern durch die winkligen Gassen der Altstadt mit ihren hübschen, farbig gestrichenen Häusern.

Westlich der Plaza säumen indische Lorbeerbäume den Innenstreifen der *Avenida Doctor Fleming*, jeden Sonntagvormittag verkaufen dort Kleinbauern aus der Umgebung Obst und Gemüse. Jacaranda und Tulpenbäume säumen die *Avenida Tanausu* mit ihren herrschaftlichen Villen. An ihrem Ende erhebt sich links die Kaserne der Guardia civil, wie immer an eine kleine Festung erinnernd, rechts die katholische Privatschule und dahinter in einem von Bäumen umstandenen Atriumbau der *Mercado*, die Markthalle. Hier können von Montag bis Samstag jeden Vormittag bis 14 Uhr die frischen Früchte der Insel gekauft werden, dazu auch Fleisch, frischer Fisch, Brot, einheimischer Ziegenkäse und was sonst noch auf den Tisch gehört.

Von der Plaza nach Osten wurden fast alle Altstadtstraßen in schön gestaltete Fußgängerzonen umgewandelt, gesäumt von hübsch farbig gestrichenen Häuschen.

Über die Calle Real (bis 2009 noch Calle Gen. Franco) und die nach rechts führende Calle Benigno Carballo gelangt man zum neuesten öffentlichen Gebäude, auf einer ebenfalls neuen Plaza.

Museo Benahoaritas: Das archäologische Museum ist der vorspanischen Bevölkerung gewidmet (siehe Kapitel Geschichte). Im modernen, hellen und luftigen Bau wird durch Nachbauten das Lebensumfeld der Benahoares dargestellt; Keramik-, Werkzeug-, Schmuck- und Mumienfunde informieren über ihre Kultur. Alle archäologischen Fundstellen sind ausführlich dokumentiert, viele von ihnen können auf Ausflügen und Wanderungen besucht werden. Auf Wunsch wird in der Aula ein Film zum Thema gezeigt. Die Räume des Museums werden zusätzlich für Ausstellungen, Musik- und Theatervorführungen genutzt.

Im Sommer Di–Sa 9–15 und 17–20 Uhr, Mitte Sept. bis Mitte Juni Di–Sa 9–16 und 17–20 Uhr. Eintritt frei. Calle Las Alefas.

„Volcán Torre de Bable“: Wandbild an der Plaza

Stadtpark und Botanischer Garten: Künstlerischer Leiter der Neugestaltung des Parks war der Künstler *Luis Morera*. Inspiriert von Gaudis Parkanlagen in Barcelona, entstand – allerdings auf sehr begrenzten Raum – ein bezaubernder Garten mit dschungelartig dichtem Grün, Wasserhöhle und Miniturm. Alles üppig umrahmt von Mosaiken, steinernen Ranken und metallischen Blättern. Als Gegenstück wurde daneben ein moderner, puristischer Garten angelegt. Der Park liegt an der Straße nach Puerto Naos.

Außerhalb des Zentrums

Argual: Der älteste und westlichste Stadtteil von Los Llanos ist einen längeren Spaziergang wert. Jeden Sonntagvormittag findet hier der (überwiegend deutsche) *Flohmarkt* statt. Rund um die große, leider reichlich heruntergekommene alte Plaza von Argual, die *Plaza Sotomayor*, stehen die neben der Kirche von Los Llanos ältesten großen Bauwerke der Stadt; sie gehören noch immer den drei Familien, die im unteren Aridane-Tal mit dem Anbau von Zuckerrohr reich wurden und es schafften, diese Stellung über die Jahrhunderte zu halten (siehe auch Tazacorte).

Das Haus direkt links am Zugang besitzt einen auffälligen halbrunden Dachraum. Er diente als Aussichtsturm – der Blick geht über Tazacorte, den Hafen und auf das Meer – zur rechtzeitigen Sichtung von Piraten und Handelschiffen. Denn die Plantagenbesitzer waren auch Händler. Die *Casa Sotomayor* gegenüber dem Zugang beherbergt die Verwaltung einer Bananengesellschaft. Daneben, mit Hilfe von EU-Geldern umfassend restauriert, sehen Sie die *Casa Massieu-Van Dale:* ein kleiner Palast mit wertvollen Holzarbeiten, Innenhof, Galerien und überdachten Wegen. Das Gebäude wird von Ämtern genutzt. Patio, Flure und Galerie können während

Der Südwesten → Karte S. 126

der Arbeitszeiten besichtigt werden. Gleich nebenan versteckt sich die Werkstatt des *Glasstudios Artefuego* des deutsch-italienischen Glaskünstlers Dominic Kessler. Sie können ihm bei der Arbeit an seinen kunstvollen Gefäßen über die Schulter schauen (und sie auch an Ort und Stelle kaufen). Inspiriert hat ihn der Vulkanismus auf La Palma, der sich in den Farben seiner Objekte widerspiegelt.

Im Anbau der zurzeit leerstehenden *Casa Monteverde* schräg gegenüber befindet sich das Restaurant „El Rincón de Moraga" (vgl. Restauranttipps).

Wenn Sie zwischen der Casa Monteverde und dem Gebäude der Bananengesellschaft mit angebauter Packstation geradeaus weitergehen, erreichen Sie den alten Kirchplatz von Argual mit der *Kirche San Pedro* aus dem 16. Jh.

Wegbeschreibung von Los Llanos Sie gehen die Plaza España hinunter, queren die Avenida Doctor Fleming und gehen durch die Villenstraße Avenida Tanausu. An der Kreuzung bei der Cepsa-Tankstelle geht es weiter geradeaus. Die Straße ist jetzt breiter und stark befahren, heißt aber immer noch Avenida Tanausu. Der Weg führt an einem kleinen Platz mit zwei auffälligen Araukarien (Nadelbäumen) vorbei. Die Figurengruppe dort zeigt eine typische Tätigkeit der Landarbeiter, bevor Wasserpumpen ihren Weg auch nach La Palma fanden: Mit Kürbisschaufeln wurde Wasser von der unteren in eine obere Leitung geschöpft. Es geht weiter geradeaus. In einer Linkskurve liegt die hypermodern gestaltete,, von riesigen Lorbeerbäumen beschattete Plaza von Argual. Das Ziel liegt aber noch etwas weiter unten an der Straße, die hier zur begrünten Landstraße nach Tazacorte und Puntagorda wird. Es geht an einem historisch bedeutsamen Aquädukt aus dem 16. Jh. entlang und an der nächsten Kreuzung nach links.

Wanderung 4: Rundweg von Los Llanos zum Strand nach Puerto de Tazacorte und zurück → S. 228

Umgebung von Los Llanos

Mirador El Time: Den schönsten Blick auf Los Llanos, das gesamte Aridane-Tal und die Cumbres bis hinunter in den Süden hat man vom El Time, der Bergwand, die das Tal nach Norden abschließt. Durch den Barranco de las Angustias sieht man sogar in das Zentrum der Insel, die Caldera, hinein.

Der Mirador liegt an der LP 1; Sie erreichen ihn am besten auf einem Ausflug in den Norden mit dem Mietfahrzeug. Alle öffentlichen Busse in den Norden fahren übrigens auch über den Mirador El Time.

Caldera de Taburiente: Los Llanos ist der ideale Ausgangspunkt für Wanderungen und Ausflüge in die Caldera de Taburiente; diese Hauptattraktion der Insel wird in einem eigenen Kapitel beschrieben, dort finden Sie auch alle Hinweise zu Fahrten in dieses Gebiet (ab S. 207).

Mirador de La Cancelita: Auf dem *Lomo de Caballo*, dem Höhenrücken über Los Llanos, bietet ein Aussichtsplatz mit kunstvoller Natursteineinfassung einen schönen Rundumblick über Los Llanos und die Westküste sowie – noch eindrucksvoller – hinein in die Caldera. Eine ideale Schnuppertour für gerade Angekommene, die sowohl zu Fuß als auch per Auto machbar ist.

Zunächst in Richtung Caldera fahren (→ Stadtplan). Der aufsteigenden Calle Caldera (Ausschilderung Parque nacional Caldera) folgen, dann rechts in die Calle Cancelita einbiegen und immer geradeaus.

Der Palmenstrand von Puerto Naos

Der Südwesten → Karte S. 126

Die Straße der Touristen: Los Llanos – Puerto Naos

Oben die Stadt, unten am Meer das Ferienzentrum und beiderseits der Straße zahlreiche Apartmentanlagen: Die Strecke (LP 213) führt an Bananen- und Avocadoplantagen vorbei, durch die Örtchen *La Laguna* und *Todoque*, und passiert Ferienhausanlagen, Restaurants, Ferienhausagenturen und Autovermieter.

Richtig hübsch haben La Palmas Straßenbauer den Abschnitt ab Todoque gestaltet. Palmen säumen die Straße, dazwischen setzen Oleander farbige Akzente. *Las Norias*, ein vorwiegend von Ausländern bewohntes Villenviertel, und der Tennisclub liegen auf dem Weg. Die nächste Kurve gibt dann den Blick frei auf das Meer und die Südwestküste. Ein schlichter Haltepunkt folgt und ein schöner Aussichtspunkt in der nächsten Kurve. Dann geht es direkt hinein in den Badeort Puerto Naos.

Übernachten

Übernachten kann man etwas abseits der Straße in vielen Ferienwohnungen und meist kleinen Apartment- und Bungalowanlagen, die längs der Straße ausgeschildert sind. Die Reihenfolge der folgenden Adressen entspricht der Lage von Los Llanos aus.

Bungalows Sonvida, im Schatten eines bereits begrünten Vulkans steht eine kleine Bungalowanlage mit Schwimmbad, Tennisplatz und gepflegtem, üppigem Garten. Die sechs Häuser (Wohnzimmer mit integrierter Küche, Essbar, zwei Schlafzimmer, Duschbad, zwei Terrassen, SAT/TV) kosten je nach Jahreszeit und Personenzahl zwischen 380 und 510 €/Woche. Bei mehreren Wochen gibt es Preisnachlass. Am Ortseingang von Todoque führt rechts eine Asphaltstraße hinab – Hinweisschild „Sonvida", Montaña Todoque, 38770 Todoque, ✆/℡ 922-463836, www.bungalowssonvida.com.

Bungalows Paradiso, direkt neben der Anlage Sonvida. Im Garten mit Superaussicht und beheiztem Pool stehen fünf Bungalows, jeweils für 2–3 Pers. und ein separates Haus mit zwei Schlafzimmern für 4 Pers. Bungalow ab 384 € pro Woche, das große Haus bis 592 €/Woche. Montaña Todoque, ✆ 922-7462838 und 922-463243, ✆ 670-578134 (mobil), www.elparadiso.com.

Residencia Las Norias, im Villenviertel Las Norias, in einem tropischen Park mit Pool und Liegewiesen; 22 ganz verschiedene kleine und große Bungalows, alle sind geschmackvoll eingerichtet und sehr gut ausgestattet (SAT-TV, Latex-Matratzen u. a.). Jedes Haus hat mindestens eine separate Terrasse. Die meisten Bungalows verfügen über große Wohn-/Esszimmer und ein oder zwei Schlafzimmer für bis zu 4 Pers. Es gibt auch ein preiswertes Miniapartment, das „Studio". Die größte Einheit kann man getrost als Villa bezeichnen: eigener Garten und eigener Pool. Zur Anlage gehört ein Sand-Tennisplatz. Studio ab 38 € für 2 Pers., die Bungalows 60–75 €, je nach Personenzahl, nur wenig mehr kostet ein Haus mit separatem Pool.

Direkt hinter dem Restaurant Mariposa nach rechts abbiegen (ausgeschildert), Las Norias de abajo 26, 38770 Las Norias, ✆ 922-401978 und 699-089844 (mobil), www.residencia-lasnorias.de.

Ap. Primavera, zwei Bungalows, zwei große und zwei kleine Apartments für 4 bzw. 2 Personen verstecken sich in einem tropischen Garten mit Pool und Terrassen. Apartments wie Bungalows sind hochwertig und komfortabel eingerichtet, meist mit Geschirrspüler und Waschmaschine. Hinter Residencia Las Norias. Tagespreise: Apartments und Bungalows je nach Größe 45–65 € pro Tag. Unterhalb der o. g. Residencia Las Norias, ✆/℻ 922-485997, www.lapalma-sonne.de.

Finca Tropical, sehr ruhig gelegene Anlage direkt an der Steilküste mit tollem Blick aufs Meer. Ein schöner tropischer Garten mit Pool und Liegewiesen umgibt Studios/Apartments und Bungalows, die hübsch und originell eingerichtet sind. Pro Tag und Wohneinheit je nach Personenzahl zwischen 53 und 105 €. Die Finca liegt unterhalb von Las Norias, nehmen Sie die Abfahrt wie Residencia La Norias. ✆/℻ 922-480162, www.la-palma-tourismus.com.

Musicasa, „Urlauber-WG ohne Pflichten" nennt Hans-Richard Jonitz, den alle nur „Ödi" nennen, seine Pension. Kein Schild weist auf das Haus des Schwaben hin, dennoch sind (fast) immer alle 5 Zimmer belegt. Das hat sicher mit dem Stil des Hauses zu tun: Man frühstückt gemeinsam, manchmal trifft sich die Gästeschar zum Abendessen, und auch sonst kann vieles zusammen unternommen werden. Da nimmt man schon in Kauf, dass aufs Bad – es gibt zwei Badezimmer – vielleicht mal ein bisschen gewartet werden muss. Das Musicasa ist bei Gruppen (Tauchern, Bikern, Wanderern oder Faulenzern) beliebt. Im Haus gibt es SAT-TV und einen PC mit Internetanschluss. Das alles kostet 20 € für Erwachsene als EZ, im DZ 19 € pro Tag, Kinder bis 14 J. zahlen 3 €, darüber den halben Preis. Frühstück gibt es zum Selbstkostenpreis von 4 €. Großes, alleinstehendes Haus mit Garten, Nr. 10, nach dem Restaurant Mariposa erstes Haus links. ✆ 922-463231 und 922-485786, ℻ 922-463231, www.musicasa.de.

Essen & Trinken

Mariposa, eines der anspruchsvollen Restaurants. Geschmackvoll-gediegen eingerichtet mit umfangreicher Speisekarte. Kanarisch/internationale Küche. Hier werden Fleisch oder Fisch nicht nur auf den Grill gelegt, der Zackenbarsch kommt beispielsweise auch mit Dillsauce auf den Tisch. Überwiegend deutsche Gäste. Sa–Do 13–16 und 19–23 Uhr, Fr Ruhetag. An der Straße nach Puerto Naos, kurz hinter dem Abzweig nach Tazacorte, ✆ 922-461836.

Las Norias, großer Speiseraum und große Terrasse mit Panoramablick, von der aus man beobachten kann, wie die Sonne hinter den Bananenstauden und dann im Meer versinkt – das ist ein Vorteil des Lokals; ein weiterer sind die guten italienischen Gerichte (nicht nur Pizza und Pasta). Angemessene Preise. Kurz hinter dem Restaurant Mariposa auf der linken Straßenseite, ✆ 922-464330.

Fast immer prima Badeklima

Der Südwesten → Karte S. 126

Puerto Naos

1000 Einwohner

Größter Badeort am größten Strand der Westküste – feinsandig ist er, an einigen Stellen auch steinig und schwarz wie überall auf der Insel, hier aber mit Kokospalmen bepflanzt. Und die spenden nicht nur Schatten, sondern lassen bei Wind Südseeflair aufkommen.

Die Promenade mit den Tischen und Stühlen der Bars unter bunt gestreiften Markisen tut ein Übriges, um die Urlaubsstimmung perfekt zu machen. Allerdings ist Puerto Naos nicht unbedingt und überall eine Schönheit. Mehrstöckige Apartmenthäuser unterschiedlicher Stilrichtungen stehen nicht nur an der Promenade, sondern auch an den engen Straßen. Die Südecke wird optisch vom großen Hotel *Sol La Palma* beherrscht. Mit seinen dunklen Fassadenteilen nimmt es jedoch die Farbe der vulkanischen Umgebung auf und passt recht gut in die Landschaft.

Aber auch eine richtig romantische Ecke hat Puerto Naos: den nördlichen Teil des Strandes. Etwas abgegrenzt durch einen großen Felsen, wirkt er wie eine eigene Bucht. Hier liegen Fischerboote am Strand, stehen noch die kleinen Ferienhäuser aus der Zeit vor dem Bauboom.

Puerto Naos, das Urlauberzentrum: Dass auf La Palma alles kleiner ist als auf den großen Nachbarinseln Teneriffa und Gran Canaria, gilt auch für Puerto Naos; gegenüber den Urlaubersilos dort ist es immer noch ein kleiner, ruhiger Badeort. Es gibt noch genügend Platz am Strand, auch wenn am Sonntag und in den Sommerferien die palmerischen Familien kommen. Es ist ruhig und gemächlich, kein marktschreierischer Urlaubsstress mit Angeboten wie Piratenfahrt oder Wasserrutsche, Ponyreiten oder Wasserski – in Puerto Naos muss man seinen Urlaub noch selbst gestalten. Die Kinder spielen über Nationalitätsgrenzen hinweg zusammen im flachen Wasser oder im feinen Sand.

Liegen und Sonnenschirme sind für am Strand zu mieten. Toiletten, Umkleideräume und Süßwasserdusche sind ebenfalls vorhanden (→ Karte, 2). Essen und trinken kann man auf der angrenzenden Promenade.

Basis-Infos

Information Ein Informationskiosk steht auf dem Parkplatz am Ortseingang. Öffnungszeiten: Mo-Fr 10-13 und 14-18 Uhr, Sa/So 10-13 Uhr.

Hin & weg Mit dem Bus der Linie 204 halbstündlich vom zentralen Busbahnhof in Los Llanos nach Puerto Naos (Fahrzeit 20 Min.). Der Bus fährt weiter zum Strand von Charco Verde (Fahrzeit plus 10 Min.). Abfahrtszeiten siehe S. 50.

Autovermietung 6 Drei Anbieter mit vergleichbaren Konditionen.

Bäckerei Zwei deutsche Bäckereien (11, 13) verkaufen Vollkornprodukte, Laugenbrezeln, Torten und Teilchen, die man mit Kaffee auch vor Ort verzehren kann.

Bankautomat Nur ein (äußerlich ramponiertes) Gerät in der Calle M. Duque Camacho, schräg gegenüber der Autovermietung Tamanca.

Internationale Presse bei Souvenir Sati an der Promenade und im SPAR–Markt.

Sport Paragliding: Allein, mit geliehenem oder eigenem Schirm oder huckepack mit erfahrenen Piloten. Zunächst geht es per Auto auf die Steilküste, die Cumbre oder, wenn das Wetter es erlaubt, sogar höher hinauf auf den Birigoyo, dann durch die Luft zurück an den Strand. Anzutreffen sind die Piloten auf der Promenade auf Höhe von Bar/Restaurant Playa Morena, siehe auch S. 79.

La Palma Bike Station 17 Radverleih, geführte Touren, Reparaturservice.

Tauchpartner 3 Bietet Kurse, Gerödelverleih und Tauchgänge, mehr Infos S. 80.

Ocean Kajak Tours (vgl. S. 79) organisiert geführte Kajaktouren. Vom Strand aus geht es an der Küste entlang nach Norden oder Süden. Infos unter ✆ 661-905711 (mobil) und ✆ 922-401493.

Wanderveranstalter Graja Tours, der kleine Veranstalter informiert bei Tauchpartner (s. oben). Natour, der größte Veranstalter, informiert im Laden am nördlichen Ende der Promenade.

Übernachten

Als Badeort verfügt Puerto Naos über ein umfangreiches Zimmer- und Apartmentangebot. Aber nicht alles kann man mieten, denn Puerto Naos ist auch als Wohnort beliebt, und wer es sich leisten kann, verfügt hier über eine Zweitwohnung für die Sommermonate und Wochenenden.

Agentur La Palma Hola 14 Im ersten Haus am Ortseingang. Das Angebot reicht vom einfachen Studio für 25 €/Tag bis zum Luxuspenthouse in der ersten Reihe zum Strand. ✆ 922-408220, www.lapalmahola.de.

**** Hotel Sol La Palma 15 Diese große Hotelanlage hat alles zu bieten, was man von einem Hotelgiganten erwartet – und noch einiges mehr: Bar, Tanz-/Theatersaal, mehrere Restaurants, Abendprogramm, mehrere Swimmingpools und Außenbar. Große Zimmer, alle mit Bad, TV und Telefon. Nach 25 Betriebsjahren, gibt es aber anderswo schickere ****-Hotels mit mehr Luxus. DZ je nach Saison zwischen 78 und 134 € inkl. Frühstück. Halbpension plus 15 €. Alle großen Reiseveranstalter haben das Hotel im Programm. Punta de Pozo, Puerto Naos, 38760 Los Llanos, ✆ 922-408000, ℻ 922-408014, www.sol-hotels.com.

Apartmentanlage Sol La Palma 15 Die unmittelbar neben dem Hotel gelegene Anlage ist im Stil eines Dorfes gebaut, mit kleinen Gassen und Plätzen. Alle Einrichtungen des Hotels können genutzt werden. Es gibt verschiedene Wohnungstypen von Studio bis Apartment mit zwei separaten Schlafzimmern. Apartment/Studio je nach Saison 54–65 €, Frühstück 8 €/Pers., Halbpension 23 €/Pers., Kinder die Hälfte. Punta de Pozo, Puerto Naos, 38760 Los Llanos, ✆ 922-408000, ℻ 922-408014, www.sol-hotels.com.

Übernachten
1 Ap. Horizonte
4 Ap. Playa Delphin
5 Ap. Los Lajones
9 Ap. Martín
12 Hotel Sol Elite La Palma
15 Ap. Sol La Palma

Essen & Trinken
7 Bar La Nao
8 Rest./Pizzeria Scala
10 Rest. Orinoco
12 Sol Elite La Palma
16 Rest. Il Forno
18 Rest. Mambo
19 Rest. China Ming
20 Bangkok

Sonstiges
2 Sonnenschirm- und Liegestuhlvermietung Umkleidekabinen öffentl. Toiletten
3 Tauchpartner
6 Autovermietung
11 Deutscher Bäcker
13 Deutscher Bäcker
14 La Palma Hola
17 La Palma Bike Station

Puerto Naos

Der Südwesten → Karte S. 126

Apartments Playa Delphin **4** Sehr gute Lage in der ersten Reihe zum Strand. Haus mit schön eingerichteten Apartments mit Balkons zum Meer. Preise je nach Größe, Saison und Personenzahl (bis drei Pers.) 35–55 €. Rezeption Mo–Fr 10–13 und 17–19 Uhr. Calle José Guzmán Pérez 1, 38769 Puerto Naos, ✆ 922-408194, ✆ 922-461200, www.playadelphin.com.

Apartments Horizonte **1** In allerbester Lage auf der Steilküste, alle Apartments mit Blick auf Strand und Meer. Eine Treppe führt zum besten Strandabschnitt. Schlafzimmer, Wohn-/Esszimmer mit Küchenzeile sind klein, aber geschickt und schön eingerichtet. SAT-TV. Es gibt Balkone und Terrassen. Je nach Personenzahl und Saison 40–50 €. Vermietung über Tamanca, Calle Mauricio Duque Camacho 46. ✆ 922-408147, ✆ 922-408178, www.tamanca.com.

Apartmenthaus Los Lajones **5** Die 36 Apartments befinden sich in einem halbrunden, modernen Bau, strandfern am nördlichen Rand des Ortes. In der kleinen Außenanlage gibt es einen Swimmingpool. Alle Apartments verfügen über Schlafzimmer, Bad, Wohnraum mit zusätzlicher Schlafcouch, Küchenzeile, Essbereich und Balkon. Die Zimmer sind klein, aber funktional und modern eingerichtet. Bei Nutzung durch 1 oder 2 Pers. 35 €, bei mehr Pers. (Schlafsofa) 36 €. Reservierung im Gebäude selbst oder bei Tamanca, Calle Mauricio Duque Camacho 46, ✆ 922-408147. Los Lajones 4, ✆ 922-401067 und 922-462610, ✆ 922-408178, www.tamanca.com.

Apartments Martín **9** Das Haus Martín war 1973 das erste am Platz, inzwischen sind komfortablere Apartmenthäuser hinzugekommen. Immerhin liegt es direkt an der Uferpromenade. In 17 Studios drängen sich Küchenzeile, zwei Betten und eine Schlafcouch. Jedes Studio hat ein Bad und einen Balkon. Kürzlich wurde renoviert. In den drei Apartments gibt es ein zusätzliches Schlafzimmer für 2 Pers. Preis 35 € pro Wohneinheit. Calle Juana Tabares, ✆ 922-408046, www.lapalma-apartmrnts.de

In der Umgebung **Ap. La Muralla**, kleine, hübsche Anlage mit elf Einheiten in guter Lage an der Landstraße oberhalb von Puerto Naos. Die gesamte Anlage wurde kürzlich renoviert, die Apartments neu und ansprechend eingerichtet. Zu jedem Apartment gehört eine Terrasse, für alle gemeinsam gibt es einen Garten mit Pool und Liegeterrassen mit schönem Blick auf Puerto Naos. Für 2–4 Pers. je nach Saison 40–58 €. Carretera Puerto Naos, ✆ 922-408300 und 669-887576 (mobil), 📠 922-460384, www.apartamentoslamuralla.com/web.

Bungalow Miramar, attraktive, ruhige Lage auf der Steilküste. Hier sitzen Sie beim Sonnenuntergang immer in der ersten Reihe; mit dem Wagen ca. 5 Min. zum Strand. Apartment für 2 Pers. je nach Saison 33–39 €. ✆/📠 922-403075, www.miramarparadies.de.

Ap. Margarita, schlichtes Haus mit acht einfachen Studios, in origineller Alleinlage in der Nebenbucht nach Süden. Garten und Terrasse mit Liegestühlen. Die Bucht ist felsig und somit kein idealer Badeplatz, hat aber einen Ministrand, zu dem Stufen hinunterführen. Reservierung über *Contacto* in Los Llanos. Einheitspreis 38 € pro Tag. ✆ 922-463204, 📠 922-461266, www.lapalma.de.

Essen & Trinken/Nachtleben

→ Karte S. 149

Kanarische Küche bieten die wenigsten Restaurants. Die Auflistung unten erfolgt nach der Lage zum Ortseingang.

China Ming 19 Auch Puerto Naos hat seinen Chinesen, und es steht sogar ein echter in der Küche. Dass er sein Handwerk zudem sehr gut beherrscht, freut alle, die sich die gebratene Ente oder vegetarische Gerichte bestellt haben. Sehr günstige Preise. Tägl.13–24 Uhr. Calle Cruz Roja 1.

bangkok 20 Das Restaurant mit Thai-Küche hat schnell seine Fans dieser leichten asiatischen Küche gefunden. Besonders lecker soll die Hühnersuppe mit Kokosmilch sein. Auch hier gibt es vegetarische Gerichte. Günstige Preise. Tägl. 13–23 Uhr. Calle Cruz Roja 3

Mambo 18 Eine kanarisch-kubanische Koproduktion. Hübsch und solide eingerichtetes Restaurant mit großer Terrasse. Kanarisch-internationale Küche, sehr freundliche Bedienung, angemessene Preise. Calle Cruz Roja 5.

Il Forno 16 Der jüngste Italiener am Platz macht dank seiner großen Terrasse seinen Landsleuten im Ort mächtig Konkurrenz. Pizza und Pasta gibt es wie zu Hause. Calle Cruz Roja 5.

La Scala 8 Der zweite Italiener, ohne Terrasse, trotzdem immer gut besucht. Das mag an der unschlagbar guten Pizza liegen oder an dem freundlichen Service oder an den ausgefallenen Gerichten, die sich der Koch einfallen lässt. Lage siehe Plan.

Orinoco 10 Schlichtes Lokal im Halbkeller, einfache Einrichtung und trotzdem immer brechend voll. Hier gibt es eine große Auswahl an kanarischer Küche, große Portionen und niedrige Preise. Nicht unbedingt ein Feinschmeckerlokal, aber der Besitzer sorgt für gute Stimmung, an manchen Tagen mit palmerischen Musikeinlagen. Sehr beliebt bei Einheimischen wie Urlaubern. Lage siehe Plan.

La Nao 7 Im südlichen Promenadenbereich. Das Traditionslokal ist Bar und Restaurant mit Terrasse in einem. Direkt am Strand schmecken Bier ebenso wie die Tapas. Die Bar hat die beste Auswahl an Tapas aus Meeresfrüchten und verschiedene Fischsalate. Mo Ruhetag. Av. Maritima.

Restaurant Hotel Sol Elite La Palma 12 Zweimal täglich serviert das Restaurant ein reichhaltiges Büfett, an dem man sich zum Einheitspreis von 15 € (ohne Getränke) satt essen kann, inklusive Eis oder Torten. An wechselnden Wochentagen steht der Speisezettel unter einem speziellen Motto. Büfett Tägl.13–15.30 und 18–21.30 Uhr.

Nachtleben Das bunte Programm oder der Folklorefreitagabend im **Hotel Sol Elite La Palma** 12 gehören zu den wenigen Alternativen zum Strandspaziergang oder dem Plausch in einer Bar oder Kneipe.

Das einzige **Nachtlokal** finden Sie unter dem Restaurant Scala. Es hat häufig wechselnde Besitzer und Namen und bleibt auch schon mal eine Saison geschlossen. Wenn überhaupt, geht nur am Wochenende zu sehr später bzw. früher Stunde die Post ab.

Baden und Strandsiedlungen: Von Puerto Naos nach Süden

Playa de las Monjas: Ausgerechnet „Strand der Nonnen" heißt der einzige *FKK-Strand* der Insel. Er liegt in einer schönen, kleinen Bucht. Leider hat ein Sturm 2012 den Strand weggerissen, ob und wann er wieder aufgespült wird ist unklar. Mit dem Auto der an Puerto Naos vorbeiführenden Straße LP 213 folgen, bei Km 11 biegt eine Schotterpiste zur Playa ab.

Wilde Strandsiedlungen vor dem Abriss für den Umweltschutz?

Es ist noch gar nicht so lange her, da wurden Baugenehmigungen nicht so ernst genommen, Hauptsache, niemand beschwerte sich. So entstanden über Jahrzehnte an den Stränden Häuschen aus allem, was so zur Verfügung stand: Treibholz, hier und da auch mit einem Sack Zement und Hohlblocksteinen. Zunächst nur für die Utensilien der Angler und Fischer, dann für die Strandfiesta und das Wochenende. Später wurden sie richtig ausgebaut für die Sommerferien oder gar als fester Wohnsitz. Weil diese Siedlungen so beliebt waren, eröffneten kleine Kneipen und Kioske und bereiteten den eben gefangenen Fisch zu. Und weil die so urig waren, kamen auch die Urlauber gern hierher.

Das hat auf La Palma viele Jahre niemanden gestört. Auch die Strände von *Puerto Naos* und *Charco Verde* waren mit solchen Sommerhaussiedlungen bebaut. Als die Strände für den Tourismus ausgebaut wurden, gab es keine großen Proteste, als diese vielleicht nicht schönen, aber doch liebenswerten Häuschen entfernt wurden. Kaum jemand machte sich Gedanken über ein 1988 verabschiedetes Küstenschutzgesetz, das außerhalb von „Urbanisationen" (als solche deklarierte Orte) die Uferzone bis 100 m vom Meer zum Staatsbesitz erklärte und die Bebauung – egal wie alt – zum Schutz des Meeres für den Abriss frei gab.

Auf den Kanaren hatte die nationale Küstenbehörde die wilden Strandsiedlungen entdeckt und ihren Abriss in Gang gesetzt. Fast ohne Gegenwehr wurde eine der größten Strandsiedlungen, *Playa Nueva/Los Guirres*, abgeräumt. Doch seit 2008 hat sich die Situation geändert: Die Menschen von *El Remo* und *La Bombilla* organisierten sich und kämpften mit Ein- und Widersprüchen um ihre Siedlung. Währenddessen schoben Bagger und Radlader die sehr beliebten Kioske von *Playa del Faro* und *Punta Larga* (beide bei Fuencaliente) zur Seite. Allgemeine Empörung löste die Mitteilung aus, nun seien auch die Häuser in der *Schmugglerbucht* (Cueva Candelaria) und an der *Playa Veta*, beide bei Tijarafe, ins Visier der Küstenschützer geraten.

Gegen Küstenschutz hat sicher niemand etwas einzuwenden. Aber die Frage, die viele sich stellen, ist: In welcher Weise schädigen kleine Strandkneipen die Küste, nicht aber große Hotels? Es mutet schon nach zweierlei Maß an, wenn fast zeitgleich der Abriss eines Kioskes und der Bau einer Hotelanlage (La Palma Princess) beschlossen werden – beide am selben Küstenabschnitt, beide im gleichen Abstand zur Küste. Für einige Strandsiedlungen deuten sich inzwischen Kompromisse an, für andere nicht. Vielleicht stehen gerade sie neuen, größeren Projekten im Weg ...

In El Remo Kioskos sitzt man immer in der 1. Reihe

Playa de Charco Verde: Der „Grüne-Tümpel-Strand", eine große, schöne, feinsandige Badebucht mit Duschen und Holzstegen, liegt ein wenig weiter südlich und ist nicht zu verfehlen – die Landstraße beschreibt einen großen Bogen um sie herum. Oben auf der Steilküste eine Mini-Apartmentanlage. Ein Kiosko mit kleiner Terrasse bietet Getränke und kleine, gute Gerichte an.

Playa El Remo: Am südlichen Ende der Landstraße liegt der für Mitteleuropäer merkwürdigste Uferabschnitt. Zum Baden steigt man am südlichen Ortsrand über Leitern ins Meer. Seltsam in der langen, steinigen Bucht sind die verstreuten Gebäude, zum Teil einfache, oft aber nett dekorierte Plattenbuden mit Minigarten und Pergola davor, zum Teil Hütten aus Strandgut, einige halbfertige Häuser aus Hohlblocksteinen, dann wieder ein fertiges, hübsches Haus. Hier wohnen nicht die Armen der Insel, hier haben sich Palmeros Sommer- und Wochenendhäuser gebaut. Einige wenige wohnen auch ständig hier. Im Sommer, wenn die Kinder Ferien haben, sind alle Häuser bewohnt. Dann ziehen die Besitzer mit ihren Familien hinunter an den Strand, dann ist Leben in El Remo. Schrebergartenidylle auf Kanarisch.

Essen & Trinken El Remo hat drei urige **Strandkioske**. Auf den einfachen Terrassen gibt es Fischgerichte, immer mit *Papas arrugadas* und Salat. Schmackhaft, aber mit 10–12,50 € keineswegs preiswerter als in einem Restaurant in Puerto Naos; doch die Atmosphäre ist eine andere, und nur das Meer liegt zwischen Teller und Sonnenuntergang. Die Kioske wechseln sich mit den Ruhetagen ab.

Kiosko 7 islas, der erste und gleichzeitig der hübscheste und gepflegteste Platz zum Essen. Aber auch die Kioskos **Arterure** und **Calamaris**, am Strandende, haben ihre Fans.

Von Puerto Naos nach Norden

Um die folgenden Strände zu erreichen, nimmt man, von oben kommend, vor dem Ortseingang von Puerto Naos die links in die Bananenplantagen abbiegende Straße.

La Bombilla: Dieser Strand ist der Playa El Remo (siehe oben) so ähnlich, dass sich eine Beschreibung erübrigt; Sie erreichen La Bombilla, wenn Sie Puerto Naos in nördlicher Richtung verlassen und nach der ersten Rechtskurve die nach links abbiegende Straße nehmen – Hinweisschild Kiosko Varadero –, dann geht es ganz eng weiter nach links unten. Noch stehen die Häuser von La Bombilla (Anfang 2012), nur der herrliche Kiosko Cocomar wurde von den Winterstürmen weggespült und dürfte wohl nicht mehr aufgebaut werden. Die Anwohner kämpfen mit Einsprüchen gegen den Abriss.

Essen & Trinken Bombilla bietet zwei, allerdings sehr unterschiedliche Möglichkeiten, sich zu stärken.

Kiosko Varadero, ausgeschildert; der Nachbarschaftsclub liegt etwas im Hintergrund, bietet dafür aber unverfälschtes Ambiente (Plastikdecke und Neonlicht). Große Karte mit vielen Tapas und preiswerten kanarischen Gerichten. Tägl. 11–23 Uhr.

Kiosko Las Lajas, ganz am Ende von La Bombilla findet sich eine palmerisch-thailändische Koproduktion. Das Lokal ist einfach, es gibt eine Terrasse und eine zweite direkt am Meer – die allerdings so manches Mal von Meer entführt wird. Neben palmerisch-schlichten Gerichten gibt es hier auch Raffiniertes aus der Thaiküche. 11–23 Uhr, Di Ruhetag.

Playa Nueva/Los Guirres: Dieser Strand gehörte bei den Einheimischen im Sommer zu den beliebtesten Badeplätzen. Der Sand ist fein und man kann ohne störende Steine und Felsen ins Wasser gehen. Im Winter ist der Sand größtenteils von Steinen bedeckt, zudem ist die Strömung zu stark – da kann man zwar entspannt aufs Meer schauen, aber nicht baden. An der Playa Nueva gab es bis 2008 eine Strandhaussiedlung, sie wurde als Erste komplett geräumt (→ Kastentext). Gebaut wurde seither eine knapp 1 km lange, sehr gelungene Küstenpromenade, die noch oberhalb eines wilden Strandes endet. Es ist daran gedacht, sie bis Bombilla weiterzubauen. Ein überdachter Platz sollte als Kiosko dienen, stattdessen steht ein einfacher Stand davor und bietet zumindest von Mitte Juni bis September Getränke und leckere kleine Gerichte an.

An der Abfahrt nach La Bombilla vorbeifahren, dann vor der Bananenpackstation (größeres Gebäude links an der Straße) nach rechts abbiegen und dem Straßenverlauf folgen. An einer überdachten Bananenpackstation vorbei geht es bis zum Parkplatz.

Der Südwesten → Karte S. 126

Kiosko in der besten Lage von La Bombilla

Tazacorte

5800 Einwohner

Der sonnensicherste Ort der Insel liegt am Ausgang des fruchtbaren Aridane-Tals inmitten der größten und ertragreichsten Plantagen. Vom Ort geht man keine 30 Minuten zum Hafen und Strand. In der Bucht reihen sich die beliebten Fischrestaurants.

Tazacorte ist eine eher kleine Gemeinde, doch in der Geschichte La Palmas spielte der Ort mehrfach eine besondere Rolle. Unmittelbar nach der Eroberung der Insel begannen die neuen Herren mit Zuckerrohranbau. Ein Erbe aus den Anfangszeiten Tazacortes sind die erhaltenen Herrenhäuser der Zucker- und Handelsdynastien von Sotomayor, Monteverde, Massieu und Van Dale. Da die Familien untereinander Heiratspolitik betrieben und darauf achteten, das allenfalls andere Adels- oder Handelsfamilien in ihren Kreis fanden, gibt es kaum ein Familienmitglied ohne einen dieser Namen. Und selbst nach 500 Jahren spielen die Nachkommen als Plantagenbesitzer immer noch eine große Rolle in der Gemeinde – neuerdings auch als Hoteliers.

Ein paar Daten zur Ortsgeschichte: 1442 landete am Strand von Tazacorte *Guillén de Peraza*, der mit seinem Eroberungsversuch der Insel scheiterte; 1492 versuchte es *Alonso de Lugo* erneut – mit Erfolg: Im Heerlager in Tazacorte wurde ein knappes Jahr später der Sieg gefeiert. Unverzüglich teilten die Sieger Land und Wasser unter sich auf. Tazacorte, Argual und die Caldera de Taburiente waren die Filetstücke: wasserreich die Caldera de Taburiente, wärmer und ebener als anderswo die Landstriche um Tazacorte. Sie eigneten sich hervorragend für den Anbau und die Herstellung des damals kostbaren Zuckers.

An die Anfangszeiten der spanischen Besiedlung erinnern nicht nur Tazacortes historische Bauten, sondern auch die immer noch volkstümlich-scherzhafte Bezeichnung für die Bürger von Tazacorte: *Baganates* (Zuckerrohre). Das Zuckerrohr wurde von den Bananenstauden abgelöst, die noch heute den Ort umgeben.

Tazacorte ist heute ein hübsches, geschlossenes Örtchen mit vielen schmalen, autofreien Gassen, die sich steil den Berg hinaufziehen; irgendjemanden haben sie wohl an den Montmartre erinnert, denn ein Beiname von Tazacorte ist „Paris chiquito“ – Klein-Paris.

Die Menschen nutzen das beständig warme Klima, wann immer es geht: Auf der geschmackvollen Promenade findet Abend für Abend die „Vuelta“ statt, Bummel mit Austausch von Klatsch. Wenn Sie Glück haben, spielt gerade dann La Palmas einzige Mariachi-Kapelle auf.

Information Das **Informations- und Kunsthandwerkerzentrum** findet sich im Eckgebäude gleich oberhalb der Plaza España. Mo–Fr 9.30 -12.30 und 16–18.30 Uhr.

Hin & weg Der **Bus** der Linie 207 fährt stündlich zwischen 6.45 und 23 .45 Uhr die Route Los Llanos–Tazacorte–Puerto de Tazacorte; zwischen 7 und 0.00 Uhr geht es zurück.

Mit dem **Auto** nehmen Sie ab Los Llanos die LP 2, die über Tazacorte nach Puerto de Tazacorte führt.

Einkaufen Mehrere Supermärkte an der Plaza El Morro.

Schmuck gibt es im **Atelier Volcán verde**; hier können Sie bei der Anfertigung von Vulkan- und Silberschmuck zuschauen, die Ausstellung genießen und natürlich auch ein schönes Stück erstehen. Calle Angel, hinter der Plaza España.

Übernachten **Apartamentos Atlantis**, im Haus oberhalb vom Ortszentrum gibt es sechs Studios und 17 geschmackvoll ein-

Beobachtungsposten an der Plaza El Morro

gerichtete, verschieden große Apartments, eine Dachterrasse und Garten mit Pool. Alle Einheiten sind gut ausgestattet, u. a. mit Waschmaschine, alle haben einen Balkon. Mehr als die Hälfte der Apartments liegen zum ruhigen Garten. Die Anlage wird von Deutschen geführt. Preise: 25 € für ein Studio, 30 € für Apartments mit einem Schlafzimmer, 40 € mit zwei Schlafzimmern. Calle Mariano Benlliure 14, ✆ /℻ 922-406146, ✆ 660-43451 (mobil), www.atlantis-lapalma.com.

Hacienda de Abajo, ohne Sterne, denn dieses Hotel sprengt alle Standards: Als erstes Hotel wurde es in die neue Kategorie „Hotel im historischen Stil der Kanaren" aufgenommen. Grundstock war die im 17. Jh. erbaute ehemalige *Casa Principal* auf dem Landgut der Familie Sotomayor Topete Massieu Vandale. Ihre Nachkommen sind nach wie vor Besitzer des Anwesens und die Initiatoren des Hotels. Die restaurierte Casa bildet heute das Haupthaus, um das sich die einstigen Nebengebäude sowie Neubauten im historischen Stil gruppieren. Die Ausstattung der Zimmer, Suiten und aller Gesellschaftsräume übertrifft die jedes Paradors oder Schlosshotels. Fast jedes Möbelstück ist eine Antiquität, hinzu kommen wertvolle Bilder, Statuen, Gobelins und Porzellan. Insgesamt befinden sich 1200 Kunstwerke in den Räumen des Hotels. Selbstverständlich verfügt das Haus allen Zimmern über jeglichen modernen Komfort, SPA-Bereich, Garten, Terrassen, Bars und ein Restaurant, das ebenfalls edel ausgestattet ist. Man muss hier nicht übernachten, um einen Eindruck zu bekommen: Das Restaurant steht allen offen (wenn sie sich ein Essen dort leisten können). Um das Risiko von Schäden gering zu halten, beträgt das Mindestalter der Gäste 18 Jahre. Die Übernachtungspreise liegen natürlich im oberen Bereich, ab 114 € pro Person im Standardzimmer. TUI und Jahn-Reisen werden die Hacienda de Abajo ins Programm nehmen. Miguel de Unamuno 11, ✆ 922-406000, ℻ 922-480894, www.hotelhaciendade abaja.com.

Essen & Trinken In Tazacorte essen gehen, heißt vorrangig zum Hafen und Strand zu fahren und sich dort in passendem Ambiente Fischgerichte schmecken zu lassen. Im Ort selbst gibt es drei Restaurants.

Carpe Diem, im Ortszentrum wird in einem Altstadthaus kreative Küche zelebriert. Auf der Karte stehen viele Vorspeisen, die sich auch zu einer vollständigen Mahlzeit kombinieren lassen (ab 4,80 €). Feine Hauptgerichte wie Lammragout aus dem Ofen ab 13,90 €. Damit es auch nach mehrmaligem Besuch nicht langweilig wird, gibt es eine wechselnde Wochen- und Tageskarte. Mi–So ab 17 Uhr. Calle Nueva 16, ✆ 922-480235.

Der Südwesten → Karte S. 126

La Ventana, mit hellem Speiseraum und einer Terrasse davor. Die Karte verspricht individuelle Küche mit Anleihen aus vielen Ländern. Dazu gehören Spieße in vielen Variationen und Meeresfrüchte orientalisch. Hauptgericht 8,50–15 €. Do–Di 11.30–15 und 19–23 Uhr, Mi Ruhetag. Avenida Felipe Lorenza 1, an der Ecke zur Plaza.

Hotelrestaurant Hacienda de Abajo: Das Restaurant war bei Redaktionsschluss noch nicht eröffnet.

Spaziergang nach Puerto de Tazacorte: Sie können einfach der Landstraße folgen, doch schöner ist der in Wanderung 4 (S. 228) ab WP 9 beschriebene Weg, zumal er die unten beschriebenen Sehenswürdigkeiten passiert.

Sehenswertes

Tazacorte hat gleich mehrere Plazas, die es anzuschauen lohnt. Die *Plaza El Morro* vor dem bonbonfarben gestrichenen Rathaus wurde komplett neu gestaltet. Im Verkehrskreisel kämpft San Miguel, der Ortsheilige, inmitten von Wasserfontänen mit dem Drachen. Seitwärts davon weisen üppige Mosaiken auf einen der renommiertesten Künstler der Insel, *Luis Morena*, als Gestalter der Plaza hin. Von hier aus lohnt es sich, durch die Fußgängerstraße *Calle Nueva* bis zur Promenade zu gehen, auf der man mit Blick auf das blaue Meer spazieren kann.

Über Treppen erreichen Sie die *Kirche San Miguel Archángel* (Erzengel Hl. Michael) und die *Plaza España*. Wunderschön ist der Laubengang. Seine Sitzbänke sind mit farbenfrohen Kacheln geschmückt und von leuchtender Bougainvillea in allen Rottönen umrankt. Hinter der Plaza España finden Sie leicht links versetzt die *Touristinformation*; ein Besuch dort lohnt auch deshalb, weil Sie hier Infos zu den folgenden Sehenswürdigkeiten bekommen. In der *Calle Àngel* direkt oberhalb der Plaza liegt das *Atelier Volcán Verde* mit einer Verkaufsaustellung des hier angefertigten Schmucks.

Unterhalb der Plaza España liegt der älteste Ortsteil *El Charco* mit Herrenhäusern aus dem 16. und 17. Jh.; wenn Sie der gepflasterten Gasse folgen (Ausschilderung „casco historico"), erreichen Sie die hervorragend restaurierte *Casa Massieu-Van Dale-Monteverde-Ponte*, sie wird für wechselnde Ausstellungen genutzt. Gegenüber steht die *Casa Monteverde*, die noch im Privatbesitz der Familie ist. Ein Stückchen die Gasse hinunter, stößt man auf ein weiteres Bauwerk der Familie Monteverde. Eine Tafel informiert darüber, dass hier dereinst 40 Priester die letzte Nacht ihres Lebens verbrachten:

Von Santa Cruz aus stach 1570 ein Schiff in Richtung amerikanische Kolonien in See, an Bord 40 für den Missionsdienst vorgesehene Priester sowie Kirchenschätze. Kurz nach Verlassen des Hafens nahm ein in der Nähe lauerndes Piratenschiff die Verfolgung auf. Den Flüchtenden gelang es mit knapper Not, den rettenden Hafen von Tazacorte zu erreichen, wo die Familie Monteverde ihnen Quartier in ihrem Haus gewährte. Als die Luft rein zu sein schien, gingen die Gottesmänner erneut an Bord. Doch die Piraten hatten sich in der Nähe verborgen und fielen, kaum war das Schiff auf dem offenen Meer, über Boot, Mannschaft und Mönche her und ermordeten alle Missionare (siehe auch unten, Kapelle Nuestra Señora de las Angustias).

An der Wegverzweigung nehmen Sie den Weg nach links und passieren dabei die exklusive Hotelanlage Hacienda de Abajo (s. o.), die sich auf dem Gelände der Casa Prinzipal von Tazacorte ausbreitet, das einstige landwirtschaftliche Anwesen einer der führenden Familien des Ortes. An das Hotel schließt sich die grüne Plaza des Bananenmuseums an.

Museo de Plátano: Der schöne, luftige Bau im kanarischen Stil steht am richtigen Platz – inmitten von Bananenplantagen. Im Museum wird die Geschichte von Tazacorte erzählt, die zunächst eine Geschichte des Zuckerrohranbaus ist. Auch das Leben seiner Einwohner wird dabei nicht ausgespart. Danach erfährt man manches über Bananen, über den Ursprung der Pflanze und ihren Nährwert, über Anbau, Vermarktung und die Versuche, der Marktmacht der lateinamerikanischen Bananen zu widerstehen.
Mo–Fr 12.30-14 und 16–18 Uhr. Eintritt Erw. 2 €, Kinder1 €.

Es geht wieder zurück zur Abzweigung. Sie biegen jetzt links auf den nach unten führenden Weg ein und sehen vor sich schon einen Teil des restaurierten *Aquädukts*, der den Ortsteil und die Plantagen mit Wasser versorgte. Das Wasser wurde durch eine ebenfalls restaurierte Mühle geleitet, ehe es auf den überdachten Waschplatz *Los Lavaderos* gelangt.

Zurück nach Tazacorte gehen Sie an der Mühle entlang nach oben oder folgen dem Weg durch die Bananenplantagen weiter bis Puerto de Tazacorte (s. o., Spaziergang nach Puerto de Tazacorte). 2012 wurde unterwegs an einer Umgehungsstraße gebaut, es ist aber wahrscheinlich, dass der Weg offen bliebt.

Der Südwesten → Karte S. 126

Puerto de Tazacorte

1600 Einwohner

Mild sind die Nächte am bedeutendsten Fischereihafen der Insel. Fischerbootromantik gibt's hier nicht mehr – aus dem kleinen Hafen ist ein größerer mit Yacht-Marina geworden. Auch für die Fischer ist jetzt mehr Platz, ihre Boote liegen an den südlichen Molen.

Der Hafen bietet ein hübsches Bild, und weil man unter dem großen Schattendach des Kioskos gut sitzen, essen, trinken und schauen kann, ist er für Einheimische wie Besucher ein beliebtes Ziel geworden. Doch schauen Sie nicht nur auf die neue Hafenmauer, sondern steigen Sie hinauf und blicken Sie über die Strände und den kleinen, hübsch bunt gestrichenen Ort oder die bunten Boote und weißen Yachten, die an den neuen Pontons schaukeln.

Vom Hafenzugang können Sie über die Strandpromenade entlang zur alten Hafenmauer schlendern. Die parallel verlaufende Straße *Avenida de los Emigrantes* erinnert an die Palmeros, die in den vergangenen Jahrhunderten von diesem Strand aus La Palma in Richtung Kuba und Venezuela verließen. Krisen und Not zwangen sie zu dem Abenteuer, in offenen Booten und dem Passat folgend den Atlantik zu überqueren – „Boatpeople" schon vor Jahrhunderten. Der lange Naturstrand bietet reichlich Platz, allerdings ist die Brandung häufig sehr wuchtig. Die meisten Urlauber wie Einheimische verziehen sich deshalb in die schön angelegte, ruhige Strandbucht, die von der alten, wieder aufgebauten Hafenmauer geschützt wird.

Kurz vor der Strandbucht ist bei Ihrem Besuch vielleicht ja „schon" der Freizeitpark *Parque Atlantico* fertiggestellt – seit 1987 wird hier gebuddelt und gewerkelt. Die

Ausnahmsweise ist es mal stürmisch auf der Promenade

Schwimmbadidee hat man inzwischen aufgegeben, jetzt soll es nur noch ein Park werden. Dahinter, an der gepflegten Promenade und Fußgängerzone, servieren Antonio und seine Konkurrenten ihre Fischgerichte in richtig feinen Pavillons und auf Terrassen. Einheimischen wie Gästen gefällt es, wie der gute Besuch unschwer erkennen lässt. Man kann hier einen unvergleichlich romantischen Sonnenuntergang erleben und dabei gemütlich bei einem Glas kühlem Weißwein sitzen. Wer auf La Palma Fisch essen möchte, sollte zumindest einmal hier gewesen sein ...

Ausflüge: Im Hafen starten Boote zu Rundfahrten und Angeltouren siehe unten.

Übernachten

Ganz individuell, nahe an der Strandbucht sowie mitten im Fischerdorf und deshalb auch mit einheimischen Nachbarn können Sie in folgenden beiden Apartments wohnen:

Ap. Maisonette, in den beiden oberen Stockwerken eines neuen, aber typisch schmalbrüstigen Hauses des Fischerdorfes, in einer Fußgängerzone. Komplett, modern und originell eingerichtet. Neben Küche/Esszimmer, Bad und einem Schlafzimmer in der unteren Etage gibt es oben ein Wohnzimmer mit einer weiteren Schlafgelegenheit sowie eine Dachterrasse. Wegen der Wendeltreppe und der Dachterrasse ist das Apartment nicht für Familien mit kleinen Kindern geeignet. 84 € pro Tag. Calle Trasera 5, ✆/℻ 922-480162, www.la-palma-tourismus.com.

Ap. Piso Taberna, auf der Promenade, keine fünf Schritte vom Strand entfernt, steht das alte kanarische Haus, in dem unten das Restaurant Taberna del Puerto zuhause ist. Die dicken Natursteinwände lassen kaum einen Laut nach oben in dieses gemütliche Apartment dringen. Das Haus wurde stilvoll mit handgearbeiteten Fliesen und Mahagonihölzern restauriert. Unter dem massiven Holzdach ist viel Platz für zwei Personen. Beide Apartments können im Büro Calle Trasera 3 gebucht werden. 100 €/Tag. Plaza Castilla 1, ✆/℻ 922-480162, www.la-palma-tourismus.com.

Ap. Luz y Mar, gegenüber dem Platz, aus dem einmal ein richtiger Atlantik-Park werden soll, aber auch nahe am neuen Strand gelegen. 15 komplett eingerichtete Wohnungen, alle mit Balkon. Tagespreis für 2 Pers. ab 39 €. Reservierung Elke Jahnke Reisen in Berlin, ✆ 030-473997, www.lapalma.de.

Als die Deutschen La Palma kauften ...

Um ehrlich zu sein, ganz zutreffend ist diese Überschrift nicht: Zunächst erwarben Augsburger Händler nur Teile der Insel, später allerdings planten Berliner Politiker den Gesamtkauf – und heute erstehen Bürger aus Ravensburg oder Rosenheim die Insel parzellenweise.

Es ist also eine lange, verwickelte Geschichte, die 1509 mit *Lukas Rem* beginnt. Der Mitbesitzer des Handelshauses der Welser-Familie aus Augsburg, das Konkurrenz-Unternehmen zu den Fuggern, brauchte nur eine Woche, um große Teile des Aridane-Tals aufzukaufen. Protegiert wurde er vom damaligen spanischen König Carlos I., dessen Wahl zum deutschen Kaiser (als Karl V.) das Handelshaus durch Zahlung von Schmiergeldern finanziert hatte. Zuckerrohr wurde auf diesen Ländereien angebaut, ein damals besonders süßes Geschäft.

Doch die Welser waren Händler, keine Bauern. Schon bald verloren sie den Geschmack an diesem „verfluocht land" – bereits vier Jahre später verkauften sie die Plantagen an den Kölner Kaufmann *Johann Byse* und dessen Neffen *Jakob Groenenberg*.

Dieser Jakob muss ein wahres Cleverle gewesen sein. Nicht nur, dass er binnen kurzem seinen Onkel aus dem Geschäft geboxt hatte, ihm gelang auch eine profitable Nutzung der ehemaligen Welser-Güter. In Antwerpen, wo der Kölner ein Kontor unterhielt, kannte man ihn alsbald als „Heer van Canarien".

Der „Heer" zog nach La Palma und übersetzte seinen Namen schlicht ins Spanische: Als *Jakob de Monteverde* ließ er es sich in Tazacorte gut gehen. Noch heute zeugen einige der schönsten Patrizierhäuser in Tazacorte vom Reichtum der Monteverdes und anderer flämischer Dynastien.

400 Jahre später, zweiter Akt, taucht La Palma erneut in deutschen Plänen auf. Wilhelm II., der letzte deutsche Kaiser, suchte nach atlantischen Stützpunkten für die größer werdende Flotte. Und damals wurde allen Ernstes an Madrid die Anfrage gerichtet, ob La Palma nicht zu kaufen wäre. Diese Pläne, waren sie denn jemals realistisch, verschwanden mit Beginn des Ersten Weltkriegs in den Schubladen Berliner Amtsstuben. (Anmerkung aus militärhistorischer Sicht: Noch heute wollen die Gerüchte nicht verstummen, dass im Zweiten Weltkrieg deutsche Unterseeboote heimlich und entgegen der offiziellen Neutralitätspolitik Franco-Spaniens auf den Kanarischen Inseln ausgerüstet worden seien; ein besonderes Kapitel spielt dabei die sagenumwobene „Villa Winter" auf Fuerteventura).

Und der dritte Akt: Heutzutage kaufen deutsche Wohlstandsbürger das Eiland parzellenweise. Deutsche stellen vor Niederländern, Schweizern, Briten und Skandinaviern die größte Ausländergruppe auf La Palma.

Der Südwesten → Karte S. 126

Essen & Trinken

Als Fischereihafen bietet Puerto de Tazacorte eine Vielzahl von Fischrestaurants, in den meisten kann man mit Blick aufs Meer speisen. Einheimische und Urlauber steuern deshalb den Ort gern an. Mehrere Restaurants sind aus früheren Kiosken entstanden und servieren nach wie vor fast ausschließlich schlichte Gerichte, wie den Klassiker gebratener Fisch mit *Papas arrugadas* und Salat. Im Preis ist, wenn in der Karte nicht ausdrücklich anders vermerkt, nur die Fischportion enthalten (2012 waren 9 € üblich), Beilagen kosten extra. Da wird das Essen schon mal teurer als z. B. in Restaurants in Los Llanos. Übrigens, bei Lapas, Napfschnecken, die in Knoblauchsoße gegart werden, sollten Sie zugreifen, die gibt es nicht immer. Unten haben wir nur drei Restaurants aufgeführt, doch auch in den anderen können Sie gut essen.

Playa Mont, an der Uferstraße gegenüber vom Strand, erkennbar am Fahnenwald vor dem Garten. Der eleganteste Kiosko des Ortes, man sitzt ausschließlich draußen. Auch das Ambiente stimmt: gemütliche Holzkabinen, Kachelboden, freundliche Bedienung, gute komplette Gerichte mit ohne Fisch. Fr–Di 12–23, Mi 12–16 Uhr, Do Ruhetag.

Taberna del Puerto, an der Promenade; schön restauriertes altes Haus, in dem man kühl und dennoch mit Meerblick sitzen kann, wenn es draußen auf der großen Terrasse zu warm ist. Umfangreiche Karte mit vielen Gerichten in unterschiedlicher Zubereitung. Auf den ersten Blick etwas teurer, dafür aber alle Speisen mit Beilagen. Sympathisch: Man kann für den kleinen Hunger auch halbe Portionen zum halben Preis bestellen. Große Weinkarte mit einheimischen Produkten und Weinen vom Festland. Tägl. 11.30–22.30 Uhr.

Kiosko Teneguía, der erste der beiden Pavillons vor der alten Hafenmauer. Es gibt hauptsächlich Fisch und Meeresfrüchte und als Beilagen natürlich die obligatorischen Papas arrugadas und Salat. Die Fischauswahl sollte man am Tresen vor der Küche selber treffen. Vielen schmeckt hier der Fisch, mit Knoblauch und Petersilie gebraten, am besten. Auch der grüne Mojo ist hier ausgesprochen gut. Am Wochenende ist es allerdings brechend voll. Tägl. 11–23 Uhr.

Wenn die Steilwand lockt und Sie gutes Schuhwerk tragen, einen Sonnenschutz für den Kopf und eine gefüllte Wasserflasche dabei haben, dann können Sie hinaufsteigen. Der Weg ist mit GRLP 131 ausgeschildert. Bis zu einem attraktiven Aussichtpunkt dauert er 2 Std. hinauf und hinunter – 300 Höhenmeter sind dabei zu überwinden. Schwindelfrei sollten Sie allerdings sein, wenn die Tour Spaß machen soll. Sie beginnt auf der Promenade zwischen den Restaurants Teneguía und Trebol und führt auf einem alten, streckenweise mit groben Steinen gepflasterten Weg in vielen Kehren hinauf. Im unteren Bereich ist der Weg ramponiert und etwas vermüllt, doch sobald Sie etwas Höhe gewonnen haben, wird er zum schönen Camino real mit Aussicht. Gehen Sie bis zu einer ehemaligen Seilbahnstation, von dort haben Sie einen schönen Blick auf die Küste und den Ort. Als Tazacorte noch Frachthafen war, schickte man die Bananenstauden mit der Seilbahn hinunter. Der weitere Weg ist steil, aber wenig schön, deshalb geht es hier wieder hinunter.

Bootsausflüge: Auf einer Insel mitten im Atlantik gehört ein Bootsausflug ins touristische Standardprogramm. Im Hafen von Tazacorte werden Tickets für Schiffsausflüge verkauft. Wenn es Wind, Wellen und Wetter zulassen, gehen mehrfach täglich Boote auf Törns (alle ab Hafen von Tazacorte). Angelaufen wird auf einer Fahrt längs der Steilküste die *Cueva Bonita* –in die hübsche Höhle hineinfahren kann man nur durch zwei Felstunnels, und auch das nur bei ruhigem Wetter und Niedrigwasser. Euphorisch wurde die Bonita schon mit der Blauen Grotte von Capri verglichen, denn bei sinkender Sonne schimmert ihr Wasser tintenblau. Danach geht es zu einem schönen, abgelegenen Sandstrand, mit Badeaufenthalt und zu den Lieblingsgründen der Delfine. Alle Boote respektieren die Meeresschutzzonen und halten sich an den Schutzkodex zur Delfin- und Walbeobachtung.

Katamaran Fancy II, mit Unterwasserfenster zur Beobachtung der Fische und Delfine. Der Katamaran startet zu drei unterschiedlichen Touren, die kleinere von 2½ Std. 3-mal tägl., Fahrpreis 35 €, Kinder 20 €, die große Safaritour am Di, Do und So, Start jeweils 11 Uhr (45 bzw. 25 €) sowie eine Sonnenuntergangstour freitags ab 18.30 Uhr. Getränke und Imbiss sind in allen Touren im Preis enthalten. Vorverkauf im Hafen, Reservierung unter ✆ 609-531376 (mobil).

Bussard, der umgebaute Fischkutter legt 2-mal tägl. mit max. 12 Gästen ab. Um 10 Uhr zu einer vierstündigen Tagestour (45 €), gegen 16 Uhr zur Sonnenuntergangstour (55 €). Getränke und ein Buffet mit warmen und kalten Gerichten ist im Preis der Tagestour enthalten. Am Abend tischt ein Koch ein Sieben-Gänge-Menü auf. Reservierung unter ✆ 672-207184 (mobil), Vorverkauf am Hafen und unter www.bussard.es. Man kann den Kutter auch komplett chartern.

Inia ocean explorer, ein schmales Rennboot für max. 12 Pers., das mit seinen leisen Motoren den Bestimmungen des Naturschutzes gerecht wird. Dieses flache Boot kommt der Natur und ihren Bewohnern näher als andere Boote, dafür muss man aber angeschnallt sitzen und sollte spritzwasserfest gekleidet sein. Die große Tour dauert 2–3 Std. (39 bzw. 25 €), die kleinere dauert 1 Std. (22 bzw. 15 €). Vorverkauf im Hafen, Reservierung unter ✆ 644 161703 (mobil), www.oceanexplorer.es.

Hochseeangeln: Auf die Jagd nach Marlin, einem bis zu fünf Meter langen Schwertfisch, gehen Profis und solche, die es werden wollen, nach vorheriger Reservierung über die Bussard und die Fancy II.

In der Umgebung

Kapelle Nuestra Señora de las Angustias: Das kleine Kirchlein oberhalb des Hafens im Barranco de las Angustias, ein beliebtes Fotomotiv, ist nach der Restaurierung mit EU-Geldern noch schöner geworden. Drinnen ist neben dem schmucken Barockaltar eine Bildhauerarbeit aus Flandern mit dem Erzengel Michael (16. Jh.) sehenswert. Im Altarraum daneben sind Votivgaben in Form von Wachskörperteilen und Schmuck zu sehen. Interessantes ist in die Marmortafel links vom Altarraum gemeißelt: Sie informiert über das Drama, das sich im Juli 1570 vor der Küste La Palmas abspielte (vgl. S. 156). Calvinistische Piraten ermordeten 40 Missionare, die seither als Märtyrer gelten. Teile ihrer sterblichen Überreste werden in der Kapelle als Reliquien verwahrt.

Der Südwesten → Karte S. 126

Blick vom El Time auf die Westküste

Der Nordwesten: Von El Time bis Franceses

Am schönsten ist der Nordwesten ab Januar bis Mitte Februar. Dann ist die Landschaft übersät von einem weiß-rosa Meer – die Mandelbaumblüte verzaubert diesen abwechslungsreichen Landstrich, der in den küstenfernen Gebieten mit dichten Kiefernwäldern und sanften Hängen an ein deutsches Mittelgebirge denken lässt.

Überall wogen zarte Mandelblüten. Sechs Monate später sieht man die Alten zusammensitzen, wenn sie mit Hammer oder Stein Mandel für Mandel von der harten Schale befreien. Früher eine Gemeinschaftsarbeit, ein Hochzeitsmarkt gar, zu dem alle freien Arbeitskräfte zusammenkamen. Heute ist diese Arbeit nur noch ein Zeitvertreib für Rentner – sie bringt nicht mehr genug ein, und mancherorts werden die Mandeln nicht einmal mehr geerntet.

Von Los Llanos und Tazacorte windet sich die Straße den *El Time*, die senkrecht abfallende Schluchtwand des Barranco de las Angustias, hinauf. „Time" heißt in der Sprache der Ureinwohner bezeichnenderweise Stirn. Oben angekommen, öffnet sich bei der gleichnamigen Bar einer der schönsten Inselausblicke: unten das Panorama über das sattgrüne Aridane-Tal mit El Paso, Los Llanos und Tazacorte,

Der Nordwesten

nach links der unvergessliche Einblick in die Caldera, rechts der Ausblick auf den offenen blauen Atlantik, und im Hintergrund rahmen die Gebirgskämme der Cumbres das Bild ein.

Hinter „El Time“ verwandelt sich die Landschaft. Der Norden La Palmas wird vom Rücken der Caldera gebildet. Wind und Regen, Quellen und Bäche brauchten Millionen Jahre, um diese Region zu formen. Kaum Ebenen, dafür viele Barrancos, tiefe Schluchten, die den Caldera-Hang zerklüften, überall Steigungen bis hin zur Steilküste, die nur selten etwas Platz für Strände lässt.

Um Mandelbäume, früher der Reichtum des Nordwestens, pflanzen zu können, mussten auf dem steilen Gelände Terrassen angelegt werden. Sie prägen jetzt die Landschaft oberhalb der Straße. Unterhalb, in den tieferen Regionen, sind es in Meeresnähe die unvermeidlichen Bananenplantagen, später säumen Apfelsinen- und Avocadobäume die kurvenreiche Straße. Ab 900 Höhenmetern sind die Hänge grün von den ausgedehnten Pinienwäldern des El Pinar, einem herrlichen, wenig bekannten Wandergebiet. Den Zugang in die Wälder verschafft man sich am leichtesten mit dem Pkw, Wanderer müssten erst einmal 45 Min. bergauf gehen, bevor sie attraktive Wege und Pfade erreichen.

Wanderung 5: Durch die Schluchten des El Pinar – Rundwanderung über der Westküste → S. 231

Versteckt an der Steilküste liegt das alte Schmugglernest

Tijarafe

2700 Einwohner

Von der Durchgangsstraße aus wirkt Tijarafe langweilig – doch das hübsche kanarische Dorf verbirgt sich direkt oberhalb. Eine steingepflasterte Straße führt hinauf.

An respektablen alten Häusern vorbei geht es zum Kirchplatz und zur *Iglesia Virgen de Candelaria.* Als Wallfahrtskapelle wurde sie 1530 erbaut; hier finden Sie schöne Mudéjar-Arbeiten, wie die hölzerne Kassettendecken-Konstruktion. Der wertvollste Schatz aber ist der dreistufige vergoldete Altar, der die gesamte Rückwand des Chorraums einnimmt. Gefertigt wurde er in der ersten Hälfte des 17. Jahrhunderts im Stil des kanarischen Barocks, ein Meisterwerk von Antonio de Orbaran (tägl. 10–13 Uhr).

Im Dorfzentrum wurde in der schönen, alten *Casa Del Maestro* (Calle 18 de Julio) ein *Ethnografisches Museum* eingerichtet. Zeugnisse der vorspanischen Zeit, vor allem Keramiken, lassen sich hier anschauen, denn Tijarafe war auch eine Siedlung der Altkanarier. Vorgestellt werden auch traditionelle Feste wie die *Fiesta del Diablo.* Im früheren Rathaus schräg gegenüber ist eine Ausstellung von Trachten und altem Schmuck zu sehen.

Die aus acht Ortsteilen bestehende Gemeinde bietet noch zwei weitere Besonderheiten: Tijarafe zählt seit alters her zu den Hochburgen der insularen *Lucha canaria*; in mancher Kneipe zeugen Fotos von den einstigen Bedeutung dieses traditionellen Kampfsports. Und am 7. September feiert der Ort die *Fiesta del Diablo,* das „Teufelsfest“. Die Gäste werden von einem Teufel in Menschengestalt erschreckt, der während der ganzen Nacht um die Plaza tanzt und an seinem Körper

versteckte Feuerwerkskörper explodieren lässt. Dabei sollten Sie etwas vorsichtig sein, es kam immer wieder schon zu Verletzungen, auch unter Touristen.

Casa Del Maestro Mo–Fr 8–15 Uhr, Trachtenausstellung Mo–Fr 16–21 Uhr. Eintritt frei.

Einkaufen Supermärkte und der Bioladen Vida Sana in Tijarafe an der Landstraße.

Übernachten Die Gemeinde Tijarafe ist touristisch kaum erschlossen, es gibt hier nur sehr individuelle Übernachtungsmöglichkeiten; Angebote von Landhäusern des „Turismo rural“ S. 58.

Casas Las Palmeras, in einem Palmenhain hat Holger Hansen nicht nur sein Haus, sondern auch zwei Ferienhäuser rustikal mit massiven Holzdecken ausgebaut. Ein ca. 40 m² großes Ferienhaus verfügt über ein Wohnzimmer mit offenem Kamin und Küchenecke sowie ein Schlafzimmer mit Bad. Das zweite Haus ist ein Studio von ca. 20 m² (Raum mit Küche und separatem Bad). Viele Terrassen und ein großer Garten vervollständigen die Anlage. Gestaffelte Preise: 369 € für die erste Woche im Ferienhaus; 240 € für die erste Woche im Studio. Camino El Lomito 4, La Punta de Tijarafe, ✆ 922-491236, www.lapalmaferienhaus.de.

Casa Las Tierras Viejas, die Hanglage garantiert Meerblick, hier ist Platz genug für vier und mehr Personen: Das restaurierte, 110 m² große Bauernhaus im rustikal-kanarischen Stil verfügt über modernen Komfort inkl. Klimaanlage und Pool im Garten der Finca. 440 € pro Woche bei 2 Pers. Vermietung über Karin Pflieger, siehe S. 59.

Essen & Trinken **Cervecería Isla Verde**, an der unscheinbaren Plaza von El Jesus, ca. 2 km südlich. Brauerei mit belgischem Braumeister und Restaurant; gebraut wird ein helles und ein dunkles Bier. Dazu gibt es im schlichten Schankraum und auf der Terrasse Tapas und kleine Gerichte zu günstigen Preisen. Tägl.15–23, Sa/So schon ab 13 Uhr. Die Plaza liegt an der LP 1, ca. 2 km südlich von Tijarafe.

Bodegón San Antonio, an der Hauptstraße. Nett und rustikal eingerichtetes einfaches Restaurant mit Tapas und kleinen Gerichten. Hier kann man auch gut ein zweites Frühstück einnehmen. Palmerisch niedrige Preise. Tägl. 8–22 Uhr.

Restaurant La Muralla, das moderne Haus am Hang bietet mit seinen großen Panoramafenstern bei wechselndem Wetter ein tolles Naturschauspiel. Gute heimische und internationale Küche, auch vegetarische Gerichte; angemessene Preise und guter Service. Di–Sa 12–23, So 12–21 Uhr, Montag Ruhetag. An der LP 1, nördlich von Tijarafe, www.restaurantlamuralla.com.

Ausflug/Baden: Unterhalb von Tijarafe, direkt am Wasser, liegt eine riesige Höhle, die *Cueva Candelaria*, die einmal ein Schmugglernest gewesen sein soll. Heute wird sie ganz harmlos für Wochenendvergnügen genutzt, wie Baden, Angeln und Bootsfahrten. Richtige Wochenendhäuschen sind unter den Felsvorsprüngen entstanden. Um sie wird noch gekämpft, denn das Gesetz zum Schutz der Küsten verlangt, dass auch sie abgerissen werden. Den Weg dort hinunter schafft ein robuster Wagen. Am Ende ist noch ein kurzer Fußmarsch erforderlich. *Poris* – Anlegestellen – werden solche Zugänge ans Meer genannt.

Anfahrt per Pkw: Am nördlichen Ende des Ortskerns, vor einer Rechtskurve, biegt links eine Straße sehr steil nach unten ab, die am „Centro de Salud" vorbeiführt. Sie bleiben auf der Straße, die einige Kurven macht und schmaler wird. An einer Kreuzung mit einem weißen Turm, auf einer ehemaligen Pumpstation, nehmen Sie den mittleren, asphaltierten Weg halblinks hinunter und bleiben immer auf diesem Weg, der an Bananenplantagen vorbei in atemberaubenden Kehren steil hinabführt. Die enge Straße wendet sich nach rechts, ist ab hier nur noch eine Betonpiste und endet als Fahrweg mit Parkmöglichkeit ungefähr 50 m oberhalb des Wassers. Jetzt sind es nur noch wenige Minuten auf einem gepflasterten Weg nach unten, und Sie stehen in der gewaltigen Höhle.

Wenn Sie die Schmugglerhöhle im Rahmen einer längeren Rundwanderung besuchen wollen: Die Beschreibung des Wegverlaufs finden Sie in Wanderung 6 (s. u.).

Wanderung 6: Rundwanderung durch den Barranco Jorado zum Meer und zurück →S. 232

Durchs Land der Dragos und Mandelblüten

Richtung Norden geht es weiter an Mandelbaumterrassen vorbei, Barranco reiht sich an Barranco, und alle müssen umfahren werden, das übt die Kurventechnik. Die merkwürdig schmalen und astlosen Pinien oberhalb der Straße sind keine besondere palmerische Spezies, auch nicht Opfer der letzten Waldbrände, sondern Krüppelbäume; sie konnten ihre Äste nicht ausbilden, weil Landwirte die Zweige immer wieder abschneiden, um sie als Einstreu für die Ziegenställe zu nutzen.

Bodega Vega Norte: Die Weinkellerei liegt noch vor Tinizara, dem nächsten Dorf, oberhalb an der Straße. Aus der gesamten Region werden die Trauben hierhergebracht. Acht Weine produziert die Kellerei: leichten weißen und rosé, herben roten und auch geharzten Wein – *Vino de Tea*. Er reift in Fässern aus dem harzreichen Kernholz der Pinie. Besonders stolz ist man auf den weißen *Albillo*. Er wird aus einer Traube gekeltert, die erst seit wenigen Jahren wieder auf La Palma angepflanzt wird. Sie können direkt neben der Kellerei probieren und kaufen. Der kleine Laden verkauft auch andere Produkte der Gegend, z. B. Honig, Marmeladen und Mandelgebäck.
Mo–Fr 9–15, Sa 9–13 Uhr, im Winterhalbjahr zusätzlich Mo–Fr 16–18 Uhr.

Gleich daneben befindet Sie die *Casa de Miel*, das Honighaus. Bei unserem Besuch 2012 war es geschlossen, es soll aber wieder eröffnet werden.

Am Rand des Barranco Garome lohnt sich ein Stopp am *Mirador Garome*, einem Aussichtplatz. Gehen Sie auch die Treppen hinunter zur unteren Aussichtsgalerie, sie bietet fantastische Blicke in diese wilde Schlucht.

Direkt gegenüber dem Aussichtsplatz ist die *Zona creativa Hoya de Lance* ausgeschildert. Wer Zeit, Getränke und etwas zum Essen dabei hat, sollte der Ausschilderung folgen. Mehrere Kilometer führt die Straße nach oben, dann ist ein herrlicher Waldrastplatz mit Grillhäuschen und rustikalen Tischen und Bänken erreicht. Die Pinien duften, und außer am Wochenende, wenn die palmerischen Großfamilien hier grillen, hört man nur Vogelgezwitscher und Waldesrauschen. Vom Rand des Plateaus haben Sie einen weiten Blick auf die Westküste. Ein Besucherzentrum informiert über Flora und Fauna der Umgebung, die Sie auf einem ausgeschilderten Pfad *(Sendero autoguiado)* erkunden können.

Vom Mirador Garome ist es nicht weit bis zum nächsten Haltepunkt: Kurz vor Puntagorda sollten Sie nicht versäumen, den Resten der ehemals berühmten *Dragos Gemelos* (Zwillingsdrachenbäume) einen Besuch abzustatten. Einen der Zwillinge hat der Wind umgeworfen, an seiner Stelle stehen neu gepflanzte Jungdragos. Der zweite Drago ist „nur" zur Hälfte abgebrochen, er wird von einer Mauer gestützt, sieht aber auch so noch richtig urzeitlich aus. Trotz dieser Versehrtenliste lohnt ein Besuch, denn von der kleinen, hübschen Anlage aus hat man einen herrlichen Blick in die liebliche Landschaft. Die Dragos stehen links der Straße nach Puntagorda und sind mit einer Natursteineinfriedung versehen. An der Straße gibt es einen Parkplatz.

Drago – der Legendenbaum

Um die wohl bekannteste kanarische Pflanze, den Drachenbaum, ranken sich zahllose Sagen und Mythen. Übernatürliche Kräfte wurden zum Beispiel dem zugeschrieben, der den Saft des Baumes trinkt. Der Saft ist rot und trägt deshalb den passenden Namen „Drachenblut". Heilende Wirkung für Kranke wird ihm nachgesagt – und eine erhaltende für die Toten: Die Guanchen benutzten den Saft zur Mumifizierung.

Doch auch beim Färben von Haaren, Stoffen und Gefäßen fand der Saft Verwendung. Das hätte der Pflanze auch fast den Garaus gemacht, denn die spanischen Eroberer zapften und exportierten die begehrte Flüssigkeit in großen Mengen. Ein Glück für den Drago, dass er schroffe, felsige und damit nur schwer zugängliche Standorte bevorzugt, so blieben genügend Exemplare verschont.

Dracaena draco, kurz Drago (Drache), ist die korrekte Bezeichnung. Der Drago ist eigentlich kein Baum, sondern ein Agavengewächs. Bis zu 20 m hoch kann er werden, der Umfang seines Stammes soll bis zu 14 m betragen. Die Blätter wachsen an den Astenden, sind bis zu 60 cm lang, schmal und spitz zulaufend. Auch hier liegt der Vergleich nahe – Schwerter werden sie genannt. Über das Alter der Dragos gibt es ebenfalls mehr Sagenhaftes als Nachgewiesenes. 3000 Jahre alt soll das größte Exemplar der Kanarischen Inseln in Icod auf Teneriffa sein. Da Agavengewächse keine Jahresringe bilden, ist eine genaue Altersbestimmung unmöglich. Einen vagen Anhaltspunkt bieten die Verzweigungen; denn nach ungefähr 15 Jahren trägt die Pflanze erstmals Früchte und verzweigt sich. Alle weiteren Verzweigungen sollten im gleichen Zeitabstand erfolgen. Leider halten sich die Dragos nicht immer daran – als wollten sie sich der Vermessung und Katalogisierung entziehen.

Vor der letzten Eiszeit war der Drago im gesamten Mittelmeerraum verbreitet. Die Kanarischen Inseln, Madeira und die Kapverden wurden sein Rückzugsgebiet vor der hereinbrechenden Kälte.

Die meisten Dragos stehen auf La Palma in den wohl temperierten Zonen des Nordens und bei Breña Baja im Osten. Die bekanntesten Exemplare der Insel sind die *Dragos Gemelos* (Zwillingsdrachenbäume) etwas südlich von Puntagorda.

Drago in El Tablado

Falls Sie sich einen Drago ins Wohnzimmer holen wollen, graben Sie bitte kein Exemplar aus, denn die Pflanze steht unter Naturschutz. Suchen Sie die samentragenden Früchte. Reif sind sie orangefarben, kugelförmig und haben einen Durchmesser von etwa 1 cm. Trocken und warm gelagert, überstehen sie den Transport. Vor dem Einpflanzen sollten sie in einer wassergefüllten Schale gesäubert werden. Der Pflanztopf braucht eine gute Drainage, und auch später liebt es die Pflanze eher trocken. Etwas Geduld müssen Sie allerdings mitbringen – der Samen keimt frühestens nach vierzig Tagen, es können aber auch schon einmal vier Monate werden.

Puntagorda

1800 Einwohner

Ein ruhiger, idyllischer Ort, dessen Häuser sich weit verstreut auf etlichen Hügeln nach Nordwesten ziehen. Lokalpatrioten behaupten, Puntagorda habe das beste Klima der Insel, denn im Sommer wäre es nicht so heiß wie an der Westküste und im Winter nicht so kalt und feucht wie an der Nordküste.

Es lohnt, hier von der Straße abzubiegen, sonst sieht man vom Ort nur die neue, überdimensionale Tankstelle mit kahlem Rastplatz an der Umgehungsstraße. Die rührigen Stadtväter haben ein modernes Kulturzentrum, eine Bibliothek, ein Mustergut und eine Ausbildungswerkstatt für Jugendliche aufgebaut. Dem idyllischen Flair des Ortes –Ausländer stellen mehr als 10 % – hat das keinen Abbruch getan.

Puntagorda ist bekannt für sein *Mandelblütenfest*. Das Datum wird jedes Jahr nach dem Blütenstand von der Gemeindeverwaltung festgelegt. Wenn Sie im Januar/ Februar auf La Palma sind, sollten Sie danach fragen.

Einkaufen

Mercadillo, einer der zurecht beliebtesten Erzeugermärkte La Palmas und Ausflugsziele im Nordwesten. Nördlich außerhalb des Zentrums, im Ortsteil El Fayal (ausgeschildert), baute die Gemeinde eine reichlich bemessene Markthalle für den Direktverkauf der Bauern und Kunsthandwerker. Großes Angebot an ökologisch angebautem Obst und Gemüse, Brot und sehr guten Kuchen und Torten, dazu gibt's Destilliertes und Eingelegtes. Im hinteren Teil haben sich die örtlichen – überwiegend deutschen – Kunsthandwerker etabliert. Draußen stehen Handwerker und Verkäufer aus anderen Gemeinden. Gleich daneben kann man beim Kaffee über weitere Einkäufe sinnieren. Nur Sa 15–19 und So 11–15 Uhr. ■

Übernachten

Wie nahezu im gesamten Norden kann man in Puntagorda nur auf individuelle Art Urlaub machen.

Finca Garome, 30.000 m² umfasst die Finca mit Wiesen und Obstbaumterrassen. Am Hang liegen drei Häuser, von denen zwei vermietet werden. Beide sind rustikal mit alten Natursteinmauern und Holzbalkendecken ausgebaut und mit allem modernen Komfort. Ein Fleckchen für Romantiker, das Jutta Becker gehört. Preise je nach Größe und Saison 42–59 €. ✆ 922-493470, www. lapalmaferienhaus.de/casasinfonia.html.

Elisabeth und Erich Elmer vermitteln Ferienhäuser und Apartments von hier sesshaften Ausländern. „Das ist etwas für Individualisten und Romantiker", beschreibt Erich Elmer die Häuser, die er im Angebot hat – vom kleinen Apartment für 2 Pers. bis zu 120 m² großen Ferienhäusern, die vier Personen Platz bieten. Mindestmietdauer eine Woche, Preise je nach Größe und Ausstattung für 2 Pers. zwischen 210 und 560 € pro Haus und Woche. Barrio, Camino El Hondito 11, 38789 Puntagorda, ✆ 922-493383, www.lapalmaferien.com.

Pension Mar y Monte, sehr hübsche, kleine Pension mit 5 DZ und zwei Bädern. In einem separaten Haus im Garten kann allein oder in Gemeinschaft gekocht und gegessen werden. Viele Sitzplätze im Garten und auf der Dachterrasse, auf der man auch in Hängematten im wahrsten Sinne des Wortes abhängen kann. Die Pension ist ein guter Ort, um Gleichgesinnte kennenzulernen. Das reichhaltige Frühstück mit selbst gebackenem Brot, Obst und Avocados ist im Übernachtungspreis enthalten. Wir bekamen viele positive

Der Nordwesten → Karte S. 165

Leserberichte. 2 Pers. im DZ zahlen 52 €, bei Einzelbelegung 35 €. Calle Virgen del Pino 7, 38789 Puntagorda, ✆/☏ 922-493067, www.la-palma-marymonte.de.

Turismo rural Auch in Puntagorda kann man Häuser von „Turismo rural" mieten. Reservierung über die Agenturen auf S. 58.

Zelten/einfache Hütten **Centro de Naturaleza La Rosa**, rechts, oberhalb der Straße, etwas nördlich vom Ortszentrum hat die Umweltgruppe des Inselnordens, „Aire libre" ihren Sitz (ausgeschildert). Um ein renoviertes Bauernhaus mit den Büros sind ein Zeltplatz, Kochhaus, Freiluftduschen (das Wasser wird mit Solarzellen erhitzt) und Komposttoiletten sowie ein überdachter Picknickplatz entstanden. Anmeldung auch vor Ort im Büro: Mo–Fr 9–12 und 18–20 Uhr. Wer kein Zelt dabei hat, kann für 10 € Grundpreis eine einfache Holzhütte (für max. 4 Pers.) mieten, pro Person kommen dann noch 10 € hinzu. Übernachten im eigenen Zelt kostet ebenfalls 5 €/Pers., Kinder 3 €. Mehr Infos: ✆ 922-493306, www.airelibrelapalma.org. ■

Essen & Trinken

››› Mein Tipp: **Pino de la Virgen**, rustikales Lokal, in dem häufig Familienfeste gefeiert werden, das zeigt schon der große Speiseraum mit seinen langen Tischen und Bänken. Schöner sitzt man aber im Innenhof. Unter Bougainvillearanken oder dem großen Orangenbaum kann man die typische kräftige Küche der Gegend probieren, z. B. deftige Suppen (2,50–3,50 €). Nach einem Teller *Sopa de Garbanzas* (Kichererbsensuppe) oder *Rancho Canario* (Gemüseeintopf) sind Sie wahrscheinlich schon satt. Hier gibt es auch geschmorte *Cabrita* (Zicklein, nur von Okt. bis April) oder *Conejo en salsa* (Kaninchen). Fleischgerichte 6–12 €. Tägl. 12–23 Uhr. Calle Virgen del Pino 6. ‹‹‹

La Brasa, im nördlichen Teil des Dorfes, nahe der Casa de la Cultura. Aus dem Innenhof wurde leider ein wartesaalähnlicher Speiseraum. Den palmerischen Familien, die vorzugsweise am Sonntagmittag hier einkehren, ist das recht. Sie kommen, um Fleisch von der „Brasa", vom offenen Holzkohlegrill, zu genießen. Große Portionen gibt es ab 7 €. Nur am Wochenende geöffnet. Camino de Pinar.

Sehenswertes in der Umgebung

Miradores und Refugios: Die Landschaft um Puntagorda ist besonders reizvoll, grün und hügelig – nur wenige Kilometer weiter nach Norden oder Süden zeigt sie sich eher rau und wild. Die Umgebung von Puntagorda ist deshalb an Wochenenden ein beliebtes Ausflugsziel der Städter aus Los Llanos. Gemeinde und Inselverwaltung haben mehrere *Refugios* (Rastplätze) eingerichtet, auf denen man grillen kann, einer davon liegt in El Fayal, gegenüber dem Mercadillo. Von dort aus kann man einen markierten etwa einstündigen Rundweg *(Sendero autoguiado)* gehen. Mehrere *Miradores* (Aussichtsplätze) bieten weite Blicke über Wälder, Küste und Meer. Alle sind mit rustikalen Holzschildern ausgeschildert, z. B. *Mirador de Miraflores* oberhalb des Restaurants Pino de la Virgen oder *Mirador de los Matos* (ausgeschildert), der einen hinreißenden Blick auf die Steilküste bietet. Der Aussichtsplatz thront unübersehbar auf einem Hügel, den man allerdings noch erklimmen muss.

Kirche und Ruine des Bischofssitzes San Mauro: Das alte Puntagorda entwickelte sich im 17. Jh. unterhalb des jetzigen Ortskerns rund um die Kirche San Mauro. Bis vor wenigen Jahren standen dort nur noch Ruinen. Seit 2003 erstrahlt die Kirche in altem Glanz. Vom ehemaligen Haus des Bischofs sind einige Mauerteile eingesunken. Durch die Lücken lässt sich sehr schön die innere Hausanlage betrachten, aber Vorsicht: keinesfalls betreten! Wunderschön macht sich der alte Holzbalkon vor den hohen, schlanken Palmen. Sie können San Mauro mit dem Pkw erreichen, siehe unten „Puerto/Anfahrt".

Ausflug und Baden in der Umgebung

Puerto: Obwohl von Steilküsten umgeben, hat Puntagorda einen alten Hafen – Sie finden ihn an der wildromantischen Steilküste, zu der Sie allerdings erst absteigen müssen. Keine großen Kaianlagen erwartet Sie unten, sondern ein Platz, an dem die Boote in grandioser Umgebung zu Wasser gelassen werden. Vorsicht, vor allem mit Kindern! Kräftige Wellen können sogar Erwachsene ins Meer ziehen.

Anfahrt: Sie fahren vom nördlichen Ortsteil an der großen Pinie vorbei bis zum Restaurant Pino de la Virgen und biegen hinter dem Restaurant nach rechts. Bis zum Staubecken nur noch der Straße folgen, vor dem Staubecken nach rechts und dann gleich links (ein Abstecher geradeaus führt zur Kirche und Ruine von San Mauro, s. o.). Es geht jetzt die Küstenstraße entlang. Nach rund 3 km gabelt sich die Straße, nun scharf rechts dem blauen Pfeil an der Leitplanke folgen. Bei einem kleinen Schrein auf der rechten Seite einer Linkskurve sollten Sie stoppen. Von hier haben Sie einen unglaublichen Blick auf die Steilküste und die vor gelagerte Felsengruppen. Kurze Zeit später endet die Straße. Jetzt kommt man nur noch zu Fuß weiter: die steile, gewundene Treppe hinunter, an kleinen Hütten vorbei, in denen die Einheimischen ihre Geräte verwahren.

Wanderung 7:
Auf dem Mandelblütenrundweg bei Puntagorda und Las Tricias S. 235

Selbst an der Steilküste wurde Platz für Höfe geschaffen

Auf einer der schönsten Etappen des Inselrundweges bei Los Gallegos

Rauer Norden

Je weiter Sie nach Norden kommen, desto waldreicher und rauer wird die Landschaft: Barrancos durchschneiden die Pinienhänge, und schroffer fällt die Steilküste ins Meer.

Unterhalb der Waldgrenze wachsen einheimische Tabaibas, Veroden, Sträucher und im Frühjahr wilde Blumen: Lavendel, Mohn, Platterbsen (trotz des nüchternen Namens blühen sie wunderschön, wie dunkelrote Wicken), wilde pinkfarbene Gladiolen und duftende zartgelbe Freesien. Weiden begrünen die Hänge, die einzige nennenswerte Viehwirtschaft der Insel wird hier betrieben. Kühe und Ziegenherden begegnen Ihnen, hier und da auch Schafe.

Der hohe Norden, der die Gemeinden Garafía und Barlovento umfasst, gilt noch immer als eine Gegend, in der sich Fuchs und Hase gute Nacht sagen. Erst vor wenigen Jahren wurde eine durchgehende Asphaltstraße angelegt, die den Norden mit Los Llanos und Santa Cruz verbindet. Immer noch gibt es Flecken an der Nordküste, die nur über unbefestigte, holprige Fahrwege zu erreichen sind. Bei soviel Abgeschiedenheit blieben die Orte unverändert. Tourismus gibt es hier fast nur als „Turismo rural" in restaurierten Bauernhäusern und in einer Pension. Am ruhigen, ländlichen Tourismus möchten die beiden Gemeinden gern teilhaben. Sie bauen deshalb eine entsprechende Infrastruktur auf mit dem Museumspark La Zarza und Minibauernmärkten bei San Antonio del Monte sowie im Freizeitpark La Laguna bei Barlovento (siehe dort).

Für die Weiterfahrt ab Puntagorda gibt es zwei Varianten:

Die *Hauptstrecke* (LP 1) führt oben weiter durch den Wald. Grün ist es hier, felsige, mit Pinien dicht bewachsene Schluchten werden umrundet, und im Januar/Februar wartet hinter (fast) jeder Kurve ein neues Mandelblütenmeer. Eine ausgeschilderte Asphaltstraße führt rechts hinauf zum *Observatorium* auf dem Roque de los Muchachos (→ Caldera, S. 214). In der Bar des *Restaurants Bailador*, kurz hinter der Abfahrt zum Observatorium, mixt man gute, frische Fruchtsäfte. Auf Höhe von Llanos Negro, mit alter Windmühle, biegt die Landstraße (LP 112) nach Santo Domingo de Garafía ab. Die Gegend war bis vor kurzem der einsamste Teil der Insel, herb und fast unberührt. Seit die Straße gut ausgebaut ist, kommen mehr Besucher.

Die *Nebenstrecke* (LP 114): Wen die Reste der Zwillingsdrachenbäume vor Puntagorda auf den Geschmack gebracht haben, und wer jetzt keine halben, sondern ganze Dragos sehen will, der sollte bald hinter Puntagorda nach Las Tricias abbiegen und von dort in Richtung Santo Domingo de Garafía fahren. Hier, in den tiefer liegenden, wärmeren Zonen, fühlt sich der Drago besonders wohl. Diese Straße führt durch schroffe Schluchten und an abgelegenen Höfen vorbei nach Norden.

Vorher aber passieren Sie *Las Tricias*, ein Dorf, dessen große Höfe verstreut an der Straße und auf den Hügeln liegen. In der Ferne in Richtung Meer ragen die Flügel einer *alten Windmühle* in den Himmel und zeigen an, dass hier einmal in großem Umfang Getreide angebaut wurde. Heute liegen die Felder brach und verwandeln sich ab Januar in bunte Frühlingswiesen.

Las Tricias war wie Garafía ein Siedlungszentrum der *Benahoaritas*, der Altkanarier. Einer der schönsten Wanderwege führt von hier an Drachenbäumen vorbei zu ihren ehemaligen *Wohnhöhlen*.

Einkaufen **La Tahona**, gleich hinter der Kirche von Las Tricias wurde ein altes Natursteinhäuschen restauriert. Es beherbergt einen Laden für Kunsthandwerk aus der Umgebung. Im Angebot sind Lederwaren, Keramik und Schmuck. Mo/Di und Do–Sa 10–14, Mi 16–18 Uhr.

Übernachten In dieser Ecke gibt es weder Hotels noch Pensionen, nur Häuser des Turismo rural → S. 58.

Essen zwischen Puntagorda und Garafía **Las Briestas**, an der Landstraße (LP 1) in Richtung Norden, auf Höhe der Abfahrt nach El Castillo. An Sonntagen wird man in diesem Ausflugslokal kaum einen freien Tisch finden, denn dann zieht es die palmerischen Familien hierher. Gegessen wird im großen Speisesaal oder im kleinen, gemütlichen Barraum. Ständig wechselnde Ausstellungen belegen den Kunstsinn der Besitzer. Bestellen kann man hier Typisches: Leber in scharfer roter Soße oder auch *Ropa vieja* (alter Flicken), früher ein Resteessen, heute zu neuen Ehren gekommen, denn viele Gewürze machen die „Reste" pikant. Lecker auch der Flan aus eigener Küche. Suppen und Nachspeisen ab 2,50 €, Fleischgerichte ab 6,50 €. Di Ruhetag.

Restaurants in El Castillo Gutes Essen, Ambiente und Ausblick, aber auch die Anfahrt sollten den Besuch eines der beiden Restaurants von El Castillo zu einem Programmpunkt im Norden machen, für den sich etwas Zeit einzuplanen lohnt. In restaurierten kanarischen Häusern, auf Terrassen oder im Garten mit traumhaftem Blick in die Landschaft können Sie hier speisen.

Anfahrt nach El Castillo: Von den beiden Landstraßen LP 1, auf Höhe La Briestas, oder LP 114, unterhalb von Las Tricias, folgen Sie der Ausschilderung über jeweils rund 3 km durch die Landschaft, bis Sie den Weiler erreichen.

Tasca El Castillo, kleines, persönlich geführtes Restaurant mit kleiner Karte und wechselnden Tagesgerichten. Alles wird mit Zutaten aus der Umgebung frisch zubereitet. Neben Gerichten aus der kanarischen Küche gibt es auch Vegetarisches und sogar für Veganer das Passende. Do–So ab 14 Uhr, ✆ 922-400036.

Azul, was Profikoch Robert in der kleinen Küche zaubert, hat schon viele Stammkunden begeistert. Damit auch Sie diese Auswahl haben, gibt es eine wöchentlich wechselnde Karte mit feinen, deftigen oder vegetarischen Gerichten. Preise bei der Qualität der Küche selbstverständlich über dem Durchschnitt: Reservierung erforderlich! Fr–So und Feiertage 14–22 Uhr. ✆ 922-400660.

Der Nordwesten → Karte S. 165

Gemütliches Plätzchen in Castillo

Wanderung 8: Zu den Wohnhöhlen der Benahoaritas → S. 238

Garafía

1900 Einwohner

Eingezwängt von mächtigen Schluchten, ist Santo Domingo de Garafía mit seinen elf Weilern die „letzte Ecke" im rauen Nordwesten.

Länger als 400 Jahre mussten die Bergbauern der Gemeinde um ihr Recht kämpfen. Im Jahr 1576 hatte *Philipp II.* das Land den Bauern gegen die Abgabe des fünften Teils der Ernte, des *Quinto real*, überantwortet. Lange Auseinandersetzungen waren nötig – zwischenzeitlich nahm die Gemeinde den Fünften ein –, bis die *Quinteros*, die mittlerweile eine Kooperative gegründet hatten, 1987 in einem Vertrag mit der kanarischen Regierung ihr Land endlich abgabenfrei zugesprochen bekamen.

Das Zentrum von Santo Domingo de Garafía gruppiert sich um die Plaza mit Namen *Baltasar Martin*. Dem palmerischen Volkshelden aus Garafía gelang es vor mehr als 450 Jahren samt seiner mit Sensen und Dreschflegeln bewaffneten Bauerntruppe, brandschatzende Piraten aus Santa Cruz zu vertreiben. Er aber konnte seinen Triumph nicht auskosten – ein Mönch, der ihn für einen Piraten hielt, erschlug den Erschöpften nach dem Kampf.

An der Plaza, wo es sich lohnt, die gut restaurierte Kirche *Virgen de la Luz* (1552) anzuschauen, stehen einige zweistöckige Gebäude. Zwei davon beherbergen eine Bar mit Tischen und Stühlen auf der Plaza und geben dem Ort ein fast städtisches Aussehen. Doch gleich dahinter gibt es nur noch ein paar Gassen, und Garafía ist wieder so ländlich wie seine Umgebung.

Centro de Interpretación Ethnográfica (Volkskundemuseum): Auch Garafía war ein Wohngebiet der *Benahoaritas*, der vorspanischen Bewohner La Palmas. Im angrenzenden Barranco de la Luz sieht man noch viele ihrer Wohnhöhlen, heute meist Ziegenställe. Unterhalb des Ortes fand man zahlreiche Petroglyphen (siehe Kastentext unten). Das Museum stellt die Geschichte der Gegend rund um den Ort vor, angefangen bei den vorspanischen Bewohnern bis heutige. Ein Bereich ist den traditionellen Fiestas gewidmet.

Volkskundemuseum Normalerweise Mo–Fr 11–13 Uhr, aber häufig geschlossen. Im Gebäude der Bibliothek an der Abfahrt zur LP 1.

Übernachten Im Ort gibt es außer den Häusern des Turismo rural keine Möglichkeiten. Das Angebot an Ferienhäusern finden Sie bei den Agenturen auf S. 58.

Essen **Bernegal**, mit diesem Restaurant am südlichen Ortsende kann Garafía mit einem der guten Gastronomiebetriebe der Insel aufwarten. Im altkanarischen Haus, die Räume gruppieren sich um einen Innenhof, überzeugt die Küche: Spezialitäten der Insel *(Sopa de Berros*, Brunnenkressesuppe oder kanarische Eintöpfe) sind ebenso zu empfehlen wie Vegetarisches oder Fleischgerichte. Preise leicht über dem Durchschnitt. Das Restaurant ist immer gut besucht, es lohnt eine Tischreservierung. Di–So 10.30–18 Uhr, warme Küche 12–17 Uhr, Mo Ruhetag. ✆ 922-400480 und 922-400485.

Santo Domingo, das kleine Lokal an der Plaza serviert preiswerte kanarische Kost.

Wanderung 9: Von Garafía nach Juan Adalid und zurück oder weiter nach El Tablado → S. 241

Der Nordwesten → Karte S. 165

Sehenswertes/Ausflüge in die Umgebung

An der Steilküste hinunter zum Hafen: Sie verlassen das Zentrum von Garafía auf der Straße in Richtung Las Tricias, gehen oder fahren hinter der großen Kreuzung noch rund 500 m geradeaus, um dann auf eine rechts abzweigende Straße mit dem Hinweisschild „Puerto“ einzubiegen; sie führt am Friedhof vorbei und schlängelt sich die Steilküste hinab, immer wieder mit tollen Ausblicken auf die Küste und die riesigen Felsbrocken im Meer. An einem Parkplatz geht es nur noch zu Fuß weiter. Bald kommen die ersten Geräteschuppen, die auf den nahen Hafen schließen lassen. Der ist nicht mehr als ein Platz, an dem Boote ins Wasser gelassen werden. Wagemutige Einheimische baden hier oder gehen mit der Harpune auf Fischfang, obwohl das Meer erheblich gegen die Felsen drückt.

An der LP 1 – San Antonio del Monte: Auf jeden Fall lohnt sich ein Ausflug zu dem Weiler im Juni. Auf der riesigen Wiese findet alljährlich der größte Viehmarkt der

Insel statt (Termine legt die Gemeinde leider erst kurz vorher fest), begleitet von einer gewaltigen Fiesta, während der dann der eigens dafür gebaute Tanzsaal zu Ehren kommt. Ansonsten gibt es hier nicht viel mehr als die Kirche und ein paar verstreute Häuser, darunter die unter „Übernachten" (s. o.) genannte Herberge. Hinzugekommen ist ein schönes, im kanarischen Stil gebautes Haus, in dem unregelmäßig Käse, Fleisch, Teawein (Retsina), Kräuter und andere Produkte der Gegend verkauft werden (auch sonntags geöffnet). Geplant ist eine Käserei, bei der man die Herstellung von Käse begutachten kann – Garafía soll zu einem Zentrum des ländlichen Tourismus ausgebaut werden.

Albergue de San Antonio del Monte, jugendherbergsähnliche Unterkunft, die auch für Tagungen und Schulfreizeiten genutzt wird, mit 48 Schlafplätzen in vier Sälen und einem Zimmer für 4 Pers. Außerhalb der Sommermonate muss man einen Schlafsack mitbringen. Für Einzelpersonen ist die Albergue nicht gedacht, also vorher nachfragen, bevor man sich festlegt. Am ausgeschilderten Straßenabzweig „San Antonio" abbiegen, an der Käserei („Centro de machuración y comercialización de quesos") gleich wieder rechts, dann nach wenigen Metern nicht links, sondern bergauf. Etwas für Jugendliche und wild entschlossene Wanderer; 15 €/Nacht inkl. Frühstück, 25 € mit Vollpension. ☎/℻ 922 400444, www.alberguesanantoniodelmonte.com.

Parque Cultural La Zarza: Rund um die interessantesten Petroglyphen-Fundstellen, in der Nähe der oberen Landstraße LP 1, ist ein sehenswerter archäologischer Park mit Informationszentrum entstanden.

Im kleinen *Museum* werden Keramik- und Werkzeugfunde gezeigt, nachgebildete Wohnhöhlen stellen das Leben der Urbevölkerung dar. Ein kurzer Film (auch in deutscher Sprache) gibt weitere Informationen.

Mühle oberhalb von Garafía

Der wichtigste Teil der Anlage, die *Felsbildstationen*, befindet sich immer noch an den Originalplätzen in der Schlucht und einem Nebental. Man muss sie sich erwandern. Der landschaftlich sehr schöne Fußweg dauert nur gut 40 Minuten; Sie sollten trotzdem festes Schuhwerk tragen, wenn Sie ganz nah an Felszeichnungen herangehen wollen.

Sie gehen durch die Absperrung, folgen dem Pfad und sind nach 15 Minuten am Talschluss der kleinen Schlucht La Zarza. Hier stoßen Sie auf die umfangreichsten *Petroglyphenfunde* der Insel. Schon auf dem Boden liegen Felsbrocken mit spiralförmigen Gravuren. Sobald Sie die Galerie erklommen haben, erscheinen die Felswände wie ein vorzeitliches Bilderbuch: Sie sind übersät mit Wellenlinien und Spiralen. Ein schöner Ort ist dieses stille Tal nicht nur für archäologisch Interessierte – in den feuchten Felshöhlen sprießen Veilchen und Farne.

Die interessantesten Felszeichnungen aber gibt es bei *La Zarzita*, im Nebental. Hier soll ein Quellheiligtum gewesen sein, eine der zentralen Kultstätten der Altkanaren. Links sieht man eine kleine, in den Fels gehauene Plattform – vermutlich ein Altar. Hier finden sich die einzigen figürlichen Darstellungen unter allen palmerischen Petroglyphen, die Universität von La Laguna hat sie nummeriert: Nr. 9 wird als Darstellung der Urmutter bezeichnet, daneben Nr. 10 als aztekischer Männerkopf. Gerade dieser Fund gab den Spekulationen über Verbindungen zwischen den Ureinwohnern La Palmas und denen in Mittel- und Südamerika neuen Auftrieb.

Tägl. 11–17 Uhr, Eintritt 2 €. Anfahrt mit eigenem Fahrzeug: an der LP 1 in Richtung Barlovento. In der 2. Linkskurve (900 m) hinter dem Abzweig San Antonio del Monte folgt rechts ein Hinweisschild sowie unterhalb der Straße ein hellgelbes Haus mit Säulen und Treppe. Kommen Sie aus der Gegenrichtung, sind es 300 m hinter der Abfahrt nach Don Pedro links.

Essen und Trinken La Mata, hübsches rustikales Restaurant mit Garten, an der Hauptstrecke, der LP 1, hinter der Abfahrt nach La Zarza ausgeschildert. In dem von Einheimischen an den Wochenenden gut besuchten Lokal kann man drinnen und draußen – im Garten unter Bäumen – sitzen. Speisen vom Grill werden am offenen Feuer zubereitet, günstige Preise. Mi–So 11–22.30 Uhr, Mo/Di Ruhetag.

Wanderung 10: Von La Zarza in die Caldera de Agua → S. 242

Wanderung 11: Rundweg mit herrlichen Ausblicken aufs Meer und in Schluchten → S. 244

Ins malerische El Tablado: Anfahrt nur mit eigenem Fahrzeug. Die Straße nach Tablado zweigt von der LP 1 zwischen der Abfahrt nach Garafía und Barlovento ab. Im Ort gibt es keine Parkmöglichkeit, deshalb den Wagen besser oberhalb des Ortseingangs auf Höhe des Restaurants El Moral (war im Sommer 2012 geschlossen) und des ausgeschilderten *Mirador El Fagundo* stehenlassen. Zunächst lohnt ein Gang am Restaurant vorbei zum Aussichtspunkt – großartiger Blick in die gleichnamige Schlucht und die ursprüngliche Umgebung. Am Mirador beginnt ein alter, gepflasterter Weg, der Sie über 200 sehr steile Meter ins Dorf führt. Er ist nur zu empfehlen, wenn Sie passendes Schuhwerk tragen und sehr gut zu Fuß sind. Eine Alternative dazu ist die Straße – sie wird kaum befahren und bietet wunderschöne Ausblicke; auf ihr sind es bequem ca. 400 m bis zum Dorf.

Wirklich malerisch zieht sich Tablado auf zwei steilen Höhenrücken entlang; sie trennen die beiden tiefen Schluchten *Barranco Fagundo* und *Barranco de los Hombres*. Hier scheint die Zeit stehengeblieben zu sein. Alte, teils verlassene Häuser säumen die stillen Straßen. Am Ortseingang nach links finden Sie die *Kirche* und die kleine *Plaza*. Geradeaus führt ein Fußweg Richtung Barranco Fagundo an die Steilküste, hier stehen mehrere Drachenbäume, dazu gibt's einen tollen Blick und ein tolles Fotomotiv. Auf dem Weg dorthin passieren Sie den kleinen Dorfladen, in dem auch Kaffee zubereitet wird; die einzige und reichlich schlichte Bar finden Sie vom Ortseingang aus nach rechts, in Richtung eines natürlichen Aussichtspunktes *(Mirador El Topo)*. Der Weg lohnt sich, obwohl es an Müll und Schweineställen vorbeigeht, doch am Ende des Wegs hat man einen schönen Blick auf das fruchtbare Fleckchen von La Fajana an der Küste und in den dicht bewachsenen Barranco de los Hombres.

Der Nordwesten → Karte S. 165

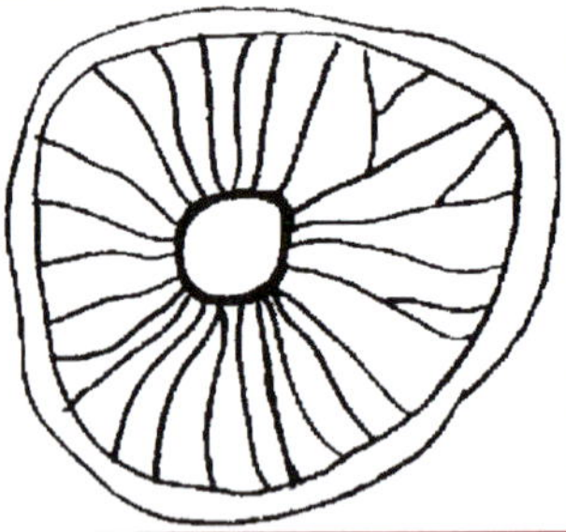

Oben: Sonnendarstellung (Kalender?), Fundstelle La Fajana

Frauendarstellung (?) und Aztekenkopf (?), Fundstelle La Zarzita

Petroglyphen

An rund fünfzig Stellen La Palmas fand man Spiralen und Wellenlinien, von den Ureinwohnern in Basalt geritzt. Die ältesten Zeichen sollen vor 2000 Jahren entstanden sein. Über ihre Bedeutung rätseln die Wissenschaftler noch heute. Sind es Sinnbilder oder Hinweise (Wellenlinien finden sich vornehmlich an Quellen), oder handelt es sich gar um eine Schrift? Geben die Zeichen Auskunft über die Herkunft der Ureinwohner, wie der neueste Fund? Zwar gibt es Parallelen zu Steinzeichnungen in Irland sowie in Frankreich – zur Entschlüsselung hat das bisher nicht beigetragen. Für Überraschung sorgten auf La Palma die Funde von La Fajana (dort barg man Sonnenzeichnungen) und von La Zarzita, der einzigen Fundstelle mit figürlichen Darstellungen. Eine davon gleicht einem Aztekenkopf. Gab es eine Verbindung von La Palma nach Mexiko? Sind die Sonnen ein Sonnenkalender oder ein Mondkalender? Zumindest hat eine der Darstellungen 28 Strahlen, einige Kenner vertreten deshalb letztere These.

Petroglyphen fanden sich auch auf den anderen Inseln, aber – auch das erschwert die Arbeit der Wissenschaftler – die Funde weisen mehr Unterschiede als Gemeinsamkeiten auf. Auf El Hierro sind es Zeichen, die an Buchstaben und Zahlen denken lassen, auf Gran Canaria sind es farbige, geometrische Muster und Strichmännchen.

Selbst wenn niemand das Geheimnis lösen kann – der Besuch einiger dieser Fundstellen lohnt sich: Sie liegen in landschaftlich reizvollen Gebieten und sind als Abstecher bei Ausflügen oder als Ziel einer Wanderung zu erreichen, zum Beispiel die *Cueva de Belmaco* zwischen Mazo und Fuencaliente, *La Fajana* bei El Paso, *La Zarza* und *La Zarzita* oberhalb von Garafía sowie der *Roque Teneguía* an der Südspitze. Leider sind viele Felszeichnungen stark verwittert, anderen wurden moderne Graffiti hinzugefügt. Bis vor kurzem waren bis auf eine Absperrung durch ein Metallgitter bei La Fajana alle Funde frei zugänglich.

Übernachten In dieser abgelegenen Gegend können Sie bis Barlovento in Häusern des Turismo rural wohnen – zu mieten über die auf S. 58 angegebenen Agenturen. Weitere Möglichkeiten ein und zwei Dörfer weiter:

Pension El Faro, in Roque Faro, dem nächsten Weiler, unter neuer Leitung der engagierten Isabel, die auch gut Englisch spricht. 6 einfache und ein großes Zimmer sowie zwei sehr ordentliche Bäder. Alles ist sauber, frisch gestrichen und mit hübschen Tagesdecken aufgepeppt. Etwas für Wanderer, Radfahrer und Leute, die die Einsamkeit suchen. Roque Faro ist an der Landstraße LP 1 ausgeschildert. EZ 20 €, DZ 30 €. ✆ 636-884372 (mobil), www.pensionroquefaro.com.

Los Castros, im Weiler Franceses; ein Apartment mit Bed & Breakfast sowie ein Häuschen vermietet ein holländisches Paar auf seiner Finca. Die Räume sind liebevoll ausgestaltet. Preise je nach Aufenthaltdauer zwischen 40 und 50 €. Weil es weder einen Laden noch ein Restaurant in der Nähe gibt, bietet sich ein gemeinsames Abendessen mit den Besitzern an (vorbestellen). Los Castros 52, 38728 Franceses, ✆ 690-927009 (mobil), finca@loscastros.nl, www.loscastros.nl.

Finca Franceses, die beiden Briten Ann und David hat es schon vor vielen Jahren in diesen abgelegenen Winkel verschlagen. Auf ihrer Finca haben sie Zimmer als Bed & Breakfast ausgebaut sowie ein altes Bauernhaus als komfortables Ferienhaus restauriert. Weitere Häuser in der Umgebung können gemietet werden. DZ 44 €, als EZ 32 €/Nacht. Das Haus kostet 385 € pro Woche. ✆ 660-512005 (mobil), www.holiday-lapalma.com.

Essen & Trinken **Reyes**, im nächsten Weiler, in Roque Faro, neben der LP 1 (ausgeschildert), versteckt sich eine Kneipe, die die ganze Palette der kanarischen Küche preiswert anbietet. Dicke Suppen ab 2,50 €, geschmortes Kaninchen oder Ziege 6–7,50 €. Man kann hier essen oder nur den in der Gegend produzierten „geharzten Wein" (Retsina) trinken. Mo Ruhetag. ✆ 922-406484.

Das Dorf Gallegos an der Nordküste

Der Nordwesten → Karte S. 165

Weiterfahrt von El Tablado in Richtung Barlovento: *Entweder auf gut ausgebauter Hauptverbindung* an Roque Faro vorbei, die hinunter in Küstennähe führt und die alten, kaum veränderten Dörfer **Franceses** und **Gallegos** mit der Außenwelt verbindet. Die Straße bietet einen interessanten Abstecher kurz vor Barlovento. Am Mirador de la Tosca haben Sie einen traumhaften Blick auf die Nordküste und den Weiler Tosca inmitten eines einen Drachenbaumhains. Ein Weg führt hinunter zur Häusergruppe aus alten, zum Teil restaurierten Bauernhäusern.

Oder auf der alten „Abenteuerstrecke"; sie zweigt unterhalb von Roque Faro als LP 109 von der LP 1 ab und führt nach Barlovento; inzwischen ist sie asphaltiert und mit Leitplanken versehen, aber noch immer schmal und sehr kurvig. Auf der Fahrt durch die Wälder bietet diese Streckenvariante Naturerlebnis pur und führt kurz vor Barlovento – ein letzter Kick – durch drei dunkle Felsentunnels.

Charco Azul ein herrlicher Badeplatz

Der Nordosten: Von Puntallana bis Barlovento

Der Nordosten ist La Palmas grünster Landstrich. Hier erreicht die Passatwolke die Insel, hier liegen die Lorbeer-Urwälder und an der Küste ausgedehnte Bananenplantagen, die hochgelegene Quellen über lange Kanäle mit Wasser speisen.

Bis vor wenigen Jahren war eine Fahrt hierher eine Plackerei mit zahllosen engen Kurven. Inzwischen aber ist die LP 1, die den Inselnorden umrundet, gut ausgebaut. Zahlreiche Tunnels machen sie bequem, und südlich von Los Sauces führt die größte Brücke La Palmas über den Barranco de Agua.

Dennoch bleibt die Fahrt in den Nordosten spannend und abwechslungsreich: Man umrundet gewaltige Barrancos, oberhalb der Straße begleiten Lorbeerwälder so manchen Streckenabschnitt. Die feuchte Wärme dieser Zone hat eine einzigartige Vegetation geschaffen: den *Laurisilva*, den Lorbeer-Urwald.

Die UNESCO hatte den Laurisilva von Los Tilos bereits 1983 zum Biosphärenreservat erklärt – so der Name für weltweit schützenswerte Natur. Seither wurde das Schutzgebiet ständig ausgeweitet und umfasst inzwischen die gesamte Insel. In Los Tilos unterhält die UN-Behörde eine Forschungsstätte, das *Centro de Investigación*, und beteiligt sich an den Kosten zum Schutz des Waldes, der so auf

der ganzen Welt nur noch auf La Gomera und auf Madeira anzutreffen ist. Bis zu 30 Meter hohe Baumriesen formen mit ihren Kronen ein Dach, unter dem riesige Farne wuchern, Ranken sich verschlingen und Pflanzen, die in Westeuropa kaum kniehoch werden, bis zu zwei Meter in die Höhe wachsen.

Spannend sind auch die tiefen Schluchten, von Bächen in die Caldera-Hänge gegraben – der *Barranco de Agua* ist so schmal, dass kaum ein Lichtstrahl hineinfällt. Eine Wanderung, mindestens aber ein Spaziergang durch den Lorbeerurwald ist deshalb ein Muss für jeden La-Palma-Besucher.

Der Passat ist überdies für den Reichtum dieser Region verantwortlich: Wasser. Entstanden aus den an Baumriesen abgeperlten Passattropfen, sprudelt es aus zahlreichen Quellen. Weniger romantisch wird es danach durch Kanäle und Rohre geleitet: als Trinkwasser für die Gemeinden, als Kraftquelle für das einzige Wasserkraftwerk des Archipels bei Los Tilos oder zur Bewässerung der Plantagen.

Kein Wunder darum, dass auch die Küstenhänge im grünsten, tropisch anmutenden Grün erscheinen. Zuckerrohr wird hier angebaut, das in der Destillerie von Puerto Espindola zu Rum verarbeitet wird, aber auch Tabak, Gemüse, darunter „Ñame“, eine Yamsart mit riesigen, herzförmigen Blättern und essbaren, knolligen Riesenwurzeln – und natürlich Bananen. Jeder Meter, jede Ecke der windgeschützten Barrancos wird genutzt, um Bananen auf Terrassen anzubauen.

Trotz aller Probleme mit der Monokulturfrucht ist Bananenanbau ertragreicher als Getreideanbau, der früher um Puntallana herum betrieben wurde. Noch heute zeugen zahlreiche unbebaute und schon überwucherte Terrassen davon, dass hier einmal

Der Nordosten → Karte S. 183

La Palmas Kornkammer war – auf den zahlreichen Miniterrassen wurde damals Trockenfeldbau betrieben. Heute sind diese Terrassen, auf denen Maschineneinsatz nicht möglich ist, nicht mehr rentabel. Und so bleibt der Nordosten trotz Schnellstraße weiter jener betulich-charmante Zipfel der Insel – mit tiefen Schluchten, steilen, ungepflasterten Wegen, reizvollen Naturschwimmbecken, verschlafenen Dörfern und freundlichen Menschen.

Nicht versäumen: Zu den schönsten Flecken La Palmas gehört das Dreieck Los Tilos – San Andrés – Charco Azul –Puerto Espindola.

Puntallana

2400 Einwohner

98quSeine Reize versteckt Puntallana ziemlich geschickt. Die Landstraße führt am Ortsrand vorbei, dahinter offenbart sich der spröde Charme eines Straßendorfs. An der Pfarrkirche San Juan Bautista aber lohnt es, die steile Straße hinunter in den alten Ortsteil abzubiegen, mangels Parkflächen am besten zu Fuß.

Gerade noch 10 % der Flächen rund um Puntallana werden landwirtschaftlich genutzt, größtenteils zum Bananenanbau in Küstennähe. Den Löwenanteil am Gemeindeland nimmt auch hier der Wald ein.

Anfahrt: Die diversen Ortsteile von Puntallana liegen an der LP 1 zwischen Santa Cruz und Barlovento, so dass jeder Ort mit jedem Bus in Richtung Norden erreicht werden kann. Übernachten kann man bislang nur im Rahmen des Turismo-rural-Projekts, siehe S. 58.

Sehenswertes

Pfarrkirche San Juan Bautista: Die Kirche ist eines der zehn ältesten erhaltenen Gebäude La Palmas. Ihr Bau geht auf das Jahr 1515 zurück. Etwa 200 Jahre später wurde das im kanarischen Stil errichtete Gotteshaus restauriert und mit barocken Elementen ergänzt. Von besonderem kulturhistorischem Wert sind die Deckenkonstruktion im Mudéjarstil (vgl. S. 45), der vergoldete barocke Hochaltar und die Skulptur von Johannes dem Täufer auf dem Altar. Die Kirche wird nur zu den Messen an Sonn- und Feiertagen ab 10.30 Uhr geöffnet.

An der Kirche geht es die alte, steile Dorfstraße hinunter. Von ihr aus lassen sich alle beschriebenen Punkte erreichen. Zunächst liegt rechts am Weg das kleine Häuschen der BILA, einer Bibliothek und Privatinitiative im Ort lebender Deutscher (geöffnet Mi 10–14 Uhr).

Casa Luján: Der Gutshof ist an der alten Dorfstraße ausgeschildert. Es geht eine alte Gasse nach oben. Er wurde mit EU-Mitteln zu einem kleinen volkskundlichen Museum mit Aula umgebaut. Das Haus, einst als Rathaus und zur Zeit des Faschismus gar als Gefängnis benutzt, war im vorletzten Jahrhundert als Gutshof erbaut worden. Die liebevoll restaurierten Räume wie Salon, Speise- und Schlafzimmer sowie Küche vermitteln einen Eindruck vom großbäuerlichen Lebensstil des 19. Jh. Zwar gibt es keine Hintergrundinformationen und Beschriftungen, doch erhält man einen kleinen Prospekt.

Tägl. 10–13/16–18 Uhr, im Sommer Mo–Sa 10–14 Uhr, im August Sa geschlossen. Eintritt frei.

Kunsthandwerkerausstellung: Die Kunsthandwerker der Gemeinde haben einen eigenen Treffpunkt mit Ausstellungs- und Verkaufsraum. Sie finden ihn hinter der Casa Luján (ausgeschildert, geöffnet wie Casa Luján).

Zurück auf der Dorfstraße, führt die nächste Gasse nach links zu den *Lavaderos*. Die alten restaurierten Waschplätze, die immer auch Informationsbörse waren, liegen am Ende einer hübschen kleinen Parkanlage.

Erneut auf der Dorfstraße zurück, erreichen Sie an schön restaurierten Privathäusern vorbei die *Albergue* (Herberge) von Puntallana. Auch ihr Gebäude ist ein gut restaurierter, alter kanarischer Hof (bei Redaktionsschluss war die Herberge allerdings noch nicht eröffnet). Hier biegen Sie nach rechts ab und erreichen den *Rincon de la Paz*, die Friedensecke. Der Platz wurde im Rahmen einer Schüleraktion dazu erklärt. Unterhalb vom neuen und alten Ortszentrum liegt hier im Talschluss in einer großen, begehbaren Felsspalte die hübsch eingefasste Quelle – ein romantischer, grüner, mit Farnen bewachsener Ort.

Playa Nogales

Außerhalb von Puntallana

Mercadillo: Gegenüber der Ortsausfahrt steht an der LP 1 die neue Halle für den Bauernmarkt, in der die Produzenten der Gemeinde ihre Ware im Direktverkauf anbieten: jeden 1. und 3. Samstag im Monat jeweils 9–14 Uhr.

Calderón Cerámica: Töpferwerkstatt und Verkaufsraum. Gearbeitet wird im Stil der Ureinwohner ohne Drehscheibe und mit eingeritzten Mustern – das Ergebnis sind feine, schwarze Gefäße –, aber auch in einem ganz eigenen kreativen Stil. Hübsch sind die vielfältigen Teekannenvariationen.

Mo–Fr 10–14 und 16–20, Sa/So 10–14 Uhr. Anfahrt: Von der LP 1 nördlich von Puntallana, dem Zeichen Töpferei folgen.

Baden: Lokalpatrioten, darunter auch solche mit deutschem Pass, loben die *Playa Nogales* als einen der schönsten Inselstrände. In der Tat finden Sie nirgendwo auf der Insel einen feineren Sandstrand, und die rötliche Felsenküste gibt eine herrliche Kulisse für einen schönen Strandtag. Den muss man sich allerdings mit einem herrlichen Abstieg an der Küste erarbeiten (ausgebauter Weg mit vielen Treppen), so dass sich nur wenige hierher verirren. Die Sonne verschwindet am frühen Nachmittag hinter einer Felswand. Die vor allem im Winterhalbjahr heftige Brandung ist auch nicht ganz ungefährlich, also Vorsicht und keinesfalls bei Ebbe und ablaufendem Wasser ins Meer gehen.

Anfahrt: Nach Puntallana hineinfahren und im Ort der ausgeschilderten Abzweigung neben der Bar Halley folgen. Etwa 2 km der ausgebauten und ausgeschilderten Straße folgen bis zu einem Parkplatz über der Steilküste. Von hier aus geht es nur noch zu Fuß weiter: 15 Min. Fußweg hinunter zum Strand – streckenweise auf durch Geländer gut gesichertem Treppenweg.

Lorbeerwald von La Galga

Der Name für den Ort und die Schlucht bedeutet nicht etwa „Galgen“, sondern „schmale Felswand“. In der Schlucht und zu deren Talschluss *(cubo)* kann man herrliche Spaziergänge und Wanderungen machen. So spektakulär wie die Wanderungen im Barranco de Agua von Los Tilos sind sie allerdings nicht. Die Beschreibung eines etwa zweistündigen Spaziergangs (Verlängerung möglich) finden Sie unten. Weitere Wanderungen in La Galga in unserem speziellen La Palma-Wanderführer (siehe S. 71).

Im Ort lohnt ein Abstecher zum *Mirador de San Bartolomé*, der einen tiefen Blick in die Schlucht und einen weiten Blick über die Küste öffnet (ausgeschildert).

Information Am Zugang zur Schlucht, von Süden auf der LP 1 kommend am zweiten Tunnel hinter dem Ort, befindet sich ein Häuschen des Naturschutzamtes. Hier startet der Spaziergang, und hier können Sie eine Beschreibung der Pflanzen am Wegesrand studieren. Die Ziffern entsprechen denen am Rand des u. g. Spazierweges. Tägl. 9–14 und 15–17 Uhr.

Anfahrt La Galga liegt an der LP 1 Santa Cruz – Barlovento. Auch mit Bus (Linie 2 Santa Cruz – Barlovento) zu erreichen.

Essen & Trinken Asterio, an der Landstraße, etwas südlich vom Ortszentrum. Großes, bei den Einheimischen beliebtes Ausflugslokal. An den Wochenenden ist es zur Mittagszeit sehr voll. Hier wird typisch palmerische Kost zu typisch palmerischen Preisen angeboten.

Spaziergang in die Schlucht

Hin/zurück 8 km, +/– 260 m, 1½–2 Std. Einfacher, sehr schöner Weg die Schlucht hinauf und wieder hinunter. Eine Beschreibung der Pflanzen unterwegs sehen Sie im Naturschutzamt-Häuschen am Zugang, siehe oben.

Ausgangspunkt: Am oben erwähnten Naturschutzamt-Häuschen, dort parken.

Wegbeschreibung: Unterhalb des Parkplatzes biegt ein Weg auf den Schluchtgrund. Sie gehen den zu Beginn noch asphaltierten Weg die Schlucht hinauf, die im weiteren Verlauf immer grüner und mit steilen Felswänden und großen Felsbrocken im Bachbett immer uriger wird. Nach ca.

Im Lorbeerwald

Der Nordosten → Karte S. 183

500 m zweigt ein Pfad nach links oben ab, Sie aber folgen dem Schluchtgrund. Nach 1,5 km unterqueren Sie ein Aquädukt und im oberen Verlauf mehrfach das Bachbett.

Nach weiteren 1,8 km gabelt sich der Weg. Sie gehen nach links. Nach wenigen Minuten erreichen Sie eine Lichtung. Links führen einige Stufen nach oben. 25 m geradeaus endet der Weg vor einem Hang unterhalb eines Aquäduktes. Sie könnten hier aus dem Spaziergang eine Urwaldwanderung von insgesamt 3½ Std. machen, indem Sie den Pfad den Hang hinauf nehmen. An der Weggabelung nach rechts gehen und im weiteren Verlauf der Ausschilderung zum Aussichtspunkt *Mirador de Somada* folgen. Am herrlichen Aussichtsspunkt geht es wieder zurück. Der offizielle Spazierweg endet hier.

Wenn Sie noch eine bisschen Urwaldgefühl erleben möchten und einen der typisch palmerischen Wasserstollen von außen begutachten wollen, gehen Sie zurück zur Weggabelung und nehmen den anderen Weg (jetzt geradeaus). Nach zwei Minuten biegt ein Weg nach links ab, er ist mit einem Metallkreuz versperrt. Sie nehmen ihn. Nach wenigen Schritten wird der Weg zum Pfad, der sich nach links oben windet. Vorbei an riesigen Farnen, an einer Gabelung nach rechts weiter, erreichen Sie zwei Häuschen und dahinter den Stollen. Er darf nicht betreten werden. Das müssen Sie unbedingt beachten, denn in Stollen können sich geruchlose, giftige Gase bilden. Von hier aus geht es auf dem selbem Weg zurück zum Ausgangspunkt.

Der Lorbeer-Urwald – Überlebender der Eiszeit

Seit der Entstehung der Insel hat sich das feuchtwarme Klima im Nordosten La Palmas kaum verändert. Der Lorbeerwald auf La Palma gehört deshalb zu den intaktesten der Welt. Kernstück ist der *Barranco de Agua*, der bei einer Länge von 9 km auf 1800 m ansteigt. Die steile Schlucht mit ihren von Farnen und Ranken überwucherten Felswänden wurde in mehr als einer Million Jahre durch die Kraft des Wassers in den Caldera-Rücken gegraben. Gleichzeitig bewirkten die ungewöhnlich hohen Niederschlagsmengen ein Abrutschen der Basaltformationen. Der Grund der Schlucht ist deshalb von kleinen und großen Felsbrocken übersät.

Der Erosionsprozess hat sich in den letzten hundert Jahren erheblich verlangsamt. Denn das Quellwasser wird seitdem abgeleitet und zur Bewässerung der Felder und Bananenplantagen genutzt. Nur noch nach starken Regenfällen fließt im ehemals wasserreichsten Barranco mehr als ein Rinnsal. Die Niederschläge von 1000 mm im Jahresmittel sind nicht nur doppelt so hoch wie zum Beispiel in Los Llanos auf der anderen Inselseite, sondern übertreffen auch die Niederschlagsmengen in den meisten Landstrichen Deutschlands.

Niederschlag bedeutet hier aber nicht in erster Linie Regen. Niederschlag kommt hier genauso vom Nebel der Passatwolke, in die der Nordosten häufig gehüllt ist. Und wenn die Sonne scheint, produziert der Laurisilva seinen eigenen Nebel. Aus dem erwärmten Boden steigt die Feuchtigkeit als Dunst auf. Das ist das Klima, das diese Wälder brauchen – kein Wunder also, dass sie auch Nebelwälder genannt werden.

Von Bananenplantagen umgeben liegt der Ort malerisch an der Küste

San Andrés y Sauces

5100 Einwohner

Bis auf den heutigen Tag sind die beiden Ortsteile von San Andrés y Sauces so gegensätzlich, wie sie gegensätzlicher nicht sein könnten. Hier das malerische San Andrés an der Küste, dort das städtisch wirkende Los Sauces am Hang. Bis ins 19. Jahrhundert war San Andrés Hauptort und Sitz der Gemeindeverwaltung – hier gab es die erste Schule außerhalb der Inselhauptstadt.

Aber wo Wasser ist auf La Palma, da sind auch Geld und Macht. Als die Bürger von Los Sauces 1903 die Wasserleitung *Marcos y Corderos* von den ertragreichsten Quellen der Insel (→ Wanderung 14) in ihren Ortsteil fertig gestellt hatten, war es um San Andrés' Vormacht geschehen. Dessen Einwohner, lange auf Getreideanbau festgelegt, hatten den rechtzeitigen Bau von Wasserleitungen versäumt. Und so wandelte sich Los Sauces über die Jahre zum einflussreicheren Ortsteil und ist heute Sitz der Gemeindeverwaltung und aller wichtigen politischen, wirtschaftlichen und kulturellen Einrichtungen. San Andrés hingegen wurde eine kleine, verschlafene Stadt, die träge und schön ihren Träumen von vergangener Größe nachzuhängen scheint.

Die Gemeinde mit dem Doppelnamen ist 43 Quadratkilometer groß. Fast die Hälfte der Fläche ist Waldgebiet: der berühmte Lorbeerwald Los Tilos. Auf der landwirtschaftlich genutzten Fläche werden vornehmlich Bananen, aber auch *ñame* (eine Yamsart), Kaffee und Zuckerrohr angebaut, das in der Destille von Puerto Espindola zu Rum *(Ron)* verarbeitet wird.

Los Tilos

Los Tilos ist kein Ort, sondern der Lorbeerwald rund um den *Barranco de Agua* – die Wasserschlucht. Hier steht ein Forschungszentrum für den Erhalt dieses seltenen Vegetationsraumes. Für Besucher wurde ein *Informationszentrum* eingerichtet. Mit einer Ausstellung und einem Film wird über die Entstehung des Lorbeerwaldes informiert, werden Pflanzen und Vogelwelt vorgestellt.

Tägl. 9–18.25 Uhr, Mittagspause von 14 bis 14.30 Uhr.

Vor der letzten Eiszeit waren die Pflanzen des Lorbeerwaldes im gesamten Mittelmeerraum verbreitet. Die Kälte der Eiszeit hat ihn dort vernichtet. Überleben konnte der auf den wohltemperierten atlantischen Inseln.

Auch für Spaziergänger gibt es angelegte Wege in Los Tilos

Hier und nahe bei La Galga ist der Lorbeer-Urwald am besten zu erkunden. Wanderungen oder auch nur gemütliche Spaziergänge in der einmaligen Vegetation sollte kein La-Palma-Besucher verpassen.

Anfahrt An der LP 1 südlich von Los Sauces, vor der Brücke, weist ein Schild den Weg.

Essen & Trinken **Casa Demetrius**, man sitzt herrlich unter Bäumen und kann typisch kanarische Gerichte genießen. Ein schöner Ruheort nach einer Wanderung Der Kamin im Speiseraum ist nötig, wenn draußen die Nebelschwaden vorbeiziehen. Mi–So 10–18 Uhr, Di Ruhetag.

Sehenswertes

Die Natur ist die wichtigste Sehenswürdigkeit; sie lässt sich auf den Wanderungen 12, 13 und 14 (siehe „Kleiner Wanderführer") erkunden.

Spaziergang (hin/zurück ca. 15 Min.): Ein für Besucher hergerichtetes Wasserkanal- und Wassertunnel-Teilstück führt in den Barranco de Agua. An seinem Ende wird ein Wasserfall, die *Cascada de Los Tilos,* über eine Steilstufe geleitet, vorausgesetzt es gibt genügend Wasser. Vor dem Wasserfall führt der Weg durch einen 25 m langen dunklen Tunnel. Sie sollten eine Taschenlampe dabeihaben, falls nicht, reicht auch das Licht eines Mobiltelefons oder der Kamera – versichert jedenfalls der Vertreter des Besucherzentrums.

Zugang: Vom Parkplatz am Restaurant Demetrius 30 m auf der Straße zurück. In der Linkskurve geht es über einige Stufen in Richtung Barranco hinunter.

Die Pflanzen im Lorbeer-Urwald

Wärme (24 Grad Celsius im Jahresdurchschnitt) und Feuchtigkeit schufen eine außergewöhnliche Vegetation, deren wichtigste Vertreter die Lorbeerbäume sind. Von 300 bis 1000 m Höhe bestimmen sie das Bild des Waldes – vier Arten wachsen im Reservat Los Tilos:

Tilo, übersetzt „Linde", wurde von den spanischen Siedlern wegen des ähnlichen Holzes so bezeichnet. Bis zu 30 m wird dieser größte Baum des Urwalds hoch. Man erkennt ihn am leichtesten an seinen Früchten, die wie Eicheln in Halbkapseln sitzen.

Loro, auch Laurel oder Azorischer Lorbeer, ist dem Gewürzlorbeer am ähnlichsten. Seine Duftdrüsen auf der Blattunterseite verströmen den typischen Geruch, wenn man das Blatt knickt oder zerreibt. Man erkennt ihn an seinen typischen Lorbeerblättern, die Blätter der anderen Lorbeerbäume sind häufig größer, und an seinen kleineren, etwa fingernagelgroßen Früchten.

Vinatigo ist ein Verwandter des Avocadobaums, aber seine Früchte sind giftig! Seine Zweige enthalten einen Saft, den Ratten lieben – sie saugen das Mark aus, um sich daran zu berauschen. Zernagte Strünke am Boden sind ein sicherer Hinweis auf diesen Baum, und selbst torkelnde Ratten habe ich schon gesehen. Die Blätter des Vinatigo sind deutlich größer als die der anderen Lorbeerarten.

Barbusano ist der einzige Lorbeer, der zum Wachsen viel Licht braucht. Seine jungen Blätter sind kupferrot, die Früchte gleichen schwarzen Oliven.

Neben den Lorbeerbäumen finden Sie auch andere Bäume, zum Beispiel:

Palo blanco, ein Ölbaumgewächs mit großen, breiten Blättern, die kreuzweise angeordnet sind.

Acebino, eine kanarische Stechpalme, deren Blätter häufig ohne Stacheln sind. Die Früchte aber sind leicht an ihrer leuchtend-roten Farbe zu erkennen.

Die **Strauchschicht** im Lorbeerurwald ist weniger ausgeprägt, weil es am nötigen Licht fehlt. Wo aber die Sonnenstrahlen hinfallen, wie an den Wegesrändern, wachsen die Sträucher und Blumen umso üppiger, wie zum Beispiel Schneeball, Kanarischer Storchenschnabel, Vergissmeinnicht.

Encimba, eine der kanarischen Endemiten, deren zahlreiche lilafarbene Blüten in einer handtellergroßen Fläche zusammenstehen.

Canarina canariensis, ein Busch mit schönen großen, orangefarbenen und glockenförmigen Blüten.

Die vielleicht eindrucksvollste Pflanze im Nebelwald aber ist **Helecha**, ein riesiger, schattenliebender Farn, dessen Wedel mehrere Meter lang werden. Weil die Blattspitzen wurzeln können, überwindet der Farn viele meterhohe Schluchtwände.

In den höheren Zonen geht der Laurisilva in die Fayal-Brezal-Zone (Baumheide) über, im unteren Bereich stehen noch **Sauces** (Weiden), deren Zahl aber seit Beginn der Kanalisierung stark rückläufig ist.

Cerraja, die wie riesiger Löwenzahn aussieht, und **Lechugilla** mit ihren leuchtenden gelben Blüten wachsen zwar auch anderswo, sind aber hier im Frühjahr besonders auffällig.

Wanderung 12: Unter dem Farndach – durch den Barranco de Agua → S. 247

Der Nordosten → Karte S. 183

Wanderung 13: Durch den Lorbeerwald – von Los Tilos über die Forstpiste hinauf und zurück → S. 248

Die Marcos y Corderos-Quellen

Zu einem der landschaftlichen Höhepunkte gehören die Hauptquellen des Nordostens, *Marcos y Corderos*, zwischen 1450 und 1500 Höhenmetern. Sie sprudeln aus dicht bewachsenen Felsen, stürzen gar als Wasserfälle hinab. In Wasserkanälen, die durch 13 Tunnels führen, wird das Wasser den Plantagen weiter unten zugeführt. Ins Quellgebiet und entlang der Wasserkanäle zu wandern ist großartig, setzt aber auch Erfahrung, Kondition und einige Organisation voraus. In jedem Fall ist die Wanderung zu den Quellen eine Tagestour und kein Besuchspunkt neben weiteren in dieser Zone.

Wanderung 14: Durch 13 Tunnels zu den Quellen Marcos y Corderos und weiter nach Los Tilos → S. 249

Los Sauces

2500 Einwohner

Die Carretera General, die LP 1, durchschneidet den Ort und macht nicht, wie anderswo üblich, einen Bogen um die Plaza, sondern teilt auch sie in zwei Hälften.

An der Hauptstraße wirkt Los Sauces geradezu großstädtisch mit mehrstöckigen Wohnhäusern, zahlreichen Banken und Bars, doch an der geteilten Plaza mit Bürgerhäusern und schönem Cafépavillon eher kleinstädtisch und in den steilen, verwinkelten Nebenstraßen schon wieder dörflich. Gleich hinter den Häusern beginnen Obstgärten und Bananenfincas.

Die *Kirche Nuestra Señora de Montserrat* wurde 1515 gegründet und seitdem mehrfach neu errichtet und umgebaut. Wenn Sie in der Gegend unterwegs sind und einen Ort für Ihre Pause suchen, möchten wir Ihnen doch lieber San Andrés, Charco Azul oder Puerto Espindola als Los Sauces empfehlen.

Sehenswert ist die Plaza oberhalb der Durchgangsstraße, mit Brunnen und Blumenrabatten, sie ist von schönen Bürgerhäusern umstanden. Auf der unteren Plaza steht ein hübscher, großer Kiosk, an dem Sie Getränke und einfache Speisen, für eine kleine Pause ein hübscher Ort.

Hin & weg Los Sauces ist gut mit dem Bus von Santa Cruz aus zu erreichen. Nicht nur die Busse mit Endstation „Sauces" halten hier, auch der gesamte Durchgangsverkehr der Linie 100, die den Norden umrundet und nach Barlovento und Garafía fährt (siehe S. 50).

Übernachten El Drago, Pension am Ortsausgang in Richtung Santa Cruz, über der gleichnamigen Bar. 3 EZ und 8 DZ auf vier Etagen, alle mit eigenem rosa Marmorbad. Die sauberen, hellhörigen Zimmer sind nicht modern, aber ausreichend mit Betten, Schrank, Spiegelkommode, Tisch und Stühlen eingerichtet. Zimmer 30 €. Av. de Los Sauces 36, ✆ 922-450350.

Apartments Rosan, neues Haus mit großen Wohneinheiten. Nicht sehr gemütlich, aber mit TV und moderner Küche gut ausgestattet. In den unteren Räumen gibt es ein Restaurant. Pro Tag 35 €. Am nördlichen Ortsausgang, Carretera General 67, ✆ 922-451337 (nur Spanisch).

Weitere Ferienquartiere des Turismo rural S. 58.

Essen & Trinken **Rosan**, im Neubau ist es nicht mehr so gemütlich wie früher, aber noch immer gibt es eine umfangreiche Karte mit kanarischen Gerichten; große Portionen, niedrige Preise: Suppen ab 2 €, Fleisch und Fisch ab 4–5 €. Tägl. 10–23 Uhr. Anschrift wie Apartments Rosan, ✆ 922-451337.

Cafékiosk auf der östlichen Plaza. Nett zum Draußensitzen.

Sehenswertes

El Molino Regente: restaurierte Wassermühle, oberhalb von Plaza und Rathaus *(Ayuntamiento)*. Heute Touristinformation und Volkskundemuseum mit Werkstatt und Verkauf von örtlichen Handwerksartikeln. Die Arbeitsweise der Gofiomühle und die Schritte zu der für Los Sauces so wichtigen Wassergewinnung aus den umliegenden Schluchten werden in einer Ausstellung erklärt (Calle Los Molinos 33). Beim letzten Check 2012 war die Mühle geschlossen. Aber der steile (und anstrengende) Weg durch die dörfliche Randzone hinauf ist schön und interessant. Unterwegs informieren Infotafeln über die Wasserwirtschaft in diesen Straßen. Sie finden den Weg, wenn Sie am Rathaus geradeaus vorbei nach oben gehen.

San Andrés

300 Einwohner

Ein karibischer Traum: Bougainvilleen in glühendem Lila und Pink hüllen Patrizierhäuser ein, die schon bessere Zeiten gesehen haben.

Hibiskus leuchtet rot, rosa und gelb aus dem dunklen Grün der Gärten. Die Plaza neben der Kirche liegt im Schatten schlanker, hoher Palmen. Aus dem Lokal San Andrés – man sitzt draußen neben alten Rosenstöcken – dringen die Geräusche gedämpfter als anderswo, und die mit Natursteinen gepflasterten Straßen scheinen direkt ins Meer zu führen.

San Andrés döst in der schwülen Mittagshitze und ist fast menschenleer. Brächte nicht dann und wann eine Brise vom nahen Atlantik etwas Kühle und wären die Straßen staubiger – ich dächte an Macondo, das imaginäre Dorf aus „Hundert Jahre Einsamkeit“ von *Gabriel García Marquéz*. Seit hundert Jahren geht auch an San Andrés das Leben vorbei, seit hundert Jahren wartet es wie eine träge, verlassene Geliebte, immer noch schön, auch wenn sie ihre Falten nicht mehr verbergen kann.

Hin & weg Mit eigenem Fahrzeug: Die LP 104 führt von der LP 1 abwärts nach San Andrés und über Charco Azul und Puerto Espindola wieder hinauf. Im Süden noch vor der Abfahrt nach Los Tilos, von Norden kommend direkt vor der Ortseinfahrt nach Los Sauces.

Der **Bus**-Linie 104 verbindet Los Sauces/San Andrés/Puerto Espindola, an Wochenenden sehr wenige Abfahrten. Auch wer nicht gut zu Fuß ist, erreicht Puerto Espindola mit einem Spaziergang schneller, und wer etwas Kondition hat, ist auch zu Fuß schneller in Los Sauces (LP 130, rot/weiße Markierung).

Übernachten Das charmante San Andrés hat kein wirklich professionelles Übernachtungsangebot. Bisher sind lediglich Bewohner auf die Idee gekommen, den anreisenden Individualisten eine Unterkunft im eigenen Haus zu bieten. Ganz in der Nähe, bei Charco Azul, liegt mit dem **Ap. Miriam** eine gute Alternative.

Las Lonjas, am südlichen Ortseingang. „Wohnen direkt an der Straße und nach altem kanarischen Stil keine Fenster in der

Der Nordosten → Karte S. 183

Zauberhaftes San Andrés

Wand, sondern nur in der Tür, da ist es ganz schön stickig", schrieben Leser. Die vier einfachen DZ mit eigener Du/WC kosten je 25 €. Calle San Sebastian 16, ✆ 922-450736 und 922-451621.

Essen & Trinken **San Andrés**, an der Plaza. Das Restaurant ist im Sommer gerade richtig für den karibischen Traum. Man kann dann im Schatten der Kirche neben alten Rosenstöcken draußen die Fisch- und Fleischgerichte (8–11 €) genießen. Do–Di 12–23 Uhr, Mi Ruhetag.

La Placita, am oberen Teil der Plaza; nennt sich Bistro/Bar/Café, der Kaffee wird aus extra feinen kolumbianischen Bohnen gemacht und hat besonders viel Crema. Spezialität der Küche sind Salate und Spieße. Von der Terrasse hat man einen schönen Blick auf die Kirche und die Plaza. Gerichte 4,50–8 €. Tägl. 10–17 und 19–0 Uhr.

Bar Miami, Calle San Sebastian. Treffpunkt der Einheimischen, hier gibt es das normale Bar-Tapas-Angebot. Von der Terrasse herrlicher Blick auf die Plaza und das Meer.

Sehenswertes

Der alte Ort ist in seiner Gesamtheit sehenswert. Schlendern Sie durch die wenigen Straßen und Gassen abseits der Durchgangsstraße, vorbei an alten Häusern mit tropischen Gärten und Bananenplantagen. Der Rundweg dauert nicht länger als 20 Minuten. San Andrés hat noch einige bauliche Glanzstücke aus seiner Blütezeit bewahrt, und, nachdem sie lange vor sich hinbröckelten, in den letzten Jahren restauriert.

Kirche San Andrés: mitten im Ort, mitten auf der Plaza. Der massive Bau mit Glockenturm im maurisch-kanarischen Stil gehört zu den ältesten Kirchen La Palmas. Bereits 1515 begannen die Arbeiten für eine zunächst einfache Pfarrkirche. Die wesentlichen Teile des heutigen Gebäudes stammen aus dem 17. Jh., damals wurde als Grundriss die lateinische Kreuzform geschaffen. Der Turm stammt aus dem 18. Jh. Schmuckstücke der Kirche sind die besonders schöne Kassettendecke im Mudéjarstil und ein bemerkenswerter Altar im Inselbarock. Wichtigste Kunstschätze sind die beiden flämischen Marienfiguren Virgen de la Victoria und Virgen del Rosario. 1997, die damalige Restaurierung war abgeschlossen, nutzten die Einwohner die Gunst der Stunde und baten den auf der Insel weilenden König, sie einzuweihen.

Pfarrhaus San Andrés: unterhalb der Plaza. Mit Abstand der prächtigste Profanbau des Orts. Ebenfalls erst kürzlich restauriert und inzwischen privat bewohnt, deshalb ist er nur von außen zu besichtigen.

Alter Kalkofen: Nördlich unterhalb des Ortskerns steht ein auffällig spitzer, turmartiger Bau. Hier brannte man früher Kalk für den Hausbau. Der Kalkofen wurde von einer Gruppe Jugendlicher im Rahmen eines Ausbildungsprojekts restauriert.

Spaziergang entlang der Küste

An der oben erwähnten Kalkofenanlage vorbei führt eine schöne von Blumenrabatten eingerahmte Promenade zur Badeanlage *Charco Azul* – eine der seltenen Möglichkeiten, auf La Palma an der Küste entlang zu gehen. Hin und zurück dauert der gesamte Weg kaum mehr als eine Stunde, unterwegs mit fantastischen Blicken auf die Küste. Von Charco Azul aus ist in wenigen Minuten auch Puerto Espindola erreicht.

Charco Azul

Baden: Zwar gibt es an den felsigen Küsten um San Andrés hier und da Eisentreppen, die ins Meer führen, aber wer hier schwimmen möchte, macht es am besser hier in Charco Azul („Blaue Pfütze"), einer Naturschwimmbecken-Anlage zwischen San Andrés und Puerto Espindola. Leicht in 20 Min. zu Fuß von San Andrés sowie in 5 Min. von Puerto Espindola zu erreichen (s. u.). Natürliche Becken sind durch Mauern abgetrennt, die zum Meer hin durchlässig sind und bei Flut für ständigen Wasseraustausch sorgen. Eine wirklich schöne Anlage mit Liegeplateaus, Sonnenschirmen und sanitären Anlagen. Eintritt frei.

Übernachten Apartments Miriam, ganz in der Nähe an der Straße nach San Andrés; geräumige Apartments für 2–4 Pers., alle verfügen mit Salon, Schlafzimmer, Bad, Küche und Balkon. Besonders schön sind die Aticos (ganz oben) mit großen Terrassen zum Meer. Neben dem Haus befindet sich die Bäckerei/Konditorei Dulceria. Preis je nach Personenzahl 36–50 €. Calle Melonar 2, ✆ 922-450739 und 676 508045 (mobil).

Essen & Trinken Rompecabos, gepflegtes, großes Restaurant oberhalb der Badebecken mit schöner, großer Terrasse. Ein herrlicher Platz, um unterm Sonnenschirm Kaffee zu trinken oder ein Menü zu verspeisen. Große Karte, komplettes Fisch- oder Fleischgericht ab 9 €. Fr–Mi 11–23 Uhr, Do Ruhetag. ✆ 922-452548.

Natürliche Schwimmbecken von Charco Azul

Restaurant Meson del Mar in Puerto Espindola

Puerto Espindola

10 Einwohner

Der kleine Fischerhafen liegt an einer schönen Felsküste – doch alle Romantik wurde unter Hunderten von Betonblöcken verschüttet, die den Hafen sichern. Dennoch gibt es Besuchenswertes: eine Rumdestille, ein gutes und hübsches Restaurant sowie eine neue Strandbucht.

In Puerto Espindola residiert die letzte professionelle Destille der Insel, die *Destillerias Aldea*. Auf der Anhöhe rechts über der Hafenbucht wird das in der Umgebung wachsende Zuckerrohr zu Rum verarbeitet. *Aguardiente*, den Tresterschnaps, brennt man gleich nebenan. Abgefüllt, gelagert, probiert und verkauft wird gegenüber im Haus der *Syndicato de Cosecheros*. Eine kleine Ausstellung informiert dort über die Arbeitsschritte, und an einer Bar können Sie die diversen Erzeugnisse von Rum über Bananenlikör bis hin zu Kräuterschnaps verkosten. Für kleine Gruppen werden von Montag- bis Freitagvormittag Führungen organisiert (nach Voranmeldung). Dann lässt man Sie einen Blick in die wie eine mittelalterliche Alchimistenküche wirkende Destillerie werfen (Mo–Fr 9–18 Uhr, ✆ 922-450568 und 922-901831).

Hin & weg siehe San Andrés

Essen & Trinken **Mesón del Mar**, direkt am Hafen. Sehr schönes, im kanarischen Stil gebautes neues Haus. Selbstverständlich wird immer frischer Fisch serviert. Negativ ist allenfalls, dass die Aussicht vom schnuckeligen Balkon aufs Meer von Betonquadern, die als Wellenbrecher dienen, beeinträchtigt wird. Positiv ist, dass die Fischpreise trotz örtlichen Monopols nicht über dem Durchschnitt liegen. Hauptgericht 8–11 €. Mi–Mo 13–18 und 19–23 Uhr, Di Ruhetag.

Barlovento

2300 Einwohner

Eine ruhige, ländliche Gemeinde mit einem ebenso ruhigen gleichnamigen Hauptort. Grün ist die Umgebung, Wiesen, Weiden und Gemüsefelder umgeben den Ort, oberhalb wachsen Lorbeermischwald und Pinien. In den wärmeren Zonen weiter unten finden sich Bananenplantagen.

Barlovento heißt „Starker Wind", denn genau hier in der Nordostecke trifft der Passat auf La Palma. Dennoch muss niemand befürchten, von der Straße geblasen zu werden, üblicherweise ist der Passat sanft, nur manchmal kann er aufbrisen.

Der Hauptort der neun Weiler umfassenden Gemeinde mit 44 qkm gehört nicht gerade zu den Höhepunkten einer Inselrundfahrt. Aber wen es hierher zieht, der kommt ohnehin der Landschaft wegen – und die besteht vor allem aus Wald: 55 % der Gemeindefläche nimmt der Waldbestand ein. Und inmitten dieser weiten Pinien-, Lorbeer- und Fayal-Brezal-Zonen finden sich zahlreiche attraktive Ausflugsziele.

Manche lockt alljährlich auch eine besondere Fiesta: Am 7. Oktober findet die *Fiesta del Rosario* statt, bei der die Bewohner Barloventos eine Seeschlacht gegen die Türken aus dem Jahre 1571 nachspielen. In der *Seeschlacht von Lepanto* hatten Spanier und Venezianer in der letzten Galeerenschlacht der Geschichte die Türken vernichtend geschlagen. Was jedoch die Barloventer mit diesem Gemetzel in der Ägäis zu tun haben, wissen wir nicht, außer vielleicht, dass es eine der Schlachten Christen gegen Moslems (Mauren) war (bei der die Christen siegten), die überall in Spanien gern nachgespielt werden.

Information Im Zentrum, an der Plaza del Rosario, steht ein Infokiosk. Di und So geschlossen, an den anderen Tagen 10–14 Uhr, Sa zusätzlich auch 16–18 Uhr.

Hin und weg Pkw: Barlovento liegt an der LP 1, der die gesamte Insel umrundenden Landstraße.

Bus: Linie 100 – die Nordrunde, vgl. S. 50.

Einkaufen Im Ort gibt es Supermärkte, zudem am 2. So im Monat kleines Bauernmarktangebot im Kiosk des Freizeitparks La Laguna.

Übernachten *** **Hotel La Palma Romántica**, das Hotel, im Stil eines Gutshofs mit rustikalem Charme gebaut, gilt als eines der schönsten auf der Insel. 41 große Zimmer und Suiten sowie Restaurant, Außen- und Innenpool, Kaminzimmer, Internetzugang, Sporteinrichtungen und Sauna (Spa-Bereich) gehören dazu. Mit einer gründlichen Restaurierung könnte das Hotel den vierten Stern sicherlich zurückerobern, den es vor ein paar Jahren verlor. Auf dem Gelände des Hotels stehen auch Bungalows für Individualisten. DZ inkl. sehr reichhaltigem Frühstück ab 50 €. Las Llanadas, 38726 Barlovento, an der Nebenstrecke LP 111 oberhalb von Barlovento, ausgeschildert. ✆ 922-186221, ℻ 922 186400, www.hotellapalmaromantica.com.

Turismo rural In diesem ländlichen Gebiet gibt es selbstverständlich auch zu Ferienhäusern ausgebaute Bauernhäuser des Turismo rural, vgl. S. 58.

Zelten Einen attraktiven Zeltplatz, auf dem auch einfache Hütten gemietet werden können, hat die Gemeinde im Naturpark La Laguna eingerichtet. Sehr schöne Umgebung. Parque La Laguna und weitergehende Angebote s. u.

Essen & Trinken **Pradera**, bei Einheimischen beliebtes Lokal für den Sonntagsausflug. Trotz rustikaler Tische und Bänke sowie eines offenen Kamins bleibt die Wartesaalatmosphäre. Die Portionen sind groß und preiswert wie dort.

››› Mein Tipp: **Las Goteras**, im Naturpark La Laguna. Das Restaurant im hübschen Steinhaus mit gemütlicher Einrichtung ist eine besondere Empfehlung für typisch palmerische Küche. Sehr große Speisekarte, auch mit Gerichten, die viel Arbeit machen und deshalb selten zu bekommen sind. *Quesoasado* z. B., im Ofen gebackener Ziegenkäse mit grünem Mojo als Vorspeise. Hervorragende, deftige Suppen, die schon reichen, um satt zu werden (ab 3 €).

Der Nordosten → Karte S. 183

Hier gibt es auch ohne Voranmeldung *Puchero Canario*, den beliebten Gemüseeintopf (6 €). Die Fleischportionen sind groß und gut. Ziegenragout 8,50 €. Kein Wunder, dass das Restaurant auch bei Einheimischen sehr beliebt ist, besonders zur Mittagszeit an Wochenenden ist es hier rappelvoll. Mi–Mo 10–22 Uhr, Di Ruhetag. «

Umgebung von Barlovento

Freizeitpark La Laguna: Zuerst kommt ein Vulkankrater, der in ein Staubecken verwandelt wurde. Das hier gespeicherte Wasser wird über Kanäle bis in den Süden geleitet und bewässert dort die Bananenplantagen.

Das Gelände hinter dem Krater wurde als Naturpark angelegt. Es gibt einen Teich mit Wasservögeln und Aussichtsplätze. Der Kletterpark, die vielen Grillplätze mit Tischen und Bänken, sanitäre Einrichtungen und Wasserstellen machen den Park zu einer wirklich schönen Anlage, auf der man auch zelten kann. Gegenüber dem Eingang finden Sie einen Neubau, der ein *Centro de Artesanía* und ein *Centro de Interpretación* beherbergt. Einheimische Handwerksarbeiten kann man links kaufen, zu einer Ausstellung über die Natur (Geologie, Fauna und Flora) dieser landschaftlich herrlichen Region geht es nach rechts (tägl. 11–19 Uhr). Der Kiosk vor dem Parkeingang ist ein *Minimercadillo*. Hier verkaufen Bauern aus der Umgebung am 2. Sonntag im Monat ihre Erzeugnisse. Das Lokal Las Goteras (s. o.) macht die Anlage komplett.

Anfahrt Man erreicht La Laguna über die alte Straße von Barlovento nach Garafía, der LP 111, an der Zufahrt zum Hotel Romántica vorbei, ausgeschildert.

Zelten **Area de Acampada de La Laguna de Barlovento**, es gibt ausreichend Platz für Zelte und Caravans. Wer erst hier auf die Idee kommt, eine Nacht so naturnah zu verbringen, kann im Infobüro eine Cabana, ein Holzhäuschen mit vier Betten, mieten. Es gibt sanitäre Anlagen, Grillplätze und Freiluftküchen mit Tischen und Bänken. Sie machen das Campen geradezu komfortabel, ein preiswertes und gutes Restaurant gibt es ebenfalls vor Ort, das Las Goteras. Einziger Nachteil: Außerhalb der Sommermonate kann es kühl und feucht werden. Preise: Zelt 4,50 €, am Wochenende 9 €, Caravan 8 €, am Wochenende 15 €, Holzhausmiete mit Betten 20 €, am Wochenende 30 €, eigene Freiluftküche 5 €. Platzreservierung vor Ort im Informationsbüro tägl. 9–20 Uhr, ✆ 922-696023.

Las Miembras: Noch einmal 2 km weiter auf der alten Straße LP 111 nach Garafía erreicht man Las Miembras, eine Quelle mit romantischen *Grillplätzen*, die sich im Wald den Hang hinunterziehen. Kleine Sitzecken mit hölzernen Tischen und Bänken laden zum Picknick und die waldreiche Umgebung zum Spaziergang ein.

Mirador de la Montaña del Molino: Wenige Meter hinter der Ortsausfahrt der LP 1 nach Franceses/Gallegos zweigt rechts eine Piste zu dem Aussichtspunkt ab, der einen schönen Überblick über Barlovento, die Nordspitze der Insel und bei klarer Sicht (selten) auch auf die Caldera-Hänge erlaubt.

Mirador de la Tosca: An der LP 1, etwa 1 km hinter Barlovento in Richtung Gallegos, kann man vom erhöhten Aussichtspunkt auf den größten Drachenbaumhain hinunterschauen. Zwischen den Dragos verstecken sich alte Natursteinhäuschen. Die meisten sind verlassen, einige dienen noch als Wochenendhäuschen. Wer Lust hat hinunterzugehen: Es gibt einen Pfad sowie eine Piste neben dem Mirador.

Baden/La Fajana

La Fajana: In der *Naturschwimmbecken-Anlage* wurden von der Brandung in das Vulkangestein genagte Vertiefungen mit Mauern abgeteilt, so dass man nun gefahr-

Nordküste mit dem Drachenbaumhain von La Tosca

los planschen und schwimmen kann. Aber auch der direkte Zugang zum Meer ist möglich. Eintritt und Service sind gratis. Der Blick auf die Steilküstenkulisse aus ockerfarbenem Felsen ist fantastisch.

Die Anlage La Fajana umfasst verschieden große Becken und Plattformen mit Sonnenschirmen und Liegestühlen. Es gibt auch Umkleideräume mit Duschen und Toiletten. Ein Restaurant rundet das Urlaubsvergnügen ab. Auf einer kleinen Fläche dicht bei den Schwimmbecken besteht auch die Möglichkeit zu zelten. Doch es fehlt der Schatten, deshalb ist dieser Zeltplatz wenig zu empfehlen. Oberhalb der Badeanlage führt eine nette Promenade an einer einstöckigen Häuserzeile entlang. Wenn Sie den anschließenden Weg weitergehen, kommen Sie zu einem Naturbadeplatz mit Felsbrücke. Gehen Sie noch weiter geradeaus, können Sie nach etwas Kraxelei auf einer von Gischt umsprühten Lavaplatte spazieren. An ihren Rändern zeigen sich häufig flinke rote Krebse.

Anfahrt La Fajana ist über eine Asphaltstraße mit eigenem Fahrzeug zu erreichen. Die Abfahrt nahe Barlovento (Schild: „Piscinas de Fajana") ist gut asphaltiert und zweispurig. Es gibt auch einen Fußweg von Barlovento die Steilküste hinab. Da er aber rund 2½ Std. dauert und 800 Höhenmeter zu überwinden sind, sollten Sie wohl besser zumindest die Rückfahrt organisieren. Für die Gäste des Hotels La Palma Romantica gibt es einen Bus. Er fährt um 11 Uhr hinunter und um 16 Uhr wieder hinauf.

Übernachten **Apartamentos La Fajana**, die Apartments sind klein und einfach, aber nett eingerichtet mit Schlafzimmer, Wohnküche und Bad. Hier geht es ziemlich familiär zu, wenn noch zusätzliche Personen kommen, werden Klappbetten in die Wohnküche gestellt. Positive Leserstimmen. Die Besitzer führen die unübersehbare Bar/Cafeteria La Fajana an der Promenade. Wenn Sie am Telefon niemanden erreichen, fahren Sie einfach hin, außer in den Sommerferien ist fast immer noch ein Apartment frei. Apartment 36 €, wer länger als 3 Tage bleibt, zahlt nur 30 €. Miguel Ferraz, Apart. La Fajana 25A, 38726 Barlovento, ✆ 922-186162 und 646-618136 (mobil).

Essen & Trinken »» Mein Tipp: **La Gaviota**, an der Badeanlage; moderner Bau mit Panoramafenstern und großer Terrasse, von der man einen tollen Blick auf die Steilküste hat und dabei viele Stunden vertrödeln kann. Große Karte mit guten, einfachen Fischgerichten. Wir aßen *Choco a la Plancha* (Tintenfischart) und *Morena frita*, jeweils mit Kartoffeln und Salatbeilage für jeweils 6,50 € und waren sehr zufrieden. ✆ 922-186099. ««

Der Nordosten → Karte S. 183

Cumbre: ein Erlebnis bei jedem Wetter

Die Cumbres und die Caldera: Alle Gipfel und ein Bergkessel

Alpine Bergspitzen, Vulkankrater und Wälder, Felswände und schwarze Sanddünen, Zistrosenfelder, turmartige Natternköpfe, Zedern und Ericabäume: Die Vielfalt der Inselmitte macht La Palma zu einem Paradies für Wanderer und Naturliebhaber.

Allein auf dem Kesselrand der Caldera de Taburiente ragen zehn über 2000 m hohe Gipfel in den Himmel. Der höchste – *Roque de los Muchachos* – bringt es auf 2426 m. Dort oben warten Felssteige auf Wanderer, während sie unten auf dem Kesselgrund durch Urwälder entlang des Rio de Taburiente schreiten können.

Nicht weniger abwechslungsreich sind die *Cumbres*. Der mehr als 30 km lange Höhenzug teilt die Insel von Nord nach Süd; er wird von 120 Vulkanen gebildet, ihre Gipfel bleiben nur knapp unter 2000 m. Der höchste, der *Deseada*, reicht bis auf 1951 m. Die Krater ragen aus Pinienwäldern, sind umgeben von schwarzen Sanddünen und im Frühsommer von einem bunten Blütenmeer.

Die Cumbres und die Caldera

Die Cumbres

Die Höhenzüge der Cumbre Nueva (neuer Höhenzug) und der Cumbre Vieja (alter Höhenzug) bilden gemeinsam mit den Nordostwänden der Caldera die Klimascheide der Insel. Sie trennen La Palma in eine Ost- und eine Westseite.

Die Cumbres bilden eine Barriere für die Wolken, die der beständige Passat aus Nordosten mit sich führt. Sie machen den Westen der Insel zur trockeneren Sonnenseite. Insbesondere im „Winter", in den Monaten Oktober bis April, gelingt es den Wolken, die niedrigere Cumbre Nueva mit ihren 1200 bis 1400 m zu überwinden.

In der Vergangenheit trennten die Cumbres nicht nur die Klimazonen, sondern auch die Menschen. Die von der anderen Seite waren auch „die anderen", mit denen man kaum verwandtschaftliche oder freundschaftliche Kontakte hatte, sondern eher konkurrierte. Die Tunnels, die heute die Cumbre Nueva durchqueren und damit das Kernstück der Verbindungsstraße von *Santa Cruz* nach *Los Llanos* bilden, haben zwar eine schnellere Verbindung geschaffen, doch die alten Vorbehalte nicht beendet.

Im Wettbewerb „Wer hat die Nase vorn?" – die traditionsreiche Inselhauptstadt Santa Cruz oder das aufstrebende Zentrum des Westens – gewinnt häufig Los Llanos. Einen Busbahnhof gibt es schon seit den 1990er Jahren, während die Bürger von Santa Cruz noch immer darauf warten. Als 2006 Pläne für einen Autobahnab

Die Cumbres → Karte S. 200

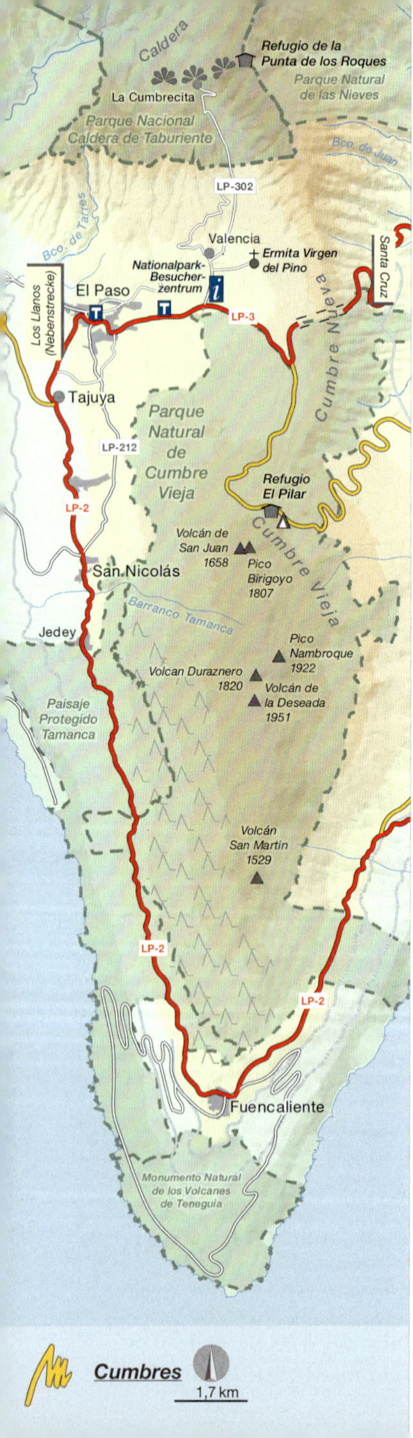

schnitt zwischen El Paso und Los Llanos bekannt wurden, ging die Modernisierung des Verkehrs aber selbst den Menschen auf der Westseite zu weit. Bürgerinitiativen verhinderten, zumindest vorläufig, die Vorbereitungsarbeiten in El Paso und Los Llanos. Allerdings waren die Menschen auf der Westseite verärgert, als das neue Krankenhaus oberhalb von Santa Cruz gebaut wurde und nicht auf ihrer Seite, obwohl der Westen mehr Einwohner hat. Die Cumbres, Grund für diese Neidereien, liegen ganz unschuldig in der Inselmitte und sind ein Eldorado für Natur- und Wanderfreunde.

Cumbre Nueva

An keiner Stelle der Insel sind die unterschiedlichen Klima- und Vegetationszonen La Palmas so gut zu beobachten wie im niedrigsten Teilstück der Gebirgsketten, der schmalen Cumbre Nueva.

Folgende geradezu klassische Situation kann der Reisende auf einer Fahrt von Osten nach Westen und durch den alten Tunnels erleben: In engen Serpentinen windet sich die Straße die Cumbre hoch. Die steilen Hänge zu beiden Seiten sind voller Brezo, der hoch wachsenden Erika, und Faya, ihrem unvermeidlichen Begleiter mit den glatten, dunklen Blättern, sowie verschiedener Lorbeerbaumarten. Am Boden stehen dicht an dicht Feuchtigkeit liebende Sträucher und Blumen. Mit zunehmender Höhe wird es kühler, die Feuchtigkeit verdichtet sich zu Nebel. Kurz vor dem Tunnel kann er so dicht werden, dass die Nebelscheinwerfer aktiviert werden müssen. Dann folgt die etwas holprige Tunneldurchquerung. Von oben tropft es, an den Wänden läuft Wasser herunter. Aber je näher das Tunnelende kommt, desto heller wird es. Die Sonne schickt ihre Strahlen voraus. Vor dem Tunnelausgang breitet sich dann die sonnendurchflutete Landschaft aus. Durch lichte Kiefernwälder geht es in sanften Schwüngen hinunter in Richtung El Paso.

Noch ein Naturschauspiel hat die Cumbre Nueva zu bieten: die *Cascada*, den Wasserfall. Der besteht aber nicht aus Wasser, sondern aus Wolken. Wenn es dem Passatwind gelingt, die Wolken direkt über den Grat der Cumbre zu schieben, fallen sie auf der Westseite herunter. Vielleicht 200 oder 300 m tief, dann werden sie in den wärmeren Luftschichten aufgelöst. Die endlos nach unten stürzenden Wolken, die scheinbar im Nichts verschwinden, gleichen tatsächlich einem riesigen, weißen Wasserfall. Für Wanderer ist es allerdings besser, wenn die Wolken dort bleiben, wo sie hergekommen sind: im Nordosten. Denn erst dann lohnt es sich, mit *Wanderung 15* den Cumbre-Grat entlangzuwandern (siehe „Kleiner Wanderführer" am Ende des Buchs).

Cumbre Vieja

Die Cumbre Vieja, der alte Höhenzug, macht seinem Namen keine Ehre: Er ist der jüngste vulkanische Teil des gesamten Archipels.

120 Vulkane reihen sich wie in einer Kette aneinander. Vulkanausbrüche wurden seit 1493 registriert, davon allein vier in den letzten 65 Jahren. Am Ende steht der 1971 letztmals ausgebrochene *Teneguía* an der Südspitze der Insel. Die gesamte obere Zone ist ab dem Refugio El Pilar (siehe unten) bis vor Los Canarios im knapp 7500 Hektar großen *Parque Natural de Cumbre Vieja* besonders geschützt.

1470/1492 (die Spanier und ihre Chronisten waren noch nicht auf der Insel, deshalb keine genauere Angabe) brach die *Montaña Quemada* (verbrannter Berg) am nordwestlichen Ende der Cumbre Vieja aus und schickte ihren Lavastrom am heutigen El Paso vorbei in Richtung Meer.

1585 eruptierte weiter südlich der *Tajuya* (Name aus der Sprache der Urbevölkerung). Seine Lava bedeckte einen Teil des südwestlichen Gemeindegebietes von El Paso.

... wenn die Passatwolke wie ein Wasserfall über die Cumbre schwappt

Die Cumbres → Karte S. 200

Die Pinie ist ein Überlebenskünstler

La Palma gilt zu Recht als die Waldinsel der Kanaren – mehr als 40 % seiner Oberfläche sind mit Wald bedeckt. Und der mit Abstand wichtigste und am weitesten verbreitete Baum ist die einheimische Kanarische Kiefer *(Pinus canariensis)* – 75 % des palmerischen Baumbestandes werden von diesem Überlebenskünstler gestellt.

Die Kanarische Kiefer wächst auf humusarmem, selbst steinigem Boden bis zur Baumgrenze von 1800 m Höhe – man trifft sie fast überall auf La Palma. Bis zu 30 m hoch können die Baumriesen werden, mit einem Stammdurchmesser von bis zu zwei Metern. Der immergrüne Baum ist der Hauptverantwortliche, wenn man La Palma die grüne Insel, *La Isla verde,* nennt. Ein Anpassungskünstler an die klimatischen Bedingungen der Insel ist die Pinie allemal, und immer mehr erweist sie sich zudem als Überlebenskünstler. Hier einige ihrer großartigen Fähigkeiten:

Ihre bis zu 30 cm langen Nadeln wachsen immer in Büscheln zu dritt. Damit kann die Pinie wie kein anderer Baum die Wolken und Nebelschwaden, die der Passatwind an ihr vorbei treibt, „melken". Man hat im Waldboden unter den Pinien dreimal mehr Wasser gemessen als unter anderen Bäumen.

Die außerordentlich dicke, mehrfach geschichtete Rinde wirkt nicht nur gegen Feuchtigkeitsverluste, sondern verhindert auch, dass bei den häufigen Waldbränden die Flammen durch die Rinde an das Holz dringen. Der Baum, dessen Kern, das sogenannte *Tea-Holz,* zudem besonders harzreich ist, verbrennt deshalb auch bei heftigstem Feuer selten. Und wenn er noch so schwarz aussieht, unter der angekohlten Fläche lebt er weiter.

Dass die Pinie die Waldbrände meist überlebt, verdankt sie einer weiteren speziellen Eigenschaft: Sie kann selbst nach einem Brand, bei dem sie ihre Äste verloren hat, direkt am Stamm wieder ausschlagen. Achten Sie einmal bei Wanderungen oder Fahrten durch Kiefernwälder darauf – aus kohlschwarzen Stämmen dringt frisches Grün. Gut beobachten kann man dies an der Cumbre Vieja. Dort hatte 2009 einer der größten Brände in der Geschichte La Palmas gewütet. Ihre relative Feuerfestigkeit verdankt die Pinie sicher der vulkanischen Geschichte der Kanaren. Wie sonst hätte sie sich gegen die zahlreichen Vulkanausbrüche schützen, wie sonst überleben können?

Die Piniennadeln filtern aus der Luft

Noch ein Wort zu den herabgefallenen Kiefernnadeln. Sie versäuern den Waldboden und verhindern so einen üppigen Unterwuchs. Deshalb findet man in den Kiefernwäldern fast nur die ab Februar blühende Asphodelie, die rosafarbene, im April und Mai blühende *Zistrose,* die weiß blühende Tagaste und die Sträucher des ebenfalls im Frühjahr blühenden Codeso, der dann leuchtend gelbe Akzente setzt. Auch für Wanderer kann der glatte Teppich aus Kiefernnadeln ungünstig sein; man rutscht leicht darauf aus.

1646 schob der Vulkan *San Martín* seinen gelbroten Kegel im Süden auf den Grat der Cumbre Vieja und bildete, nach Osten ausbrechend, den *Monte de Luna*, denMondberg.Zwischen **1676** und **1678** brodelte der *San Antonio* im Süden direkt unterhalb von Fuencaliente, auf dessen kreisrunder Krateröffnung man heute gefahrlos spazieren kann.

1712 versetzte der Ausbruch des *El Charco* (Die Pfütze) die Bevölkerung rund um El Paso erneut in Angst und Schrecken.

1949 war das Jahr mit den meisten vulkanischen Aktivitäten. Es begann am 24. Juni, dem Johannistag. Oberhalb des Dorfs San Nicolás öffnete sich eine Spalte, glühende Lava wälzte sich den Westhang hinab. Am selben Tag eruptierte auch der alte Krater *Duraznero*, auf dem Grat der Cumbre Vieja, seine Lava floss nach Osten ab. Anfang Juli wurden aus dem ebenfalls alten Krater *Hoyo Negro* (Schwarze Grube) Steine und Asche geschleudert. Aus dem *San Juan*, der neue Vulkan wurde nach seinem Geburtstag benannt, floss bis September Lava bis über die Steilküste hinunter zum Meer. Dort bildete sie bei ihrer Erstarrung neues Land, auf dem sich heute nicht nur Bananenplantagen befinden, sondern auch Strände wie die Playa Nueva.

Obwohl der Lavafluss oberhalb des Ortes San Nicolás begann, verschonte er, bedingt durch die Geländestruktur, den Kern des Dorfs (siehe auch S. 128). Den eindrucksvollsten Lavafluss La Palmas kann man von verschiedenen Straßen aus betrachten, z. B von der Verbindungsstraße von El Paso nach San Nicolás oder von der zwischen Los Llanos und Fuencaliente – hier wurde die Straße zwei Meter tief in die Lava gegraben – oder auch zwischen San Nicolás und Todoque, einer Strecke, die weitgehend auf dem Vulkanfluss erbaut ist.

1971 eruptierte der jüngste Vulkan des Archipels, der *Teneguía*, benannt nach dem heiligen Felsen der Urbevölkerung, dem *Roque Teneguía*. An diesem war eine heilkräftige heiße Quelle entsprungen, die allerdings bereits mit dem Ausbruch des San Antonio 1676 verschüttet worden war.

Den besten Blick auf diesen jüngsten Vulkan hat man vom Vulkan San Antonio aus. Der Ausbruch des Teneguía brachte übrigens eine Neuheit nach La Palma: den ersten Charterflug. Lehrer, Schüler und Eltern der deutschen Schule von Teneriffa hatten einen Flieger gemietet, um den Vulkanausbruch hautnah mitzuerleben.

Die Vulkangipfel ragen über die Vegetationszone hinaus. Sie zu erwandern gehört zu den eindrucksvollsten Erlebnissen, die La Palma bietet. Bizarre Landschaften, geformt aus Feuer, Schlacke und Asche, in Schwarz, Rot und Gelb kontrastieren mit den riesigen, grünen Kiefernwäldern und dem Blau des Meeres darunter (siehe Wanderung 17).

Wer es weniger anstrengend mag, dem bieten die Hänge der Cumbre Vieja auch leichtere Wandermöglichkeiten. Der Westhang, vollständig mit Kiefernwäldern bedeckt (→ Wanderung 16), sowie der Osthang, der die gleiche Vegetation wie die Cumbre Nueva aufweist, sind jeweils auf Forstpisten zu erwandern.

Sehenswertes

Centro de Visitantes – Besucherzentrum Nationalpark Caldera de Taburiente: Der klotzige Betonbau an der Landstraße LP 3 zwischen dem Tunnel und El Paso an der Abfahrt zur Cumbrecita ist nicht zu übersehen. Das Besucherzentrum zeigt eine Ausstellung zur Geologie, Geschichte, Flora und Fauna der Caldera, im Kinosaal laufen Filme zur Entstehung der Kanarischen Inseln und der Caldera (Infos via Kopfhörer auch in Deutsch). Infomaterial liegt aus, das Personal beantwortet Fra-

Die Cumbres → Karte S. 200

gen. Im Außenbereich wurde ein Garten mit inseltypischen Pflanzen angelegt. Wer in der Caldera zelten möchte, muss sich hier anmelden. Auch wer von der Cumbrecita den schönsten Blick in den Nationalpark Caldera de Taburiente genießen will, braucht meist eine Reservierung, siehe unten.

Tägl. 9–18.30 Uhr; ✆ 922-497277. Anfahrt per Bus, Linie 300 Santa Cruz–Los Llanos. Mit Auto oder Fahrrad einfach die Landstraße (LP 3) von El Paso in Richtung Tunnel hinauf.

Im Anschluss an den Besuch des Centro de Visitantes bietet sich ein Ausflug auf die Cumbrecita (siehe Zufahrt) und zur Ermita de la Virgen del Pino an.

La Cumbrecita

Den wohl schönsten Blick in den Kessel der Caldera de Taburiente hat man von der Cumbrecita und den beiden von dort zu erreichenden Aussichtsplätzen. Dieser Ausflug gehört deshalb zum Minimalprogramm jedes La-Palma-Urlaubers.

Schon der Blick vom Parkplatz zurück auf die Cumbre Nueva und das Tal, durch das Sie hochgekommen sind, ist hinreißend, der Blick in den Kessel einfach atemberaubend. Sie stehen mitten im Kreis der bis zu 2426 m hohen, steil aufragenden Kraterwände, unter sich den von Schluchten durchzogenen Krater, aus dem sich Felswände und Felsnadeln erheben. Die berühmteste ist der *Roque Idafe*, der heilige Fels der Urbevölkerung.

Hier dampft nichts mehr; nichts erinnert an den vulkanischen Ursprung dieser Landschaft. Im Gegenteil, die Caldera ist üppig grün, die Kiefern wachsen bis in 1800 m Höhe, im Frühjahr blühen die Codeso-Büsche leuchtend gelb und die Zistrosen rosafarben. Und wer nicht gerade im Sommer oder Frühherbst hier ist, hört das Rauschen der Bäche und Wasserfälle.

Den *Mirador de los Roques* , der auf einem Felsen in die Caldera hineinragt, erreichen Sie auf einem bequemen Fußweg in 15 Min., indem Sie dem breiten Weg nach Westen folgen.

Der zweite Aussichtsplatz, der *Mirador de las Chozas* , liegt etwas nach Osten versetzt unterhalb der Cumbrecita. Sie nehmen den Pfad am Informationshäuschen vorbei und biegen dann nach links ab. In vielen Stufen und Kehren windet er sich hinab.

Als **Schnuppertour** empfehlen wir einen sehr schönen *Rundgang* von etwa einer Stunde, bei dem Sie beide Aussichtspunkte, die Miradores, besuchen. Wegen des schmalen Weges und der kurzen, rutschigen Wegpassagen sollten Sie Schuhe mit Profilsohle tragen. Empfindlichen Wanderern kann es am Hang schwindelig werden.

Ausgangspunkt ist der Parkplatz Cumbrecita. Sie nehmen den breiten Weg nach Westen und erreichen nach gemächlichen 15 Min. den mit Holzgittern begrenzten Aussichtsplatz Las Chozas. Nachdem Sie den fantastischen Blick genossen haben, gehen Sie ca. 200 m zurück. Dort zweigt ein schmaler Pfad nach links unten ab, auf dem Sie weitergehen. Zweimal überqueren Sie kleine Holzbrücken über kleine Schluchten. Nach etwa 40 Min. Gesamtwanderung stößt der Pfad auf einen Weg, dem Sie nach links zum Mirador de los Roques folgen. Von dort haben Sie einen freien Blick in die Caldera-Runde. Für den Rückweg zum Parkplatz gehen Sie diesen Weg zurück und folgen ihm geradeaus nach oben über viele Serpentinen zum Ausgangspunkt.

Beschränkte Zufahrt Weil der kleine Parkplatz nicht ausreicht, wird die Zufahrt zwischen 9 und 16 Uhr per Schranke für Pkw, die keine Reservierung haben, geschlossen, Busse und Taxen haben weiterhin Durchfahrt. So können Sie reservieren: Entweder gehen Sie zur Touristinformation in El Paso oder ins o. g. Besucherzentrum und lassen reservieren – oder Sie reservieren selbst im Internet – Spanischkenntnisse vorausgesetzt. Sie beginnen mit www.reddeparquesnacionales.mma.es, dann klicken Sie sich bis zum Antrag durch. Oder Sie schenken sich die ganz Bürokratie und fahren vor 9 oder nach 16 Uhr auf die Cumbrecita, dann ist das Licht dort oben sowieso am Schönsten.

Anfahrt La Cumbrecita ist am einfachsten mit dem **Mietfahrzeug** zu erreichen. Am Besucherzentrum biegt die Zufahrtstraße links ab, den Hinweisschildern „Parque nacional" folgen; sie führt durch herrlichen Kiefernwald in Serpentinen hinauf zum Parkplatz. Unterwegs passieren Sie auf Höhe der Holzhäuser von Riachuelo, einer Einrichtung für Schulklassen und Jugendgruppen, eine hoffentlich für Sie geöffnete Schranke.

Information Am Parkplatz steht ein Informationshäuschen, das tagsüber mit einem Mitarbeiter des Nationalparks besetzt ist. Hier bekommen Sie Infomaterial und Tipps sowie Hinweise zum Zustand der Wanderwege.

Wanderung Ohne Fahrzeug lässt sich die Cumbrecita mit einer schönen, allerdings durch viel Auf und Ab, anstrengenden Wanderung von 4 Std. (= eine Richtung) erreichen. Sie verlassen dazu den Bus am Besucherzentrum (dort gibt es eine Wanderskizze in einem Faltblatt). Dann geht es zunächst zur Ermita de la Virgen del Pino (siehe unten), Autofahrer können auch hier starten. Die Wanderung führt mit dem ausgeschilderten PR LP 1 bergauf, biegt dann aber ausgeschildert nach Norden ab und endet nach viel Auf und Ab am Aussichtpunkt. Für den Rückweg können Sie alternativ den Guide vor Ort bitten, ein Taxi zu rufen (oder es vorher bestellen: ✆ 922-416070) oder auch die wenig befahrene Straße nehmen, das geht schneller und ist bequemer als denselben Weg zurückzugehen.

Ermita de la Virgen del Pino

In der vor der Kapelle stehenden Pinie soll der Legende nach die Jungfrau Maria erschienen sein. Dieser Baum übertrifft alle umstehenden an Größe und Alter, bis auf 600 Jahre wird er geschätzt. Nicht zufällig steht die Kapelle am Fuß des alten, mit Steinen gepflasterten Wegs *Camino real*. Er windet sich steil die Cumbre Nueva hinauf, überquert sie, um auf der anderen Seite wieder hinunter nach Breña oder Santa Cruz zu führen. Früher war dies der Verbindungsweg zwischen den beiden Inselseiten. Vor oder nach dem mühsamen Aufstieg konnten die Wanderer in diesem Kirchlein beten. Auch Sie können diesen Weg nehmen. Er ist als **Wanderung PR LP 1** ausgeschildert und gelb-weiß markiert. Bis auf den Cumbre-Grat müssen Sie mit einem 1½ Std. steilen Anstieg (500 Höhenmeter) rechnen, dann geht es bergab. Nach weiteren zwei Stunden erreichen Sie San Pedro.

In dieser Pinie soll die Jungfrau Maria erschienen sein

In der meist verschlossenen Kapelle befindet sich eine *Marienstatue*. Sie wird alle drei Jahre im August in einem prächtigen Umzug, an dem sich alle Gemeinden der Insel mit geschmückten Wagen beteiligen, für eine Woche nach El Paso geführt. Dieses eigentlich kirchliche Fest ist wie auch anderswo Anlass

Die Cumbres → Karte S. 200

für eine ausgelassene Fiesta mit Tanz, Theater, Folklore und Pferderennen. Die Rückführung der Statue gibt dann noch einmal Gelegenheit, ausgiebig zu feiern. Auf der hinter der Kapelle liegenden Waldbühne wird gesungen und musiziert. Im Wald lagern die Großfamilien vom Säugling bis zur Urgroßmutter bei üppigem Essen und Vino.

Sie erreichen die Kapelle, die deutlich sichtbar am Fuß der Cumbre Nueva steht, auf dem Weg zur Cumbrecita. Nachdem Sie von der Landstraße (LP 3) abgebogen sind, nehmen Sie an der ersten Kreuzung die Straße nach rechts, sie führt zur Kapelle.

Centro recreativo Refugio El Pilar

Die Spanier und besonders die Palmeros lieben die Natur. Sie lieben es, in der Schönheit der Landschaft mit der ganzen Familie den Sonntag zu verbringen, im Freien zu grillen, zu kochen, zu essen und zu trinken und danach ein Nickerchen zu machen, während die Kleinen sich im Wald oder auf dem Spielplatz tummeln. Kein Wunder also, dass an den schönsten Orten der Insel Plätze geschaffen wurden, auf denen man all diese schönen Dinge tun kann. Solche Plätze heißen *Refugios* oder bürokratischer (auch auf den Hinweisschildern) *Centro/Nucleo recreativo*.

Das Refugio El Pilar ist ein solcher Ort. Am Grenzpunkt der beiden Cumbres auf einer großen Waldlichtung gelegen, bietet es alles, was das Herz des Picknickfreundes begehrt: rustikale Tische und Bänke, Grillplätze mit Feuerholz, Frischwasserquellen, feste Gebäude mit Toiletten und einer Ausstellung, einen schönen Waldspielplatz und viel Platz, um sich auf weiche Kiefernnadeln zu betten. Wer sich informieren möchte, besucht im Gebäude eine Ausstellung zum *Parque Natural de Cumbre Vieja*, der sich von hier nach Süden ausdehnt. Wer länger bleiben möchte, findet im Servicegebäude Übernachtungsplätze und gegenüber einen Zeltplatz. Bevor der Schlafsack ausgerollt wird, muss man sich allerdings eine Genehmigung besorgen (vgl. „Zelten", S. 60). Und nur wenige hundert Meter von El Pilar nach Osten kann man sich im Kletterpark **Acropark** von Ast zu Ast schwingen.

Mi–So 10–18, im Sommer 10–20 Uhr. Eintritt je nach Alter und Aufenthaltdauer 6,50 bis 28 €. www.acropark.es.

Schon die **Anfahrt** ist den Ausflug wert. Sie erreichen das Refugio El Pilar mit **eigenem Fahrzeug**, wenn Sie von El Paso aus an der Zufahrt zum neuen Tunnel vorbeifahren und dem weiteren Straßenverlauf folgen, Ausschilderung „Zona recreativa"; sie führt hinauf, vorbei an Fayal-Brezal-Bewuchs, durch Pinienwaldgebiete, später durch die herrlichen Lava- und Aschefelder von *Llanos de Jable* und gibt auch ständig herrliche Ausblicke auf El Paso und das Aridane-Tal frei.

Das Refugio El Pilar ist Ausgangpunkt mehrerer Wanderungen:

- Wanderung 15: Über die Cumbre Nueva – von El Pilar zum Reventón-Pass → S. 253
- Wanderung 16: Von Llanos de Jable nach Hoyo de la Sima oder weiter bis Fuencaliente → S. 255
- Wanderung 17: Route der Vulkane – von El Pilar über die Cumbre Vieja nach Fuencaliente →S. 257

Auf dem Rand der Caldera

Caldera de Taburiente

Sie ist die Attraktion der Insel und das Herzstück La Palmas: die Caldera de Taburiente, der Nationalpark. Wer La Palma besucht und nicht wenigstens einen Spaziergang an der Cumbrecita macht, nicht wenigstens den Blick über den Rand ins Kesselinnere genießt, hat La Palma nicht erlebt.

Bis zu 1800 m hohe Felswände umschließen den 9 km breiten Kessel. Hochalpin wirken sie, manchen erinnern die Felswände an die Dolomiten. Mit 2426 m ist der *Roque de los Muchachos* der höchste Gipfel des Kraterrandes. Folgerichtig wurde dort auch das *Observatorium* errichtet, eines der größten der nördlichen Hemisphäre (Kastentext „Die Sterngucker", S. 215).

Auf dem Grund der Caldera verbreitern sich Bäche zu Bassins, donnern (zumindest im Winter) Wasserfälle herab, sammelt sich das Wasser von mehr als einhundert Quellen. Es wird ab *Dos Aguas* in Rohren und Kanälen hinunter zu den Plantagen geleitet.

Aber auch innerhalb des Kessels (nichts anderes heißt „Caldera") sorgt das Wasser der Quellen und die Feuchtigkeit der Passatwolken für verschwenderisches Grün: Pinien natürlich, aber auch Weiden entlang der Wasserläufe, vereinzelt Lorbeerbäume auch hier. Endemische Pflanzen sprießen aus den Felsspalten – Wurze und Tagasten, ein hier heimischer weiß blühender Schmetterlingsblütler, Ginster, Veilchen und selbst Zedern. So viel Grün auf Höhe der Sahara, solche Felswände inmitten subtropischer Pflanzenwelt, solche Stille auf einsamen Wegen – das ist Erholung für jeden gehetzten Mitteleuropäer, wie sie schöner kaum denkbar ist.

1954 wurde die Caldera de Taburiente zum *Nationalpark* erklärt. Diesem Akt ging ein mehr als 400 Jahre währender Rechtsstreit voraus. Der Eroberer La Palmas, Alonso de Lugo, hatte die Caldera als wertvollstes (weil wasserreichstes) Gebiet der

 → Karte S. 206

Insel Mitstreitern als Beute für ihren Kampfeinsatz zugesprochen. Gleichwohl erklärte bald nach ihrer Gründung die Gemeinde El Paso ihren Anspruch darauf. Sie bezweifelt die Rechtmäßigkeit der Besitzurkunden und ging zudem davon aus, dass die Caldera de Taburiente und damit das Wasser nur öffentlicher Besitz sein könne, weil sich im Kessel die Niederschläge auch der Anrainer sammeln. Der Privatbesitz und damit eine Nutzung des Wassers nach Gutdünken einiger weniger sei damit auszuschließen. 1953 bestätigte der oberste spanische Gerichtshof die Rechtmäßigkeit der Übereignung an Privatpersonen. Auf Antrag der Gemeinde El Paso wurde die Caldera de Taburiente 1954 zum Nationalpark erklärt. Dennoch ist sie auch heute noch Privateigentum, unterliegt aber den Gesetzen des Nationalparks und erlaubt innerhalb seiner Grenzen keine private oder wirtschaftliche Nutzungsänderung. Die Interessen der Besitzergemeinschaft, sie wuchs im Laufe der Jahrhunderte auf 2000 Personen, wurden bei der Ziehung der Parkgrenze berücksichtigt. Sie verläuft z. B. bei *Dos Aguas,* dem Zusammenfluss der Bäche. Damit kann das

Wasser nur wenige Meter weiter aufgefangen und in eine der Besitzergemeinschaft gehörende Wasserleitung eingespeist werden.

1981 wurde das zum Nationalpark gehörende Terrain in Zonen eingeteilt. Es gibt Bereiche, die der Öffentlichkeit nicht zugänglich sind, in denen der Schutz der Tiere und Pflanzen Vorrang hat vor dem Erholungsbedürfnis der Urlauber. Das Gebiet um den Roque Idafe ist eine solche Zone. Und es gibt Bereiche, die nur Wanderern offenstehen. Für sie hat die Nationalparkverwaltung Wege und Rastplätze angelegt. In einer solchen Zone kann auch mit Erlaubnis gezeltet werden.

Selbst in der Abgeschiedenheit des Nationalparks gibt es keine gefährlichen und kaum wilde Tiere. Wann immer es über Ihnen krächzt, sind *Graja*-Schwärme unterwegs – die einheimische Caldera-Krähe mit rotem Schnabel und roten Füßen. Und wann immer es neben Ihnen raschelt, sind das nur Eidechsen, harmlose Pflanzenfresser. Erwähnenswerte Säugetiere gibt es gerade drei: ausgesetzte, dann verwilderte Katzen, Kaninchen natürlich, wie überall auf La Palma, und schließlich Mufflons, scheue Mähnenschafe, die in den 1950er-Jahren ausgesetzt wurden, damit den Jägern ab und zu etwas Nennenswertes vor die Flinte gerät. Damals dachte man anders über den Naturschutz. Heute werden diese Tiere von Umweltschützern als Plage empfunden, denn sie fressen seltene Pflanzen, und es gibt heftigen Streit darüber, ob sie aus dem Park entfernt werden sollen oder nicht.

Geologie der Caldera

Lange Zeit nahm man an, dass die Caldera La Palmas der größte Vulkankrater der Welt sei, inzwischen weiß man es besser. Bei jener Annahme ging man davon aus, dass die Caldera de Taburiente ein Einsturzkrater sei. Ein Krater also, der dadurch entsteht, dass bei einem Vulkanausbruch der Kegel und die darunter liegende Magmakammer leergeschossen werden und in sich zusammenbrechen. Wie unstrittig diese Theorie war, zeigt sich daran, dass *Caldera* von hier aus zum geologischen Fachbegriff für ebensolche Einsturzkrater wurde. Der Name blieb, obwohl die Fachwelt inzwischen davon ausgeht, dass die Form der Caldera auf La Palma nicht durch Einsturz eines einzigen Vulkankraters entstand, sondern durch Erosion von mehreren vulkanischen Gebirgszügen, die sich über Jahrtausende nebeneinander aufgebaut hatten. Wetter und Wasser waren am Werk und haben dieses tadellose Rund entstehen lassen.

Von einem Gewässer stammt der zweite Teil des Namens, vom Fluss *Taburiente*, der als der einzige Fluss der Kanarischen Inseln gilt. Innerhalb der Parkgrenzen schäumt er insbesondere nach Regenfällen breit über sein felsiges Bett, an der Parkgrenze wird sein Wasser abgeleitet und zur Bewässerung der Felder und Plantagen genutzt, übrig bleibt meist nur noch ein Rinnsal.

Entstanden ist dieses gewaltige Bergmassiv 4000 m unter dem Meeresspiegel. Serien von Vulkanausbrüchen und tektonischen Bewegungen haben es in die Höhe geschoben. Beweise dafür findet man auf dem Grund des Barranco de las Angustias. Hier liegt die sogenannte *Kissenlava*: große, glatte, rundliche, wie riesige Kissen aussehende Gesteinsbrocken, die nur bei einem unterseeischen Vulkanausbruch entstehen, immer dann also, wenn kaltes Wasser sofort die glühende Lava umhüllt, abkühlt und damit festigt, so dass sie keine Zeit findet, noch auseinanderzufließen.

Auf diesem ehemals *unterseeischen Sockel*, der heute bis auf ungefähr 800 m reicht, lagerten sich Lavaströme späterer, überseeischer Ausbrüche ab. Sie sind größtenteils wasserdurchlässig. Beide Teile sind durch horizontal und vertikal verlaufende Gesteinsgänge miteinander verbunden. Diese Gänge entstanden, als das Gestein bei späteren Vulkanausbrüchen, denen Erdbeben vorausgingen, riss und in diese Risse basaltische Lava gedrückt wurde, die dort erkaltete. Zwischen diesen undurchlässigen Gesteinsgängen sickert das Regenwasser, bis es auf ebenfalls undurchlässige Gesteinsschichten trifft, und findet als Quelle den Weg nach außen oder wird durch eine „Galerie“ (einen Stollen) abgeführt.

Erdgeschichtlich ist die Caldera de Taburiente und damit La Palma noch im zarten Kindesalter. Auf zwei bis vier Millionen Jahre wird sie geschätzt. Zum Vergleich: Die Kanareninsel Fuerteventura soll 16 Millionen Jahre auf dem Buckel haben.

Geschichte der Caldera

Die Caldera bildet nicht nur das geografische Zentrum La Palmas, sie war immer auch ein Ort, der seiner auffälligen Formung wegen einen besonderen Reiz auf die Menschen ausübte.

Bei den Altkanaren bildete die Caldera das Gemeindegebiet Acero, und in ihrem Zentrum stand und steht immer noch der *Roque Idafe*, der heilige Felsen der Urbevölkerung La Palmas. Dieser 200 m hohe, schlanke Monolith ragt phallusförmig aus dem Kraterzentrum hervor. Die damaligen Bewohner der Insel waren in ständiger Sorge, dass er umfallen könnte (!), und bemühten sich, ein solches Ereignis durch häufige Opfergaben zu verhindern. Ein Chronist beschreibt den Vorgang so (aus einer auf La Palma gefundenen Handschrift, übersetzt von dem britischen Reisenden *George Glas*, erstmals veröffentlicht 1777):

> *... so oft sie daher ein Schaf oder eine Ziege schlachteten, brieten sie ein Stück davon und schickten es durch zwei Personen dem Felsen als Geschenk. Im Hingehen sang derjenige, der das Opfer trug, die Worte: ‚A Igui da, y Iguan, Idafe!‘ Das heißt in ihrer Sprache: ‚Er will fallen, Idafe!‘ Der andere antwortete darauf im nämlichen Ton: ‚Guegerte, y guantaro.‘ Das heißt ‚Gib ihm, und er wird nicht fallen.‘ Darauf warfen sie das Fleisch hin, und beide gingen weg; worauf es von den Raben, die um den Felsen herumschwärmten, bald verzehrt wurde.*

Dass die Raben, tatsächlich waren es die hier heimischen Grajas, das Opfer verzehrten, war auch beabsichtigt. Sie galten als die Seelen der Verstorbenen und als Mittler zwischen Göttern und Menschen. Ein von ihnen gefressenes Opfer galt als angenommen.

Die entscheidende und letzte Aktion der Eroberung La Palmas fand ebenfalls in der Caldera de Taburiente statt. Der Bezwinger La Palmas, *Alonso de Lugo*, hatte als kluger Feldherr erkannt, dass diese Felsenburg uneinnehmbar sein würde. Er konzentrierte sich deshalb darauf, zunächst alle anderen Stämme der Insel zu unterwerfen. Erst dann versuchte er einen Einfall in das Gebiet Acero, stieß dort aber auf den hartnäckigen Widerstand der Caldera-Bewohner unter Führung ihres Stammesfürsten *Tanausú*.

Schnell erkannte Lugo, dass ständiges Anrennen gegen dieses leicht zu verteidigende Gebiet erfolglos bleiben würde, und versuchte es, wie spanische Eroberer noch häufig in der Geschichte, mit Betrug. Unter dem Vorwand, sich waffenlos zu Verhandlungen

Wasser als Handelsware

„Was mich auf La Palma stört, sind die oberirdischen Rohre und Wasserkanäle, die jedes Grundstück, jede Landschaft durchschneiden." Karin aus Bremen ist ehrlich entrüstet über soviel Unordnung und über die Verschandelung der herrlichen Natur. Wenn sie dann auch noch auf hässliche Betonkästen und offene Wassertanks in den Bananenplantagen stößt, ist Karin sicher: „Das ist ja eine komische Wasserwirtschaft hier."

In der Tat hat die palmerische Wasserwirtschaft bislang wenig mit der deutschen gemeinsam. Es gibt erst seit kurzem eine öffentliche Versorgung mit Wasser; der Großteil der Haushalte außerhalb der Städte und die Landwirte verschaffen sich ihr Wasser aber noch immer privat. Jeder Grundstückseigentümer muss von einer Gesellschaft für den privaten oder landwirtschaftlichen Verbrauch ein oder mehrere Wasserrechte kaufen oder mieten. Ein solches „Derecho" liefert etwa einen halben Liter Wasser pro Minute – 24 Stunden täglich, an 365 Tagen im Jahr. Das Wasser wird über kilometerlange, betonierte Wasserleitungen oder Rohre von den Quellen oder Wasserstollen zu den Verteilerstationen geleitet, eben jenen hässlichen Betonkästen. Von denen aus hat dann der Käufer oder Mieter für die Weiterleitung „seines" Wassers auf sein Grundstück zu sorgen. Meist in überirdischen Rohrleitungen, weil das Absenken in den felsigen Grund viel zu kostspielig wäre.

Das ständig aus der Leitung fließende Wasser muss aufgefangen und für den Verbrauch zwischengelagert werden – in riesigen, meist offenen Tanks für die Landwirtschaft, im *Bidón*, einer geschlossenen Wassertonne auf dem Dach, für den Hausgebrauch.

„Warum deckt man die Wassertanks nicht ab, da verdunstet doch unheimlich viel", wundert sich die Touristin aus Bremen, „aus den brüchigen Kanälen sickert's ja überall heraus." Tatsächlich wird auf La Palma, der wasserreichsten Insel des Archipels, mit dem kostbaren Nass manchmal sorglos umgegangen. Der Wasserreichtum (pro Einwohner steht etwa doppelt so viel zur Verfügung wie auf der ebenfalls grünen Insel La Gomera) stammt aus etwa 120 Quellen, die größtenteils in der Caldera de Taburiente entspringen. Auf Schritt und Tritt trifft man dort auf Bäche und Wasserfälle und im Tal auf Stationen, die das Wasser in Kanäle leiten. Das meiste Wasser wird aber in Stollen, den „Galerías", aufgefangen, Wasser, das sonst im Berg versickern würde. Eine geringere Rolle bei der Wasserversorgung der Insel spielen Brunnen. Es entsteht der Eindruck, die Wassermengen seien unerschöpflich, wahr ist aber, dass die Fördermengen geringer werden. Auch der Grundwasserspiegel sinkt.

Noch gibt es hier keine Wasserknappheit wie auf den östlichen Kanarischen Inseln, dennoch werden Bananenplantagen und steigende Touristenzahlen den Wasserverbrauch beträchtlich erhöhen. Aber auch auf den Kanaren ändern sich die Zeiten. Die Provinzregierung hat ihre Verantwortung für die Wasserqualität per Gesetz erklärt und begonnen, offene Kanäle abzudecken oder durch Rohre zu ersetzen. Die Inselverwaltungen beginnen, eigene Wasserreserven anzulegen, indem sie in Staubecken Quellwasser auffangen und selbst Galerien in den Fels treiben. Die Orte sind inzwischen an ein öffentliches Wasserrohrnetz angeschlossen.

treffen zu wollen, lockte er Tanausú und seine Unterführer aus dem Kessel, um sie dann in Ketten zu legen. Der Rest war dann schnell erledigt: Tanausú wurde in Richtung Spanien verschifft, entzog sich dem Schicksal einer schmachvollen Gefangenschaft aber durch einen tödlich endenden Hungerstreik. Tanausú ist noch heute der größte Held der Palmeros. Auf seinen Namen werden nicht nur Kinder getauft, auch zahlreiche Geschäfte schmücken sich damit.

Aus Sicht der Eroberer ist diese Geschichte in den historischen Quellen beschrieben, nachzulesen in „Geschichte der Entdeckung und Eroberung der Kanarischen Inseln", hg. von *George Glas*, Biblioteca Canaria. Der deutsche Wissenschaftler und Autor *Harald Braem* hat sie in den Mittelpunkt eines Romans über das Leben der Altkanaren gestellt: „Tanausú, der letzte König der Kanaren", Zech-Verlag (vgl. Büchertipps, S. 70).

Information Das Besucherzentrum des Nationalparks liegt verkehrsgünstig an der LP 3 oberhalb von El Paso → S. 203. Daneben stehen an den Hauptbesuchspunkten Kioske, in denen Mitarbeiter Informationen zu allen interessierenden Fragen, auch zum Zustand der Wege geben. An den Kiosken können Sie sich auch mit Informationsmaterial und Karten versorgen.

Drei Standorte gibt es: an der Cumbrecita; auf halbem Weg hinunter in den Barranco de las Angustias; und am Parkplatz auf dem Roque de los Muchachos. Zusätzlich gibt es ein Info- und Servicezentrum am Waldcampingplatz in der Caldera de Taburiente (nur über Wanderung 20) zu erreichen.

Aussichtspunkt am Roque de los Muchachos

Anfahrt Es fahren keine öffentlichen Busse in den Kessel hinein. Taxis fahren bis zur Furt in den Barranco de las Angustias, von dort aus können Sie wandern oder einen Fahrdienst nutzen. Die Furt erreichen Sie auch mit dem Mietwagen ab Los Llanos. Wegbeschreibung und Anfahrt zum Aussichtspunkt Los Brecitos siehe unten.

Übernachten Im Barranco de las Angustias, am Nordhang, auf halbem Weg in das Caldera-Rund, wurden im verlassenen Dorf „Hacienda de la Cura" mehrere Bauernhäuser zu komfortablen, rustikalen Ferienhäusern umgebaut. Wer hier wohnen möchte, sollte einen Geländewagen mieten, denn der tägliche Bedarf muss über die schwierige Wegstrecke herangeschafft werden. Dafür wohnt man hier so abgeschieden wie nur an wenigen Plätzen. Vermietet werden die Häuser über die „Asociación Turismo Rural – isla bonita", S. 58.

Mitten im Kessel der Caldera gibt es einen wunderschönen **Waldcampingplatz** der Nationalparkverwaltung mit Holztischen und -bänken, oberhalb des Wasserlaufs, der Frischwasser liefert. Das **Informations- und Servicezentrum** bietet nicht nur Infos und eine Ausstellung über Flora, Fauna und Geologie der Caldera de Taburiente – besonders eindrucksvoll ist ein Modell des Massivs –, sondern auch Toiletten für Camper. Wer hier zelten möchte, benötigt einen Erlaubnisschein, zu erhalten im Besucherzentrum der Nationalparkverwaltung (→ S. 203). Die Zahl der Besucher ist begrenzt, man kann also auch abgelehnt werden. Der Platz ist nur mit den Wanderungen 19 und 20 zu erreichen. Vor Ort ist kein Laden, d. h. neben der Zeltausrüstung müssen auch Lebensmittel hinaufgetragen werden. Die Guides der Parkverwaltung organisieren kostenlose geführte Touren für Camper in die Umgebung, 5 Personen müssen es aber mindestens sein.

Einige der Observatorien auf dem Roque de Los Muchachos

Ausflüge

Cumbrecita

Der herrliche Aussichtsplatz bietet die einfachste Möglichkeit, in das Caldera-Rund zu schauen. Der Ausflug ist auf S. 253 beschrieben.

Los Brecitos

Ein herrlicher Aussichtplatz in der nördlichen Caldera-Wand des Kessels. Er ist Ausgangspunkt für die klassische große Rundwanderung *(Wanderung 19)*, motorisiert eine schwierige Strecke von etwa 1½ Stunden ab Los Llanos. Auch für Mountainbiker ist dieser Ausflug geeignet. Zu Fuß müssten Sie 10 km und gut 850 Höhenmeter bergauf gehen – sparen Sie Schweiß und Zeit für schönere Touren. Wir empfehlen: Nutzen Sie in der Furt den Jeep/Microbusservice – so sparen Sie Nerven, schonen die hier besonders schützenswerte Umwelt und zahlen 10 € für die Strecke. Abfahrten nur bis 12 Uhr. Wenn Sie von Los Brecitos mit dem Fahrdienst wieder zurückfahren wollen, müssen Sie das mit dem Fahrer vereinbaren, denn üblicherweise starten die Mitfahrer von hier aus zur Wanderung.

Anfahrt zur Furt: Los Llanos in nördlicher Richtung verlassen, dann den Hinweisschildern folgen. Ihr Ziel können Sie jetzt nicht mehr verfehlen, Sie folgen nur noch dem Fahrweg. In engen Kurven geht es in den *Barranco de las Angustias* hinunter. Dort können Sie Ihren Mietwagen auf einer großen Parkfläche abstellen und in die Jeeps umsteigen, die Sie nach Los Brecitos hinaufchauffieren oder von hier die *Wanderung 20* im Schluchtbett starten.

Caldera de Taburiente → Karte S. 206

Das ist der Gipfel

Roque de los Muchachos

Als Tagesausflug mit dem Mietwagen. Von Los Llanos aus empfiehlt es sich, diesen Ausflug im Rahmen der kleinen Nordumrundung zu machen. Von Santa Cruz aus können Sie den Roque de los Muchachos direkt über Mirca anfahren. In jedem Fall führt eine Straße in gutem Zustand durch herrliche Wälder und vorbei an vielen schönen Aussichtspunkten. Vom Roque de los Muchachos aus haben Sie bei klarem Wetter fantastische Ausblicke über die gesamte Insel und hinein in den Kessel der Caldera. Selbst wenn Sie Ihren Ausflug an einem wolkigen Tag unternehmen, hat das seinen Reiz. Der Rand der Caldera liegt fast immer über den Wolken. Vom Parkplatz am höchsten Punkt, dem Roque de los Muchachos, kann man einen schönen Spaziergang oder eine kleine Wanderung (mit gutem Schuhwerk) auf angelegten Wegen am Caldera-Rand machen. Der Weg zum *Espingon*, dem letzten der drei Aussichtplätze, beträgt mit einigem Auf und Ab je 800 m. Schwindelfrei sollten Sie schon sein, damit Sie ihn genießen können. Aber genau so interessant wie der Blick in die Tiefe sind die Observatorien, von denen Astrophysiker und Laien nach oben schauen.

Die Caldera de Taburiente ist das beliebteste Wandergebiet. Im „Kleinen Wanderführer“ hinten im Buch finden Sie vier Wanderbeschreibungen:

Wanderung 18: Auf den Balkon der Caldera - Rundweg auf den Pico Bejenado und zurück → S. 261

Wanderung 19: Die große Caldera-Runde → S. 262

Wanderung 20: Durch den Barranco de las Angustias und zurück → S. 266

Wanderung 21: Auf dem Rand der Caldera – Rundwanderung zum Pico de la Nieve → S. 267

Sterngucker

Während eines Stadtrundgangs durch Santa Cruz sollten Sie einen Besuch im *Konvent San Francisco* nicht versäumen – nicht allein der eindrucksvollen Architektur und des Museums, sondern auch des Gartens im Innenhof wegen: Da finden sich nämlich etliche Bäumchen, die von den gekrönten und ungekrönten Häuptern Europas gepflanzt wurden. Das war 1985, als diese Staatschefs La Palma besuchten, um die Sternwarte auf dem Roque de los Muchachos einzuweihen – die größte der nördlichen Hemisphäre. Das Observatorium ist ein Gemeinschaftsprojekt Spaniens, Großbritanniens, Dänemarks, Schwedens und Deutschlands; die Niederlande sind mittelbar beteiligt. Deutschland ist mit einem Projekt verschiedener Hochschulen unter Federführung der Kieler Christian-Albrecht-Universität aktiv. Es befasst sich mit den sogenannten „air showers", das sind hochenergetische Strahlen aus dem Weltall. Erforscht werden sollen deren Herkunft und eine mögliche Nutzung. Wenn Sie das Gelände des Observatoriums auf dem Weg zum Roque de los Muchachos durchqueren und sich über die zahlreichen Bienenkörbe rundum wundern: Das sind die Messstationen für die „Sterngucker".Und die finden auf La Palma geradezu ideale Bedingungen vor: klare, saubere Luft, über 2000 m hohe Berge, die in aller Regel über den Wolken liegen, sowie besonders dunkle, nicht durch Streulicht erhellte Nächte.

Die Investitionen der auf der Caldera arbeitenden Staaten – genau genommen sind es die beauftragten Universitäten dieser Länder – sind beträchtlich. Die Briten installierten das „Isaac-Newton-Teleskop" mit 2,5 m Durchmesser ebenso wie das „William-Herschel-Teleskop" mit 4,5 m Spiegeldurchmesser. 1997 wurde LEST aufgebaut, ein Sonnenteleskop, das zu den drei leistungsfähigsten der Welt zählt. Das derzeit größte und modernste Teleskop der Welt aber installierte bis 2009 die Universität von Gran Canaria, Spanien. Schon von außen sind ihre beiden Spiegelteleskope Magic I und II ein außergewöhnlicher Anblick. Sie bestehen aus 38 sechseckigen Spiegeln mit einem Gesamtdurchmesser von zehn Metern. Auf dem Weg zum Gipfel passieren Sie es. Auch die Schweden und Dänen haben besondere Anlagen zur Sonnenbeobachtung auf den Roque geschafft.

Das Spiegelteleskop Magic I

Wegen des hohen Interesses der La-Palma-Besucher soll ein Informationszentrum auf dem Gelände des Observatoriums gebaut werden. Obwohl seine Eröffnung bei Redaktionsschluss noch nicht feststand, können Sie das Observatorium besichtigen. Unter www.iac.es „La Palma" anklicken. Auf der Seite finden Sie auf Spanisch und Englisch einen Kalender der freien Termine und können sich dann bis zum Reservierungsantrag weiterklicken. Aber versprechen Sie sich nicht zu viel von einer solchen Besichtigungstour. Das Observatorium hat mit der Sternwarte von Kopernikus nicht mehr viel gemeinsam. Heutzutage werden die Teleskope von Computern gesteuert, und ihre Daten erscheinen – für Laien fast unverständlich – direkt auf dem Bildschirm. Den Wissenschaftler, der sich vor dem Fernrohr die Nacht um die Ohren schlägt, werden Sie auf dem Roque de los Muchachos nicht finden.

Den höchsten Gipfel können auch Spaziergänger erreichen

Kleiner Wanderführer

1000 Kilometer Wanderwege sind ausgeschildert

Kleiner Wanderführer

La Palma ist die Wanderinsel der Kanaren schlechthin. Abenteuerliche Urwälder, Vulkane und alpine Gebirgszüge werden selbst überzeugte Faulenzer zumindest von einem Spaziergang überzeugen.

Bewertung der Wanderungen: Jede Wanderung haben wir mit Sternen bewertet:
* leichte Wanderung

** längere Wanderung ohne besondere Anforderung

*** schwerere Wanderung, evtl. mit besonderen Anforderungen

**** schwere Wanderung, meist mit speziellen Anforderungen; falls z. B. Schwindelfreiheit oder Trittsicherheit erforderlich sind, erwähnen wir dies im Vortext unter „Anforderungen".

Gehzeit: Die meisten der folgenden Wanderungen sind mit GPS aufgenommen. Damit wird nicht nur der Wegverlauf verfolgt, sondern auch die Gehzeiten und Stehzeiten. Die in den Wanderungen genannten **Gehzeiten sind reine Nettozeiten** ohne jegliche Stehzeiten z. B. zum Umschauen oder Fotografieren. Erfahrungsgemäß kann man **30 % Zeit für Stehzeiten hinzurechnen** – bei Wanderung 1 beispielsweise sind Sie nicht 4½ Std. unterwegs, sondern 6 Std. plus Pausen.

Markierungen: Die Inselverwaltung hat knapp 1000 km der alten Verbindungswege – *Caminos reales* – mit Hinweisschildern versehen und nach internationalem Standard markiert (siehe Grafik). Die Wanderwege sind mit Großbuchstaben und einer Nummer gekennzeichnet. Es sind drei Haupttypen zu unterscheiden:

GR (Sendero de Gran Recorrido) bezeichnet Wanderwege, auf denen man länger als einen Tag unterwegs ist.

PR (Sendero de Pequeño Recorrido) steht für Wege, die man an einem Tag vollständig zurücklegen kann.

SL (Sendero Local) steht für Wanderstrecken von weniger als 10 km Länge.

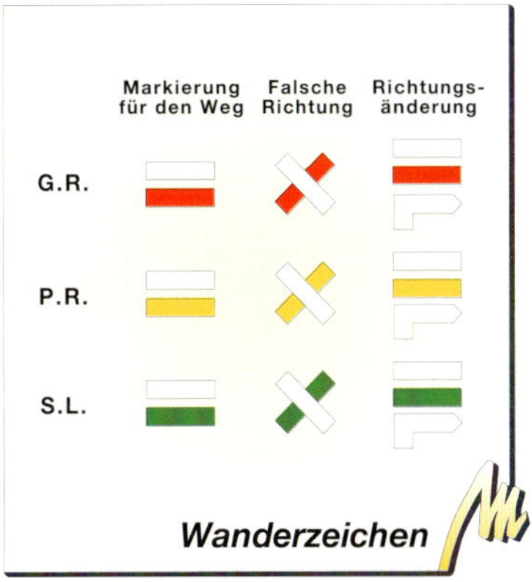

Dazu gibt es in den **Touristinformationen** eine Übersichtskarte; weitere Infos im Internet unter www.senderoslapalma.com. Die sehr informativen, mehrsprachigen, offiziellen Seiten für Wanderer enthalten auch aktuelle Infos zum Zustand der Wege und Pfade.

Einige der unten beschriebenen Wanderungen folgen diesen Markierungen. Die Inselumrundung – *Camino de la Costa* (sechs oder dreizehn Etappen je nach Lust und Kondition), der Weg über alle Gebirgskämme – *Ruta la Crestería/Bastón* (sechs Etappen) sowie zahlreiche Rundwege sind in unserem Wanderführer „La Palma" beschrieben (s. u.).

Ausrüstung: La Palma ist vulkanisch und gebirgig, darauf muss man sich einstellen und sollte die passende Ausrüstung im Gepäck haben: Tragen Sie knöchelhohe **Wanderstiefel** mit gutem Profil. Sehr hilfreich sind **Wanderstöcke**; sie entlasten die Gelenke, geben mehr Sicherheit bei steilen Abstiegen und Flussüberquerungen. Wanderer mit Knie- oder Hüftgelenksproblemen sollten nicht darauf verzichten.

Sie wandern nicht in Kontinentaleuropa – die Sonne steht steiler am Himmel. Also **Kopfbedeckung** nicht vergessen, immer einen ausreichenden **Wasservorrat** (1–1½ Liter) mitnehmen und außerhalb der Sommermonate nie ohne Anorak losgehen.

Das **Handy** leistet im Notfall gute Dienste. Auch an **Verpflegung** sollten Sie denken. Berghütten und Imbissbuden gibt es unterwegs nicht. Wenn nicht ausdrücklich erwähnt, können Sie davon ausgehen, dass auf der gesamten Wanderung keine Einkehrmöglichkeiten bestehen.

Tipp: Wer Wanderstiefel, Stöcke oder Anorak nicht eingepackt hat, kann sich in Los Llanos oder Santa Cruz komplett ausstatten oder auch Wanderstöcke sowie Kindertragen leihen: Valle Verde-Outdoor, Calle Calvo Sotelo 22 und in Santa Cruz: Calle Perez Brito 31.

Sicherheit: Unfälle passieren, deshalb sollten Sie nie alleine wandern. Sind Sie ohne Partner unterwegs, Handy und zusätzlich eine Trillerpfeife, eine Taschenlampe oder einen Handspiegel mitnehmen, um notfalls auf sich aufmerksam zu machen. Auch für Wanderer gilt der **Notruf 112**. In engen Schluchten bekommen Sie aber nicht immer eine Verbindung.

Beginnen Sie eine Wanderung von zwei Stunden und mehr reiner Gehzeit nur vormittags. Bei einer am Nachmittag begonnenen Wanderung besteht besonders im Winterhalbjahr die Gefahr, in die **Dunkelheit** zu geraten; schon wenn die Sonne tief steht, lassen sich felsige Wege nur schlecht erkennen. Im Dunkeln sind fast alle Wege lebensgefährlich.

Nach und während starker **Regenfälle** sollten Sie nicht in engen Schluchten und keinesfalls in der *Caldera de Taburiente* wandern. Es besteht Steinschlaggefahr, und ein Rinnsal am Schluchtengrund kann schnell zum reißenden Fluss anschwellen.

Wandern Sie nicht nur nach Karte. Karten sagen kaum etwas über Dauer und Schwierigkeiten der Wanderung aus.

An- und Abfahrt/Taxi verde: Die Taxi-Cooperativen haben sich für den Transport von Wanderern und Personen, die in abgelegenen Gebieten wohnen, unter dem Namen „Taxi San Miguel de La Palma" zusammengeschlossen, auch *Taxi verde* genannt. Zu und von bisher mehr als 20 zusätzlichen Stationen, in ländlichen Gebieten, an Start- und Zielpunkten von Wanderungen sowie dort, wo Wanderungen unterwegs auf Straßen treffen, bringt und holt *Taxi verde* die Fahrgäste zu Festpreisen. Reservierung (auch über die Website, auch auf Deutsch) ist angebracht. Mehr Infos und eine Karte der Stationen im Internet: www.taxisanmigueldelapalma.com, ✆ 922-416070.

Wandergruppen Natürlich ist es am sichersten, in einer Wandergruppe mit Führer zu wandern. Tagestouren z. B. werden von mehreren Veranstaltern angeboten.

Natour arbeitet mit den großen Hotels zusammen, Informationen gib es dort.

Graja Tours, ein kleiner Anbieter in Puerto Naos, bietet „sagenhaftes Wandern" in kleinen Gruppen. Infos und Anmeldung in Puerto Naos bei Tauchpartner und über ✆ 922-107536, in Deutschland 07191-3789988 und www.wandern-auf-la-palma.de.

Naturarte: Der Biologe Andreas Helene und die Kunstpädagogin Christiane Weigelt bieten eine Wanderbörse mit Dienstleistungen für Leute, die individuell wandern wollen, sowie geführte Wanderungen in kleinen Gruppen. Einen Schwerpunkt bilden botanische Wanderungen. Mehr Infos und Reservierung unter ✆ 922-428242, www.wandernauflapalma.com.

Partner4LaPalma hat ein Angebot für Gäste, die keine Rekorde brechen wollen. Touren bis maximal 4 Std. mit anschließendem Picknick sind im Programm. Führer können auch individuell gebucht werden. ✆ 922-401493, ✆ 661-905711 und 661-905701 (mobil), www.partner4lapalma.com.

Noch mehr Wanderungen finden Sie im Wanderführer La Palma, Michael Müller Verlag. Er enthält 35 Touren mit 17 Rundwegen, den Inselrundweg GR 130 sowie alle Kammwege des GR 131. Die Karten wurden ausnahmslos mit GPS aufgezeichnet. Die erweiterte 2. Auflage wird Ende 2013 erscheinen.

Umgebung von Santa Cruz

Die Beschreibung von Landschaft und Sehenswürdigkeiten auf den Wanderungen sowie die Anfahrtswege finden Sie in der Ortsbeschreibung S. 86.

**** Wanderung 1: Rundwanderung von Las Nieves durch den Barranco de la Madeira

Charakteristik: Schöne und abwechslungsreiche, aber auch schwere Wanderung durch die waldreiche Schlucht oberhalb von St. Cruz. Sie steht als „Espacio Natural de las Nieves" unter Naturschutz. Kurzfassung: Die Wanderung beginnt an der Kirche der Inselpatronin Virgen de las Nieves. Während der ersten Stunde führt sie über eine streckenweise ausgewaschene Schotterpiste, danach folgt ein herrlicher Pfad durch den Wald, als Felssteig, durch Tunnels und am Steilhang entlang. Während der letzten Stunde geht es abwärts wieder durch Wald mit schöner

Weitsicht. **Länge, Gehzeit, Anforderungen**: 13 km; 4½ Std. reine Gehzeit; Höhendifferenz +/- 750 m. Schwindelfreiheit, Trittsicherheit und Kondition erforderlich, für Kinder nicht geeignet. **Markierung**: LP 2.3, gelb-weiß markiert. **Hinweise**: Die gut 3 km lange Passage zwischen **6** und **8** gilt als gefährlich. Sie führt durch insgesamt fünf Tunnels und über längere, sehr schmale, aber meist gesicherte Passagen am Steilhang entlang. Für erfahrene, gut ausgerüstete Wanderer eine interessante Herausforderung, aber kein Problem. Verschüttungen unterwegs waren 2012 leicht zu überqueren. Zwischen **6** und **8** kein Satellitenempfang. **Zusätzliche Ausrüstung**: Taschenlampe und für hoch gewachsene Wanderer Helm! **Start**: Am Parkplatz hinter der Kirche der Inselpatronin Virgen de las Nieves Anfahrt siehe S. 101.

Wegbeschreibung: Sie verlassen den Parkplatz **1** und gehen zunächst auf den von Jacaranda beschatteten Kirchplatz. Wer die Kirche und das Heiligtum (Santuario), die Statue der Inselpatronin, noch nicht gesehen hat, sollte das jetzt tun. Es lohnt sich (Beschreibung s. o.). Dann gehen Sie zum Eingang des Grillrestaurants, dort steht ein Informationsschild zu den Wanderungen der Umgebung, und dort beginnt mit einer Treppe der Wanderweg. Sie folgen dem markierten Weg zur Straße, der Sie geradeaus bis zur Landstraße LP 101 folgen. Sie überqueren die Landstraße, geradeaus geht es weiter. Der Weg wird zur Betonpiste, später zur Schotterpiste. Sie bleiben insgesamt etwa 60 Min. auf der Piste, die mit dem Schluchtgrund beständig ansteigt. Zu Beginn passieren Sie Bananen- und Avocadoplantagen, dann wird die Schlucht schmaler und lässt keinen Platz für Bewirtschaftung. Bleiben Sie

von Zeit zu Zeit stehen, um die Landschaft mit zunächst von Pinien, später auch von Lorbeerbäumen und Baumheide bedeckten Felswänden genießen zu können.

Nach ca. 25 Min. ab Start unterquert die Piste ein Aquädukt **2**. Es geht weiter die Schlucht hinauf.

Nach gut 1 Std. Gehzeit ab Start windet sich der Weg – auf Höhe eines Betonkastens für die Wasserverteilung **3** – mit einer Linkskurve den Hang hinauf. Grüne Büsche und Farne rücken jetzt direkt an die Piste heran.

Rechts des Weges ein Häuschen der Galeriebetreiber (Galerie = Wasserstollen), gegenüber eine Höhle **4**, ab hier wird der Weg zum Pfad, der durch dichtes Grün am Wasserkanal entlangführt. Nach etwa 100 m öffnet sich ein Wasserstollen. Beachten Sie unbedingt die Warnhinweise und betreten Sie keinesfalls den Stollen! Giftgase töteten vor wenigen Jahren eine Gruppe junger Leute, die sich auf Teneriffa in einen solchen Stollen verirrt hatte. Sie wandern weiter den Pfad bergan. Der dichte Wald macht die Luft frisch und das Wandern angenehm.

Ein Minitunnel wird nach 1½ Std. durchschritten **5**. Die Wanderung setzt durch die herrliche von Urwald bedeckte Schluchtenlandschaft fort. Nach weiteren 20 Min. verlassen Sie den Wald **6**, der Pfad setzt sich über Felsen fort. Im Schluchthang zur Linken können Sie oberhalb Löcher im Fels erkennen. Dort verlaufen die Tunnels, die Sie durchschreiten werden. Zunächst aber geht es weiter geradeaus in Richtung auf die Felswand, die die Schlucht versperrt. Vor der mehr als 100 m hohen Wand geht es nach links zum Tunneleingang **7**.

Jetzt heißt es Sonnenhüte verstauen, Lampen anschalten, auf die Tunnelhöhe achten und dann und wann den Kopf einziehen. Auf ebenem Weg folgen insgesamt auf 3 km drei etwa 100 m lange Tunnels mit kurzen Passagen auf weichem, ebenem Pfad am Steilhang entlang. Die Tunnels haben Lichtfenster, die aber nicht zum sicheren Wandern ohne Lampen ausreichen. Der vierte Tunnel ist sehr viel kürzer. Nachdem Sie ca. 10 Min. am Hang entlanggegangen sind, folgt der fünfte und letzte, nun wieder lange Tunnel. Am Eingang sind herabgestürzte Felsbrocken zu übersteigen. Danach geht es auf schmalem, aber bequemem Pfad weiter am Steilhang entlang. Nach etwa 1 Std. seit dem ersten Tunneleingang erreichen Sie den Sattel der Felswand mit wassertechnischen Bauten **8**. Hier es lohnt sich eine Pause, denn ab jetzt führt der Weg nur noch bequem und ohne Schwierigkeiten dem Ausgangspunkt entgegen. Wenn Sie die zu provisorischen Stufen aufgelegten Steine nach rechts oben nehmen und ein Stück nach von gehen, können Sie bequem und mit herrlichem Blick auf dem abgedeckten Kanal sitzen.

Weiter geht es nach links durch den Höhleneingang

Weiter geht es zurück auf dem Pfad mit einer scharfen Linkskurve. Kurz darauf mit einer engen Rechtskurve geht es jetzt im Pinienwald in vielen Serpentinen hinunter in den *Barranco del Rio de las Nieves*. Der Weg ist durch die Piniennadeln weich, manchmal auch etwas rutschig, meist aber sehr angenehm zu gehen. Der Blick geht hinüber in den schönen Barranco und weiter nach Süden oder geradeaus in Richtung St. Cruz und Küste und Ozean.

Nach 1 Std. auf diesem Weg erreichen Sie ein Haus **9** am Wegesrand. Der Wald endet. Es folgen Gemüsefelder und danach Brachland. Etwa 10 Min. sind es noch bis zum Parkplatz – der Weg dorthin ist deutlich gelb/weiß markiert.

** Wanderung 2: Über der Inselhauptstadt – von der Plaza España auf den Mirador de la Concepción

Charakteristik: Der Weg führt in die höhergelegenen Stadtteile von Santa Cruz, die Straßen und Gassen der kleinen Leute. Trotzdem schiebt sich dann und wann eine prächtige Villa ins Bild. Eine großartige Aussicht auf die Stadt und die Küste hat man schon nach den ersten Steigungen. **Länge, Gehzeit, Anforderungen**: 7 km; 2½ Std. reine Gehzeit; Höhendifferenz +/- 400 m. Die Wanderung fordert beim Aufstieg viel Kondition. Es geht fast ständig und ohne Serpentinen steil nach oben, erst auf den letzten 700 m verläuft der Weg eben. Wer sich die schweißtreibende Steigerei ersparen möchte, ohne auf diesen reizvollen Weg zu verzichten, kann mit dem Bus z. B. der Linie 300 bis in die Nähe des Mirador de La Concepción fahren und nur den Rückweg zu Fuß gehen (zum Fahrer „cerca del Mirador

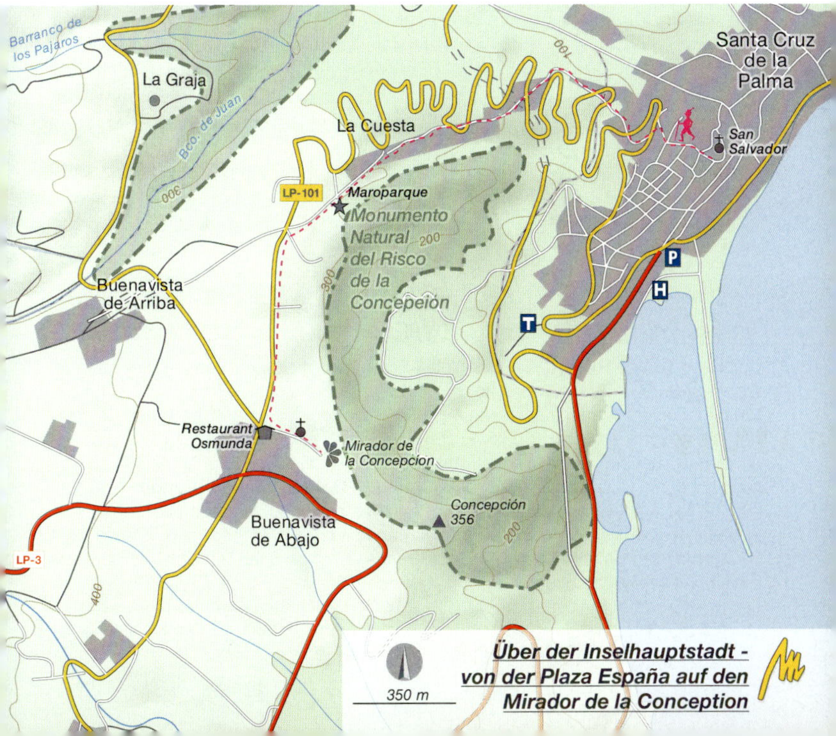

de La Concepción" sagen). Beim Aussteigen sehen Sie schon die Kapelle beim Aussichtsplatz. **Markierung**: Der Weg ist Teil des Inselrundweges GR 130, rot-weiß markiert. **Start**: Ausgangspunkt ist die Plaza España im Herzen der Stadt.

Wegbeschreibung: Sie steigen die Treppe zwischen Kirche und Brunnen nach oben und erreichen die *Calle Vandewale*, gegenüber steht das schöne Gebäude der kulturellen Gesellschaft „La Cosmologica". Halten Sie sich hier links und folgen Sie dem Straßenverlauf nach rechts und weiter geradeaus; die Straße heißt jetzt *San Sebastian*. Sie bleiben auf dieser Straße, passieren die Kapelle San Sebastian und erreichen weiter geradeaus die hübsche Altstadtplaza *Dornajos*. Geradeaus über die Plaza führt Ihr Weg in eine Gasse, die in die *Calle Montecristo* mündet. Diese nach links und dann immer weiter hoch gehen, auch wenn sie von anderen Straßen gekreuzt wird. Bald überquert man einen weiteren Platz, an dem rechter Hand ein Aussichtspunkt mit einer schön bewachsenen Pergola liegt. Hier trifft die Landstraße LP 202 auf den Wanderweg. Im weiteren Verlauf geschieht das noch mehrfach, den Anschluss an die Wanderung finden Sie aber immer gegenüber oder etwas versetzt auf der anderen Straßenseite wieder.

Sie folgen jetzt der Landstraße etwa 100 m hinauf, um den Weg zu finden, der nach rechts oben abzweigt. Von da ab geht es immer nach oben, abgesehen von einigen Schlenkern, die die Landstraße erforderlich macht. Im letzten Teil der Steigung passieren Sie den Eingang zum Maroparque (siehe Umgebung von Santa Cruz.), für den Sie im Moment vielleicht keine Luft haben, aber möglicherweise auf dem Rückweg.

Wenn Sie danach auf die Landstraße stoßen, schwenken Sie nach links, und auf der Landstraße geht es jetzt vollkommen eben 600 m geradeaus. Dann zweigt links die Straße zum Mirador ab; gegenüber steht das *Restaurant Osmunda* mit schöner Holzveranda. Sanft nach oben, an einer Kapelle vorbei, sind es jetzt noch 100 m zum Aussichtspunkt *Mirador de la Concepción*, der einen prächtigen Blick über Santa Cruz eröffnet.

Zurück geht es auf demselben Weg, jetzt natürlich wesentlich schneller.

Im Süden

** Wanderung 3: Von Los Canarios über die Vulkane San Antonio und Teneguía zur Küste

Die Beschreibung von Landschaft und Sehenswürdigkeiten entlang der Wanderung sowie die Anfahrtswege finden Sie in der Ortsbeschreibung S. 117. **Charakteristik**: Gespickt mit spannenden und interessanten Punkten ist diese Wanderung im jungvulkanischen Südzipfel. Der Zugang zum Gebiet des San Antonio kostet Eintritt. Leichte, schattenlose Wegstrecke, nur die Auf- und Abstiege am Vulkan Teneguía sind anspruchsvoller. **Länge, Gehzeit, Anforderungen**: 9,3 km, 2½ Std. reine Gehzeit in eine Richtung; falls Sie den Weg wieder hinaufgehen wollen, planen Sie für den Aufstieg ausreichende Verschnaufzeiten ein. Zurück vom Leuchtturm zur Busstation bringt Sie die Linie 31 (erkundigen Sie sich nach den aktuellen Abfahrtszeiten) oder ein Taxi. Höhendifferenz - 600 m. **Einkehren** können Sie im Ort (siehe dort) oder am Zugang zum Playa del Faro auf einer Kioskterrasse.

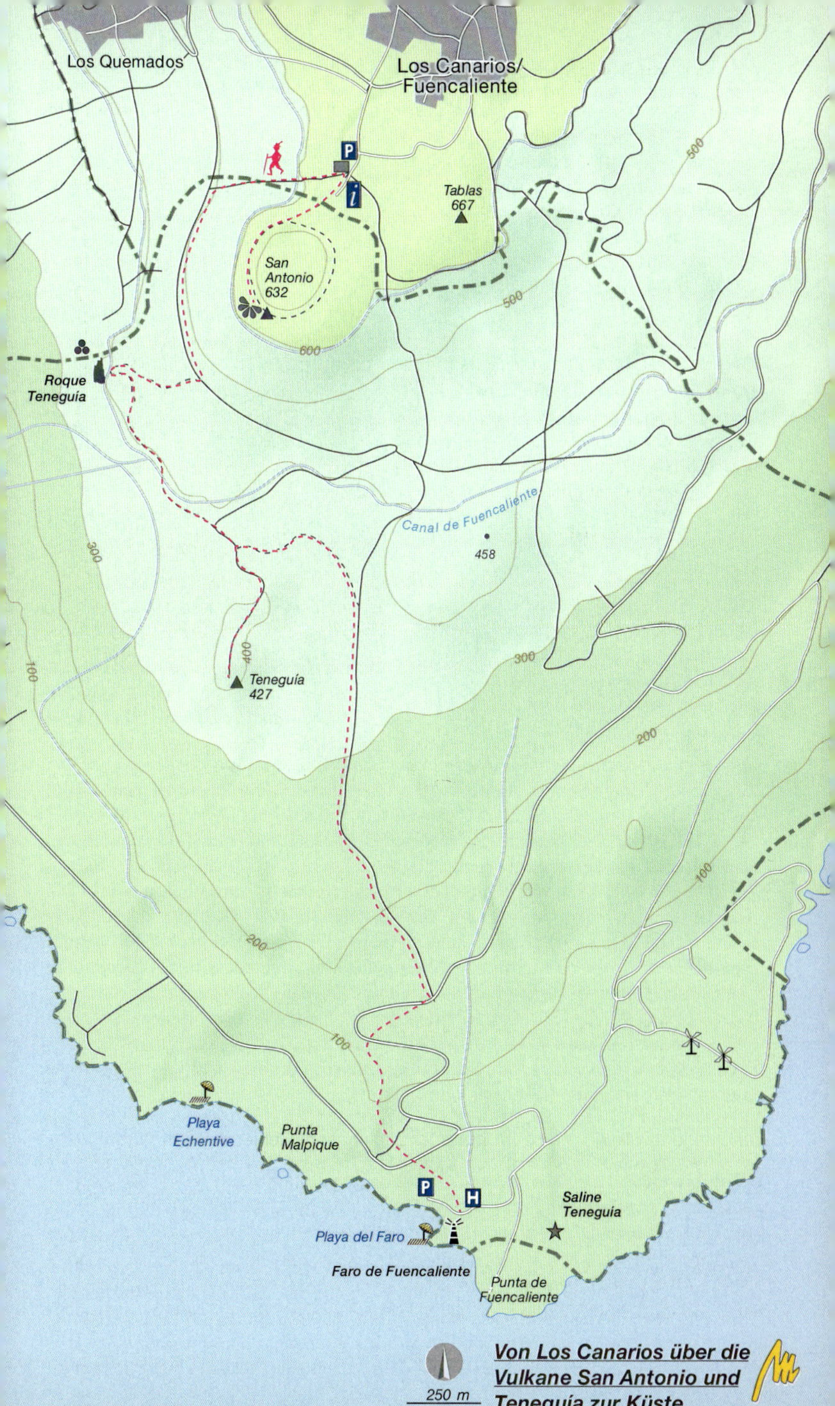

Von Los Canarios über die Vulkane San Antonio und Teneguía zur Küste

Markierung: Unterwegs treffen Sie mehrfach auf die Ausschilderung des Wanderweges GR 131 und auf rot-weiße Balken. Richten Sie sich aber nach unserer Beschreibung und nicht immer nach der Ausschilderung, sonst verpassen Sie die Höhepunkte der Tour. **Start**: Busstation Fuencaliente; für Autofahrer Parkplatz hinter dem Kassenhäuschen.

Wegbeschreibung: Sie gehen die Straße, an der die Bushaltestelle liegt, ein kleines Stückchen in Richtung Santa Cruz und nehmen die erste Straße nach rechts. Sie führt über weniger als 100 m nach unten und mündet dann auf eine breitere Straße, in die Sie nach rechts einbiegen. Bald darauf sehen Sie links unterhalb schon den Krater des Vulkan San Antonio.

An der nächsten Kreuzung biegen Sie nach links und folgen dem Straßenverlauf. Die Straße mündet auf eine breitere Landstraße. Sie führt abwärts in Richtung auf den Vulkan San Antonio.

Von der Landstraße biegt der Zugang zum Vulkan San Antonio nach links ab. Am Zugangshäuschen wird der Eintrittspreis fällig. Rechts unterhalb liegt, gut in die Landschaft eingepasst, das Besucherinformationszentrum. Die Wanderung führt geradeaus (sie folgt noch nicht der rot-weißen Markierung) auf den Kraterrand des San Antonio zu, der nahezu ebenerdig zu erreichen ist. Wohl nur an wenigen Punkten der Erde kann man einen derart idealtypischen Kraterrand begehen. Die Aussicht in den schon mit Pinien bewachsenen Kratergrund und in die Küstenlandschaft ist einmalig. Nach knapp einer halben Umrundung ist der weitere Weg gesperrt. Vom Aussichtpunkt blicken Sie hinunter auf die jungvulkanische Landschaft. Direkt vor Ihnen liegen der erst 1971 ausgebrochene Vulkan Teneguía, die Küste und der Leuchtturm, leuchten die Salzkegel der Saline Teneguía. Rechts davon schaut der gelbe Felsen des Roque Teneguía aus der Lava. Es geht zurück zum Parkplatz. Erst jetzt folgen Sie dem Schild mit der Aufschrift GR 131, Faro de Fuencaliente, auf einen Pfad nach links unten.

Der Pfad mündet auf eine Piste. Sie gehen nach links auf der Piste weiter. Unter Ihnen liegt der gelbe Felsen Roque Teneguía. Kurz nachdem Sie ihn oberhalb passiert haben, erreichen Sie einen deutlich erkennbaren Pfad hinunter. Obwohl die Wegmarkierung mit einem Kreuz diesen Pfad ausschließt, nehmen Sie ihn, er führt direkt zum Roque de Teneguía.

Mit dem Felsen im Rücken sehen Sie den weiteren Wegverlauf, eine Trittspur führt leicht nach oben in die Vulkanaschenhügel – nicht den Pfad nach rechts nehmen. Die Trittspur verläuft streckenweise neben einer betonierten Wasserleitung, manchmal gehen Sie ein paar Schritte auf der Wasserleitung. Oberhalb eines großen Wasserbeckens erreichen Sie ein Betonhäuschen. Sie verlassen hier die Wasser-

Vom Vulkan San Antoino geht der Blick hinunter zum jüngsten Vulkan Teneguía

leitung nach unten und gehen auf einem deutlich erkennbaren Weg weiter. Der Weg mündet auf einen breiteren Weg, in den Sie nach rechts einbiegen. Über Lavaschollen hinweg erreichen Sie den Krater des Teneguía. Eine Trittspur führt hinauf. Nach knapp der Hälfte des Weges gabelt sich die Trittspur, nehmen Sie nun die rechte Variante. Nach etwas Kraxelei erreichen Sie den höchsten Punkt des Kraterrandes und können jetzt noch nach links weitergehen. Während des Ausbruchs herrschte starker Nordwind, der die lockere Lava zu einem länglichen Hügel in Richtung Süden auftürmte, dessen Ende Sie bei erreichen. Auch von hier aus haben Sie wieder eine phantastische Aussicht.

Nun geht es wieder hinunter, am Krater und vorbei. Es geht jetzt geradeaus auf dem Hauptweg, aber ca. 20 m hinter dem Krater erreichen Sie eine nach rechts abzweigende Trittspur, in die Sie einbiegen (offizielle Wegmarkierung). Über Schollen- und Brockenlava hinweg, passieren Sie einen der Nebenkrater, weiter geht es geradeaus, bis die Trittspur auf einen quer verlaufenden Weg stößt, den Sie nach rechts weitergehen. Sie bleiben 1,5 km auf diesem herrlich weichen Weg, der durch bizarre Vulkanlandschaften nach unten führt. Der Weg erreicht die zum Leuchtturm führende Landstraße, die Sie überqueren und nach rechts gehen. Weniger als 100 m weiter führt der Weg nach links unten weiter. Die Landstraße wird noch zweimal überquert. Sie finden dann den Wanderweg jeweils gegenüber. Nach der zweiten Überquerung wird der Weg rutschiger, aber sein Ende ist bald erreicht.

Das offizielle Ende des Wanderweges GR 131 ist mit dem Parkplatz vor den Leuchttürmen erreicht. Hier lässt sich viel Interessantes besichtigen, Beschreibung siehe S. 122.

Im Westen

Die Beschreibung von Landschaft und Sehenswürdigkeiten auf der Wanderung sowie die Busverbindungen finden Sie in der Ortsbeschreibung von Los Llanos und Tazacorte S. 137 und S. 154.

* Wanderung 4: Rundweg von Los Llanos zum Strand nach Puerto de Tazacorte und zurück

Charakteristik: Bei so viel „Natur pur" auf La Palma sollte auch ein Streifzug durch die Kulturlandschaft mit ihren Bananenplantagen und den ältesten Ansiedlungen der Insel nicht fehlen. Die Wanderung führt über wenig befahrene Nebenstraßen und Fußwege, ist also keine Tour für Alpinisten. **Länge, Gehzeit, Anforderungen**: Bis hinunter zum Strand 7 km; ca. 2 Std. reine Gehzeit. Leichte Wanderung. Für den Rückweg, für den Sie auch den Bus nehmen können, 4,5 km und 1½ Std.; Höhendifferenz insgesamt -/+ 330 m. **Markierung**: Auf dem Rückweg rot/weiße Balkenmarkierung. **Start**: Busstation in Los Llanos.

Wegbeschreibung: Sie verlassen die Busstation **1** nach Westen, passieren mit der Calle Ramon Pol einen Parkplatz und biegen nach Norden auf die breite Av. Enrique Mederos ein. Sie bleiben ca. 1 km auf dieser Straße und biegen nach einem alten kanarischen Steinhaus links in die Calle Armas **2** – ohne Straßenschild – rechts steht ein rosa Haus, daneben eine Bäckerei. Sie gehen die Straße ganz durch,

sie führt auf die Plaza dieses Ortsteils **3**. Die Plaza wird nach links überquert, über eine Treppe stoßen Sie auf eine Landstraße, die Sie auf einem Fußweg nach rechts weitergehen. Auf der linken Straßenseite passieren Sie einen alten, restaurierten Aquädukt, vor Ihnen eine riesige alte Araukarie. Beide kündigen den ältesten Ortsteil von Los Llanos an. Sie passieren einen Verkehrskreisel, folgen dann den Ausschilderungen (Casa Massieu u. a.) nach links und erreichen so die *Plaza Sotomayor* **4** (siehe Sehenswertes S. 156). Sie verlassen die Plaza am Gebäude Casona de Argual vorbei und gehen hinter der Bananenpackstation nach links, vorbei an der Laderampe, auf schmalem, asphaltiertem Weg durch die Bananenplantagen. Dem zweiten nach links abbiegenden Weg **5** folgen Sie. Es geht geradeaus an einzelnen Häusern vorbei. An der folgenden Kreuzung **6** biegen Sie rechts in die *Calle Las Rosas* ein. Immer noch führt der Weg beschaulich an Bananenplantagen vorbei, den unterschiedlichen Stand der Fruchtbildung und Reife kann man hier aus unmittelbarer Nähe betrachten. Eine Abzweigung wird ignoriert, dann mündet die Straße in eine etwas größere namens *Cuadro Caminos* **7**, in die Sie nach rechts einbiegen (ab hier streckenweise gelb/weiße Markierungen, denen Sie aber nicht ständig folgen). Mäßig steil geht es weiter durch die Plantagen nach unten. Sie treffen kurz vor Tazacorte auf die Landstraße LP 2 **8**, überqueren sie und gehen geradeaus weiter. Die jetzt steile, schmale Straße ist von kleinen Wohnhäusern und blumengeschmückten Gärten gesäumt, sie führt direkt auf den *Kirchplatz von Tazacorte* **9**. Unter der malerischen Pergola voller blühender Bougainvilleen stehen Bänke mit schönen, farbigen Kacheln. Herrlich ist auch der Blick von der Balustrade auf Küste und Meer. Sie verlassen die Plaza nach unten, überqueren die Hauptstraße und folgen einem Weg zwischen zwei Häusern in den ältesten Ortsteil (Ausschilderung „Casco historico", vgl. Sehenswertes in Tazacorte S. 156). Sie nehmen an der Weggabelung den Weg nach links (die gelb-weiße Markierung führt geradeaus) und passieren auf schön gepflastertem Weg die Casa Monteverde und die Casa Van Dale, können zum *Bananenmuseum* abbiegen und geradeaus die alten Waschplätze anschauen.

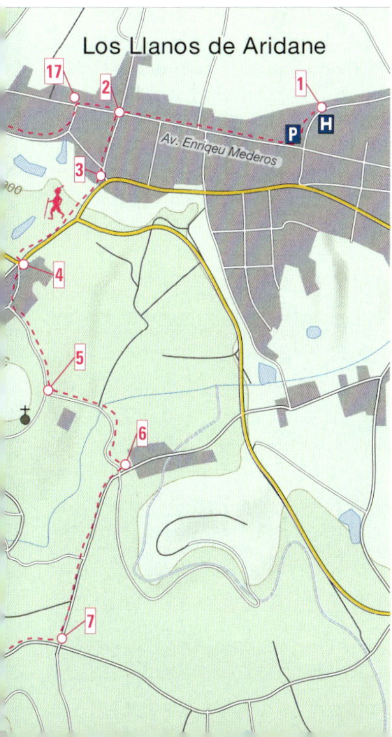

Nach dem Besuch des Waschplatzes gehen Sie weiter an Bananenplantagen entlang in Richtung Meer. Hier wurde 2012 an einer Umgehungsstraße gebaut. Bald zweigt eine Straße **10** nach rechts ab, der Sie folgen. An einem Haus mit auffälliger Turmform geht es vorbei. Sie erreichen eine Landstraße **11**, die geradeaus überquert wird. Genau auf der anderen Straßenseite beginnt ein alter Verbindungsweg, auf dem es in Serpentinen nach unten geht. Sie erreichen erneut die Landstraße, die Sie überqueren. Auf der anderen Straßenseite beginnt ein angelegter Fußweg, auf dem

Sie in wenigen Minuten Puerto de Tazacorte auf Höhe des Hafens erreichen. Auf der Promenade geht es nach rechts zur Strandbucht und zu den Fischrestaurants 12, für die Puerto de Tazacorte bekannt ist.

Zurück kann man mit dem Bus fahren (stündlich nach Los Llanos ab dem überdachten Eingang der Casa del Mar, gegenüber dem immer noch leeren Becken) – oder man geht nach Los Llanos zurück und macht damit eine Rundwanderung.

Wegbeschreibung Rückweg: Sie gehen auf der Promenade in Richtung Süden, an der immer noch nicht fertigen Freizeitanlage vorbei. Vor einer Brücke berührt die Promenade die Straße. Sie überqueren die Straße hinüber zum Restaurant Playa Mont (auffällige Palmen und Fahnen) und gehen auf dem Fußweg nach Osten, parallel zum Schluchtgrund hoch. Sie passieren eine Wohnsiedlung mit Kirche, ein uriges Restaurant und eine Steingartenanlage 13.

An einer Metallbrücke weist die rot-weiße Strichmarkierung nach rechts, Sie überqueren die Brücke, gehen wenige Schritte nach links und dann nach rechts einen Weg zwischen den Bananenplantagen hoch. Der Weg ist streckenweise gepflastert und an manchen Stellen in schlechtem Zustand. Auf ihm erreichen Sie die Landstraße LP 1 14, auf der Sie wenige Schritte nach rechts gehen, dort finden Sie den Anschluss an Ihren Weg und gehen auf ihm weiter hoch. Sie erreichen erneut die LP 1 15, genau gegenüber setzt sich der Weg fort und führt in einem Bogen nach oben. Über einige Stufen erreichen Sie ein drittes Mal die LP 1 und überqueren Sie, um auf dem links abzweigenden Camino de las Angustias weiterzugehen. Er zieht sich die schattenlose Schluchtwand hinauf. Schauen Sie nicht nur nach vorn, sondern auch zurück: Sie haben dann einen schönen Blick in die Schlucht mit ihren leuchtend-grünen Bananenplantagen, auf die bunten Häuser von Puerto de Tazacorte und das Meer 16.

Kurz bevor Sie die ersten Häuser von Argual, den Vorort von Los Llanos, erreichen, mündet der Wanderweg in einen asphaltierten Weg, auf den Sie nach rechts einbiegen. Am ersten Haus geht es geradeaus weiter. An der nächsten Kreuzung biegen rechts Sie in die Calle Velazquez ein. Sie bleiben auf dieser Straße, die Sie im Bogen an einem riesigen Wasserbecken vorbei zu der Avenida Enrique Mederos 17 bringt. Sie gehen die Straße bis zur Kreuzung 18 mit der Calle Ramon Pol, die Sie überqueren. Vor der Markthalle können Sie entweder geradeaus zur Plaza weitergehen oder nach links zur Busstation.

Am Ziel, dem Strand von Puerto de Tazacorte

Im Nordwesten

Die Beschreibung von Landschaft und Sehenswürdigkeiten auf den Wanderungen sowie die allgemeinen Anfahrtswege finden Sie in den Ortsbeschreibungen ab S. 162.

* Wanderung 5: Durch die Schluchten des El Pinar – Rundwanderung über der Westküste

Charakteristik: Im ersten Teil romantische Wanderung auf schmalem, teilweise felsigem Pfad durch vier Schluchten., mit mehreren kurzen und einer längeren Steigung, im zweiten Teil gemächlicher Gang auf breitem Forstweg. **Länge, Gehzeit, Anforderungen**: 10 km; 2½ Std. reine Gehzeit; Höhendifferenz +/- 300 m. Einfache Wanderung, kein Spaziergang, aber keine besonderen Schwierigkeiten. **Markierung**: Im ersten Abschnitt sparsame gelb-weiße Markierung für den LP PR 10. **Anfahrt/Ausgangspunkt**: El Pinar ist durch eine asphaltierte Straße erschlossen, von der LP 1 südlich von Tijarafe mit „Albergue" und „El Pinar" ausgeschildert. Später an der ersten Straßenverzweigung die links hoch führende Variante nehmen. Kurz bevor das Ziel erreicht ist, folgt eine weitere Verzweigung, Sie fahren nach links und gleich darauf nach rechts; auf steil nach oben führendem Weg erreichen Sie „Cruz de Llano", mit zwei sich gegenüberstehenden Altarhäuschen. Dort können Sie parken.

Wegbeschreibung: Von der Kreuzung „Cruz de Llano" **1** nehmen Sie den mit *Roque de los Muchachos* ausgeschilderten Weg nach links in Richtung Schlucht, der sich bald zu einem schmalen Pfad verengt. Nach einem kurzen Aufstieg weist ein Schild **2** mit der Aufschrift „Fuente de Trajocade" nach oben, die Quelle ist mit einem Abstecher schnell erreicht. Der Pfad führt geradeaus weiter in eine zweite Schlucht, die nach einfacher Strecke mit einem etwas längeren Aufstieg verlassen wird; anschließend biegt der Pfad in eine dritte Schlucht. Nach gut 30 Min. Gesamtweg stößt man beim Verlassen der dritten Schlucht auf einen quer verlaufenden Weg **3**. Es geht nach rechts weiter und auf dem nächsten Pfad (ausgeschildert) nach links in eine vierte Schlucht. Nach gut 45 Min. Gesamtweg zweigt einige hundert Meter vor einer Felswand ein markierter, mit Steinmännchen versehener Pfad nach links unten. Sie biegen ab und gehen in den Schluchtgrund, unten bieten flache Steine einen schönen Rastplatz **4**.

Nun geht es an der Felswand entlang in Richtung Meer. Am Ende der Felswand findet man die Wegmarkierung wieder

Auf alten Wegen im El Pinar

(Achtung, sie kann von Gestrüpp umwuchert sein) sowie den Pfad, der in einem längeren Aufstieg nach oben führt. An einer schmalen Abzweigung nach rechts hoch, an einer zweiten Abzweigung **5**, der Pfad wird zum breiten Weg, geht es geradeaus. Bei einem Steinmännchen, geradeaus beginnen Obstbaumterrassen, der Aufstieg setzt sich nach rechts oben bis zu einem Forstweg **6** fort. Dort stehen zwei Holzschilder; Sie biegen rechts auf den Forstweg Richtung „Sendero El Pinar, Roque de los Muchachos“ ein, um ihn aber nach 20 m bei einem Steinmännchen auf einem Pfad **7** nach oben zu verlassen – und kürzen so eine weite Serpentine des Forstwegs ab. Unterwegs passieren Sie einen ehemaligen Dreschplatz. Hier im Wald konnte, ohne dass der Großgrundbesitzer es bemerkte, heimlich gedroschen werden.

Der Pfad stößt wieder auf den quer verlaufenden Forstweg **8**, geradeaus führt er weiter bis auf den *Roque de los Muchachos*, Sie aber biegen nach rechts ab und folgen ihm über knapp 4 km. Alle Schluchten umrundend, windet er sich nach Süden. An einer Abzweigung nach rechts **9** bietet sich die Möglichkeit, auf den Hinweg zurückzukehren, falls Ihnen die Wanderung auf dem breiten Forstweg zu anspruchslos ist. Nach etwa einer Stunde auf dem Forstweg führen von unten zuerst ein mit Steinmännchen markierter Pfad und dann ein weiterer Forstweg herauf. Geradeaus geht es jetzt zum *Mirador El Time*, nicht zu verwechseln mit dem gleichnamigen Aussichtsplatz an der Landstraße (hin/zurück zusätzlich 60 Min.). Die Rundwanderung aber führt zurück nach rechts. Entweder: auf dem Pfad, der den Forstweg mehrfach quert. Vor der fünften Querung gehen Sie auf dem Forstweg nach unten, oder auf dem Forstweg; er führt in weiten Serpentinen hinab und wird weiter unten zum Asphaltband, das Sie zum Ausgangspunkt zurückführt.

*** Wanderung 6: Rundwanderung durch den Barranco Jorado zum Meer und zurück

Charakteristik: Abwechslungsreiche, aber anstrengende Wanderung. Wer sie auf sich nimmt, wird durch herrliche Ausblicke in den Barranco Jurado, über die Felsküste und einer Pause in der *Cueva Candelaria*, der Schmugglerhöhle, belohnt. **Länge, Gehzeit, Anforderungen**: 10 km, 4¼ Std. reine Gehzeit, planen Sie aber mindestens 6 Std. mit Pausen ein; Höhendifferenz -/+ 860 m. Der Abstieg an die Küste erfordert Schwindelfreiheit und Trittsicherheit, der schweißtreibende Aufstieg gute Kondition. Nehmen Sie viel Wasser (kaum Schatten) mit, Badesachen sind bei ruhiger See nicht verkehrt. **Markierung**: gelb/weiße Balken sowie Ausschilderung als PRLP 12.2, ab **17** rot/weiße Balken und Ausschilderung GR LP 130. **Start**: Busstation in Tijarafe **1** an der LP 1.

Wegbeschreibung: Von der Haltestelle **1** lohnen sich die wenigen Schritte zum gegenüberliegenden Aussichtsplatz mit Infokarte. Danach geht es die Treppe am Bushäuschen hoch und auf einem Weg nach rechts weiter. Er mündet auf die Landstraße, der Sie nach links folgen.

Schon nach wenigen Schritten verlassen Sie die Landstraße auf einen breiten Erdweg nach links. Es geht an einem Haus vorbei, der Weg stößt auf ein Sträßchen **2**, dem Sie wenige Schritte nach rechts folgen und dann nach links auf einen Erdweg abbiegen. Nachdem Sie einen kleinen Rastplatz passiert haben, wird der Erdweg zum Camino Real. An einer Wegverzweigung gehen Sie nach rechts unten zur Landstraße.

Die LP 1 **3** wird überquert, und wenige Schritte weiter nach links finden Sie den Camino Real wieder, der jetzt in die großartige Schlucht *Barranco Jorado* führt. Schon nach wenigen Schritten umgibt Sie die wilde, kaum berührte Natur mit dichtem Grün, Felsabstürzen und Höhlen. Der Camino Real bringt Sie hinunter bis auf den Grund der Schlucht, dort gehen Sie an Steilwänden vorbei in Richtung Meer. Auf Höhe eines dicken Wasserrohres wandern Sie nach links an diesem entlang. Kurz darauf wird das Wasserrohr unterquert, und der Pfad führt ca. 10 m in eine Nebenschlucht zurück. Dort finden Sie rechts bei einem Steinmännchen den Aufstieg aus der Schlucht.

Der Grat **4** einer in die Schlucht ragenden Felswand bietet eine großartige Aussicht. Unterhalb in der Schlucht erkennen Sie Teile eines Tunnelsystems. Es geht weiter hinauf, nach etwa 10 Min. erreichen Sie den Schluchtrand. Links liegt die *Kapelle El Jesus de La Costa*. Sie folgen dem Betonweg (PR LP 12.2, weiß-gelbe Balkenmarkierung) am Rand des Barranco nach unten.

Vor einer Gruppe neuer Villen verlassen Sie den Betonweg auf einem schmalen, verwachsenen Pfad **5** nach links unten. Der Pfad quert eine Straße **6**, es geht geradeaus weiter. Hinter einem Haus ist der Pfad als Zufahrt ausgebaut, die Sie aber nutzen können.

Nach etwa 1 Std. Wanderzeit wird eine Straße **7** erreicht, auf der Sie nach rechts weitergehen. In der zweiten Rechtskurve **8** wird die Straße nach links auf einen Betonweg (später asphaltiert) verlassen.

Am Eingang zur Schmugglerhöhle

An einer Bananenplantagenmauer **9** zweigen Sie vom Asphaltband auf einen Weg nach rechts unten ab. Bald ist der Schluchtrand erreicht, an der gegenüberliegenden Wand sehen Sie schon den Zickzackweg des Aufstiegs. Sie folgen weiter dem Weg.

An einem Wegweiser PR LP 12.2 **10** verlassen Sie den Weg nach links, um gleich darauf nach rechts auf einer Betonpiste weiterzugehen.

Die Betonpiste führt zurück an den Schluchtrand **11**, wo Sie die Piste auf einem Pfad in den Barranco Jorado hinunter verlassen – in vielen Kurven schlängelt sich der steile Pfad hinab. Vorsicht: Streckenweise ist er voll mit losem Geröll und rutschig.

Eine Siedlung mit wenigen schlichten Häuschen und ein steiniger Strand **12** sind erreicht. Wenn Sie über das Meer nach links schauen, sehen Sie einen Eingang der *Cueva Bonita*, die sich in der aufragenden Steilwand verbirgt. Die Höhle ist ein beliebtes Ziel für Ausflugsboote.

Für den Aufstieg gehen Sie durch die kleine Strandsiedlung geradeaus nach oben, vor einem halbfertigen Hohlblocksteinhaus nach links auf dem schmalen Pfad weiter und dann in Serpentinen hoch.

Der Pfad endet an einer Betonstraße **13**, ein Schild weist zum nächsten Etappenziel, der *Cueva Candelaria*. Sie folgen der Betonstraße nach links in steilen Kehren nach unten. Die Betonstraße **14** endet, es geht geradeaus auf einem Pfad weiter.

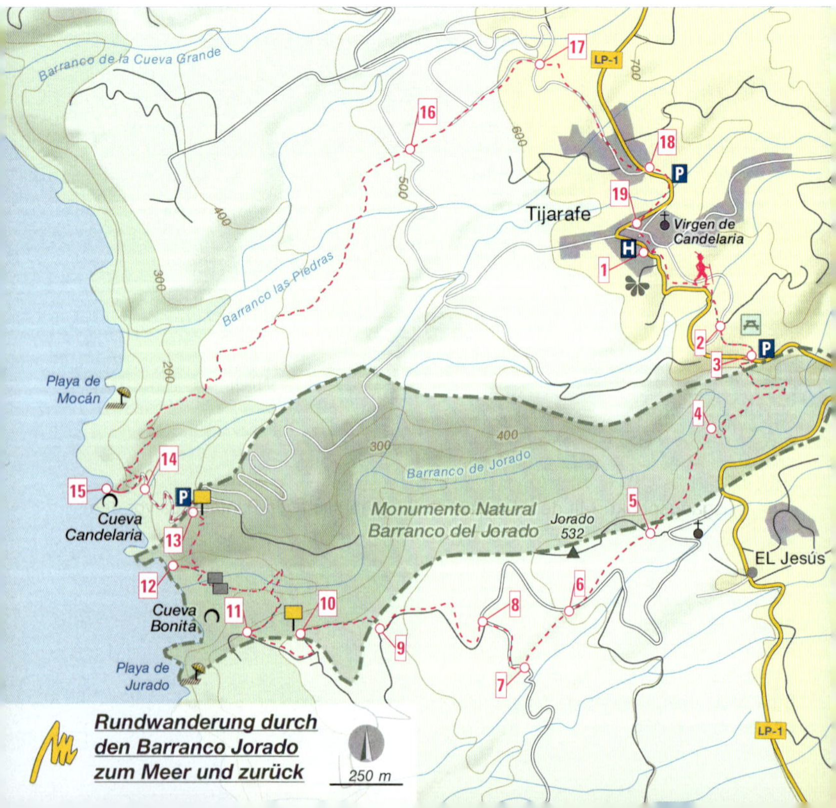

Rundwanderung durch den Barranco Jorado zum Meer und zurück

Dieser Pfad entlang der Felsküste führt in die *Cueva Candelaria*, die Schmugglerhöhle **15**. Lassen Sie sich Zeit, um die faszinierende Atmosphäre der Felsenhöhle zu genießen, vielleicht ist das Meer in der Höhle ruhig genug für ein kurzes Abtauchen ins Wasser, Sie sollten jedoch keinesfalls hinausschwimmen.

Nach einer Pause gehen Sie zunächst die wenigen Meter auf dem Pfad zurück, auf dem Sie in die Bucht gelangt sind. Bei einer Abzweigung wählen Sie den Pfad nach links oben. Er führt im Zickzack hinauf. Beim Aufsteigen haben Sie eine herrliche Aussicht auf die Steilküste. Auf einem kleinen Sattel können Sie den letzten Blick nach Norden genießen, bevor es weiter bergauf geht.

Lediglich die kleinen Felsüberhänge spenden ein wenig Schatten. Wenn Sie die Kante der Felsküste erreicht haben, spüren Sie wieder ein laues Lüftchen. Weiter geht es ein Stück nach links und dann wieder nach oben.

Der mit Steinmännchen markierte Pfad bleibt anstrengend, ein längeres Stück führt über ein hartes Lavaband. Später geht es durch hohes Gras. Immer der weiß-gelben Markierung folgend, gewinnen Sie mehr und mehr an Höhe.

Ein breiter Fahrweg **16** wird gequert, Sie wandern geradeaus weiter nach oben. Später wird eine Betonpiste überquert, der Weg setzt sich als Camino Real fort und wird danach wieder zur Betonpiste.

Von links stößt der Inselrundweg GR 130 **17** auf den Weg. Es geht geradeaus einen Treppenweg hinauf, der auf einen Querweg stößt, den Sie nach rechts nehmen. Der Weg wird zur asphaltierten Straße. Sie gehen geradeaus, bis zur Landstraße LP 1.

Sie überqueren die LP 1 **18** und nehmen in der Kurve den nach oben führenden Weg. Er bringt Sie auf die Plaza von Tijarafe **19**. Unter herrlichen Lorbeerbäumen steht dort die Kirche *Virgen de Candelaria*, ein typisch kanarischer Bau aus dem 17. Jh. Geradeaus erreichen Sie die Treppe, die Sie zum Ausgangspunkt **1** zurückbringt.

** Wanderung 7: Auf dem Mandelblütenrundweg bei Puntagorda und Las Tricias

Charakteristik: Der Weg lohnt sich vor allem zur Zeit der Mandelblüte von Januar bis Anfang Februar, dann ist er einfach fantastisch. Mit und ohne Mandelblüte kann man den grünen *Barranco Izcagua*, der zweimal gequert wird, genießen (die Aufstiege sind etwas mühsam). Die lange Passage abwärts durch das authentische Dorf *Las Tricia* ist zu jeder Jahreszeit hübsch. Am Wochenende kann findet in *Puntagorda* der Bauernmarkt (Mercadillo) statt – ein Marktbesuch lässt sich gut mit der Wanderung kombinieren. **Länge, Gehzeit, Anforderungen**: 9 km; 2½ Std. reine Gehzeit; Höhendifferenz +/- 500 m. Zwei Aufstiege im Barranco Izcagua erfordern Kondition, ansonsten keine besonderen Anforderungen. **Anfahrt/Ausgangspunkt**: Mit dem Pkw an der LP 1 nördlich von Puntagorda vor dem Wegweiser „Mercadillo" parken – hier gibt es reichlich Platz.

Wegbeschreibung: Vom Parkplatz **1** gehen Sie ca. 100 m auf der Straße in Richtung Puntagorda und biegen auf eine steil nach links oben führende Straße mit dem Hinweisschild *Centro de la Naturaleza La Rosa* sowie Wanderausschilderung PRLP 11 „La Traviesa" und „Roque de los Muchachos" ein. Es geht vorbei an schönen, alten Bauerhäusern.

Eine Wegkreuzung **2** wird erreicht. Das Haus mit der Nr. 4 gehört zum Centro de la Naturaleza. Der Querweg ist Teil des Inselrundweges GR 130. Sie aber gehen weiter geradeaus auf dem alten Camino Real nach oben. Abzweigende schmale Wege bleiben unbeachtet.

Der Weg stößt auf einen Forstweg **3**, auf ihm geht es weiter geradeaus und nach oben. Sie bleiben auf dem Weg und folgen nicht der Ausschilderung des PR LP 11. Ein Votivkreuz wird passiert. Auch mit Steinmännchen markierte Wege werden nicht genommen, ebenso wenig der nach links abbiegende, breite Weg.

Der Forstweg **4** erreicht den Schluchtrand und wendet sich nach rechts. Entlang des Schluchtrandes wurde 2012 eine breite Feuerschneise geschlagen, der neben den Pinien auch zahlreiche Mandelbäume zum Opfer fielen. Aber nach **7** werden Sie viele sehen. In der Schneise verlaufen Wasserrohre, die ebenfalls dem Brandschutz dienen.

Sie gehen weiter auf einem breiten Forst-/Fahrweg am Schluchtrand entlang. Ein früherer Betonwassertank wird passiert, von rechts kommt ein Weg dazu, mehrere Pfade führen zur Schlucht, Sie bleiben auf den Weg, der eine Kurve in den Wald und wieder zurück macht. Nachdem Sie ca. 100 m neben einer Wasserleitung am Schluchtrand gegangen sind, verlassen Sie nach einer *grün-weißen Markierung* den breiten Weg auf einem Pfad **5** in die Schlucht. Wildromantisch führt der Pfad vorbei an Felsabstürzen und markant geformten Pinien hinunter. Auf dem Schluchtgrund **6** lohnt ein kurzer Abstecher weiter in die Schlucht hinein, die Wanderung aber setzt sich mit vielen Serpentinen die Schlucht hinauf fort. Nach Überwindung von ca. 150 Höhenmetern ist der Aufstieg vorerst abgeschlossen. Vor Ihnen verläuft die Kurve eines Forstweges **7**. Sie nehmen ihn in Richtung Norden (leicht nach unten) und gehen an Mandelbäumen vorbei, die im Januar und Februar üppig blühen, wieder in den Pinienwald.

Im Januar blühen tausend Mandelbäume

Sie erreichen eine Wegverzweigung **8** und nehmen die linke Variante. Es geht jetzt am Schluchtrand entlang bergab – mit wunderschönen Blicken auf die Mandelbäume entlang der Schlucht. Ein Hof wird passiert. Unterhalb zweigt ein mit R. T. Traviesa ausgeschilderter Weg nach rechts ab. Sie gehen geradeaus weiter.

Der Weg macht eine Rechtskurve **9**, Sie verlassen ihn im Scheitelpunkt der Kurve geradeaus auf einen alten Camino Real, der ebenfalls mit „Traviesa“ ausgeschildert ist. *Las Tricias* mit seinen schönen Bauernhäusern, Gärten und Terrassenfeldern breitet sich jetzt unter Ihnen aus. Sie gehen auf der alten Dorfstraße bergab. Die Landstraße LP 1 **10** wird überquert, gegenüber setzt sich der Weg fort. Vorbei an herrlichen Bauerngärten gehen Sie geradeaus nach unten. Mit der Überquerung der Landstraße LP 114 **11** erreichen Sie den *Dorfkern*, vor Ihnen die Kirche und der Kirchplatz. Nicht zu übersehen ist das Schild „Burracas", dem Sie vor dem Dorfplatz nach unten folgen. Weiter geht es auf einen Pfad, der an einer Plantage entlangführt.

Der Pfad stößt auf einen Betonweg **12**, den Sie nach rechts nehmen, aber schon nach wenigen Schritten geradeaus auf dem alten, gepflasterten Dorfpfad verlassen. Rechts von Ihnen erhebt sich eine Drachenbaumgruppe. Dieser Pfad wirkt geradezu privat, er führt durch die Gärten und direkt an den Haustüren vorbei.

Es geht ein paar Stufen hinunter auf eine alte Wegkreuzung **13**. Die Häusergruppe rechts war die alte Dorfschule samt Lehrerwohnhaus. Sie nehmen den Weg nach links und haben einen zauberhaften Blick auf die hügelige Umgebung. Erst wenn Sie ins Schnaufen kommen, werden Sie bemerken, dass es erneut bergauf geht. Sie befinden sich erneut auf einem Teilstück des Inselrundweges. Der Weg stößt am Rand des *Barranco Izcagua* auf einen Betonweg **14**, dem Sie ein kurzes Stück folgen. Der Betonweg wird auf einem Pfad nach rechts verlassen, der zunächst am Schluchtrand entlang und dann in die Schlucht hinunterführt.

Der Schluchtgrund **15** ist erreicht. Auf deutlich erkennbarem Weg geht es jetzt wieder die Schlucht hinauf. Unterwegs weist ein Schild auf einen Abstecher zur *Quelle Fuente de los Dornajos* mit Aussichtsplatz. An einer Wegausschilderung erreichen Sie den Rand der Schlucht **16**. Zum Ausgangspunkt gehen Sie geradeaus zur LP 1 und weiter in Richtung Puntagorda.

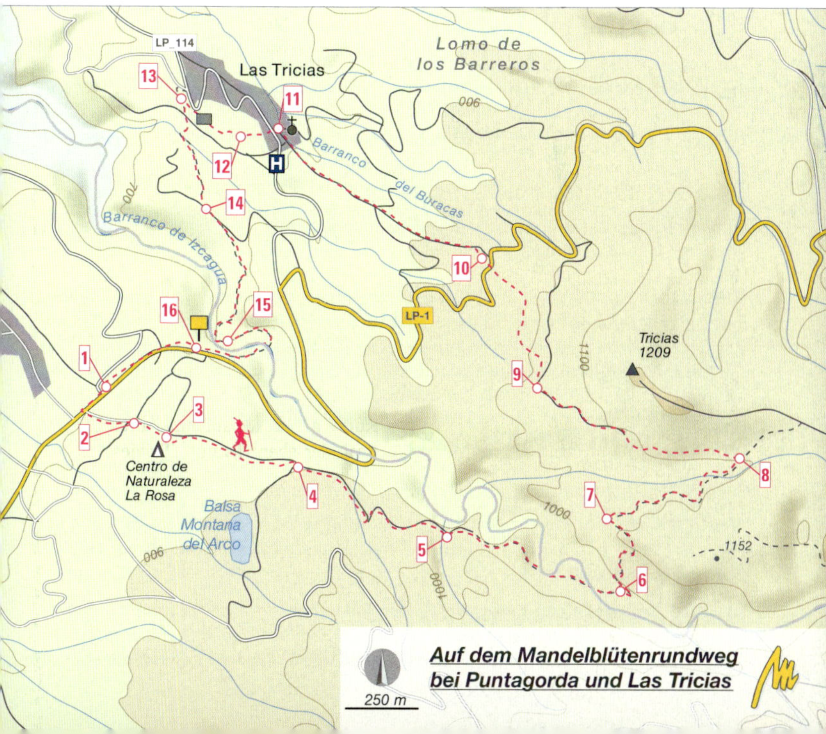

Unterwegs passieren Sie herrliche Exemplare der seltenen Drachenbäume

Im rauen Norden

Die Beschreibung von Landschaft und Sehenswürdigkeiten auf den Wanderungen sowie die allgemeinen Anfahrtswege siehe Ortsbeschreibungen ab S. 172.

** Wanderung 8: Zu den Wohnhöhlen der Benahoaritas

Charakteristik: Die Wanderung lohnt in landschaftlicher und botanischer (viele Exemplare des seltenen Drachenbaums sind zu sehen) wie auch in archäologischer Hinsicht. Der Weg führt streckenweise über felsige, steile Pfade, deshalb sind Wanderstiefel erforderlich. Im 2. Teil kann man beim langen Aufstieg schon mal ins Schnaufen kommen. **Länge, Gehzeit, Anforderungen**: 6,5 km; 2½ Std. reine Gehzeit; Höhendifferenz +/- 400 m; keine besonderen Anforderungen, aber auch kein Spaziergang. **Markierung**: Unterwegs manchmal rot-weiße Strichmarkierungen sowie die Ausschilderung GR LP 130, *Camino de la Costa*. Folgen Sie aber unserer Wegbeschreibung, denn die Ausschilderung entspricht nur in kurzen Strecken unserem Rundweg. **Anfahrt**: Mit Buslinie 100 ab Los Llanos, über Puntagorda (umsteigen) bis Las Tricias. Mit Pkw: Auf der Landstraße LP 114 bis Las Tricias, vor der Kirche finden Sie Parkstreifen. **Start**: Parkplatz (1) vor der Kirche an der Plaza von Las Tricias.

Wegbeschreibung: Ein großes Schild „Buracas“ weist vor der Plaza **1** auf einen Betonweg nach unten, den Sie nehmen. Weiter geht es auf einen Pfad, der an einer Plantage entlangführt.

Der Pfad stößt auf einen Betonweg **2**, den Sie nach rechts unten nehmen. Er wird zu einem schmalen Steinpfad, der sich an (meist alten) romantisch anmutenden Bauernhäusern und Blumengärten entlangschlängelt. An der alten Schule von Las

Tricias geht es ein paar Treppenstufen hinunter, und der Pfad setzt sich fort. Er führt durch Wiesen und an Feldern vorbei, am Rand einer Schlucht entlang, später wendet er sich nach halbrechts. Abzweigende Pfade führen auf Felder.

Unser Pfad mündet in eine schmale Nebenstraße **3**, der Sie nach links folgen. In Kurven führt sie an Höfen vorbei, Sie bleiben auf dem Hauptweg. Hinter einem alten Hofgebäude **4** mit freilaufenden Hühnern (häufig auch Mandelverkauf) zweigt ein Pfad nach rechts unten ab, den Sie nehmen. Der Pfad stößt wieder auf die Nebenstraße, auf der Sie nach unten weitergehen.

Gleich nach der ersten Rechtskurve biegt ein Asphaltstück **5** nach links ab, dem Sie folgen, aber nur, um nach zwei Schritten auf einen Erdpfad nach rechts abzubiegen (Schild „Traviesa"). Nach 10 m auf diesem Pfad sehen Sie links einen alten Dreschplatz. Nachdem Sie eine Hausruine passiert haben, wird der Pfad sehr felsig und der Blick frei auf einen der schönsten idealtypisch gerundeten Drachenbäume.

Sie gehen am Drachenbaum vorbei, folgen dem Pfad weiter geradeaus, überqueren dabei ein Asphaltband **6** und wenig später einen Erdweg. Sie erreichen jetzt den schönsten Abschnitt der Wanderung, über Drachenbäume und grüne Schluchten hinweg können Sie bis zu den Steilküsten und dem Meer schauen.

Eine weiß-rote Wegmarkierung (GR 130) weist auf einen Pfad, der nach rechts abbiegt, Sie aber gehen weiter geradeaus. Etwas später wandern Sie auf einem Kamm

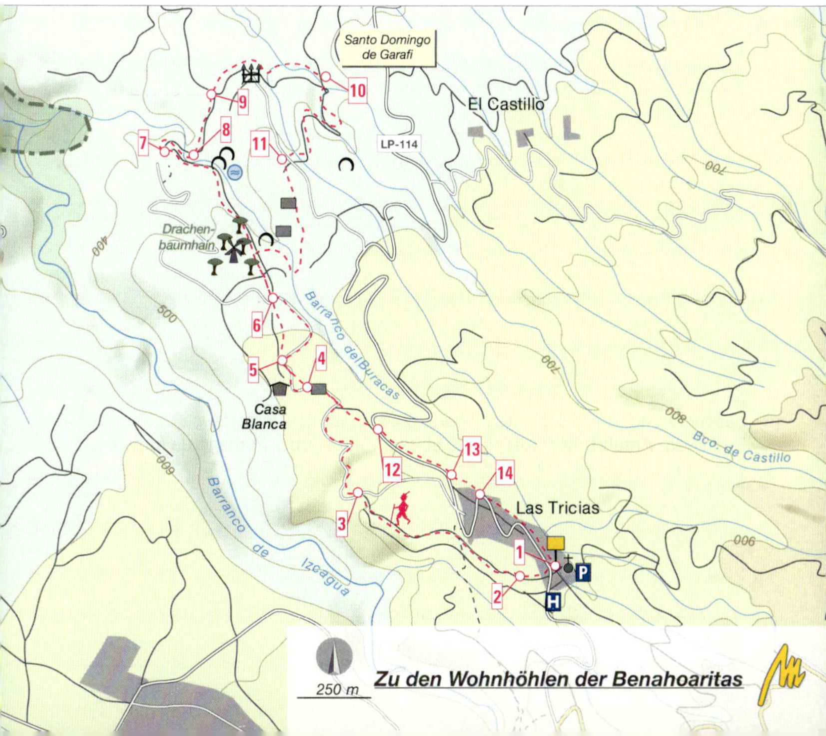

der Schlucht vorbei an einem Drachenbaumhain. Oberhalb sehen Sie den *Berg Verada*, auf dessen Gipfel eine alte Windmühle thront. Sie folgen weiter dem Pfad.

Von links kommt ein Pfad 7 hinzu, Sie gehen hier noch geradeaus, aber wenige Schritte weiter biegen Sie nach rechts (Schild „Café Aloe") in die Schlucht von Buracas ab. Linker Hand liegt das Café, in dem Bioprodukte verkauft werden. Die Wanderung aber führt durch die von Wildblumen bewachsene Schlucht.

Sie gehen weiter geradeaus, bis Sie im Talschluss an einer Zisterne und einer Quelle vorbeigehend das Ziel, den unteren Teil eines Höhlensystems 8, erreichen. Suchen Sie sich einen schönen Rastplatz. Der rund gepflasterte Platz in der größten Höhle war der Tagoror, der Versammlungsplatz der Ureinwohner.

Für den zweiten Teil der Wanderung folgen Sie weiter dem Pfad an den Höhlen entlang, er steigt extrem steil an. Unterwegs passieren Sie die größte Höhle, die von ihrem Eigentümer mit einer Terrasse ausgebaut wurde. Weiter geht es den Pfad hoch.

Der Pfad stößt auf einen Fahrweg 9, den Sie geradeaus weiterwandern. Schon nach 20 m verlassen Sie ihn auf einen Pfad nach links und durchschreiten ein Metalltor. Sie gehen auf diesem Pfad in eine Nebenschlucht – der Pfad ist am Schluchthang gut zu erkennen.

Auf dem Schluchtgrund stößt der Pfad auf einen Erdweg 10 (Schild „GR 130"), dem Sie nach rechts folgen. Der Erdweg wird zum Pfad und führt in eine kleine Schlucht (auch hier gibt es Höhlen in den Felswänden), dann wendet er sich nach oben. Durch ein mit Pinien bewachsenes Teilstück erreichen Sie einen asphaltierten Fahrweg 11. Sie gehen ihn wenige Schritte nach links, um dann nach rechts auf einen Erdfahrweg einzubiegen.

Der Blick reicht hier bis zur alten Windmühle auf dem Berg Verada und dem davor auf dem Rand der nächsten Schlucht stehenden Drachenbaumhain. Ein Hof wird passiert, an der Treppe zum Haus gehen Sie weiter geradeaus auf einer Trittspur, die bald darauf zum Pfad wird. Er führt am oberen Rand einer Schlucht entlang. Vor einer Wasserleitung wird der Schluchtgrund gequert, es geht etwas bergan weiter.

Sie erreichen den Pfad des Hinwegs und wandern ihn weiter nach oben. Der Erdweg wird überquert und der ebenfalls bereits bekannte Asphaltweg 6 wird erreicht. Der Abwechslung halber können Sie auch auf dem Asphaltweg bleiben. Er führt in weiten Kurven bis zu dem alten Hofgebäude – oder Sie folgen dem Pfad der Hinwegstrecke.

Hinter dem alten Hofgebäude 4 können Sie sich entscheiden, ob Sie den Rückweg so nehmen, wie Sie gekommen sind, oder den Pfad nach links wählen.

Der Pfad trifft auf die Landstraße LP 114 12, auf die Sie nach rechts einschwenken und ihr ungefähr 300 m folgen. Beiderseits der Straße stehen Höfe von Las Tricias.

Zwischen zwei besonders prächtigen Häusern, eines davon mit der Schrift „El Cafe" (ohne ein Café zu sein), führt ein Betonfußweg 13 nach oben, den Sie nehmen. Er kürzt eine Landstraßenkurve ab und ist mit seinen herrlichen Gartenblumen längs des Wegs besonders schön.

Sie erreichen erneut die Landstraße 14, gehen auf ihr einige Schritte nach oben, nehmen dort die Fortsetzung des Fußwegs und sparen sich eine weitere Kurve. Sie stoßen wieder auf die Landstraße, folgen ihr noch knapp 100 m und haben den Ausgangspunkt auf der Plaza erreicht.

*** Wanderung 9: Von Garafía nach Juan Adalid und zurück oder weiter nach El Tablado

Charakteristik: Mittelschwere Wanderung, bei der sportliche Naturen ebenso auf ihre Kosten kommen wie botanisch Interessierte. Sie durchqueren drei Barrancos, gehen meist auf alten Pfaden mit schönen Ausblicken durch Schluchten und auf die Steilküste. **Länge, Gehzeit, Anforderungen**: 12 km; 4½ Std. reine Gehzeit; Höhendifferenz +/- 400 m. **Variante 1**: Wenn Sie nicht so viel Zeit oder Wanderlust haben, können Sie auch nur einen Teil der Wanderung machen, z. B. bis zum Barranco del Palmar und zurück. Dieser Abschnitt dauert hin und zurück etwa 2 Std. **Variante 2**: Sie können der Ausschilderung folgend beliebig weitergehen, z. B. bis nach Tablado. Damit würden Sie bei einer schweren Wanderung – der letzte Ab- und Aufstieg sind am schwersten – ca. 13 km und 1200 Höhenmeter in ca. 5 Std. zurücklegen. Die Rückkehr zum Ausgangspunkt muss dann aber zuvor organisiert werden; Taxidienste ✆ 922-400103 und 619-6971 (mobil) oder ✆ 922-416070 und 606-547954 (mobil) – siehe oben. **Markierung**: Die Wanderung entspricht einem Teilstück des Inselrundweges GR 130 und ist rot-weiß markiert. **Anfahrt/Ausgangspunkt**: Nach Garafía mit dem eigenen Fahrzeug oder mit dem Bus von Los Llanos oder Santa Cruz. Die Wanderung beginnt am Dorfplatz von Garafía **1**.

Wegbeschreibung: Sie überqueren die Plaza **1** in Richtung Osten, gehen auf der Straße an den Rand des *Barranco de la Luz*, nach gut 100 m führt ein gepflasterter Weg in den Barranco hinunter und gut erkennbar auf der anderen Seite wieder hinauf. Es geht nach rechts weiter. Nach 150 m stößt der Weg auf eine Piste – ein unbefestigter Fahrweg **2**, dem Sie 15 m nach rechts folgen, dann verlässt Ihr Weg nach

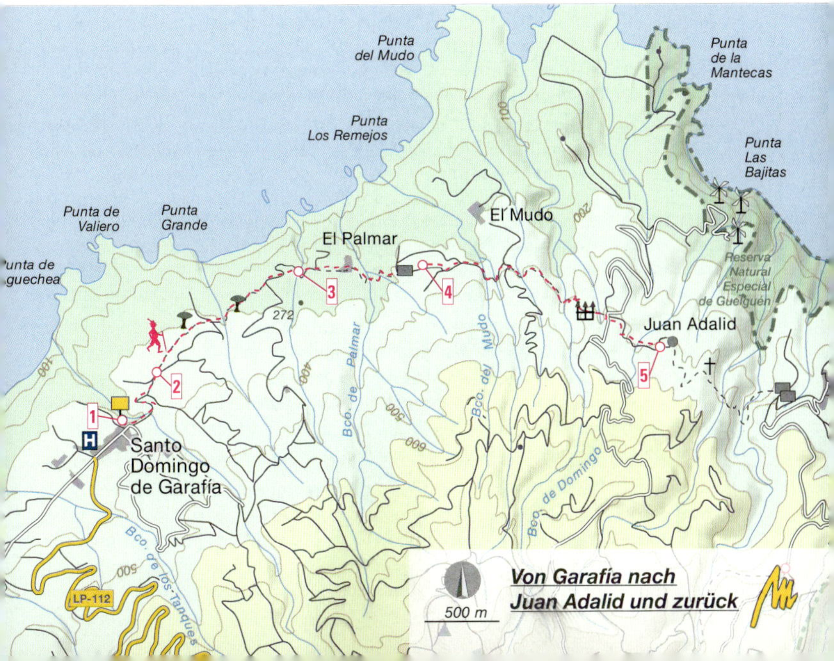

links die Piste. Es geht vorbei an verlassenen Häusern und Drachenbäumen. 1,5 km nachdem Sie die Piste verlassen haben, stößt der Weg erneut auf eine Piste **3**, der Sie nach links folgen und dabei einen Mini-Barranco umrunden. Kurz darauf biegen Sie bei einem Hof nach rechts oben auf einen Weg ein, gehen an einem Zaun entlang und erreichen bald den nahen *Barranco del Palmar*, den Sie auf sichtbarem Weg durchqueren.

Auf der anderen Seite vor dem Gehöft rechts hoch und an einer Terrassenmauer mit Palme entlang, der Weg mündet auf eine Piste **4**. Sie gehen nach links, machen die große Rechtskurve mit und sehen dabei unterhalb die Häuser von El Mudo (Der Stumme). Am Rand des *Barrancos Santo Domingo* zweigt der Pfad in die Schlucht ab. Der Weg durchquert die große und eindrucksvolle Schlucht und geht auf der anderen Seite, von Fayal-Gestrüpp gesäumt, steil hoch. Beim Durchqueren der Schlucht hat man einen schönen Blick auf den nordwestlichen Punkt der Insel, den Cerro del Cerradero. Auf der Anhöhe steht eine kleine Kapelle.

Auf der anderen Höhenseite angekommen, im Blick die sieben *Windräder* von Juan Adalid, versperren mehrere Gatter den Weg. Diese sollen die Ziegen in ihrem Revier halten und können durchschritten werden – bitte schließen Sie sie unbedingt wieder. Linker Hand kommen Sie an einem großen Gehege vorbei. Bevor Sie die wenigen Häuser des Weilers *Juan Adalid* erreichen, queren Sie noch einen kleinen Barranco und kommen dann auf die neu asphaltierte Straße, die zur 1994 fertiggestellten *Windkraftanlage* **5** führt, die Sie jetzt nicht nur sehen, sondern auch hören können. Deshalb suchen Sie sich einen schöneren Pausenplatz vor dem Rückweg.

** Wanderung 10: Von La Zarza in die Caldera de Agua

Charakteristik: Wanderung durch die Schlucht Caldera de Agua. La Zarza und die Caldera de Agua gehörten zu den Zentren der Ureinwohner. Ihre Zeugnisse werden unterwegs erläutert, ebenso die vielfältige Vegetation. Es empfiehlt sich, vor dem Start den Parque Cultural La Zarza mit Informationszentrum zu besuchen.

Länge, Gehzeit, Anforderungen: 9,5 km; 2¾ Std. reine Gehzeit; Höhendifferenz +/- 400 m. Trittsicher müssen Sie sein. Die Wanderung sollte man nicht bei Niederschlägen machen, denn der Bach im Schluchtgrund kann zum reißenden Wasser werden, das Felsbrocken und Baumstämme mitführt. **Variante:** Sie können die Wanderung mit Wanderung 11 zu einer allerdings schweren Wanderung (15,5 km, Gehzeit 5¼ Std., Höhendifferenz +/- 900 m) verbinden, die sehr gute Kondition erfordert. **Markierung**: Weg entspricht einem Teilstück der Wanderung PRLP 9.2, gelb-weiß markiert. **Anfahrt:** Über die Landstraße LP 1 bis Parque Cultural La Zarza.

Start und Wegbeschreibung: Auf dem Parkplatz am Informationsschild für Wanderer **1**. Sie gehen durch den Straßentunnel und geradeaus weiter auf eine Höhlengruppe zu. Ein weiteres Schild **2** informiert über die Wohnanlage der Urbevölkerung. Es geht etwas oberhalb der Höhlen auf einem schmalen Pfad nach links durch dichten Lorbeermischwald weiter. Der Pfad führt am Bachbett entlang. Baumstämme und Felsen sind dick mit leuchtend-grünen Moosen bewachsen.

Unterhalb einer Basaltwand **3** erneut ein Schild, es informiert über die Steinzeichnungen, die Petroglyphen, hier Grabados genannt. Direkt über dem Schild sehen Sie eine solche wie ein verschlungenes Labyrinth wirkende Zeichnung. Es geht weiter geradeaus. Kurz darauf gabelt sich der Weg, Sie gehen geradeaus weiter und steigen einen steilen Erdtreppenweg hinunter in die *Caldera de Agua* **4**, einen

Felskessel mit tiefen Höhlen. Nach Regenfällen rauscht hinten links ein Wasserfall auf den Schluchtgrund. Es geht weiter auf dem Schluchtgrund entlang.

Ein Steg **5** wird überquert. Links sehen Sie, dass eine tiefe Steilstufe und unten ein weiterer Felskessel – *La Catedral* genannt – folgen. Der Weg ist mit Geländern gesichert. Er führt auf eine Galerie mit Höhlen auf halber Höhe über dem Kesselgrund. Unterwegs passieren Sie ein Schild, das über Zarza (Brombeerranken) informiert. Der Kesselgrund **6** ist erreicht. Über einen Steg und an einem weiteren Informationsschild zu „La Catedral" geht es weiter nach oben. Das nächste Schild informiert über den Lorbeer-Urwald und den Wanderweg. Auf dem nächsten Hinweisschild geht es um Kletterpflanzen, wie dem hier reichlich wachsenden Efeu. Der Weg führt wieder hinunter.

Ein drittes Felsenrund **7** wird über einen Steg erreicht. Selbst wenn kein Wasser fließt, sieht man deutlich, dass hier nach Regenfällen eine Kaskade herunterstürzt. Die Höhle dort ist Teil eines Wasserstollens. Ein gepflasterter Weg führt bergauf, Sie aber gehen im Bachbett entlang nach unten.

Die *Quelle Fuente de la Caldera de Agua* **8** mit Viehtränke, Waschplatz und Infoschild ist erreicht. Es geht weiter im und am Bachlauf entlang. Sie folgen den deutlichen gelb-weißen Markierungen. Zwei nach links oben führende Pfade werden ignoriert. Die Wanderung steigt mal an der rechten Schluchtwand etwas an, später wird der Schluchtgrund gequert, und es folgt ein kurzer Auf- und Abstieg auf der linken Schluchtseite. Nach einer weiteren Querung des Bachbetts kommt ein längerer

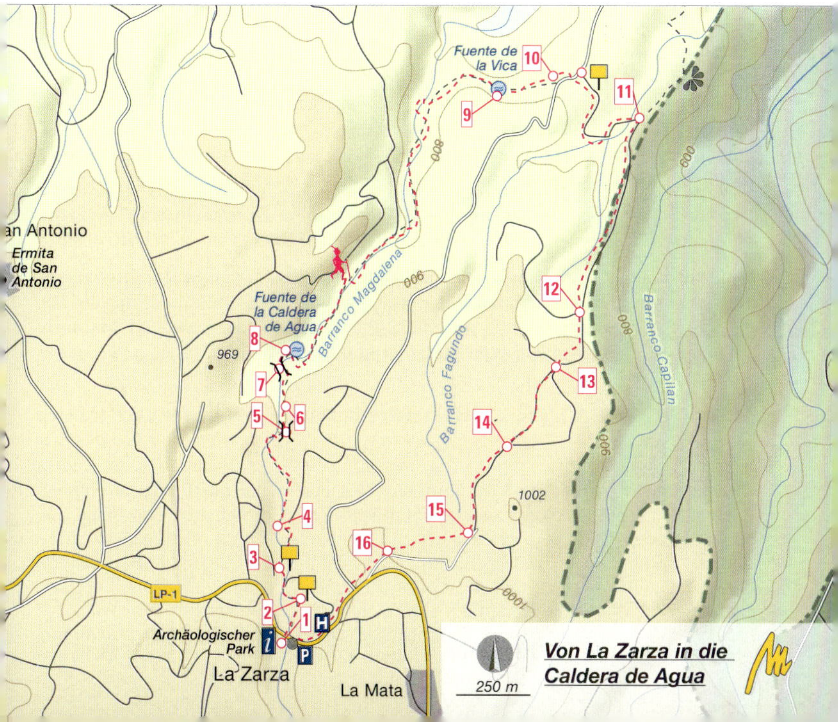

Fantastischer Aussichtplatz am Ende der 1. Etappe von Wanderung 11

Aufstieg, bis Sie die *Quelle Fuente la Vica* **9** erreichen – mit einer originellen Steinbank ein guter Pausenplatz. Danach geht es ein kurzes Stück weiter bergan, dann ist die Straße La Zarza–Don Pedro erreicht **10**. Sie gehen die Straße etwa 50 m bergab, um dort nach rechts auf ein mit „La Zarza" ausgeschildertes Sträßchen einzubiegen. Das Sträßchen führt durch Kulturlandschaft mit Höfen und Fayal-Brezal, einem Mischwald aus Baumheide und Gagelstrauch.

Kurz nach einem Ziegenpferch folgt eine Weggabelung **11**. Sie nehmen den ausgeschilderten Weg nach rechts oben. Zunächst führt er an einem Hof und Feldern vorbei, dann in ein Waldstück. Der Weg mündet in einen Forstweg **12**, auf dem es weiter geradeaus geht. Schon nach 100 m verzweigt sich der Forstweg, Sie gehen weiter geradeaus. Der Weg verzweigt sich erneut **13**, Sie gehen jetzt nach rechts. Der Weg mündet in einen weiteren Forstweg **14**, es geht geradeaus weiter. Nach etwa 200 m stößt der Forstweg auf ein asphaltiertes Sträßchen, auf dem es nach oben weitergeht.

Das Sträßchen verlassen wir an einem Hühnergehege **15** nach rechts auf einem Weg, diesen Weg verlassen wir nach knapp 100 m auf einem Pfad nach links oben.

Der Pfad stößt auf eine Landstraße nach Don Pedro, auf der es nach rechts weitergeht. Schon nach gut 100 m stößt die Straße auf die Landstraße LP 1, auf die Sie nach rechts einbiegen. Vorbei an einem Buswartehäuschen erreichen Sie nach 150 m einen Treppenzugang zum Ausgangspunkt.

*** Wanderung 11: Rundweg mit herrlichen Ausblicken aufs Meer und in Schluchten

Charakteristik: Baumheide- und Lorbeerwälder durchquert diese Wanderung zur Küste. Mehrere Aussichtplätze und sprudelnde Quellen begleiten den Weg. Sie können diese Wanderung mit Wanderung 9 verbinden. **Länge, Gehzeit, Anforderungen**: 7,5 km; reine Gehzeit 2½ Std.; Höhendifferenz -/+ 500 m. Mittelschwere Wanderung, relativ kurz, aber mit steilen Ab- und Aufstiegen, die Kondition und Trittsicherheit erfordern. Planen Sie zusätzliche Zeit für Verschnaufpausen und die herrlichen Aussichtspunkte ein. **Variante**: Die Wanderungen 10 und 11 zusammen ergeben eine schwere Wanderung von 15,5 km, die sehr gute Kondition erfordert; reine Gehzeit 5¼ Std.; Höhendifferenz +/- 900 m. **Markierung** Ausschilderung PR LP 9.2, gelb/weiße Markierung sowie zwischen **5** und **7** GR LP 130, rot/weiße Markierung. **Zusätzliche Ausrüstung**: Anorak auch im Sommer! **Anfahrt und Start**: Östlich von La Zarza zweigt von der LP 1 die Straße nach Don Pedro ab, die Sie nehmen. Nach ca. 4 km, auf Höhe der Ausschilderung „Don Pedro por Sendero LP 9.2", können Sie am Straßenrand **1** parken.

Wegbeschreibung: Die kaum befahrene Straße **1** geht es 250 m bergab, dort zweigt ein Pfad nach links in den Wald **2**. Sie durchqueren jetzt auf rutschigem, steilem Pfad dichten Lorbeer-Urwald, der auch im Sommer im Nebel liegen kann. Bereits nach wenigen Minuten. lassen Sie den Wald hinter sich und betreten einen freien Felsgrat zwischen den *Barrancos Magdalena* links und *Fagundo* **3**. Schon bald rahmt Fayal-Brezal-Vegetation mit Baumheide den Pfad ein. Wo die Sicht frei wird, haben Sie einen fantastischen Blick bis an die Küste. Sie erreichen eine

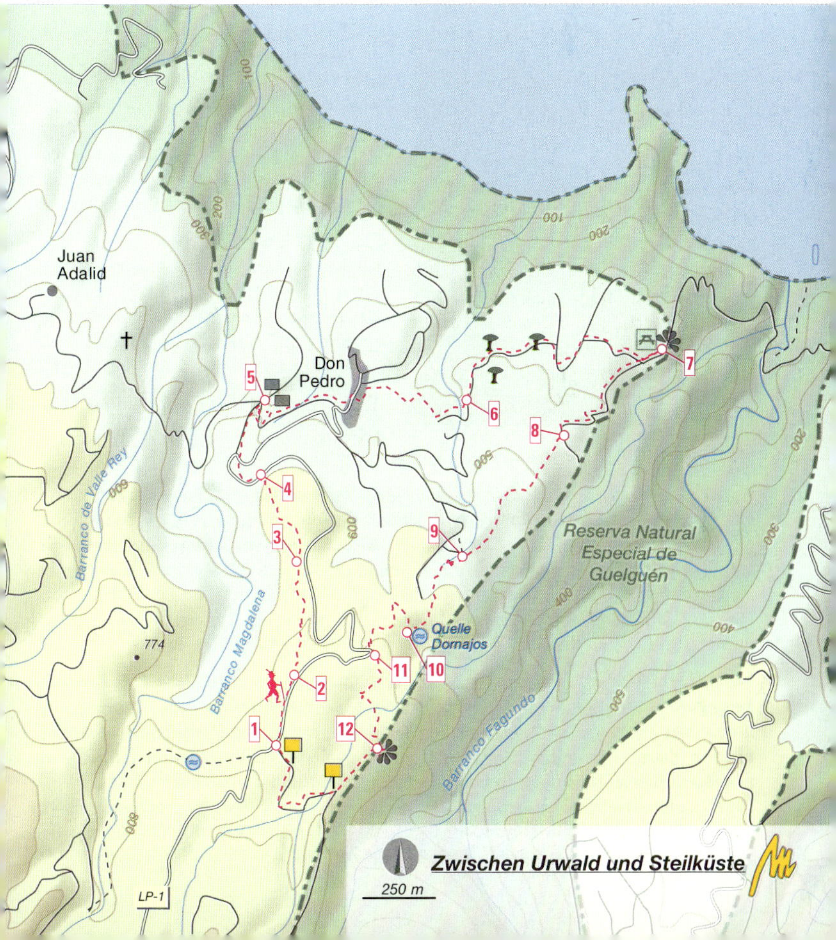

Straße, die Sie etwa 50 m bergab gehen **4**. Dort nehmen Sie den Pfad rechts, mit dem Sie einen Straßenserpentine abkürzen. Sie überqueren die Straße erneut und gehen auf der dort abbiegenden Betonpiste weiter – sie führt zu einer hübschen kanarischen Häusergruppe. Sie folgen der Ausschilderung GR 130 nach *Don Pedro* nach rechts unten **5**.

Wilde Nordküste

Ihr Weg mündet nach 300 m auf die Landstraße, der Sie geradeaus ins „Zentrum" in Form einer Miniplaza vor der Schule von Don Pedro folgen. Die Miniplaza ist als Terrasse angelegt, eine Treppe (Ausschilderung GR 130, Barlovento) führt nach unten, die Sie nehmen. Auf einem verwachsenen Pfad durchqueren Sie eine Senke und erreichen einen Erdfahrweg **6**, den Sie nach links nehmen. Sie gehen jetzt direkt oberhalb der Küste mit großartigem Blick an Drachenbäumen vorbei. Links zweigt ein Weg (Ausschilderung PR LP 9.2, La Zarza) nach oben, Sie aber gehen weiter auf dem GR 130 bis an den Rand des *Barranco Fagundo* und bis zu einem *Rastplatz* **(7)**, um den grandiosen Blick zu genießen.

Für den Rückweg gehen Sie bis zur Wegabzweigung zurück und folgen der Ausschilderung nach La Zarza. Es geht stetig bergauf, zunächst in langen Serpentinen auf einer Erdpiste. Achtung: Etwa 30 m nach dem Beginn einer neuen Betonpiste auf Höhe eines Weinfeldes zweigt ein schmaler, markierter Pfad nach oben ab **(8)**. Achten Sie auch auf dem folgenden Kilometer genau auf die gelb/weiße Balkenmarkierung. An der Weggabelung **9** nehmen Sie den rechten, breiteren Weg nach oben. Nach 10 m folgen Sie einer breiten Piste nach links oben, die Sie aber (Achtung!) nach ca. 40 m auf einem markierten, verwachsenen, schmalen Pfad nach links oben verlassen. Sie bleiben auf dem Pfad, der durch einen schönen Lorbeerwald führt und erreichen nach knapp 15 Min. links des Wegs die *Quelle Los Dornajos* **10**. Die kräftig sprudelnde Quelle ist von Wasserbecken umgeben, der Platz für eine Rast ausgebaut.

Nach einer Verschnaufpause folgen Sie dem Pfad erneut in den Wald. Eine Weggabelung ist erreicht **11**, Sie gehen halblinks nach oben weiter. Eine erneute Weggabelung, links geht es zu einem herrlichen Aussichtsplatz **12**, zum Ausgangspunkt und nach La Zarza – nehmen Sie an der Gabelung den rechten Weg. Nach knapp 200 m passieren Sie ein Häuschen in einem Meer von Gartenblumen beiderseits des Weges. Nur wenige Schritte weiter folgt erneut eine Weggabelung, geradeaus geht es nach La Zarza (WP **11** von Wanderung 10). Den Ausgangspunkt der Wanderung erreichen Sie nach 500 m, indem Sie nach rechts gehen.

Im Nordosten

Alle hier beschrieben Wanderungen führen durch das besondere Schutzgebiet von Los Tilos. Die Beschreibung der Landschaft und Sehenswürdigkeiten, der besonderen Vegetation sowie die allgemeinen Anfahrtswege finden Sie ab S. 180.

Hinweis: Die auf S. 180 aufgeführten Warnhinweise gelten für den engen Barranco del Agua besonders. Gehen Sie nicht während oder nach Regenfällen in die Schlucht!

Wanderung 12: Unter dem Farndach – durch den Barranco de Agua

Charakteristik: Ein kurzer Weg, aber kein Spaziergang, denn es geht auf dem von Felsen übersäten Schluchtgrund entlang und zwei Felsabsätze müssen überklettert werden. Dieser Weg lohnt sich für Abenteuertypen, denn ein Hauch von Wagnis weht durch die nur wenige Meter breite Schlucht unter einem Dach aus Farnen. Wanderstiefel sind wegen der Kraxeleien empfehlenswert. **Länge, Gehzeit, Anforderungen**: 1,7 km; 1 Std. reine Gehzeit; Höhendifferenz +/- 100 m. Trittsicherheit erforderlich. **Markierung**: keine **Zusätzliche Ausrüstung**: Anorak und Pulli sollten in jedem Fall mitgenommen werden. Wenn die Nebelschwaden der Passatwolke durch den Wald wabern, ist es kühl und feucht. Wer den kurzen Weg durch die Tunnels machen möchte, benötigt eine Lichtquelle – Handy oder Kameralicht sollte ausreichen, eine Taschenlampe ist besser. **Anfahrt und Start**: Die Wanderung beginnt am Parkplatz bei dem Restaurant und Informationszentrum.

Wegbeschreibung: Vom Parkplatz gehen Sie 30 m auf der Straße zurück. In der Linkskurve gehen Sie vor der Leitplanke über einige Natursteinstufen in Richtung Barranco hinunter. Auf einem ausgebauten und gesicherten Weg neben der Wasserleitung wird nach wenigen Metern ein offener Tank erreicht. Geradeaus geht es auf dem kurzen Weg von Los Tilos durch Tunnels zum Wasserfall.

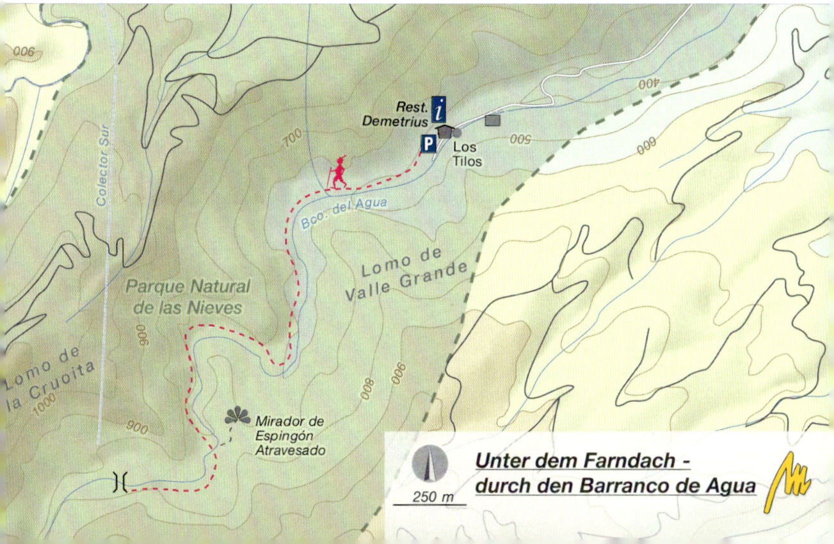

Auch für Spaziergänger gibt es angelegte Wege in Los Tilos

Für den Weg auf dem Schluchtgrund geht es hinter dem Tank auf einer Trittspur hinunter. Prägen Sie sich diesen Punkt ein, denn so mancher hat ihn auf dem Rückweg übersehen. Unten angekommen, wenden Sie sich nach rechts und gehen jetzt nur noch auf dem Grund der Schlucht entlang. 30 Minuten später und nach Überwindung vieler Felsbrocken und zwei heiklen Felsabsätzen, einer mit Leiter, erreichen Sie einen Felsenkessel an einer nicht mehr zu überwindenden Steilstufe – nach Regenfällen stürzt hier ein Wasserfall herunter. Auf dem Grund des Kessels haben viele Wanderer eine lustige Steinmännchenversammlung aufgebaut.

Auf demselben Weg geht es wieder zurück.

* Wanderung 13: Durch den Lorbeerwald – von Los Tilos über die Forstpiste hinauf und zurück

Charakteristik: Diese Wanderung ist eher ein informativer Spaziergang, nur die ständige leichte Steigung macht sie etwas anstrengend. Es geht über einen breiten Forstweg ohne besondere Anforderungen. Unterwegs informieren Schilder über die Pflanzen des Waldes. **Länge, Gehzeit, Anforderungen**: 6 km; 2 Std. reine Gehzeit; Höhendifferenz +/- 300 m. Bei dieser Wanderung handelt es sich um die letzten Kilometer der großen Wanderung 14 (Wegpunkte **11** bis **8**), die Sie in umgekehrter Richtung gehen. Deshalb könnten Sie als **Variante** auch weiter hoch- und wieder zurückgehen. Bis zu den Quellen (siehe Wanderung 14) schaffen es aber nur geübte Wanderer mit viel Kondition. In eine Richtung sind es insgesamt 8,5 km und 1200 Höhenmeter in teilweise sehr schwierigem Gelände (vgl. Beschreibung Wanderung 14). **Markierung**: Die Wanderung ist mit PR LP 6 ausgeschildert und gelb-weiß markiert. **Start**: Der Weg beginnt an einem Holzhäuschen (Parkplatz), noch vor dem Besucherzentrum an der Straße.

Wegbeschreibung: Am Forstweg steht ein großes Informationsschild **11** zu den Wegen im Naturpark. Sie folgen jetzt nur noch dem zunächst breiten Weg durch einen Tunnel **10**, danach wird er schmaler. Ein Schild informiert über Tilo, den Namensgeber des Waldes **9**. Nach einer guten Stunde – auf einem Buckel lichtet sich jetzt der Wald – biegt links im spitzen Winkel ein schmaler Pfad **8**, eher eine Natursteintreppe, nach oben ab. Hier geht es hinauf zu einem Aussichtsplatz mit Wettermessstation, von dem Sie einen grandiosen Rundblick haben, wenn nicht gerade die Nebel wabern. Von hier geht es auf demselben Weg zurück.

Wenn Sie noch weiter wandern möchten: Die PR LP 6 führt bis hinauf zu den Quellen (siehe Wanderung 14), ist aber als Wanderung hinauf und hinunter nur erfahrenen, konditionsstarken Wanderern zu empfehlen.

**** Wanderung 14: Durch 13 Tunnels zu den Quellen Marcos y Corderos und weiter nach Los Tilos

Charakteristik: Mehr Abenteuer gibt's nicht, zumindest nicht auf La Palma. Zuerst geht es auf schmalen Pfaden entlang einer Wasserleitung: durch dichten Lorbeerwald, lange Strecken auf schmalem Pfad in der steilen Schluchtwand und dabei durch 13 enge, dunkle Wasserversorgungstunnels zu den ergiebigsten Quellen, dann folgt ein Abstieg durch ein Felsgetümmel auf dem Schluchtgrund des Barranco de Agua. **Länge, Gehzeit, Anforderungen**: 12 km; 4:10 Std. reine Gehzeit; Höhendifferenz +550/-1200 m. Trittsicherheit und Schwindelfreiheit unbedingt erforderlich. **Markierung**: Der Weg ist mit PR LP 6 ausgeschildert, mit gelb-weißen Balken markiert. **Zusätzliche Ausrüstung**: Leistungsfähige Taschenlampe und regenfeste Kleidung, unterwegs tropft es durch die Decken der, einmal rauscht sogar ein Wasserfall hindurch, größere Leute sind mit einem Schutzhelm gut bedient. **Anfahrt**: Mit dem Pkw bis zum Startpunkt von Tour 13 fahren. Es ist gleichzeitig der Endpunkt dieser Wanderung. Dort starten zwischen 9 und 9.30 Uhr Jeeps, die Sie in etwa einer Stunde zum Startpunkt bringen (15 €/Pers.). Wer einen Platz reservieren möchte: Domingo Fernández Pérez, ✆ 922-450579 und 649-945481 (mobil); weitere Taxis 649-972282 und 649-672764 (mobil) sowie die des o. g. Taxiservice. Abfahrt spätestens um 9.30 Uhr! **Wanderveranstalter** haben die Tour im Programm und organisieren die Anfahrt bis Casa del Monte (ca. 50 €/Pers.).

Wegbeschreibung: Die Wanderung beginnt an der *Casa del Monte* **1**. Rechts steht ein kleines Haus mit Tischen und Bänken davor – die Unterkunft für die Kanalarbeiter. Direkt vor Ihnen verläuft der Kanal. Sie biegen auf den Weg, der parallel zum Kanal verläuft, nach links ein.

Sofort umfängt Sie ein Mischwald aus Pinien, Faya (Gagelbaum) und Brezo (Baumheide). Schon nach wenigen Minuten wird der Blick frei, eine fantastische Aussicht in den *Barranco del Agua* und auf die gegenüberliegenden bewaldeten Schluchtwände öffnet sich. Der Weg ist am Anfang breit, wird später in und zwischen den Tunnels streckenweise schmaler, ist aber außerhalb der Tunnels bequem zu gehen und bietet großartige Ausblicke in die Landschaft.

Vorab einige Infos zu den 13 Tunnels: Sie unterscheiden sich in Länge (15–400 m), Größe (mancher nur 1,50 m hoch und/oder eng) und Wassermenge (feuchter Boden oder rauschendes Wasser von überall). Die wichtigsten Merkmale werden daher im Folgenden beschrieben, damit Sie wissen, was Sie erwartet. Weil das GPS auf dieser Strecke keinen Empfang hat, entfallen weitere WPs.

Sie erreichen den *1. Tunnel* **2**, der einen sehr niedrigen Eingang hat. Erst einmal drinnen, setzt er sich auch dort eng, lang und niedrig fort. Der *2. Tunnel* ist kurz und einfach. Der *3. Tunnel* ist einer der längsten. Dazu noch niedrig und auf dem Boden nass. Der *4. Tunnel* folgt wenige Schritte auf den dritten und fordert mit seinem extrem niedrigen Zugang. Aber er ist kurz und man sieht sofort Licht am Ende.

Der *5. Tunnel* ist zwar sehr lang, aber mit drei Durchbrüchen versehen, die Licht ins Dunkel bringen und von denen man in die Schlucht schauen kann. Es rauscht unterwegs, weil der offene Wasserkanal hier ein stärkeres Gefälle hat.

Die *Tunnels 6 bis 10* sind alle relativ kurz, streckenweise sehr eng, stellen aber kein besonderes Problem dar. Der *11. Tunnel* verfügt aufgrund mehrerer Durchbrüche ins Freie über Lichtinseln und damit eine gute Aussicht auf die Wasserfälle der Marcos Quelle.

Auf den *12. Tunnel* sollten Sie sich vorbereiten: Kapuze festbinden, Kamera wasserdicht verstauen und Hosenbeine hochkrempeln. Dieser Tunnel ist lang, stockfinster und führt durch wasserdurchlässiges Gestein, d. h. Wasser rauscht von oben, von unten und von der Seite auf Sie ein!

Am Ende des 12. Tunnels **3** stehen Sie vor einer Felswand, aus der das Quellwasser der Marcos-Quelle in mehreren Wasserfällen herabstürzt. Es vereint sich mit dem Wasser der Corderos-Quelle zu einem reißenden Wildbach. Bevor der in einem Kanal halbwegs gezähmt wird, rauscht er durch den 12. Tunnel.

Neben der Felswand nehmen Sie den Treppenweg nach oben, auf dem Sie die Wasserleitung **4** der Corderos-Quelle erreichen. Es folgt ein ebenes Wegstück bis zum 13. Tunnel, zugleich dem letzten. Er ist zwar niedrig, aber trocken und nicht lang.

Nach insgesamt 1¼ Std. erreichen Sie die *Corderos-Quelle* **5**. Sie ist nicht ganz so eindrucksvoll und ertragreich wie die Marcos-Quelle; hier sollten Sie sich eine Pause gönnen.

Von den Quellen führt ein *weiß-gelb markierter Treppenweg* (PR LP 6) steil

nach unten. Er bringt Sie auf den Grund der Schlucht, in den sich vor dem Bau des Kanals das Wasser der Quellen ergoss, den Barranco del Agua.

Nun folgt ein gänzlich anderer, aber ebenfalls spannender Wegabschnitt. Auf dem Schluchtgrund werden große Felsen umwandert und überklettert. Die besten Durch- und Übergänge im Felsbrockengewirr sind weiß-gelb markiert. Die Richtung ist durch die schmale Schlucht ohnehin vorgegeben. Gut 3 km legen Sie so zurück, dann überschreiten Sie eine *Holzbrücke* **6**.

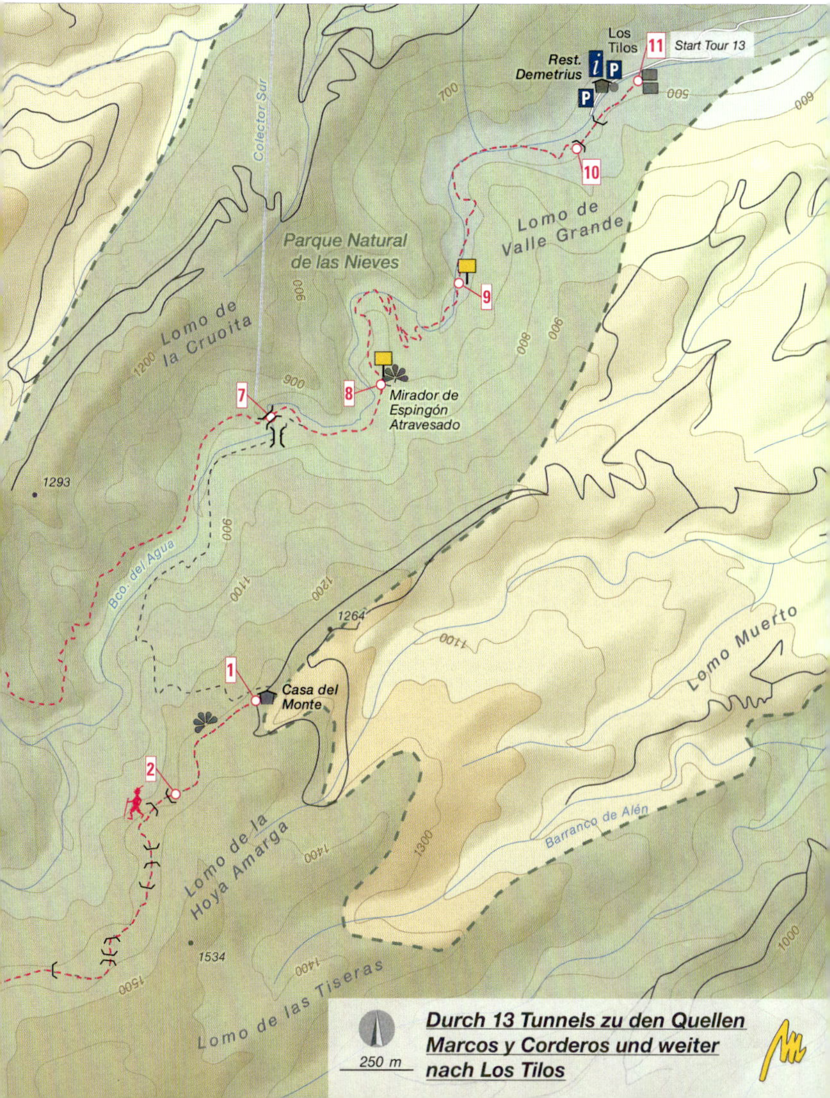

Danach geht es auf einem bequemen Waldweg am linken Schluchthang entlang weiter. Von dort haben Sie Ausblicke in die Schlucht und den Wald mit seinen riesigen hängenden Farnen. Auf diesem Streckenabschnitt bleiben Sie etwa 3 km. Unterwegs verändert sich der Wald: Zuerst bleiben die Pinien in den hohen Regionen zurück, dann Gagelbaum und Baumheide, die dem Wärme liebenden Lorbeerwald Platz machen.

Sie kommen zu einer *zweiten Holzbrücke* **7**, auf der Sie die jetzt schon tief unter Ihnen liegende Schlucht überqueren. Auf der anderen Seite geht es zunächst über Stufen bergauf und dann nur noch auf bequemen Waldwegen bergab.

Sie erreichen eine *Lichtung*, auf der eine Informationstafel **8** den Lorbeerwald als Überlebenden der Eiszeit beschreibt. Sie können hier einen Abstecher (hin/zurück 300 m) zum *Mirador de Espingón Atravesado* machen, der auf einer über den Wald ragenden Felswand liegt.

Für den Abstecher geht es den Stufenweg hoch. Vom letzten Punkt bei den Messinstrumenten auf dem Mirador haben Sie einen freien Blick auf die hohen, steilen, mit dichtem Grün wie von einem Pelz überzogenen Berge und die Schlucht. Von dort werden Sie am Ende der Wanderung fast 1000 m heruntergekommen sein!

Zurück auf der Lichtung, wandern Sie auf dem Hauptweg gemächlich in weiten Kurven durch lichten Lorbeerwald nach unten. Auf einer weiteren Lichtung informiert eine Tafel **9** über den Tilo, eine Lorbeerbaumart und Namenspatron für den Wald.

Nach knapp 30 Min. ab Aussichtpunkt kommen Sie zu einem breiten, hohen und *hellen Tunnel* **10**, der bequem begangen werden kann. Etwa 300 m weiter erreichen Sie das *Holzhaus* **11**, von dem Sie sich morgens zur Casa del Monte aufgemacht haben.

Tunnel gilt es zu durchqueren

Die Cumbres und die Caldera

Die Beschreibung von Landschaft und Sehenswürdigkeiten auf den Wanderungen sowie die allgemeinen Anfahrtswege und zusätzliche Infos finden Sie in den Ortsbeschreibungen ab S. 198.

* Wanderung 15: Über die Cumbre Nueva – von El Pilar zum Reventón-Pass

Charakteristik: Leichter Weg mit vielen Aussichtsplätzen auf die West- und die Ostseite La Palmas. Die ersten 3 km der Strecke mit rustikalem Pfad wurden erst kürzlich angelegt. Der Pfad führt im leichten Auf und Ab durch schönen Mischwald mit Pinie, Lorbeer und Ericabäumen und kreuzt dabei immer wieder einen alten Fahrweg. Im zweiten Teil geht es (noch) nur über den Fahrweg. Die *Cumbre Nueva* bildet den zentralen und niedrigsten Teil der Cumbres. Häufig schwappen Wolken wie ein Wasserfall (Cascada genannt) darüber. Dann sollten Sie den Weg nicht gehen. **Länge, Gehzeit, Anforderungen**: 14 km; 3:20 Std. reine Gehzeit bis zum Reventón-Pass und zurück; Höhendifferenz +/- 300 m. Keine besonderen Anforderungen, nur die Länge der Wanderung verlangt Kondition. Sie können den Weg beliebig verkürzen und verlängern. Er steigt aber kurz nach dem Pass steil an. **Markierung**: Der Wanderweg ist ein Abschnitt des Kammweges GR 131 und auch so ausgeschildert; Markierung rot/weiß. **Ausgangspunkt**: Centro recreativo Refugio El Pilar, An- und Rückfahrt nur mit Pkw möglich, siehe S. 206.

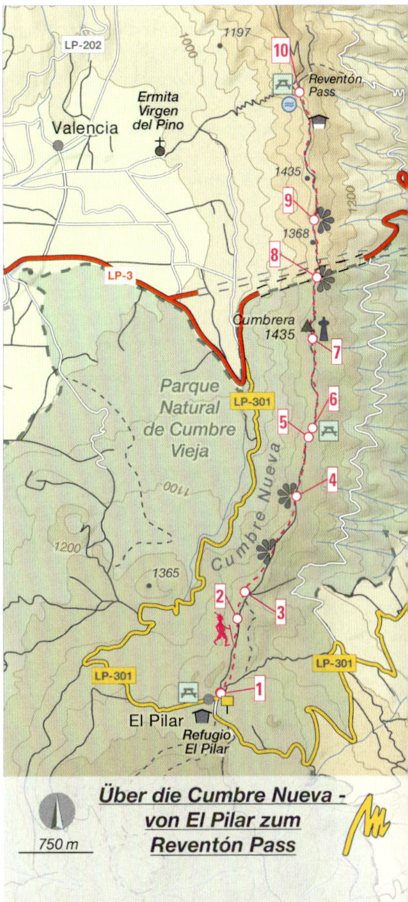

Wegbeschreibung: Am östlichen Ende des Waldrastplatzes biegt die Landstraße nach Süden ab, Sie aber wenden sich nach Norden. Dort steht eine Informationstafel **1**. Gegenüber beginnt die Wanderung auf einem in den Wald führenden, ausgeschilderten Pfad. Nach weniger als 100 m gabelt sich der Weg, Sie gehen nach links oben. Nach weiteren 250 m kreuzen Sie den Fahrweg, genau gegenüber setzt sich die Wanderung fort. In dieser Weise verlaufen die folgenden 3 km – Fahrwegquerungen erwähnen wir hier deshalb nicht mehr. In diesem Abschnitt gehen Sie durch ein Waldgebiet mit Erica- und Gagelbäumen. Oberhalb parallel zum Pfad stehen Metallrohre mit dazwischen gehängten Netzen. Es handelt sich dabei um „Wolkenmelkanlagen“ **2**: Das hier gewonnene Wasser wird in Richtung El Paso geführt und zur Bewässerung genutzt. Der Pfad gabelt sich nach weiteren 300 m **3**, Sie gehen links weiter; 20 m weiter eine erneute Gabelung, es geht wiederum nach links weiter.

Nach gut 15 Min. bei einer Wegquerung wird der Blick frei und Sie haben einen fantastischen Blick auf die Caldera und auf die Verlängerung dieser Wegstrecke bis zur Punta de los Roques. Den nächsten herrlichen *Aussichtspunkt* erreichen Sie nach etwa 35 Min. Gesamtwanderung bei einer weiteren Fahrwegquerung **4**. Sie schauen jetzt auf die Caldera, einschließlich der Observatorien auf dem höchsten Gipfel, das Aridane-Tal, auf den Vulkanfluss des Quemada und in seinen kreisrunden Krater sowie in den Krater des schon komplett bewaldeten Vulkans Enrique. In diesem Gebiet wütete im Sommer 2012 einer größten Brände. Es wird noch einige Jahre dauern, bis die widerstandfähigen Pinien die Feuerschäden überwunden haben.

Die Wanderung setzt sich auf der Ostseite fort. Nach einem weiteren Kilometer finden Sie einen hübschen, schattigen *Rastplatz* **5**, genau richtig für eine Pause. Bald darauf endet der schöne Pfad **6** und es geht auf dem Fahrweg weiter. Nach einem weiteren Kilometer passieren Sie die Funkanlage der Telefonica mit diversen Masten und Gebäuden **7**. Gut 600 m weiter haben Sie bei einer Schneise **8** erstmals einen weiten Blick auf die Nordostseite – u. a. ist die Hauptstadt Santa Cruz gut zu erkennen. Knapp 600 m weiter eröffnet sich erneut ein schöner Ausblick **9**. Dieses Mal geht der Blick nach Südosten und hinüber nach Teneriffa und Gomera.

Kurz vor dem Ziel der Wanderung wird eine Schutzhütte passiert, dann ist nach 7 km Gehstrecke der *Reventón-Pass* **10** erreicht. Hier kreuzt sich der GR 131 mit dem PR LP 1, der Santa Cruz und Puerto de Tazacorte verbindet. „Halbzeit“ also: Sie haben sich eine Pause verdient. Falls es schattenlos und heiß sein sollte, wie bei unserem letzten Gang dorthin, gehen Sie etwa 100 m die Westseite hinunter. Dort finden Sie in einer Wegkurve ein schönes schattiges Naturrastplätzchen.

Zurück geht es auf dem selbem Weg.

Unterwegs öffnet sich der Fayal Brezal Wald zu einem herrlicher Bild der Caldera

** Wanderung 16: Von Llanos de Jable nach Hoyo de la Sima oder weiter bis Fuencaliente

Charakteristik: Die Strecke – größtenteils 1200 m über der Westküste – führt über einen breiten Forstweg, ständig mit schönen Ausblicken durch Pinienwälder. Von unwesentlichen Steigungen abgesehen zunächst eben, im letzten Drittel abwärts. Für diese Tour brauchen Sie nichts als Ausdauer – eine ideale Wanderung also für alle, die ihre Kondition testen möchten oder sich die schwerere „Route der Vulkane" (Wanderung 17) nicht zutrauen. Die Tour eignet sich bestens als Radwanderung. **Länge, Gehzeit, Anforderungen**: Über die Länge der Tour entscheiden Sie. Bis zur *Hoyo de la Sima* sind es 5,3 km, hin/zurück reine Gehzeit ca. 3 Std. Bis *Los Canarios* sind es gut 20 km; reine Gehzeit 5 Std.; Höhendifferenz + 450 m/- 900 m. **Markierung**: keine **Anfahrt**: Nur mit Pkw oder Taxi möglich. Sie nehmen die Straße in Richtung Refugio El Pilar. Unterhalb des Waldrastplatzes, in einer 90-Grad-Linkskurve liegt der Ausgangspunkt „Mirador Llanos de Jable", ein astrologischer Aussichtsplatz mit fantastischem Blick auf die schwarzen Vulkandünen und bei Nacht in den Sternenhimmel. Parkplatz vorhanden. **Rückfahrt**: Wenn Sie die lange Variante bis Los Canarios wählen, sollten Sie ab El Paso ein Taxi zum Ausgangspunkt nehmen, andernfalls müssen Sie die Rückkehr zum Pkw organisieren. In Los Canarios/Fuencaliente können Sie um 17 und 19 Uhr den Bus Linie 200 in Richtung Los Llanos sowie um 16.50 und 18.50 Uhr in Richtung Santa Cruz nehmen.

Wegbeschreibung: Zunächst sollten Sie von Aussichtspunkt **1** den Blick auf die Llanos de Jable, die Sandebenen genießen, links über Ihnen der Vulkan Birigoyo, unter Ihnen El Paso und am Schluss des Aridane-Tals Los Llanos sowie rechts – auf gleicher Höhe – der Bejenado, Teil der Caldera de Taburiente. Dieser Aussichtpunkt wurde als astrologischer Beobachtungsplatz ausgebaut. Tafeln informieren über den Sternenhimmel und seine Veränderung im Laufe der Nacht; schräg nach oben zeigt ein Wegweiser, in welche Richtung man sich zum Polarstern aufmachen muss.

Die Wanderung führt auf den Forstweg, der hier nach Süden abbiegt. Sie durchwandern mit Brezobüschen und Pinien bewachsene Lavadünen und haben einen schönen Blick auf den Inselwesten. In weiteren Verlauf führt der Forstweg durch Pinienwald.

Nach ca. 30 Min. ist die *Lavaspalte des San Juan* **2** rechts unter Ihnen sichtbar. 1949 brach der zweitjüngste Vulkan La Palmas an diesem Hang aus. Wegen des starken Gefälles floss die Lava in die Ebene von Las Manchas und weiter zum Meer ab, es bildete sich kein Vulkankegel. Sie können den Lavafluss bis zu den Bananenplantagen oberhalb von Puerto Naos erkennen.

Weiter geht es auf dem Forstweg. Nach etwa 15 Min. scheint er sich rückwärts zu winden – das ist nur eine Serpentine, die bei **3** einen weiten Blick über die erstarrten Lavamassen unten sowie in Richtung Süden auf die Felsengruppe der Campanarios bietet. Bald nach der Serpentine kommen Sie an eine Weggabelung, an der Sie aufwärts gehen.

Die nächste Station ist *Hoyo de la Sima* **4**, eine tiefe Grube links des Weges, die weiträumig mit Holzgeländern gesichert ist. Der Hang neben der Höhle bietet sich als Pausenplatz an. *Die kürzere Wegvariante führt von hier aus zurück.*

In Richtung Los Canarios geht es weiter nach Süden. Bis kurz vor Fuencaliente gehen Sie nur noch geradeaus auf dem Forstweg. Alle Abzweigungen sind als Nebenwege zu erkennen oder als Wanderwege in Richtung Jedey oder Vulkanroute ausge-

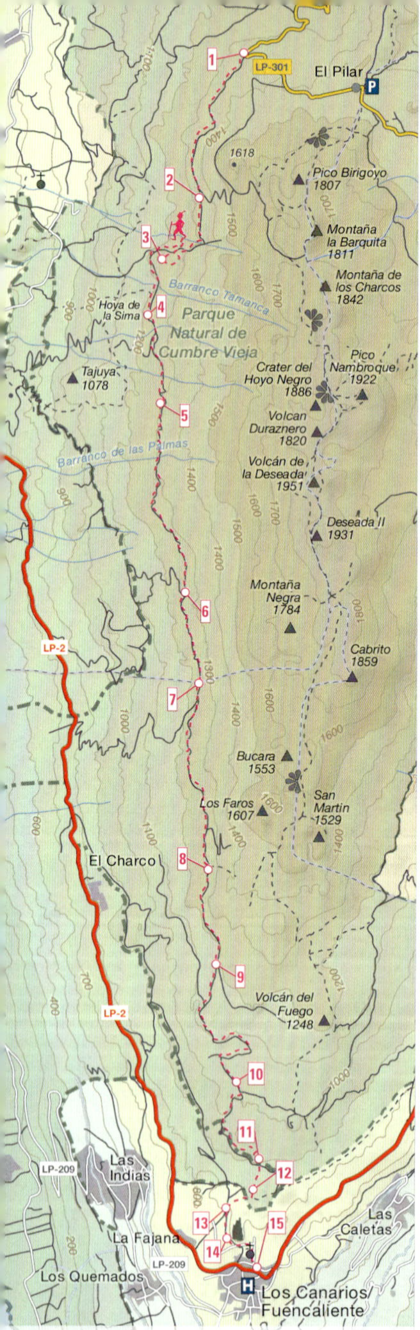

Von Llanos de Jable nach Hoyo de la Sima oder weiter bis Fuencaliente

schildert. Kurz hinter einer Ausschilderung nach rechts auf den Wanderweg SL EP 107 blicken Sie in den ideal gerundeten *Krater eines Vulkans* der Tajuyagruppe **5**. Über ihn hinweg bietet sich ein toller Ausblick über das Aridane-Tal und bei klarem Wetter über El Time bis nach Tijarafe im Nordwesten. Nach knapp zwei Wegstunden erscheinen links oben auf der Cumbre zunächst der Vulkan Hoyo Negro und die Doppelgipfel des Deseadas II, der linke ist mit 1945 m der höchste Cumbre-Gipfel. Weitere 30 Min. später stößt der Wanderweg PRLP 15 **6** auf Ihren Weg und begleitet ihn 400 m (Ausschilderung Ruta de los Vulcanes 6,9 km), um dann nach oben abzubiegen. Nach gut 2½ Std. Wanderzeit queren Sie die breiten Vulkanflüsse des Hoyo Negro und der Deseadas **7**. Auch hier bietet sich wieder eine schöne Sicht auf die Vulkane und über die Westküste.

Auf dem weiteren Weg passieren Sie Waldflächen, die den großen Brand im Sommer 2009 überstanden haben. Mehrere Wege kreuzen den Forstweg, Sie gehen geradeaus weiter. Nach etwa 3½ Std. zweigt ein Wanderweg zur *Fuente de Tion* **8** nach oben ab. Die Piste führt ab jetzt stetig abwärts. An der Kreuzung **9** gehen Sie nach rechts weiter und folgen damit dem Schild „Los Canarios por la Pista". Durch dichten Pinienwald erreichen Sie nach gut 30 Min. eine Weggabelung **10** und nehmen die rechte Variante. Nach etwa weiteren 30 Min. erreichen Sie den Wanderpfad GR 131, der den Forstweg quert **11**. Sie folgen ihm, verlassen den Forstweg nach rechts und schneiden damit eine weite Kurve des (bequemeren) Forstwegs ab. Der Forstweg **12** wird gequert, es geht auf dem GR 131 gegenüber weiter. Erneut wird ein Forstweg erreicht **13**. Sie biegen nach links auf ihn ein und sehen nach wenigen Schritten schon den Sportplatz von Los Canarios rechts vom Weg.

An einem riesigen *Hinkelstein* 14 biegen Sie auf einen Weg nach links von der Forstpiste ab und sehen sofort Los Canarios unter sich liegen. Der Weg mündet auf eine Straße, die Sie überqueren. Dieser letzte Pfad der Wanderung führt an einem Bolzplatz und der Kirche vorbei auf einen gepflasterten Fußweg, der in die Hauptstraße einmündet. Nach links erreichen Sie die örtliche Kunstgewerbewerkstatt, Cafébars sowie die Bus- und Taxistation. Das Wartehäuschen steht auf der in Richtung Santa Cruz führenden Straßenseite.

**** Wanderung 17: Route der Vulkane – von El Pilar über die Cumbre Vieja nach Fuencaliente

Charakteristik: Für Wanderfreunde mit Kondition ist diese Tour eine der interessantesten auf La Palma. Sie bietet Ausblicke über die gesamte Insel, im Westen gar bis nach Teneriffa und in zahlreiche der 120 Vulkankrater der Cumbre Vieja. Die Strecke führt durch das Naturschutzgebiet des *Parque Natural de Cumbre Vieja*. Schwere Wanderung, die Kondition erfordert. Mehrfach kleinere und zwei schwierigere Aufstiege. Am Ende geht es rund 1200 m bergab. **Länge, Gehzeit, Anforderungen**: 18 km; ca. 5 Std. reine Gehzeit – planen Sie etwa 7 Std. mit Pausen ein; Höhendifferenz + 650 m/- 1550 m. Trittsicherheit, Schwindelfreiheit und Kondition sind erforderlich. **Variante**: Zweifellos ist die gesamte Route interessant, erfordert aber die Organisation der Anreise. Wenn Sie einen Mietwagen haben, können Sie auch die erste Hälfte bis zum Deseada II wandern und dann zurückgehen – so sehen Sie die spannendsten Teile der Strecke. **Wetter**: Die Cumbre Vieja, über deren Grat die Wanderung führt, liegt während der Wintermonate häufig in den Wolken. Dann ist die Wanderung nicht so reizvoll, obwohl Teile meist wolkenfrei sind. Wenn die Wolken sich schnell bewegen, pfeift auf der gesamten Strecke der Wind. **Markierung**: Die Wanderung ist Teil des über alle Kämme führenden Wegs und mit „Ruta del Bastón"/„Ruta de los Volcanes" GRLP 131 ausgeschildert und rot-weiß markiert. **Zusätzliche Ausrüstung**: Auf jeden Fall Kopfbedeckung mitnehmen und einen Wasservorrat von mindestens 1½ Litern (der Grat ist schatten-

Auf der Route der Vulkane

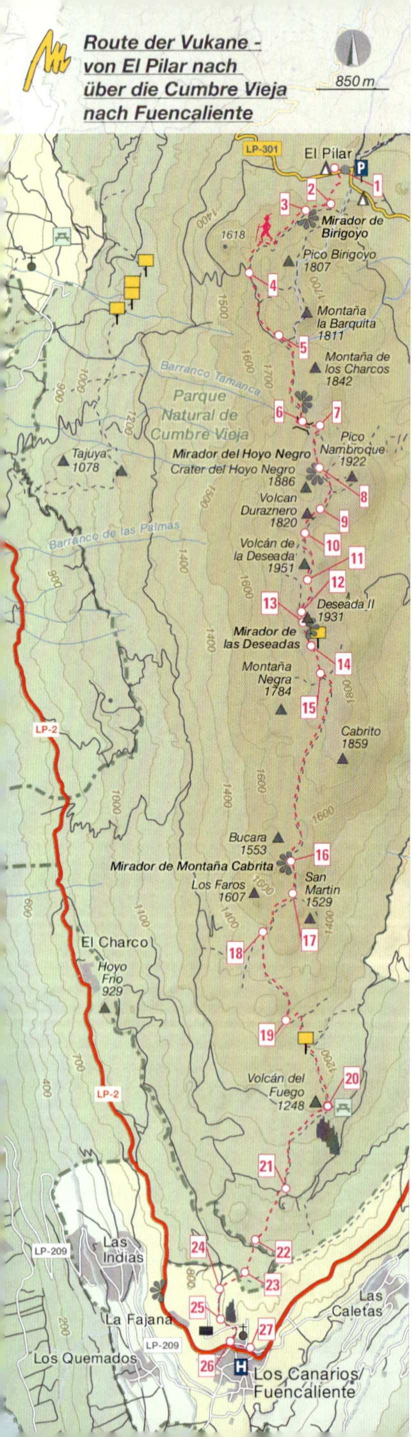

los), außerhalb der Sommermonate auch einen Anorak. **Anfahrt**: Die Wanderung beginnt am *Refugio El Pilar*, nehmen Sie bis dorthin ein Taxi (etwa ab El Paso, vgl. oben Stichwort *Taxi verde*. **Rückfahrt**: Sie sollten die Wanderung so planen, dass Sie gegen 16.40 Uhr in Fuencaliente sind. Dann können Sie dort den öffentlichen Bus nach Los llanos oder Santa Cruz erreichen (siehe Wanderung 16).

Wegbeschreibung: Start ist am *Waldrastplatz El Pilar* **1**, der geradeaus überquert wird. Am Informations-/Toilettenhaus gehen Sie rechts vorbei. Hinter dem Haus zeigt eine Tafel die Region, die Sie durchwandern werden. Sie nehmen den deutlich erkennbaren Pfad (GR LP 131) hinauf. An einer Gabelung **2** macht der Wanderpfad eine scharfe Biegung nach rechts, der Sie folgen. Bald darauf lichtet sich der Wald.

Am ausgebauten Aussichtsplatz *Mirador de Birigoyo* **3** mit Übersichtstafel haben Sie einen fantastischen Blick hinüber zur Caldera und zur Cumbre Nueva, auf deren östlicher Seite sich häufig die Wolken stauen, während der Himmel im Westen meist frei bleibt. Über ihnen erhebt sich der *Vulkandrilling* aus *Birigoyo, Montaña Barquita* und *Montaña de los Charcos*, an dessen Aschehängen entlang Sie weitergehen.

Der Wanderpfad stößt auf eine breite *Forstpiste* **4**, in die Sie nach links oben einbiegen. Nach einem knappen Kilometer macht der Hauptweg eine Kurve nach links, Sie aber folgen Sie dem deutlich mit Steinmäuerchen gekennzeichneten Pfad **5** geradeaus nach Süden. Nun folgt einer der lieblichsten Wegabschnitte: Auf der gelben, von schwarzen Gesteinsbrocken übersäten Vulkanaschenebene grünt und blüht es fast zu jeder Jahreszeit; ab April rosafarbene Zistrosen und gelber Codeso (Ginsterart), im Sommer ebenfalls in Rosa die Rosalitos salvajes (Skabiose) und im Herbst, wenn die ersten Regentropfen gefallen sind, viele weitere Pflanzen.

Der Pfad steigt wieder an, sehen Sie sich noch einmal um und genießen Sie den Blick zurück auf die von Vulkankegeln gekrönte Landschaft. Dann hat der Pinienwald Sie wieder. Kurz darauf wandern Sie auf dem Rand eines Vulkankraters. Rot und Schwarz glänzen die Aschen in der Tiefe aus dem Piniengrün. Die Stämme der Pinien sind schwarz verkohlt, ein Hinweis auf einen noch nicht lange zurückliegenden Waldbrand.

Sie bleiben auf dem *Hauptpfad* (GR LP 131), der weiter ansteigt, Trittspuren lassen Sie unbeachtet. Eine *Holzbrücke* **6** wird überquert. Sie führt über eine Vulkanspalte, die Sie von etwas weiter oben besser anschauen können. Der Weg steigt jetzt kapp 10 Min. etwas stärker als bisher an. Sie erklimmen damit den Hang eines Vulkans.

Sie haben die *Kammhöhe* **7** erreicht und können nach Osten schauen. Bei klarer Sicht schwebt das Teide-Massiv von Teneriffa auf einer Dunstwolke vor Ihnen. Wer sich hier entscheidet, über einen Rundweg nach El Pilar zurückzugehen, kann das an der nächsten Wegverzweigung machen, indem er nach links abbiegt und der *grün-weißen Markierung* eine knappe 1 Std. bergab folgt. Danach nehmen Sie an einer Wegkreuzung die *gelb/weiße Wegkreuzung* in Richtung El Pilar.

Unsere Wanderung aber führt auf dem Hauptpfad weiter bergauf. Sie erreichen den *Mirador del Hoyo Negro* **8** am eindrucksvollen, fast kreisrunden Kraterrand des 1949 ausgebrochenen Vulkans. Eine Infotafel beschreibt die Ausbrüche des *Nambroque*, dem Vulkanschlot links von Ihnen, und des *Hoyo Negro*. Nach einem Blick in die Tiefe des Kraters geht es vom Mirador auf deutlicher Trittspur nach Südosten und dann geradeaus nach Süden.

Mehrere Trittspuren zweigen in Richtung Nambroque ab, Sie bleiben auf der Haupttrittspur, die nach oben in den Pinienwald führt. Bald darauf haben Sie erneut einen herrlichen Blick nach Osten – bei guter Sicht können Sie La Gomera erkennen. Der Weg senkt sich, und Sie erreichen den Kraterrand des *Vulkans Duraznero* **9**. Vor Ihnen im Süden sehen Sie den höchsten Punkt der Cumbre Vieja, die Doppelspitze des Deseada II. Es geht weiter auf dem Kraterrand des Duraznero entlang, der Pfad führt bald steil nach unten und dort zu einer *Weggabelung* **10**.

Der etwas besser ausgebaute Pfad führt nach rechts unten, ein weniger deutlicher, eher eine Trittspur, auf den Vulkankegel vor Ihnen. Beide Pfade laufen am Deseada II wieder zusammen. Sie ignorieren den ausgeschilderten Weg nach rechts unten, weil sein Aufstieg anstrengend durch weiche Aschen führt und er zudem den höchsten Krater (1951 m) der Cumbre Vieja auslässt. Stattdessen folgen Sie der Trittspur nach links. Nach einer halben Umrundung des Kraters führt die Trittspur direkt nach Süden. Rechts unterhalb sehen Sie einen Weg und vor sich viele Trittspuren. Nehmen Sie eine Trittspur auf den *rechten Teil des Kraterrandes* vor Ihnen **11** und gehen Sie dort weiter nach rechts bis zu der *Vermessungssäule* **12** auf dem *Deseada II, dem höchsten Gipfel der Cumbre Vieja*. Genießen Sie die Gipfelerstürmung. Falls, wie häufig, ein starker Wind weht, empfehle ich eine Pause bei **14**.

Sie setzen die Wanderung geradeaus nach Süden weiter. Der *Mirador de las Deseadas* **13** bietet eine tolle Rundumsicht und ein Informationsschild. Von hier können Sie bei guter Sicht im Süden die Insel El Hierro erkennen, ebenso den weiteren Verlauf der Vulkanroute. Der letzte rote Kegel im Süden ist der Vulkan San Martin. Es geht geradewegs nach unten weiter.

Nach dem Abstieg erreichen Sie Hinweisschilder **14**, Ihre Route (GR LP 131) läuft nach rechts weiter. Wenige Schritte nach links liegt eine schöne, windstille

Lichtung, ideal, um hier die Mittagspause einzulegen. Danach geht es auf ebener Trittspur weiter.

Eine *Trittspurkreuzung* **15** wird erreicht. Hier quert der PR LP 15 von Jedey nach Tigalate Ihren Weg, Sie aber wandern geradeaus weiter. Ihre Trittspur führt in einen flachen Vulkankrater, den Sie durchqueren. Auch hier grünt und blüht es im Frühjahr und Sommer.

Weiter geht es gut erkennbar, mit Steinen markiert, in weichem, schwarzem Sand, mehr als 2 km immer bergab, geradeaus nach Süden. Ignorieren Sie die Schilder unterwegs, sie zeigen in diesem Teilstück schräg an der richtigen Richtung vorbei. Ein kurzer Aufstieg schließt diesen Wegabschnitt ab, nach einer Linkskurve erreichen Sie den *Mirador de Montaña Cabrita* **16**.

Mit Blick auf den roten *Vulkan San Martin* führt der Pfad zu diesem hinunter. An der Wegverzweigung **17** vor dem Krater kann man nach links einen Abstecher auf den Rand des Vulkans San Martin unternehmen, um hineinzuschauen oder gar auf einer Trittspur hineinzugehen. Sie aber nehmen die Trittspur rechts am Krater vorbei und in weichem Sand am Hang entlang. Die regelmäßig angeordneten Steine an den Hängen gehören zu den Bemühungen, hier Pinien anzupflanzen.

Ignorieren Sie nach rechts abzweigende Trittspuren sowie den Pfad **18** nach rechts. Alle diese Wege treffen später auf Forstwege nach Fuencaliente/Los Canarios und sind Teil des früheren Verlaufs der Ruta de los Volcanes.

Sie aber bleiben auf der Trittspur, die am Hang entlang und dann durch weichen Sand in weiten Kurven erst nach Südosten, dann direkt nach Süden und wieder in den Pinienwald führt. Deutlich mit Mauern und Schildern **19** gekennzeichnet, biegt der Wanderweg etwa 30 Min. nach dem Vulkan San Martin nach links unten ab.

Zwei aufeinander folgende Wegverzweigungen werden erreicht, Sie gehen beide Male nach rechts. Bei einer Abzweigung, die deutlich durch Steinreihen und Balkenmarkierung gekennzeichnet ist, biegen Sie auf einen Weg nach links ab.

An der nächsten Wegkreuzung geht es geradeaus weiter. Vor Ihnen liegt der *Volcán del Fuego*, an dessen östlichem Hang der Wanderweg entlangführt. Wer mag, kann bei der Abzweigung **20** nach links einen Abstecher (kurzer Abstieg) zum schönen Waldrastplatz Fuente de los Roques machen – andernfalls wandern Sie weiter geradeaus.

Eine Forstpiste **21** und eine kleine Lichtung werden nach gut 1 km überquert, der Wanderweg führt nach links und ist mit Steinen zu beiden Seiten gut gekennzeichnet. 800 m später wird erneut ein Forstweg **22** überquert.

Bald darauf wird eine Wegkreuzung **23** erreicht. Der Fernwanderweg GR 130 wird gekreuzt, es geht geradeaus weiter, der Weg macht eine Kurve, und erneut wird eine Forstpiste überquert. Später kommt eine Wasserleitung von links dazu und begleitet den Weg. Er mündet auf eine Forstpiste **24**, Sie biegen nach links ein und sehen nach wenigen Schritten schon den Sportplatz von Los Canarios rechts des Weges. An einem riesigen *Hinkelstein* **25**, biegen Sie auf einen Weg nach links und sehen sofort Los Canarios unter sich liegen. Der Weg mündet auf eine Straße, auf der Sie nach links gehen, um sie gleich darauf nach rechts wieder zu verlassen.

Dieser letzte Pfad der Wanderung führt an einem Bolzplatz und der Kirche vorbei auf einen gepflasterten Fußweg, der auf die *Hauptstraße* **26** von Los Canarios stößt. Sie biegen nach links auf die Hauptstraße und folgen ihr etwa 250 m bis zur Bus-/ Taxistation **27**.

*** Wanderung 18: Auf den Balkon der Caldera – Rundweg auf den Pico Bejenado und zurück

Charakteristik: Die Wanderung auf den 1854 m hohen Bejenado lohnt nicht nur wegen des schönen Einblicks in den Caldera-Krater; auch während des Aufstiegs bieten sich viele Ausblicke auf die Cumbre Nueva, die häufig darüberschwappende Passatwolke, das Aridane-Tal und die Cumbrecita. **Länge, Gehzeit, Anforderungen**: 11,5 km; 4½ Std. reine Gehzeit; Höhendifferenz +/- 810 m. Kondition, Trittsicherheit und Schwindelfreiheit erforderlich. **Leichtere Variante**: Sie nehmen den Abstieg auch als Aufstieg – wie die meisten Wanderer. Er ist mit seinen lang gezogenen Serpentinen leichter zu gehen, aber landschaftlich weniger reizvoll. **Markierung**: Ab El Rodeo **7** gehen Sie auf dem Wanderweg PR LP 13.3, markiert mit weiß-gelben Balken. **Anfahrt**: Nur mit Fahrzeug. Von der LP 3 der Abzweigung zur Cumbrecita folgen, dann aber links zum Dorf Valencia abbiegen. Die Straße ist zunächst asphaltiert, dann kommt ein längeres Stück zerfurchter Piste, dann wieder ein Stück Asphalt. Kurz darauf erscheinen links ein Miniparkplatz sowie ein Schild mit Hinweis auf den Wanderweg, den Startplatz.

Wegbeschreibung: Am Startplatz steht ein Informationsschild **1** des Nationalparks mit seinen Wanderwegen. Der Weg gleich links neben dem Schild führt Sie von hier nach oben. Nach gut 500 m erreichen Sie in einer der Kurven eine Gabelung **2**. Sie gehen nach rechts und folgen der Beschilderung „Pico Bejenado por Roque de los Cuervos“ (links werden Sie später wieder herunterkommen).

Gemächlich geht es auf breitem Forstweg durch den Wald. Unmittelbar vor einer scharfen Linkskurve des Forstwegs **3** zweigt unser Pfad nach links oben ab (beschildert). Er verläuft parallel zur Schlucht, die von der Cumbrecita herabführt. In mehreren Passagen geht es steil nach oben. In den flacheren Abschnitten genießt man die wildromantische Landschaft.

Unterwegs sieht der Wanderer wie die Wolken über die Cumbre Nueva schwappen

Nach einem steilen Teilstück belohnt Sie ein natürlicher Aussichtspunkt **4** mit dem Blick auf die Cumbrecita, hinter der sich der Kessel der Caldera de Taburiente öffnet. Es geht weiter aufwärts bis auf den Caldera-Rand **5**. Gegenüber leuchten weiß die Kuppeln der Observatorien. (Der Abzweig nach rechts führt in wenigen Minuten auf den Gipfel des Roque de los Cuervos.) Wenige Meter nach links, bietet sich der Schatten einer großen Pinie am Kraterrund als Pausenplatz an. Der Blick in den Krater ist fantastisch.

Weiter geht es vom Rastplatz nach links in Richtung Bejenado-Gipfel. Nach wenigen hundert Metern stößt rechts ein extrem steiler Wanderpfad **6** – nur für Experten – von der Cumbrecita auf unseren Weg. Sie gehen aber geradeaus, mehr oder weniger eben auf dem Caldera-Rand weiter.

Am Fuß des Bejenado-Gipfels, *El Rodeo* genannt **7**, vereint sich der Wanderpfad mit dem Wanderweg PR LP 13.3, markiert mit weiß-gelben Balken. Bis auf den knapp 300 m höher liegenden Gipfel des Bejenado sind es jetzt noch etwas weniger als 2 km. Der Wanderweg ist aber gut ausgebaut und zieht sich in weiten Kurven nach oben.

Nach insgesamt dreistündiger Wanderung ist der *Gipfel* **8** erreicht! Sie haben sich eine längere Pause bei herrlicher Weitsicht verdient. Wer Lust hat, trägt sich in das Gipfelbuch ein, das in einem Metallkasten liegt.

Zurück geht es bis *El Rodeo* **7** auf demselben Weg. Jetzt nehmen Sie aber den bequemeren, ausgeschilderten Wanderweg nach rechts unten. Unterwegs zweigt ein mit „Petroglyphos 120 m“ beschilderter Pfad **9** nach links ab. (Dieser kleine Abstecher führt zu einem Stein, der von den Ureinwohnern mit einer leider schon recht erodierten Gravur versehen wurde.) Nach der Stein-Besichtigung geht es auf dem Wanderweg weiter nach unten.

Etwa 2 km vor dem Ziel mündet der Wanderweg in einen quer verlaufenden Forstweg **10**, den Sie nach links nehmen. Nach etwa 30 Min. erreichen Sie die Gabelung **2** des Aufstiegs und gehen jetzt nach rechts zum Ausgangspunkt zurück.

**** Wanderung 19: Die große Caldera-Runde

Charakteristik: Die große Caldera-Runde ist aus gutem Grund eine der beliebtesten Wanderungen. Nur Wanderer können in den grandiosen, von Flüsschen durchzogenen Felskessel gelangen. Der sehr abwechslungsreiche Weg bietet über viele Stunden herrliche Blicke in die Felsen- und Waldlandschaft. Wer nur Zeit für einen

Wandertag in der Caldera hat, bekommt so den besten Gesamteindruck von La Palma. Kurzfassung: Die Wanderung bis zum Zelt- und Rastplatz verläuft einfach, aber meist am Hang entlang. Der Abstieg im mittleren Teil ist zum Teil rutschig. Der letzte Abschnitt führt durch das Flussbett, und es geht immer wieder mit großen und kleinen Sprüngen über den Fluss. An mehreren Stellen gibt es Umgehungswege für wasserreiche oder schwierige Wegabschnitte. **Länge, Gehzeit, Anforderungen**: 14,5 km; 4¼ Std. reine Gehzeit, planen Sie 6–7 Std. ein, nur wenn Sie unterwegs ausgiebige Pausen machen, können Sie die herrliche Natur wirklich genießen; Höhendifferenz - 1000 m/+ 100 m. Kondition, Schwindelfreiheit und Trittsicherheit sind Voraussetzung. **Markierung**: Der Weg ist mit PR LP 13 ausgeschildert und gelb-weiß markiert. **Zusätzliche Ausrüstung**: Badezeug empfiehlt sich für eine Abkühlung in den Bassins am Zeltplatz; ein Handtuch für die meist feuchte Flussüberquerung bei Dos Aguas. **Wetter**: Für diese Wanderung gelten oben die unter „Sicherheit" genannten Warnungen in besonderer Weise. Gehen Sie nicht bei Regen (Wettervorhersage) und auch nicht, wenn es an den vorangegangenen Tagen geregnet hat. Das Wasser der Caldera sammelt sich in ihrem Abfluss, dem Taburiente-Fluss, der meist nur ein Rinnsal ist, dann aber anschwellen und den Ausgang, den Barranco de las Angustias, versperren kann. Der letzte Teil der Wanderung kann auch noch Wochen nach Regenfällen durch hohen Wasserstand mühsam sein, und so mancher Fels muss überklettert werden.**Anfahrt**: siehe Ausflüge „Los Brecitos" S. 231. **Ausgangspunkt**: Parkplatz Los Brecitos **1**.

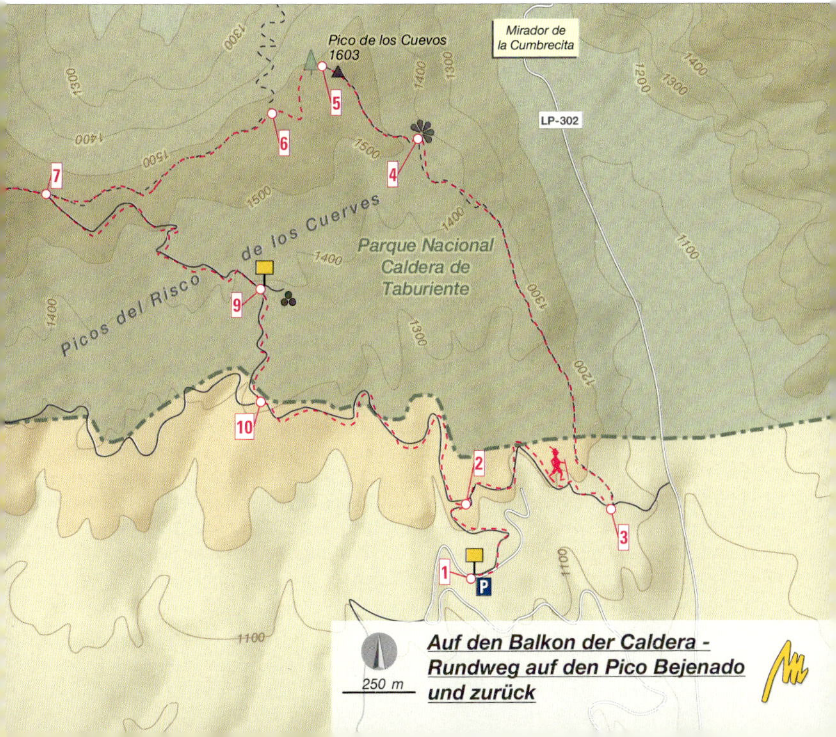

Wegbeschreibung: Der erste Abschnitt der Wanderung ist mit „Zona de acampada“ ausgeschildert. Sie gehen durch das Drehkreuz auf den Pfad zum Waldzeltplatz, diesen Pfad werden Sie in den nächsten ca. 2 Std. nicht verlassen. Der Pfad ist immer als Hauptweg zu erkennen. Gut und sicher zu begehen, schlängelt er sich fast ständig an der Caldera-Flanke entlang. Bald wird auf einem Holzsteg eine kleine Schlucht überquert. Nach ca. 35 Min. begleiten Holzgeländer einen Abstieg. Dem Weg folgend, an einem runden Fels vorbei, erreichen Sie nach weiteren 10 Min. den *Mirador Lomo de Tagaste* **2**, einen mit Holzgeländern eingefassten Aussichtpunkt; hier haben Sie nicht nur freien Blick in die Caldera-Runde, sondern auch auf den legendenumwobenen Felsmonolith *Roque Idafe*. Im zweiten Teil der Wanderung kommen Sie dem Roque aber näher. Dann ist er auch fotogener. Sie setzen die Wanderung auf dem Pfad fort.

Über einen abbiegenden Pfad **3** können Sie einen Abstecher zu Petroglyphen (Steinzeichnungen der Ureinwohner; hin/zurück 2 km) machen. Die Wanderung setzt sich auf dem Hauptpfad fort und führt durch ein Gebiet mit auffällig verkohlten Baumstämmen, die anzeigen, dass an dieser Stelle einer der gefürchteten Waldbrände gewütet hat (vgl. S. 21 und 128). Der Pfad führt hinunter in den Barranco de las Bombas, in dem es nach heftigen Regenfällen regelmäßig zu Bergrutschen kommt. Spätestens beim Verlassen der Schlucht ist das Rauschen des *Rio Taburiente* unüberhörbar.

Sie erreichen eine Pfadverzweigung **4**, nach rechts geht es zum Ziel der ersten Etappe, dem Waldzelt und -rastplatz. Der Weg nach links führt zur *Hoya Verde*, einem imposanten Wasserfall. Die Strecke beträgt 3,2 km, doch müssen 600 m Höhendifferenz überwunden werden. Der Abstecher ist deshalb nur Wanderern mit sehr guter Kondition zu empfehlen.

Die Wanderung setzt sich also nach rechts fort. Durch eine bewachsene Uferzone erreichen Sie den Rio Taburiente, dessen Überquerung je nach Wasserstand leicht abenteuerliche Züge annehmen kann. Von Stein zu Stein geht es ans gegenüberliegende Ufer. Dort angekommen, halten Sie sich flussabwärts, bis Sie einen Trampelpfad durch das Weidengebüsch entdecken, der Sie eine kleine Steilwand hinauf zum *Zelt- und Rastplatz* **5** führt. Hier lohnt sich eine längere Pause, denn selten wird man sich in einer derart eindrucksvollen Landschaft aufhalten. Wer Lust hat, nimmt ein Bad im Rio Taburiente. Etwas unterhalb der Furt, an der Sie den Fluss überquert haben, bilden sich häufig Wasserbecken, in die man eintauchen kann.

Die zweite Etappe beginnt mit einem Besuch des Informationszentrums der Nationalparkverwaltung, dem etwas oberhalb gelegenen *Centro de servicio de Taburiente*. Dort gibt es neben einem Modell der Caldera Informationen über Geologie, Flora und Fauna sowie auch Toiletten. Die Wanderung setzt sich nach Süden fort und ist mit „Salida Barranco de las Angustias“ ausgeschildert.

Der lange Abstieg beginnt in dem Nebenbarranco *Almendro Amargo* – der „Bittermandelschlucht“ **6**. Der Pfad wird jetzt über kurze Strecken sehr schmal, einige Streckenabschnitte verlaufen bequem und eben, Sie haben dann auch einen herrlichen Blick auf den Roque Idafe, andere sind voller Geröll und unbequem zu gehen. Sie erreichen eine Weggabelung, die nach links mit „Salida por Atajo“ und nach rechts mit „Salida normal“ ausgeschildert ist. Mutige sollten den herrlichen, aber sehr schmalen Pfad „Salida por Atajo“ wählen, er umrundet oberhalb des Rio Almendro eine Felsnase.

Nach einem kurzen, steilen Abstieg erreichen Sie den Hauptweg, hier geht es nach links weiter! Auf bequemem, jetzt nur noch sanft abfallendem Pfad erreichen Sie eine weitere Weggabelung **7**. Die Hauptwanderung setzt sich nach rechts fort. Nach links können Sie einen Abstecher in den *Barranco del Limonero* machen. Sein Wasser ist eisenhaltig und gelb-orange gefärbt. Nach 500 m trifft man dort auf die *Cascada Colorada*, eine Steilstufe mit einem durch die Eisenhaltigkeit des Wassers farbigen Wasserfall. Die Schlucht ist sehr schmal und durch Steinschlag nicht ungefährlich. Auf der Hauptwanderung passieren Sie einen Gedenkstein zur Einweihung des Nationalparks und steigen wenige hundert Meter weiter in das Flussbett des Almendro Amargo.

Ab jetzt heißt es, den mehr oder weniger schmalen Fluss per Sprung oder auf Steinen zu überqueren. Nach den ersten zweihundert Metern in dieser Art der Fortbewegung erreichen Sie *Dos Aguas* **8**. Hier fließt der Rio Almendro Amarga in den Rio Taburiente, der damit kurzzeitig sehr breit wird. Suchen Sie sich die beste Überquerungsmöglichkeit, gegebenenfalls durchwaten Sie barfuß den Fluss.

Nach einer Pause oberhalb des Flussbettes beginnt die dritte Etappe der Wanderung – sie führt durch den *Barranco de las Angustias*, den Zusammenschluss aller Schluchten der Caldera. Erneut geht es hinunter ins Flussbett und am Fluss entlang. Es gibt nur wenige ausgeschilderte Wegpassagen, denn nach jedem Hochwasser verändert sich der Flusslauf, im Sommer kann er streckenweise ganz versickern. Die besten Möglichkeiten der Wasserüberquerung müssen Sie sich also selbst su-

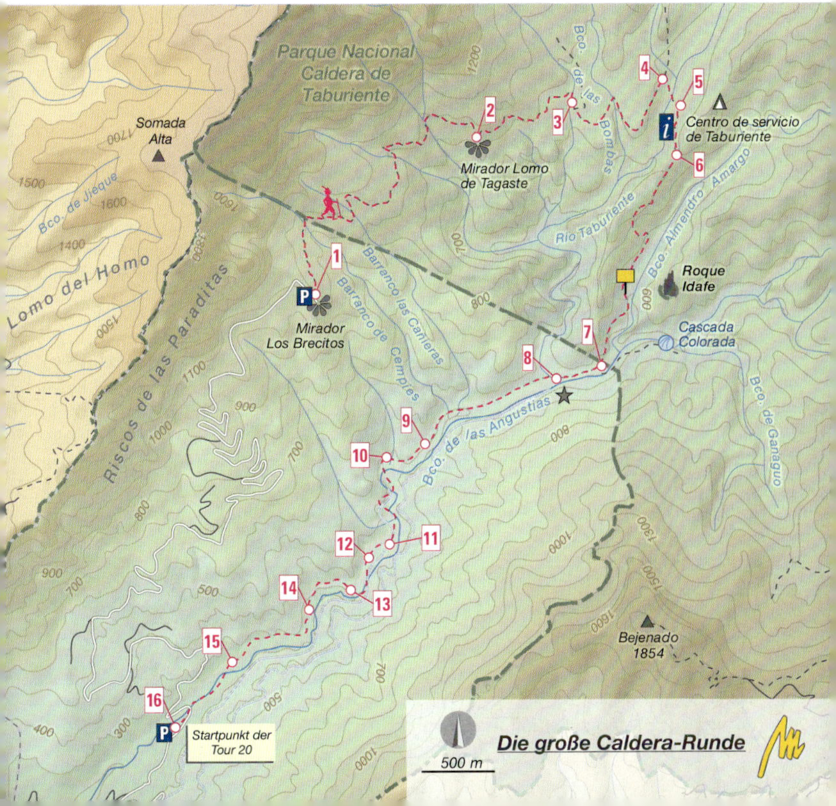

chen, die Richtung ist nicht zu verfehlen, immer flussabwärts. Mal geht es einfach neben dem Fluss her, mal müssen Felsen überklettert werden, mal hüpfen Sie wie zuvor am Rio Almendro über den Wasserlauf. An besonders engen Flusspassagen, in denen das Wasser höher stehen kann, wurden Umgehungswege angelegt.

Das Schild „Salida" **9** weist nach links auf eine Umgehung, denn vor Ihnen liegt eine kleine Schlucht, die aus wasserundurchlässiger Kissenlava besteht. Bei hohem Wasserstand ist es sinnvoll, die Umgehung zu nehmen. Steht das Wasser nicht allzu hoch, sollten Sie, wie wir, den (kurzen) Weg geradeaus durch die Schlucht nehmen; mit ihren glatten, gerundeten, hellgrau-grünen Wänden ist sie sehr malerisch. Die ausgeschilderte Umgehung trifft auf das Flussbett **10**, es geht in beiden Fällen weiter geradeaus.

Pinien wachsen selbst an Felswänden

Nach links beginnt erneut eine Umgehung **11**. Die Umgehung führt erst hoch und dann wieder hinunter ins Flussbett und auf der gegenüberliegenden Seite als Fortsetzung der Umgehung wieder nach oben; mit diesem Abschnitt wird ein ehemaliges Sperrwerk umgangen. Schauen Sie auch hinunter ins Flussbett, denn der Blick ist, besonders in einer engen Kehre der Schlucht, ausgesprochen schön.

Die Umgehung bringt Sie wieder ins Flussbett **12**, es geht geradeaus weiter. Dem nächsten Schild „Salida" **13** auf der linken Schluchtseite sollten Sie auf jeden Fall folgen. Sie umgehen damit eine ca. 2,5 m hohe Felsensteilstufe mit Wasserfall.

Wieder im Flussbett angekommen **14**, ist ein Gang nach rechts zurück in die kleine Kissenlava-Schlucht bis zum Felsen und zum Wasserfall sehr hübsch. Gegenüber von **14** weist erneut ein Schild auf eine Umgehung. Wenn es nicht viel Wasser im Flussbett gibt, können Sie über die glatte, flache Kissenlava im Flussbett weitergehen und holen sich evtl. bei einer kleineren Steilstufe nasse Füße. Trockenen Fußes kommen Sie mit der Umgehung weiter. Der Umgehungsweg führt wieder ins Flussbett, es geht geradeaus weiter. Links führt ein Pfad (eine Abkürzung) nach oben **15**. Wenn Sie ihn nehmen, gehen Sie immer geradeaus und biegen trotz mehrerer Hinweisschilder nicht nach rechts ab. So erreichen Sie den Parkplatz **1** und den Ausgangspunkt am schnellsten.

/** Wanderung 20: Durch den Barranco de las Angustias und zurück

Charakteristik: Auch interessant und schön, allerdings nicht ganz so großartig wie Wanderung 19, ist die Tour durch das Flussbett aufwärts – Sie gehen die Wanderung 19 in umgekehrter Richtung. Das ist einfach zu organisieren, und Sie wandern so weit wie Sie möchten und wieder zurück.

Länge, Gehzeit, Anforderungen: Die Länge bestimmen Sie. Einen Eindruck kann man sich schon nach einer guten Stunde verschaffen; man geht bis zur ersten Kissenlavaschlucht **10** Trittsicher erforderlich.

Bis Dos Aguas **8** und zurück sind es 10 km; 3½ Std. reine Gehzeit; Höhendifferenz +/- 250 m; bis zum Zelt- und Rastplatz **5** hin/zurück 16,4 km; reine Gehzeit gut 6½ Std.; Höhendifferenz +/- 530 m. Kondition, Trittsicherheit und Schwindelfreiheit sind bei allen Strecken erforderlich.

Alle Hinweise zur Wanderung, mögliche Schwierigkeiten, Anforderungen und Ausrüstung finden Sie im Text von Wanderung 19 – unbedingt lesen! Wanderskizze auf S. 264.

Markierung: Der Weg ist mit PR LP 13 ausgeschildert und gelb-weiß markiert.

Anfahrt/Start: Unter Ausflüge Los Brecitos S. 213 beschrieben, nur parken Sie Ihr Fahrzeug an der Furt auf einem Parkplatz. Von dort gehen Sie hinunter zur Furt und dort rechts das Flussbett hinauf.

** Wanderung 21: Auf dem Rand der Caldera – Rundwanderung zum Pico de la Nieve

Charakteristik: Grandiose Einblicke in die Caldera de Taburiente bietet diese relativ leichte Hochgebirgswanderung. Wer den Blick vom Caldera-Rand und dem Pico de la Nieve genießen möchte, sollte schwindelfrei sein. **Länge, Gehzeit, Anforderungen**: 6,5 km; 2¼ Std. reine Gehzeit; Höhendifferenz +/- 350 m. Trittsicherheit und Schwindelfreiheit erforderlich. **Markierung**: Der Abschnitt auf dem Calderarand ist Teil des Kammweges Ruta del Bastón GR LP 131 und rot/weiß markiert, der Abstieg ist Teil des Wanderwegs PR LP 3 und gelb/weiß markiert. **Anfahrt**: Über die Landstraße LP 4 (Mirca–Roque de los Muchachos) nur mit dem Pkw möglich. **Ausgangspunkt**: Landstraße LP 4, an der Abzweigung der mit La Nieve 1,9 km ausgeschilderten Piste (Feuerwehrzufahrt). Am Straßenrand ausreichend Parkraum. Die Piste ist nicht für die Benutzung durch Pkw geeignet. Sie eignet sich als erster Abschnitt der Wanderung ebenso wie der neben der Piste ausgeschilderte Wanderweg PR LP 3, den wir hier als Rückweg beschreiben.

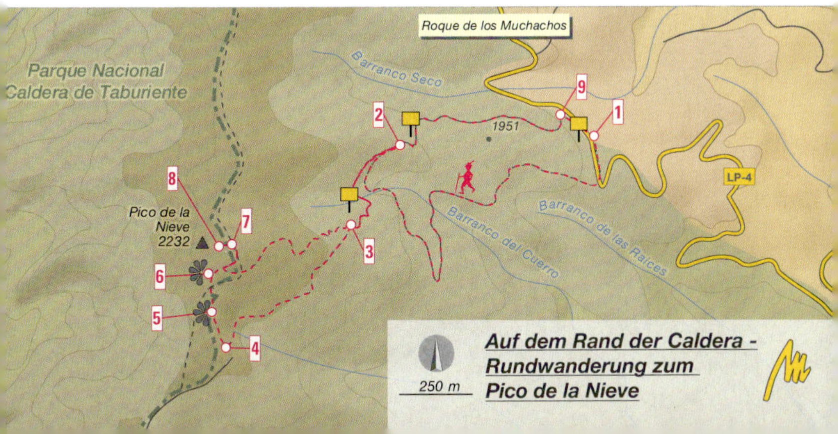

Wegbeschreibung: Für den Beginn wählten wir die Feuerwehrzufahrt/Piste **1**. Sie führt leicht ansteigend durch den Wald und bietet mehrfach schöne Ausblicke auf Teneriffa. Nach 2 km ist der Wendeplatz für Feuerwehrfahrzeuge **2**, der auch als Parkplatz genutzt wird, erreicht. Eine Informationstafel zeigt den Verlauf der Wanderwege in der Umgebung. Ein Pfad steigt hier an, Sie nehmen ihn. Eine Weggabelung **3** wird erreicht. Rechts geht es auf den Pico de la Nieve und weiter zum Roque de los Muchachos, Sie gehen aber geradeaus weiter in Richtung *Ermita Virgen del Pino*. Von diesem Wegabschnitt haben Sie bei klarem Wetter einen großartigen Blick über die Ostküste und das Meer bis nach Teneriffa, Gomera und El Hierro sowie die gesamte Cumbre Vieja entlang.

Der Pfad stößt auf den rot-weiß markierten Wanderweg GR LP 131 **4**. Sie gehen nach rechts in Richtung Pico de La Nieve, erreichen so den Caldera-Rand **5** und haben damit erstmals großartige Tief- und Weitblicke. Weiter geht es am Rand entlang leicht bergauf. Ein Felsenrund **6** ist erreicht. Von dort sind es nur wenige Schritte bis zur nächsten Weggabelung und Ausschilderung; Sie folgen dem GR 131 La Nieve bergauf. Der Pfad gabelt sich erneut **7**. Sie gehen geradeaus nach oben und erreichen so das Gipfelkreuz **8**. Genießen Sie die Aussicht vom *Plateau des Pico de La Nieve.*

Zurück geht es wie Sie gekommen sind bis zur Wegausschilderung bei **6**, dort nehmen Sie jetzt den gelb-weiß markierten Pfad in Richtung Puntallana. Die Weggabelung **3** des Hinwegs wird erreicht. Sie gehen nach links und erreichen den Feuerwehrwendekreis **2**. Am Wendekreis folgen Sie jetzt nicht der Piste, die Sie heraufgekommen sind, sondern dem geradeaus mit einigen Stufen bergab führenden Pfad des Wanderwegs PR LP 3. Etwa einen Kilometer führt er mit Steinen markiert bergab durch den Wald bis zum Ausgangspunkt.

Diese herrlichen Natternköpfe wachsen nur am Calderarand

Was haben Sie entdeckt?

Haben Sie *den* Strand La Palmas gefunden, ein freundliches Restaurant, eine Bar, ein nettes Hotel mit Atmosphäre oder einen schönen Wanderweg?

Wenn Sie Ergänzungen, Verbesserungsvorschläge oder Tipps zu diesem Buch haben, lassen Sie es uns bitte wissen! Wir freuen uns über jeden Brief.

Schreiben Sie an: Irene Börjes und Hans-Peter Koch, Stichwort „La Palma"
c/o Michael Müller Verlag GmbH | Gerberei 19, D – 91054 Erlangen
irene.boerjes@michael-mueller-verlag.de

Etwas Spanisch

In Spanien wird nicht etwa nur eine, es werden gleich vier Sprachen gesprochen: Neben dem Kastilischen (*castellano*) sind in den entsprechenden Regionen auch Katalanisch, Baskisch und Galicisch offizielle Sprachen. *Castellano*, das Hochspanische, ist seit dem 15. Jh. Amtssprache des Landes und in ganz Spanien gebräuchlich; es wird der Einfachheit halber als español (Spanisch) bezeichnet.

In Europa beherrschen es über 40 Millionen Menschen, weltweit fast 400 Millionen. Castellano gehört zu den romanischen Sprachen und hat seinen Ursprung in dem auch auf der Iberischen Halbinsel gesprochenen „Vulgärlatein". Wer also Latein, Italienisch oder Französisch kennt, hat es wegen der Ähnlichlichkeit vieler Vokabeln weitaus leichter, Spanisch zu lernen. Die wichtigsten Unterschiede zu den übrigen romanischen Sprachen ergeben sich aus der Landesgeschichte: Es gibt rund 1500 Wörter, die aus dem Arabischen entlehnt sind, etliche germanische Ableitungen aus der Westgotenzeit sowie solche aus dem Baskischen und Französischen.

Für Ihren Urlaub müssen Sie nicht unbedingt Spanisch lernen. Deutsch, Englisch und die Gebärdensprache reichen meist völlig aus, um einzukaufen, ein Auto oder Zimmer zu mieten. Wer aber näher mit den Menschen im Lande in Kontakt kommen möchte, wird schnell merken, wie erfreut und geduldig Spanier reagieren, wenn man sich ein bisschen Mühe gibt. Der folgende kleine Spanisch-Sprachführer soll Ihnen helfen, sich in Standardsituationen besser zurechtzufinden. Scheuen Sie sich nicht, am Anfang auch einmal Sätze zu formulieren, die nicht gerade durch grammatikalischen Feinschliff glänzen – wer einfach drauflosredet, lernt am schnellsten.

Betonung und Aussprache

Endet das Wort auf einen Vokal oder auf n oder s, so wird die vorletzte Silbe betont, andernfalls die letzte Silbe. Ausnahmen werden mit einem Akzent gekennzeichnet.

c: vor a, o, u und Konsonanten wie k (caldo = kaldo), vor e und i wie engl. „th" (cero = thero)

ch: wie tsch (mucho = mutscho)

h: ist stumm (helado = elado)

j: wie ch (rojo = rocho)

ll: wie j (calle = caje)

ñ: wie nj (año = anjo)

qu: wie k (queso = keso)

v: wie leichtes b (vaso = baso), manchmal wie leichtes süddeutsches „w" (vino = wino)

y: wie j (yo = jo)

z: wie engl. „th" (zona = thona)

Elementares

Grüße

Guten Morgen	buenos días
Guten Tag (bis zum Abend)	buenas tardes
Guten Abend/ gute Nacht	buenas noches
Hallo	Hola (sehr gebräuchlich)
Auf Wiedersehen	adiós
Tschüss (= bis später)	hasta luego
Gute Reise	buen viaje

Small Talk

Wie geht's?	qué tal? (bei Freunden)
Wie geht es Ihnen?	cómo está?
(Sehr) gut	(muy) bien
und Dir?	y tú?
Wie heißt Du?	cómo te llamas?
ich heiße ...	me llamo ...
Ich komme aus ...	soy de ...
... Deutschland	Alemania
... Österreich	Austria
... Schweiz	Suiza
Sprechen Sie deutsch?	habla usted alemán?
englisch/französisch/italienisch	inglés/francés/italiano
Ich spreche nicht spanisch	yo no hablo español
Ich verstehe (nicht)	yo (no) comprendo/entieno
Verstehst du?	comprendes/entiendes?
Ist das schön!	qué bonito!
Das gefällt mir	me gusta
Ein bisschen langsamer, bitte	un poco más despacio, por favor
In Ordnung/passt so / o.k. (auch als Frage sehr gebräuchlich)	vale? – vale!

Minimal-Wortschatz

Ja	sí
Nein	no
Bitte	por favor
Vielen Dank	muchas gracias
Entschuldigung	perdón

Verzeihung	disculpe
groß/klein	grande/pequeño
gut/schlecht	bueno/malo
viel/wenig	mucho/poco
heiß/kalt	caliente/frío
oben/unten	arriba/abajo
ich	yo
du	tú
Sie	usted
Können Sie mir sagen, wo ... ?	podría decirme dónde está ... ?
verboten	prohibido
Mädchen	chica
Junge	chico
Frau	señora
junge Frau	señorita
Herr	señor

Fragen & Antworten

Gibt es ... ?	hay?
Was kostet das?	cuánto cuesta esto?
Wie/wie bitte?	cómo?
Wissen Sie?	sabe usted ... ?
ich weiß nicht ...	yo no sé
Wo?	dónde?
Von wo?	de dónde?
Wo ist ... ?	dónde está ... ?
Haben Sie ... ?	tiene usted ... ?
Ich möchte ...	quisiera ...
Um wieviel Uhr?	a qué hora?
Ist es möglich/ kann ich?	es posible?
Warum?	por qué?
Weil	porque

Orientierung

nach ...	hacia
links	izquierda
rechts	derecha
geradeaus	todo derecho
die nächste Straße	la próxima calle
hier	aquí
dort	allí, ahí
Adresse	dirección
Stadtplan	plano de la ciudad
Ist es weit?	está lejos?

Zeit

vormittag(s)	(por la) mañana
nachmittag(s)	(por la) tarde
abend(s)	(por la) noche
heute	hoy
morgen	mañana
übermorgen	pasado mañana
gestern	ayer
vorgestern	anteayer
Tag	el día
jeden Tag	todos los días
Woche	semana
Monat	mes
Jahr	año
stündlich	cada hora
wann?	cuándo?

Wochentage

Montag	lunes
Dienstag	martes
Mittwoch	miércoles
Donnerstag	jueves
Freitag	viernes
Samstag	sábado
Sonntag	domingo

Jahreszeiten

Frühling	primavera
Sommer	verano
Herbst	otoño
Winter	invierno

Monate

Januar	enero
Februar	febrero
März	marzo
April	abril
Mai	mayo
Juni	junio
Juli	julio
August	agosto
September	septiembre
Oktober	octubre
November	noviembre
Dezember	diciembre

Uhrzeit

Stunde	hora
Um wieviel Uhr?	a qué hora?
Wieviel Uhr ist es?	Qué hora es?

Unterwegs

Wann kommt ... an?	cuándo llega ... ?
Wieviel Kilometer sind es bis ... ?	cuántos kilómetros hay de aquí a ... ?
Ich möchte bitte aussteigen!	quisiera salir, por favor!
Hafen	puerto
Haltestelle (Bus)	parada
Fahrkarte	tiquete
Hin und zurück	ida y vuelta
Abfahrt	salida
Ankunft	llegada
Information	información
Kilometer	kilómetro
Straße	calle
Telefon	teléfono
Reservierung	reservación
Weg	camino, fuera
Autobus	autobús
Bahnhof	estación
Flughafen	aeropuerto
das (nächste) Flugzeug	el (próximo) avión
Hafen	puerto
Schiff	barco

Deck	cubierta
Fährschiff	transbordador/ferry
Reisebüro	agencia de viajes
(der nächste) Bus	(el próximo) autobús

Auto/Zweirad

ich möchte ...	quisiera ...
wo ist ... ?	dónde está ... ?
... die nächste Tankstelle	... la próxima gasolinera
Bitte prüfen Sie, ob ...	por favor, compruébe usted si ...
Ich möchte mieten (für 1 Tag)	quisiera alquilar (por un día)
(die Bremse) ist kaputt	(los frenos) no funcionan
wieviel kostet es (am Tag)?	cuánto cuesta (un día)

Benzin	gasolina
bleifrei	sin plomo
Diesel	gasóleo/gasoil
(1/20) Liter	(un/veinte) litro(s)
Auto	coche
Motorrad	moto
Moped	ciclomotor
Anlasser	starter
Auspuff	escape
Batterie	batería
Bremse	frenos
Ersatzteil	pieza de recambio
Keilriemen	correa
Kühler	radiador
Kupplung	embrague
Licht	luces
Motor	motor
Öl	aceite
Reifen	rueda
Reparatur	reparación
Stoßdämpfer	amortiguator
Werkstatt	taller
Autobahn	autopista
Baustelle	obras
Kreuzung	cruce
Einbahnstraße	sentido único
Straße gesperrt	carretera cortada
Umleitung	desvío
parken	aparcar
kann ich hier parken?	puedo aparcar aquí?

Bank/Post/Telefon

In Postämtern gibt es keine öffentlichen Telefone - zuständig sind die Telefonzentralen telefónica (locutorio). Münzfernsprecher finden sich auch in vielen Bars und Hotels.

Wo ist ...	dónde está ...
Ich möchte ...	quisiera ...
... ein Tel.-Gespräch	... una llamada
Wieviel kostet das?	cuánto cuesta?
Bank	banco
Postamt	correos
Brief	carta
Karte	tarjeta
Briefkasten	buzón
Briefmarke	sello
eingeschrieben	por certificado
Euroscheck/ Reiseschecks	eurocheque/ cheques de viaje
Geld	dinero
mit Luftpost	por avión
Päckchen	pequeño paquete

Paket	paquete
postlagernd	por lista de correos
Telefon	teléfono
Telegramm	telegrama
Schweizer Franken	francos suizos

Übernachten

Haben Sie ... ?	tiene usted. .. ?
Gibt es ... ?	hay ... ?
Wieviel kostet es (das Zimmer)?	cuánto cuesta (la habitación)
Ich möchte mieten (...)	quisiera alquilar (...)
für 5 Tage	para cinco días
Kann ich sehen... ?	puedo ver... ?
Kann ich haben... ?	puedo tener... ?
ein (billiges/gutes) Hotel	un hotel (barato/bueno)
Haben Sie nichts billigeres?	no tiene algo más barato?
Zimmer	habitación
ein Doppelzimmer	habitación doble
Einzelzimmer	habitación individual
Bett	cama
Pension (Voll/Halb)	pensión (completa/media)
Haus	casa
Küche	cocina
Toilette	servicios
mit ...	con ...
ohne ...	sin ...
... Dusche/Bad	... ducha/baño
... Frühstück	... desayuno
Reservierung	reserva
Wasser (heiß/kalt)	agua (caliente/fría)
Hoch/Nebensaison	temporada alta/baja
Campingplatz	el camping
zelten („wild")	acampar (libre)
Zelt (klein)	tienda individual
Hauszelt	tienda familiar
Schlafsack	saco de dormir
Wohnmobil	coche cama
Wohnwagen	caravana
Stellplatz	parcella

Im Restaurant/in der Bar

Speisekarte und Spezialitäten: Siehe im ausführlichen Kapitel „Essen und Trinken" vorne im Buch.

Haben Sie ... ?	tiene usted ... ?
Ich möchte ...	quisiera ...
Eine Tapa hiervon	una tapa de esto
Wieviel kostet ... ?	cuánto cuesta ... ?
Herr Ober!	oiga, camerero!
Die Rechnung (bitte)	la cuenta (por favor)
höflicher:	la cuenta, cuando pueda!
Speisekarte	menú
zum Mitnehmen	para llevar
Glas/Flasche	vaso/botella
(Glas) Bier	(caña) cerveza
Wasser	agua
Mineralwasser (sprudelnd/still)	agua con/sin gas
Hauswein	vino del país/de la casa
Rotwein	vino tinto
Weißwein	vino blanco
süß/herb	dulce/seco
Saft	zumo
Kaffee	café
Milchkaffee	café con leche
Zucker	azúcar
Tee	té
Milch	leche

Einkaufen

Was kostet ...	cuánto cuesta ... ?
Haben Sie ... ?	tiene usted ... ?
geben Sie mir bitte	déme... por favor
klein/groß	pequeño/grande
1 Pfund (= 1/2 Kilo)	medio kilo
1 Kilo/Liter	un kilo/litro
100 Gramm	cien gramos
geöffnet	abierto
geschlossen	cerrado
Geschäft	tienda
Supermarkt	supermercado
Einkaufszentrum	hipermercado
Bäckerei	panadería
Konditorei	pastelería
Metzgerei	carnicería
Friseur	peluquería
Buchhandlung	librería
Apfel	manzana
Brot	pan
Butter	mantequilla
Ei(er)	huevo(s)
Essig	vinagre
Gurke	pepino
Honig	míel
Joghurt	yogurt
Käse	queso
Klopapier	papel higiénico
Knoblauch	ajo
Kuchen	pastel
Marmelade	mermelada
Milch	leche
Öl	aceite
Orange	naranja
Pfeffer	pimienta
Salz	sal
Seife	jabón
Shampoo	champú
Sonnenöl	bronceador
Streichhölzer	caja de cerillas
Tomaten	tomates
Wurst	embutido
Zeitung	periódico
Zeitschrift	revista
Zucker	azúcar
Kleidung	vestidos
Bluse	blusa
Hemd	camisa
Hose	pantalones
Pullover	jersey
Rock	falda
Schuhe	zapatas
Kann ich probieren?	puedo probar?
Es gefällt mir	me gusta
Ich nehme es	me lo llevo

Hilfe & Krankheit

Hilfe!	socorro!
Helfen Sie mir bitte	ayudeme por favor
Ich habe Schmerzen (hier)	me duele (aquí)
Gibt es hier ... ?	hay aquí ... ?
Ich habe verloren ...	he perdido ...
Haben Sie ... ?	tiene usted ... ?
Wo ist (eine Apotheke)?	dónde hay (una farmácia)
Wann hat der Arzt Sprechstunde?	cuándo pasa el médico la consulta
Ich bin allergisch gegen ...	yo soy alérgico a ...

Deutsche Botschaft	embajada alemana
Polizei	policía
Tourist-Information	oficina de turismo
Arzt	médico
Krankenhaus	hospital
Unfall	accidente
Zahnarzt	dentista
Ich möchte (ein) ...	quisiera (un/una) ...
... Abführmittel	laxante
... Aspirin	aspirina
... die „Pille"	la píldora
... Kondome	preservativos
... Penicillin	penicilina
... Salbe	pomada
... Tabletten	pastillas
... Watte	algodón
Ich habe ...	yo tengo ...
Ich möchte ein Medikament gegen ...	quiero una medicina contra ...
... Durchfall	diarrea
... Fieber	fiebre
... Grippe	gripe
... Halsschmerzen	dolor de garganta
... Kopf ...	dolor de cabeza
... Magen ...	dolor de estómago
... Zahn ...	dolor de muelas
... Schnupfen	catarro, resfriado
... Sonnenbrand	quemadura del sol
... Verstopfung	estreñimiento

Zahlen

¼	un cuarto
½	un medio
0	cero
1	un/una
2	dos
3	tres
4	cuatro
5	cinco
6	seis
7	siete
8	ocho
9	nueve
10	diez
11	once
12	doce
13	trece
14	catorce
15	quince
16	dieciséis
17	diecisiete
18	dieciocho
19	diecinueve
20	veinte
21	veintiuno (-ún)
22	veintidós
23	veintitrés
30	treinta
31	treinta y uno
32	treinta y dos
40	cuarenta
50	cincuenta
60	sesenta
70	setenta
80	ochenta
90	noventa
100	ciento, cien
200	doscientos
300	trescientos
500	quinientos
1000	mil
2000	dos mil
5000	cinco mil
10.000	diez mil
100.000	cien mil
1.000.000	un millón

NOTIZEN

NOTIZEN

NOTIZEN

NOTIZEN

Register

ISBN 978-3-89953-769-7

 Druck: Wilhelm & Adam, Heusenstamm.